U0921602

笔耕“三农”

翟翠霞　著

中国农业出版社
农村设物出版社
北　京

开篇的话

新中国的改革率先从农村发起。从此开启了波澜壮阔的解放思想、创新求是的伟大征程，探索了一条解放和发展农村社会生产力、调动广大农民积极性、释放农村社会发展活力的变革之路，并取得了一系列实践、理论、制度等多方面的重大成就，推动我国农业生产、农民生活、农村面貌发生巨大变化，为我国改革开放和社会主义现代化建设做出了重大贡献。

历史的车轮行驶到 2001 年 12 月，中国正式加入世界贸易组织(WTO)。中国发展的国际国内大环境发生巨大改变，挑战和机遇也扑面而来。中国“三农”也随之迎来了大发展、大变革的历史机遇期。2002 年，党中央提出新阶段增加农民收入总的指导思想是“多予、少取、放活”。同年，党的十六大召开，提出统筹城乡经济社会发展战略。2003 年，中央明确要求要把解决好“三农”问题作为全党工作的重中之重。2004 年中央提出“两个趋向”的重要论断，做出中国已进入工业反哺农业、城市支持农村发展阶段的判断，并于 2005 年提出建设社会主义新农村。2006 年 1 月，废除农业税。2007 年党的十七大提出建立“以工促农、以城带乡长效机制，形成城乡经济社会发展一体化新格局”。2012 年，党的十八大召开，进一步强化“重中之重”的战略定位，提出“四化同步、城乡一体化”的顶层设计，强调要形成以工促农、以城带乡、工农互惠、城乡一体的新型工农、城乡关系，并把建设生态文明提上日程，强调要树立农业可持续发展理念。2017 年党的十九大提出实施以“产业兴旺、生活富裕、生态宜居、治理有效、乡风文明”为总要求的乡村振兴战略，建立健全城乡融合发展体制机制，加快推进农业农村现代化。2022 年，党的二十大强调要全面推进乡村振兴，加快建设农业强国，建设宜居宜业和美乡村。

时针从2001年拨转到今天，短短20多年的发展，中国农业农村已经发生并正在发生翻天覆地的变化。

在加入WTO的大背景下，自2004年起，每年中央1号文件均从战略调整、政策优化等维度部署和推进“三农”工作，保持政策持续发力、农业农村发展基础不断夯实、生产力水平不断提升的良好态势，为党和国家在诸多方面与国际市场顺利对接做出了重要贡献，为稳定经济社会发展大局、迎对多种风险挑战奠定了坚实基础。这20多年的时间，我国“三农”工作的巨大变化主要表现在三个方面。一是完成了对“三农”战略的重新定位和调整，形成了“城乡一体、四化同步、五位一体促振兴”的“三农”发展思路和乡村振兴战略，确立了建设农业强国与和美乡村的奋斗目标。二是出台了一系列与战略定位相配套的支农强农惠农政策，构建了“三农”发展、乡村振兴的总体框架和基础平台。三是优化了机构职能配置，组建了农业农村部、国家乡村振兴局，形成了中央农村工作领导小组办公室、农业农村部和国家乡村振兴局“三驾马车”服务“三农”工作的机制架构。

20多年间，一方面，紧抓粮食生产，优化农业生产结构，确保粮食安全和重要农产品稳产保供。确立“以我为主、立足国内、确保产能、适度进口、科技支撑”的国家粮食安全战略，提出“确保谷物基本自给、口粮绝对安全”的新粮食安全观，不断完善粮食支持保护政策，粮食综合生产能力持续提升。2022年，全国粮食产量实现历史性的“十九连丰”，连续8年保持在1.3万亿斤*以上，为从容应对国际国内复杂形势、确保经济社会平稳发展提供了坚实保障。另一方面，全面深化农村改革，加强理论和实践探索创新，健全城乡发展一体化体制机制，加快形成新型工农城乡关系。以农民和土地关系为主线，推进农村“三块地”改革试点，探索实施农村土地“三权分置”，培育新型农业经营主体，进一步解放和发展农村社会生产力。提出城乡发展“两个规律理论”，下大力气打赢脱贫攻坚战，全面建成小康社会，坚持农业农村优先发展，搭建乡村振兴的“四梁八柱”，建立健全城乡融合发展的体制机制和政策体系，为破解城乡二元结构难题、

---

* 斤为非法定计量单位，1斤等于0.5千克。——编者注

实施乡村振兴战略、建设农业强国夯实基础，为实现“四化”同步目标，进而达到共同富裕、实现中华民族伟大复兴创造了必要条件。

在这样一个不平凡的历史阶段，笔者有幸与“三农”同行，于2001年7月以中国农村杂志社《农村工作通讯》编辑记者的角色，踏进“三农”领域，后又进入农业农村部机关工作。20多年的工作实践，且走且看、且思且问、且听且记，对“三农”工作做过一些报道，也形成了一些思考，缀辑以为记。此次收录的61篇文章，分别从宏观关注、微观聚焦、热点解析、大地留痕、工作思考5个板块进行编排，涉及“三农”的诸多方面，既是对这20多年中国“三农”发展的点滴回顾，也是对时代的片段记录。虽然是管窥蠡测，但正所谓一叶知秋、一蝉鸣夏，希望能够对关心、热爱“三农”的各位同仁有所帮助和启发。

正如习近平总书记所讲，不管工业化、城镇化进展到哪一步，农业都要发展，乡村都不会消亡。中国要强，农业必须强；中国要美，农村必须美；中国要富，农民必须富。“三农”的分量从重中之重到国之大者，粮食生产从保口粮到保安全，农业发展从绿色可持续到中华民族的永续发展，“三农”是土地承载生命的永恒命题，是亘古以来续写文明的强大基因。变革永远是赋能的重要手段，而适应变革总是要一步步探索、一点点积累，是从量变到质变的漫漫征途。所以，20多年，“三农”变化很大，同时，未变和待变的东西依然很多，而改革的勇气、探索的智慧、担当的气魄、奉献的精神，是推动“三农”事业发展永恒的宝贵财富。借此，向我曾经有幸采访过和没有采访过的所有“三农”工作者，致以深深的敬意。

进入新发展阶段，贯彻新发展理念、构建新发展格局，中国农业农村发展已经站在了新的历史起点上。“民族要振兴，乡村必振兴”，中国“三农”在全面推进乡村振兴，加快实现农业农村现代化的过程中，必将踔厉奋发、赓续前行，继续以实干的精神、优异的成绩、崭新的姿态、精彩的篇章，奋进新征程，建功新时代，为全面建设现代化国家提供有力的基础支撑。

目　录

二、微观聚焦

三、热点解析

四、大地留痕

五、工作思考

一、宏观关注

中国农村改革三部曲

30年春秋弹指即过，伴随着中国农村改革波澜壮阔的历史乐章，中国农民披星戴月一路走来。从单干到互助合作，从人民公社到家庭联产承包，他们经历了生产队的“工分制”，经历了包产到户的“交足国家的，留够集体的，剩下都是自己的”，更步入了当前的“无税时代”，中国农村也从五千年的历史深处一步步走向开放和现代。

突破——不能不说的“1978”

1978年，农村改革艰难起步，家庭联产承包责任制突破人民公社“一大二公”的层层束缚，隆重走上历史舞台。

新中国成立之初，国家实行计划经济体制，中央政府统一配置资源。在中央政府有计划地组织动员下，分到土地的农民就从互助组到合作社，从初级社到高级社，1958年走入人民公社。伴随着“大跃进”和“共产风”日盛，人民公社很快走入了死胡同：生产“瞎指挥”、劳动“大呼隆”、分配“大锅饭”，产品统购统销，户籍城乡隔离，结果导致乡村民生凋敝，严重束缚了农村生产力发展和农民的积极性、创造性。

1978年冬天的一个夜晚，安徽省凤阳县小岗村18位农民尝试突破“包产到组”的“政策底线”，将鲜红的手印按在了包产到户的“生死契约”之上，也按在了历史的深处：我国农村改革的前奏由此悄然响起，并迅速撼动了神州大地。

当年12月，决定中国人民命运和前途的党的十一届三中全会胜利开幕，做出了改革开放的伟大战略决策，中国农村改革走上快车道。1981年，包产到户在全国迅速推开。

1982年，时任国务院农村发展研究中心主任的杜润生主持起草了第一个中央1号文件，正式为包产到户正名，确认“包产到户”是社会主义农业经济的组成部分，正式肯定了家庭联产承包责任制。

1982—1986年，中国农村改革史上第一轮“五个1号文件”相继出台和实施，中国农村步入黄金发展时期。中央分别就推行包产到户、放活农村工商业、疏通流通渠道、调整产业结构、增加农业投入等重要问题做出决定和部署，初步构建了“土地集体所有、家庭承包经营、长期稳定承包权、鼓励合法流转”的土地制度框架，破除了长期制约农业和农村发展的体制和政策性障碍。

这承载着中国农村改革历史重任的五个中央 1 号文件，通过对家庭联产承包的肯定，使农村生产力得到巨大解放，使亿万农民从人民公社的体制中解放出来；对乡镇企业的承认，又使农民从土地中解放出来；20 世纪 80 年代中后期允许农民进城务工，则使农民从乡村中解放出来。中国农民从此开始直接参与中国工业化、城市化的伟大历史进程，并为中国市场经济体制改革提供了坚实的物质基础和不竭的精神动力。

肇始于 1978 年的中国农村改革，从此镌刻于中华人民共和国史册，成为中国改革开放的引擎，开创了历史发展新阶段。

变革——从“计划”迈向“市场”

1985 年，以改革粮棉统购制度为起始点，计划主导型的农产品购销体制坚冰开始打破，农村市场化改革逐步深入。

“穷则变，变则通”，中国农村在穷困艰难中进行的变革很快获得了巨大的收益：农业生产迅速发展，1978—1984 年，中国农业产出年均保持 7.7%的增长速度；农村非农产业日渐兴起，“吴仁宝、禹作敏们”顺风弄潮，乡镇企业遍地开花；农村劳动力开始自由流动，各类自营专业户、个体经营户日渐涌现，“万元户”成为 80 年代时髦的称呼。粮食连年增产，农民仓廪丰实，1984 年粮食总产量达到 40 731 万吨。

但随之而来的是“卖粮难”问题。于是，改革农产品流通体制、培育农产品市场、调整农业产业结构和促进非农产业发展，成为 1985 年以后农村改革的中心课题，农村改革步入推进市场化阶段。

其实，早从 1979 年始，国家就已开始逐步减少农副产品的统派购种类。到 1985 年 1 月，中央正式出台《关于进一步活跃农村经济的十项政策》，改革农产品统购派购制度，改粮棉统购为合同定购，全面放开除蚕丝、药材、烤烟外的蔬菜、水果、水产品等 132 项农副产品市场，实行价格放开，市场供求调节。计划主导型的农产品购销体制开始逐步转型。

在改革农产品购销体制的同时，1990 年 10 月郑州小麦批发市场建立，以此为标志，全国共有 9 个区域性批发市场和一批较为规范的农贸市场得到迅速发展，为最终实现主要农产品由计划调拨转为市场调节创造了物质基础和制度条件。

农村产业结构也在迅速发生变化。一方面多种经营模式受到鼓励，农林牧渔全面发展，农业产业化经营在20世纪80年代后期开始出现并迅速发展；另一方面农民从事非农产业活动迅速增加，乡镇企业异军突起，并很快反哺农业，农民非农就业和收入提高大幅度拉动了对城市工业品的需求，促进农村经济从传统的农业单一结构转向多部门综合发展。

如果说1985—1992年进行的农村改革尚处于市场化改革初级阶段，那么随着邓小平同志视察南方并发表重要讲话，中国新一轮经济高速增长迅速到来，农村改革进入全面向社会主义市场经济体制转轨时期。

1992年，棉花流通体制开始尝试实行以市场调节为主，农产品购销体制逐步向市场主导型转变。1993年，实行了40年之久的口粮定量办法被取消，粮票作为一个历史发展阶段的见证，正式退出历史舞台。

经过一系列的改革尝试，到1998年，尽管粮食流通体制改革未能完成，但棉花基本建立了依靠市场合理配置资源的新体制。至此，我国农产品依靠市场机制配置资源和调节供求的方式已全面确立，农业综合生产能力有了全面稳定的提高，农产品供给实现了由长期短缺到供求基本平衡、丰年有余的历史性转变。

作为市场化深入发展的另一个成果，乡镇企业进行了产权改革，调整了产业结构和产品结构，并加快技术进步和改善内部管理，获得了从1992年到1996年历时5年的第二个高速增长期，乡镇企业增加值年均增速达到42.8%，占国内生产总值的比重提高至26%，占全国工业增加值的比重达43.4%，成为我国农村经济的主体力量和国民经济的重要支柱。

农村改革从计划向市场的迈进，为中国农业和农村经济揭开了新的发展篇章：农业经济增长方式明显变化，农业和农村经济发展在受到资源条件约束的同时，也越来越受市场需求的约束，农村经济与整个国民经济发展的联系更为紧密，对国民经济发展大局的影响也更为深远。

跨越——“无税时代”的农村图景

2003年，“三农”重中之重的历史定位，宣告统筹城乡发展的新时代到来，农村改革发展站在了新的历史起点上。

从计划经济到市场经济的迈进，是我国经济体制的巨大变革，农村在这一变革过程中既获得明显收益，也累积了不少问题。1989年后三年经济低迷，农民的粮食、棉花、油料、烟草等积压手中卖不出去，大批农民开始到城里去“闯生活”，这一年的春节，铁路客运出现了前所未有的拥挤状况，“民工潮”就这样不期而至；而1985年撤社建乡工作的完成，使9.2万多个拥有独立财政利益和相应税收权利的乡镇政府在乡村崛起，之后，这些乡镇政府的摊子越铺越大，“七站八所”也逐渐产生，农民供养的机构日益庞大，农民负担问题开始孕育；1994年国家分税制实行，农村公益事业的投入更加乏力，农民负担问题日益凸现，“抛荒”和“盲流”进入流行语录。

在这样的历史背景下，2003年年初，中央农村工作会议确定，要把“三农”问题作为全党工作的重中之重。由此，中国农村改革以前所未有的历史分量，开启了统筹城乡发展的新阶段。

而一年前，也就是2002年，农村税费改革试点已在安徽省启动，同年，中央针对农民进城务工制定了“公平对待、合理引导、完善管理、搞好服务”的方针。四年后，农业税，这个在中华大地延续了2 600多年的古老税种正式宣告寿终正寝！这是一个值得重笔铭记的历史地标，标志着我国农业开始进入“无税时代”，我国经济开始进入一个崭新的发展阶段。也是在这一年，国务院出台《关于解决农民工若干问题的意见》，着力改善农民进城务工环境，维护农民工合法权益。

而与这一轮改革同时行进的，则是国际环境对中国农业的影响日益深入。2001年12月，中国成功加入世界贸易组织（WTO）。这意味着中国农业不仅受到资源和市场的双重束缚，更要面对携资本、技术和资源优势的国际农业的强力竞争。打破城乡二元制结构、全面统筹城乡发展、实施“工业反哺农业，城市支持农村”，已是大势所趋、势在必行。

自2004年起，中央又连续出台五个1号文件，分别就增加农民收入、提高农业综合生产能力、建设社会主义新农村、发展现代农业和加强农业基础等关系全局的重大“三农”问题做出决定和部署，中央财政支农力度不断加大，“四减免、四补贴”相继实施，极大地调动了广大农民发展生产的积极性。截至2007年，中国粮食生产实现连续四年增产，总产量达10 032亿斤，油料、蔬菜、水果、肉类、禽蛋和水产品等继续保持连续多年世界第一的良好发展势头。

在大力发展农村生产力的同时，国家把深化农村综合改革、支持农村公益事业摆上工作日程。2005年，党的十六届五中全会提出“建设社会主义新农村是我国现代化进程中的重大历史任务”，并确定了“生产发展、生活宽裕、乡风文明、村容整洁、管理民主”的总体要求。伴随着国家政策日益明确和具体，农村饮水、供电、道路、通信、能源等基础设施建设步伐明显加快，基本上实现了村村通公路、通电话和接收电视节目。新型合作医疗制度正在解决农民就医难问题，农村义务教育已真正纳入财政保障范围。“村民自治、村务公开”促进了农村民主法制建设，而《关于进一步加强农村文化建设意见》的出台，则旨在繁荣农村文化、弥补城乡长期割裂所造成的精神鸿沟。

21世纪的中国农村，在继往开来的新一轮改革中迅速发展，也在迅速发展中深刻变革。2007年10月，党的十七大胜利召开，会议进一步强调统筹城乡发展，推进社会主义新农村建设，走中国特色农业现代化道路，建立以工促农、以城带乡长效机制，形成城乡经济社会发展一体化新格局。我们有理由期待，伟大的中国人民将继续谱写中国特色社会主义的辉煌篇章！

（2008年10月）

黄土地遭遇 WTO

——面对 WTO：听各界咋想咋说

2001 年 11 月 10 日 18 时 34 分，随着世界贸易组织第四届部长会议主席卡迈勒手中击锤的轻落，WTO 来到了中国，经历了万千风雨的黄土地第一次与“WTO”三个洋字母贴得这么近。

为了这一天的到来，中国谈了 15 年，回答了 4 万多个问题，“黑发人谈成了白发人”。这样执着，究竟为什么？我们多次这样喊过：“一个敢于向全球开放自己的国家，永远不会沦为世界经济的孤岛。”加入 WTO 是我国改革开放和经济发展的需要，也是世贸组织本身的需要，否则它便不能成为一个真正意义上的“经济联合国”。一句话：大势所趋。

WTO 是什么？西方有人说，是文化，是一种互不信任的文化，但它自身是已经成文的协议，所以说它是个“制定规则、贸易谈判、调解纠纷”的场所。入世的好处，我们已经听得耳朵上快起茧子了，但入世对中国也绝不是一步到天堂。相反，入世可以看作是对中国的一次考验。中国各行各业、各个阶层都无法逃身。

朱镕基总理曾这样说：“入世之后我最担心的是中国农业。”

那么，扎根在黄土地上的中国农业的希望在哪里？中国农业究竟该如何应对入世？中央提出的思路是：趋利避害、减少冲击、善用权利、扩大出口。显然，希望就在这十六字当中。

常云芳（北京市平谷县黄松峪乡副乡长）：已经上场了，规则在哪里？

常有一些农民朋友拿着不知从哪里剪来的“条条”（剪报），上面有的说养牛挣钱，有的说养蝎子有前途，还有的说外国人最爱吃水果，还是种高档水果好，他们问我加入 WTO 后到底哪个最赚钱。可我回答不了他们的问题。为啥？因为加入 WTO 都这么长时间了，我这个分管农业的副乡长还不知道在 WTO 规则中有关农业方面的有什么具体条款。不是我不用心去学，而是我找了好长时间，一直没找到。当然，前段时间，上面也发了几本书，但里面主要是“黄箱”“绿箱”

“蓝箱”这类的名词解释，在实际工作中能操作的地方不多。这好比是进行一场球赛，队员都上场了还不知道球赛的规则，这样的比赛怎么打?

杨忠好（四川省农办助理巡视员）：品质抓上去，优势就来了。

前不久，美国佛罗里达的柑橘协会为了向中国的消费者介绍其最新收获的葡萄柚，特意邀请“佛罗里达柑橘小姐”在北京、上海和广州做巡回推广。这件事儿引起社会各界广泛关注，为什么会这样?因为大伙儿对入世后中国柑橘能否挺得住都捏了一把汗。

外观形象差、农药残留等有害物质超标没有完全解决，以及采后商品化处理滞后，营销工作薄弱，没有形成品牌优势等，这些的确阻碍了国产柑橘的市场推广，但我们也有自己成本低、价格低的优势，这是“洋柑橘”根本不具备的。目前，急需我们去做的是在几年内全面实现优质化，同时尽力扩大早晚熟优质品种面积，拉长采收季节，最好能周年上市。加入 WTO 后，正像国外柑橘挤占国内市场不可避免一样，我相信只要我们把品质抓上去了，国产柑橘全方位进军国际市场也完全是有可能的。

李继合（北京市平谷县农委主任）：支持农业，该从口头落到地头。

新中国成立以来，我们国家干的很多大工程都是靠农业发展起来的，现在正是应该反哺农业的时候。再说现在加入 WTO，受冲击最大的正是农业，对农业的补贴，我的观点是总量不能减少，但这种支持不能像以前那样用在产量上，而是应该用来提高质量和扩大市场上。总之，要根据 WTO 的规则有所调整，不能让人家说出别的来。要好好利用这几年的过渡期，把对农业的重视从口头上落实到实际中。现在有个怪圈，一谈机构改革，首先挨“砍”的就是农口部门。平谷仙桃是一个很好的品种，全县有 17 万农民靠这个大桃维持生计，一个镇桃树多的就有近 2 万亩，可财政只保一个林果人员的工资。“要想马儿跑，又要马儿不吃草”，形势已经不允许我们再用这种思维去开展工作了。

王春生（泰华食品饮料有限公司董事长）：做大“龙头”要有创新法儿。

加入 WTO 对我们企业来说，绝对是件好事。可以说我们早就盼着这么一天了。举个例子，韩国进口我们的果汁是 50%的关税，但我国加入世贸组织后，他们就得把关税降到 20%左右。今天早上我刚送走了韩国乐天公司的老总，他这次还来“泰华”安排了几个试验。为什么我们跟他合做?因为成本低。我们的农产品加工在国际上的优势不但是原料价格低，更大部分的原因是廉价的劳动力，所以国家应加大对农产品加工企业的支持。我记得 1997 年前后，北京市对企业每创汇 1 美元就补贴 1 元人民币，我们企业得到这种补贴最多的一年是 300 多万元，那确实支持了企业的发展。我们是北京地区规模最大的一家果蔬加工出口企业，但与国外同行相比规模还显得小。而且除了加工浓缩汁的机器是意大利进口的外，其他设备还比较落后，同样的出汁量要比国外同行多用 20%～50% 的原料。因此非常需要投入资金进口设备、扩大规模。当然，再像原来那样补贴，恐怕不行了，但可以在 WTO 的规则下变变方式。政府现在也出台了一些政策，但这些政策的作用在实际中还没有体现出来。

王国忠（平谷县韩庄镇镇长）：最担心乡镇干部的素质。

我最担心的还是乡镇这一级干部的素质很难适应形势发展的需要。举个例子，去年 10 月下旬，县里请来中国农业大学的教授专门给各乡镇的主要领导讲授 WTO 知识。安排了 4 个课时，可去听课的人一次比一次少，最后就没几个了。大家都觉得 WTO 是上面的事，离乡镇这一级还远，所以就不主动去了解这些东西。说到底，这还是原先那种上面安排啥就干啥、疲于应付的思想在作祟，WTO 都到家门口了，心里还不热乎。

我们这个镇南部山区有个村叫酸枣屿，顾名思义盛产酸枣。其实韩庄镇好多地方都非常适合发展果品种植业，可很多村的地里到现在还是我小时候就有的老果树。今年我们引导农民推广一个叫“晚久保”的晚桃品种，群众的积极性很高，所以我感到现在最紧迫的，恰恰是我们这些农业农村干部的思想和素质要“与时俱进”。

王建忠（天津市武清区南庄村支书）：只要干就行，不干怎么也不行。

我不担心农业人口就业问题，不管是谁，只要干就行，即使不入世，不干也不行。入世后对村里的企业冲击可能不太大，或许还有好处，买卖可以往国外做了。但对农业生产的冲击肯定大。区里已召开了三四次会，主要讨论农业问题。我们村打算实行土地股份制，搞规模化种植，区域化经营，跟国际接轨。我们也召开了党员会，七八十个党员统一了意见，大喇叭还广播了三天，最后开群众大会，大伙儿一起仔细研究。

张显荣（平谷县农委副主任）：信息急待加速。

加入 WTO，就是跟世界上 140 多个国家“打仗”，既然是“打仗”就要“知己知彼”。所以我们就需要及时了解大宗农产品在产地国的成本、种植方式以及全球市场销售情况等。现在传递这些信息最理想的手段还是互联网，可网上的信息确实少得可怜，急需加快“数字化建设”。能否掌握大量信息，特别是高质量的信息，已经是决定生产和销售成败的关键了。我认为，除了需要保密资料外，上上下下各个部门的资料都应上网，谁需要都可以在网上查，真正实现共享。基层工作中经常遇到这样的情况：县、乡干部们辛辛苦苦考察项目，为什么老百姓却徘徊不前？归根结底就是他们对信息吃不准，不知道这种产品到底能否挣钱。我们县的马昌营镇建了一个局域网，把各村的电脑和镇政府各部门的电脑联结起来，群众和干部都说很方便，少走了不少弯路。

陈家荣（四川彭州市委书记）：西部地区有“敲门砖”。

谈到WTO，西部有的农业干部戏说，“狼”是从东边来的，到西部还有几千里地呢，不急。可他们没注意到，“狼”可以去坐飞机，甚至可以直接从互联网上“窜”下来。具体到彭州，可以说彭州市农业基本上把产业化的架子搭起来了，但大多数农产品特色不明显，大路货多，精品少、亮点少，科技含量不高，肯定会受到WTO的冲击。但西部地区也有自己的优势，那就是利用还没有受到农药、化肥污染的土壤，生产无公害农产品。西部农业叩开国际市场最好的“敲门砖”，我认为就是完全按标准化生产出来的无公害蔬菜等优质农产品。

段建国（北京四道口果品批发中心副总经理）：洋水果好看、好吃，也不可怕。

北京市90%以上的进口水果每天早上就是从这里运出去的。这些“洋果”来自十几个国家，有60多个品种，2001年的销售额大约有2 000万元。我从事水果行业掐指一算也有10多年了，我觉得加入WTO对水果业来说并没有什么害处。这几年，各地的农民都引进了各式各样的“洋水果”来种植，可市场的反响也说明并不是一“洋”就挣钱。加入WTO可进一步告诉他们，品种接轨后，还要管理接上轨。具体到我们市场，关税降下来后，洋水果的销售量和销售额肯定会有一个大的增长，它的另一个好处就是可以拉动整个水果市场层次的提高。

以前，外商好几次过来谈直接设点的事儿，由于我们对WTO还没有什么认识，最终没能谈成。现在我们很希望与外国批发商，甚至外国的农场主直接做买卖。洋水果的冲击肯定有，但不会很大。为什么？因为论产量我们已经是世界水果第一大国，再说国内市场这么大。另外，由于较高的水果价格，且有些水果并不适应国人口味等，都会对外国水果在中国的“攻城掠地”起到一定的阻碍作用。有人说，外国水果好吃、好看，但挺可怕，我不这么认为。

——应对WTO：看专家如何支招

■ 狼来了，并不可怕，它不会把鹿、羊全部吃掉，否则生物链就断了

加入WTO，给中国农业带来的不是简单的市场开放问题，而是蕴含着更深层次改革的压力和挑战。尤其是在3～5年的过渡期内，这种压力加挑战的形势会更为严峻。

“五年喘息的时间，不是五年休闲的时间。在喘息的时间内要想办法把身体练得壮壮的。”全国政协副主席经叔平的这句话平常而有哲理。

北京大学中国经济研究中心的林毅夫教授说，现在国内部分人把加入WTO

称作第二个改革开放。但谈到这件事对农业的影响，国内，也包括国外的一些中国知识分子，确实有不少保留意见。原因就是中国的农业大部分还是小农，一户种着五六亩地，生产能力弱，现代化程度也不高，没法跟国外的大农业竞争。一些业务部门也总觉得我们的农民似乎没有办法承受国外大量农产品的冲击。他认为，这与国外的宣传有关，美国在与我们达成了关于中国加入 WTO 的谈判后，在媒体上白宫一再宣传，说中国在农业上做出了巨大的让步，说中美谈判是美国取得的极大胜利。我们现在已经加入 WTO，就不要再去计较在谈判中的得失，现在最紧要的是如何利用好这段难得的过渡期，把农业做强做大。

讨论应对措施很重要，但首先要了解的还是 WTO 的具体内容。现在好多基层干部反映不了解这些内容，这说明在从最初的信息公布上，跟国际接轨方面就有好多工作要做。一些国家在这方面已经做得很好。比如美国，他们与我们谈判的所有文件，都公布在一个专门的网站上，谁都可以查到，而且连文件上面修改的，达成协议之前的、最后修改的内容，甚至用手写的文字都能查得到。

浙江省农业厅厅长赵宗英在接受记者采访时也反复提到当务之急是“学习”。他说，不仅农民要学习新的竞争规则，政府更要加紧学，使政府行为尽快与之相适应，使农民尽快熟悉这套规则。浙江的粮食市场已经放开，并坚持以市场为导向调整农产品生产，过渡期中最大的问题是怎样提高浙江农业的竞争力，在国内外两个市场上做好与国外农产品竞争的准备。他说浙江已经有了这方面的准备。

在过渡期，很关键的一点是解决农民的经营自主权问题，这是中国社会科学院农村发展研究所党国英博士的观点。他说到了基层，一些干部对干预农民经营权乐此不疲，这样“管”经济，是完全不符合 WTO 规则的。

加入 WTO 后，有人说狼来了，有人则喊来的是狐狸。到底怎样，国务院发展研究中心副主任陈锡文从人们最为关心的关税减让和配额两个方面进行了讲解。这位一直从事农业和农村政策研究的专家说，我们现在的平均农产品关税在21%左右，需要降到17%，但这是按照 WTO 的要求一步一步来的。我们承诺的粮食关税配额到 2004 年才是 2 180 万吨，并没有达到我们原先准备进口的水平。他特别强调说，承诺的进口配额不是一定要进口的数量，不是政府有义务一定要让这些粮食进来，而是说我给所有的外商一个机会，能否进来还要看我们国内市场的需求和价格。

转变政府职能的口号似乎已经提出很久了，但总体感觉进展不快，成效不大。经济学家说，凡是市场这只看不见的手能够调整的领域，政府就退出不管；凡是市场失灵失效的地方就是政府大有作为的地方。为什么这种转变如此艰难？上海 WTO 研究中心秘书长沈大勇一针见血地说，关键是里面有利益。我们加入 WTO 后必须规范政府的某些行为，该放权的放权，该退出的退出，避免政府

“乱砍乱伐”造成“水土流失”。

国务院经济体制改革办公室综合司司长范恒山认为，政府的体制改革，是我们在应对 WTO 体制挑战时需要解决的一个关键问题。

使政府转变职能，改革体制，最终还是要放弃全能政府，给政府的职权确立范围。那么在加入 WTO 的状况下，政府到底应该干些什么？范恒山说，政府干的就三件事，第一，制定市场规则，维护市场秩序，创造平等竞争的环境。第二，依靠经济和法律手段，保持经济总量关系的基本平衡，优化与提升经济结构，提升社会就业水平。第三，就是我们所谓的“四公”，组织公共产品生产，发展公共事业，提供公共服务，建立公共保障。

中国的生产力绝不是审批审出来的，也不是靠盖章画圈搞出来的，应对 WTO 需要我们的政府建立起一个公开透明的政策法律体系，WTO 本身就是一个规则体系。上海对外经济贸易学院有关专家认为，我们目前的法律法规需要清理，与世贸规则冲突的要废止，与世贸规则不一致的要规范，某些方面空白的应抓紧制定，并且这种清理从中央到省市，甚至到乡镇，都要进行。毛泽东同志有一句话，“扫帚不到，灰尘不会自己跑掉”。WTO 就是一把扫帚，而现在需要拿起这把“扫帚”的，就是我们的政府。

■ 既然是游戏，就要按规则玩儿，但玩儿有不同的玩儿法

中国人干什么都喜欢讲国情特色，可以说过去怎么讲都不为过，但现在加入了 WTO，再对人家讲因为我特殊，你是不是可以原谅我，这样是不可以的，这样的话讲多了，人家就不信任你，就不会当你是公平的竞赛伙伴，你要玩儿就得遵守游戏规则。所以既然走入了这个赛场，最明智的选择就是趋利避害，利用对自己有利的规则保护和发展自己。

加入 WTO，我们有双重任务，第一是怎样按照规则改善我们的体制，改善我们的管理规则，就是说我们要按照 WTO 的规则办事。但我们以发展中国家的身份加入 WTO 后，在成为一个“守法户”的同时，怎样利用在不违背 WTO 规则的同时保护我们自己，保护我们的产业，是很值得好好研究的。范恒山说，我们是第 143 个成员，早加入的成员已经有了一些“经验”，是否借鉴我们可以考虑。

他说，我们要学会像西方发达国家那样，灵活地运用 WTO 规则本身给我们的保护条款。一谈到 WTO，好多人认为就是取消对农业的补贴，这是不正确的。在 WTO 中是允许对农业有补贴的，只是对这些补贴进行了限制和分类。当然有些条款使用起来非常麻烦，实际上等于死条款、零条款。除规则之外，外国有一套很诡秘的标准，这些标准是合法的。一种是行业壁垒，通过行业协会提供

某些非政府的壁垒，这样能够解决在国际交往中保护自身利益的问题。另一种是技术标准，通过技术标准来阻碍某些产品的进入。比如我们前不久碰到的事情，我们想保护我们的一个产品，有关部门采取了一种惯常的办法，内部发文件，结果这个文件被人家找到了，人家就控告我们，后来经过反复研究，最后执行一套新的技术标准，把这个事情解决了。像日本，对商品的规模、环境等有非常严格的要求，有些产品要达不到这个要求就不行，这就是通过间接手段来保护自己。

以上这些方法只是短期的，长期来讲，会阻碍我们整个农业的发展，这是林毅夫的观点。他认为，在充分利用这些有利规则的同时，更重要的是提供一个公平的竞争环境、一个灵活的市场和一个特别的法制环境，让我们的农业利用市场机会，尽可能发挥我们的竞争优势，他说这是 WTO 给我们带来的最好机遇。

■ 入世对我们有劣势也有优势，劣势在国内，优势在国外

一位贸易专家曾经这样说："什么叫企业的全球化？那就是要让'全球意识'融化在企业的'血液'中；要让企业自身的'血液'产生出'全球意识'。"中国农业也未尝不是如此，只有跨出国门，闯过这一关，才能创造出一种造就"全球意识"的机制，中国农业才算真正"入世"。

透视我国农业"入世"问题，一个共识就是挑战和机遇并存，挑战大于机遇，而且挑战是现实的，机遇却是潜在的。对机遇的分析一般集中在利用比较优势，发展劳动密集型产业和通过农产品贸易利用国际资源以弥补资源不足或进行结构调整方面。中国农业科学院农业经济研究所副研究员夏英认为，这种分析无疑是正确的，但仅停留于此是不够的。夏英说："我国'入世'后的主要机遇，不在国内市场，而在于国际市场，不在于'请进来'，而在于'走出去'。"夏英脑海中农业"走出去"战略的主要对象是发展中国家，这是因为农业是发展中国家的主要产业，且广大发展中国家资源丰富，市场广阔，而技术却相对落后。我们的农业技术和管理水平对这些国家较为适用。

正如夏英所说，面向发展中国家"走出去"，我们已具备一定的经济实力，也有良好的合作基础。实际上，一些国字号的农业企业已率先扮演了"走出去"的角色。中国农垦集团总公司在非洲 10 多个国家都有农业合作项目，包括种植、养殖和农产品加工，经营土地面积 20 多万公顷。目前，它在几内亚投资 2 000 万美元，进行农业合作开发，思路是将中国农业发展经营用于非洲的实践，形成具有可移植性、可重复性和可持续发展的项目。夏英认为"走出去"存在巨大潜力。

像中国农垦（集团）总公司、中国牧工商（集团）总公司这种能够参与国际竞争的农业企业毕竟还是少数，所以国务院发展研究中心的程国强博士表示，要

“走出去”，还需赶紧培养我们的竞争主体，因为在WTO的框架下，参与国际市场竞争的都是大的粮商、畜牧商、蔬菜商、果商，而不是我们的农户。WTO根本不受理单个农户的投诉。

针对目前基层最关心的农产品“走出去”情况，陈锡文说，肉、禽、蔬菜、水果等这些劳动密集型产品现在出口规模都不大，但只要解决好三个问题：品种、质量和安全，出口的潜力还是很大的。

在全国农业厅局长WTO知识培训会上，陈锡文向与会人员做了题为《关于加入WTO和各成员农业政策》的精彩演讲。编者根据录音，把其中有关国外农业使用补贴和协调地区差别的内容整理出来，献给广大读者，看看这加入WTO的路，人家是怎么走的，或许对我们有用。

第一，符合世贸规则的农业补贴能用就用。

在过去的一年中，我发现有些同志误认为“入世”后就不补贴了。我们承诺自“入世”之日起就停止对出口农产品的价格补贴，这是世贸组织的一个基本规则，但世贸组织本身，并不是不允许各国对农业实行国内的支持。这个支持从法律文本来看，世贸组织允许的补贴有三大类。

一是绿箱政策的农业支持，指政府投资的补贴不会引起农产品价格的扭曲，以及不会扭曲国际贸易关系，这是允许的，不设上限。大的方面，包括对农业农村基础设施的投资，但水价、电价不能补。另外，政府支持农业科研、技术推广投入。在美国，应用农业科技主体主要是各州的农业院校，美国的每个州都有一个农业院校，学校的用地是政府无偿拨给的，这使农业院校的经营成本大大降低，同时政府的科研项目大量由农业院校来竞标；在日本和欧盟，在科研方面和技术方面的投入都很大，此外还有农产品展示，这是一种推销方式，但不同于一般的广告，政府给予补贴，重要农产品的储备也在绿箱之列。

二是黄箱补贴，应该叫黄箱例外补贴。列入黄箱的是不应补，但有些例外，我们与美国人谈的补贴比例是8.5%。黄箱例外补贴发达国家补5%，发展中国家是10%，我们是8.5%。其实很清楚，发达国家，农业在GDP中的比例较低，财政实力就较强，补贴能力就较强；发展中国家，补贴能力就较差，农业在GDP中的比例较高，财力就较弱。因为发展中国家一般无法补贴到10%，财政没有那么多钱。另外，还规定只能一种农产品补贴这个数，比如我们小麦、玉米的竞争力不强，能不能在8.5%的农业补贴（大概1 700亿元）中多拿一点来补小麦、玉米呢？不能，对任何一种农产品，规定只能拿出该产品生产总值的8.5%来进行黄箱例外补贴。美国人非常清楚中国绝补不了10%，为什么还坚决不让步？他不担心你能补得起1 700多亿元，而是担心你对小麦、棉花、玉米这些敏感的大宗农产品补贴到10%，所以它要把这个数压下来。说来说去，依靠

8.5％的补贴，要长期保持我们几个敏感农产品对美国的竞争力是非常难的。

三是针对发达地区的农业给予的补贴，这个条款是我们常说的蓝箱政策，主要是与农产品限产计划有关的补贴，如休耕补贴等。这些政策在发展中国家一般很少使用，所以有人把这一条理解成是针对发达国家的，但从法律内涵来说，这条是不具有国别的，就看你有没有实力用。

所以从这个意义上来讲，绝对不能认为“入世”后就不能对农业进行补贴支持了，这是绝对错误的。我们现在必须根据 WTO 允许的某些条款来调整和完善我们的农业支持政策，把钱更多地花在技术和 WTO 规则允许的保护和支持农业发展、农民利益的几个方面，尤其是关于黄箱补贴、绿箱补贴，毫无疑问是要增加。黄箱补贴确实需要在重大方向上调整，我们现在黄箱补贴这一块，更多的是补中间环节，应探索将这一块补贴更多地用在农业的直接生产者身上，这样使它起到更大作用，收到更好的效益。

第二，地区协调，费了好大力。

地区协调与 WTO 联系也很紧，主要是发达地区与落后地区的关系问题。落后地区往往是农业、农村、农民比重较高的地区，从这个意义上讲，一个国家的地区协调与农业和农民的关系都是特别紧密的，一个国家再发达，也是存在国内地区发展不平衡的问题。当然差距是不可同日而语的，但就任何国家来说，地区差别的存在是事实。

到日本去，如果你访问北海道和冲绳两个地方，当地的地方官员、农协农民都会说他们是日本经济最不发达的地区。差多少呢？冲绳人均收入大概是全日本的 75％，北海道是 85％，地区差距感觉很大，需要采取一系列继续开发的措施。另一个例子就是欧盟，其内部差距就大，法、英、意、德、奥等西欧国家比较富，南欧西班牙、葡萄牙相对来说较穷，所以欧盟要想成为一个真正的利益共同体，内部没有比较好的地区协调组织是不行的。

从日本和欧盟的一些具体做法来看就比较清楚。日本很早就在中央政府设立了北海道开发厅，用以组织北海道的开发，以及投入和支持。同时，设立北海道开发银行，专门负责这方面的事情。在冲绳设立冲绳开发局，有农林水产省的官员在这儿负责，进行专项投资。西班牙也是北部地区更富，南部地区较穷。最富的马德里地区人均 GDP 相当于欧盟平均水平的 112％，最穷的靠近地中海的几个地方人均 GDP 相当于欧盟的 56％，最富的地区和最穷的地区相比差距大概一倍多。扶助贫困地区发展是一个非常大的事，我们国内的贫富差距，不算西藏，最富的是上海，而人均 GDP 最少的是贵州，现在差距大概是 11 倍。

向日本学难度很大的一点是，日本主要是中央政府扶持，比如它设立了国家开发厅、开发局。欧盟就不一样，它有两项用于地区协调发展的重要基金，一个叫结构调整基金，另一个叫团结基金，这两项基金根据欧盟15个国家的GDP总值，按一定百分比，捐入这个基金中，往往是较富裕的国家出得多，但GDP越低的地方，基金使用得越多。西班牙有一半地区使用欧盟的这两项基金，人口大致上发达地区与穷困地区各一半，使用效果相当好。

无论是欧盟还是日本，发达国家的开发政策可概括成两句话，就是想办法让钱进去，让人出来。近几年西班牙南部地区的发展变化，一是因为得到了欧盟数量比较大的结构调整基金和团结基金，二是因为过去15年中西班牙减少了400万人口，发达地区为这些人提供了工作机会。冲绳和北海道也都是一样，到东京就业的人就很多，工作到一定程度，有一定经济基础他再回去。所以怎样为不发达地区提供一种“钱进、人出”的机会非常重要，当然就要考虑钱从哪里来。欧盟团结基金、结构调整基金是按15国的GDP数据，每家捐5%就可以。如果我们不采取措施，地区差距就会越来越大，而我们的地区差距又往往表现在城乡差距，所以这个问题需要高度关注，尤其是“入世”之后，世贸组织不管国情，更不管国内各个地区的情况，它是一个统一的标准。所以对整个国家来说，“入世”可以说有利有弊，利大于弊，但具体到某个地区、产业、人群，可能就是利就是利，弊就是弊，所以“入世”之后如果不能解决好地区协调发展的问题，我担心会使我国地区差距进一步拉大，甚至急剧拉大，相当程度上我觉得以农业为主的传统农业地区可能在“入世”之后弊大于利，所以通过地区协调来缓解这个问题就显得特别重要。

（2002年2月，与杨春华、魏玉栋合作）

贯彻实施行政许可法　全面推进农业依法行政

——访农业部部长杜青林

2004年7月1日，《中华人民共和国行政许可法》在全国正式实施。前不久，记者就《中华人民共和国行政许可法》制定和实施的意义，及其对农业依法行政的影响等问题，采访了农业部部长杜青林。

记者：杜部长您好！我国《行政许可法》从制定到现在，已历时近一年之久，终于正式实施了。有人评价说，这部法律是政府的事，与百姓无关，也有人说，这部法律是为老百姓制定的。您怎么看待这部法律的制定和实施？

杜青林：这部法律是继国家赔偿法、行政处罚法、行政复议法后又一部规范政府行为的重要法律，充分体现了现代行政法治的基本要求，对于更新行政管理观念，深化行政审批制度改革，全面推进依法行政，具有重要意义。它是关于规范政府行为的法律，更是服务民众的法律。它的意义和价值首先体现在行政管理观念的更新上。

所谓行政管理观念，是指行政行为的思想准则和价值取向。它对政府管理行为和管理方式有着重要影响。行政许可法关于行政许可的设定、实施和监督的一系列规定，充分反映了发展社会主义民主政治和完善社会主义市场经济体制的基本要求。农业部门要认真贯彻实施行政许可法，以全新的观念履行好对农业和农村经济的管理职责；主要从以下五个方面来加强认识。

一是有限行政观念。在我国，人民是国家的主人，并通过各级人民代表大会来行使国家权力。国家行政机关由人民代表大会产生，对它负责，受它监督。因此，行政机关的权力不是固有的，而是来自人民的授权；行政机关的权力不是无限的，而是必须在宪法和法律规定的范围内行使；行政机关的权力不是万能的，而是有其内在界限，能通过市场调节、社会自律和公民自主解决的事项，行政机关就不应当干预。在社会主义市场经济条件下，政府的作用和权力的行使应当是有限的，应有所为、有所不为。

二是透明行政观念。古希腊思想家亚里士多德说，评判宴席的权力在于食客而不在于厨师。同样，评判政府工作的权力在于人民而不在于政府。我国是人民当家做主的社会主义国家，人民有权通过各种形式对国家行政机关进行监督，而实行有效监督的前提就是行政过程公开透明。只有公开透明，公民、法人和其他组织才能充分享受权利，自觉履行义务；只有公开透明，才能便于群众监督，防止行政机关工作人员以权谋私、滥用职权，才能促进依法行政。

三是服务行政观念。我们的政府是人民的政府，全心全意为人民服务是各级行政机关的神圣职责。在社会主义市场经济体制下，行政机关既要加强管理，维护好市场和社会秩序，又要强化服务，想群众之所想，急群众之所急，寓管理于服务之中，管理与服务并重，树立以人为本的科学发展观。

四是诚信行政观念。诚实守信是中华民族的传统美德，“人无信而不立”是我国人民重视诚信的典型体现。“正人必先正己”，执政为民首先要取信于民。行政机关是公共事务的管理者，其一言一行直接影响到公众的切身利益，同时也对社会公众起着潜移默化的示范作用。行政行为缺乏稳定性和可预期性，不仅会损害相对人的切身利益和政府的公信度，也会在客观上助长个人失信、社会失信，使社会经济生活陷于失范状态，最终不利于经济和社会的发展。只有牢固树立诚信行政观念，行政机关才能获得公众的信任和支持，从而顺利、高效地开展行政管理活动。

五是责任行政观念。对行政机关来说，权力同时意味着责任。“有权必有责，用权受监督，违法要追究，侵权须赔偿”是依法行政的基本要求，行政机关作出行政行为的过程，既是行使权力的过程，也是履行职责、承担责任的过程。没有责任，行政权的运行就得不到制约，公民权的行使就没有保障，违法行政就不可能受到追究，依法行政就不可能真正实现。

记者：贯彻实施行政许可法，关键是要深化行政审批制度改革，对此农业部有哪些实际行动?

杜青林：根据国务院的统一部署，农业部以工作方式创新推动政府职能转变，在贯彻实施行政许可法，深化行政审批制度改革方面已做了大量工作，主要分为八个方面。

一是加强行政许可法的学习和培训。农业部党组理论学习中心组带头组织集中学习，各单位也开展了多种形式的学习活动。2004 年 2—6 月，农业部举办了 7 期行政许可法培训班，对机关全体公务员和部属事业单位具体办理行政许可事项的工作人员进行脱产轮训。同时，将行政许可法作为公务员录用考试、干部选拔考试和干部培训的一项重要内容。

二是认真清理行政审批项目。在全面摸清农业行政审批项目底数的基础上，按照合法、合理的原则，农业部共取消了 23 项行政审批项目，完成了对涉及行政审批的规章和规范性文件的清理工作。

三是改变行政审批方式。将一些分散在有关司局的行政审批事项集中起来，实行综合办公，统一受理和回复，一个“窗口”对外。

四是实行政务公开。将每个行政审批事项的法律依据、办事条件、办理程序和审批结果向社会公开，自觉接受公众监督。

五是推行电子政务。利用互联网为申请人提供政策咨询、表格下载和结果查询等多项服务，同时开展网上申请试点工作，不断丰富便民措施。

六是建立理由说明和责任追究制度。对未予批准和延期审批的行政审批项目，要向申请人说明理由；在承诺时限内，没有正当理由而未能完成审批工作的，将追究承办司局和有关人员的责任。

七是健全行政审批事后监管机制。从农业生产的实际情况出发，从农资市场的突出问题入手，狠抓重点品种、重点地区、重点市场、重点季节和大案要案查处，打击制售假冒伪劣种子、农药、化肥、饲料、兽药等违法犯罪行为。同时，研究、探索建立申请人信用管理数据库，构建申请人信用管理体系，强化对从事行政许可事项活动的公民、法人或其他组织的监督。

八是建立政府与申请人互动机制。通过召开座谈会、在互联网上开设留言板等多种形式，广泛听取申请人的意见和建议。

记者：对于这部法律，有评论说，是我国全面推进依法行政、打造法治政府的重要里程碑。那么这部法律的贯彻实施，对于全面推进农业依法行政有什么作用？农业依法行政的关键主要从哪些方面着手？

杜青林：依法治国，建设社会主义法治国家，是党领导人民治理国家的基本方略，是社会主义民主政治和社会主义市场经济发展的必然要求。依法行政是依法治国的基本内容，是行政机关执政为民，维护和实现最广大人民群众根本利益的集中体现。全面贯彻、正确实施行政许可法，不仅有利于规范农业部门行政行为，也必将极大地推进农业依法行政进程。

推进农业依法行政，首先要树立正确的依法行政观念。依法行政的实质，就是要求行政机关及其工作人员要依照法律、法规和规章实施行政管理，所采取的行政措施要高效便民、诚实守信、权责一致。要纠正法律法规只是一种“治民”的手段和工具、依法行政就是以法律法规管制行政相对人的错误观念。要加强法律知识的学习和培训，使农业部门的广大干部牢固树立正确的依法行政观念，努力做到“心中有法，虑必及法，言必合法，行必循法”，避免违法行政、不当行政、失职渎职等现象发生。

其次，要着力提高立法质量。改革开放以来，随着国家法制化进程的推进，农业立法取得了令人瞩目的成就。目前为止，全国人大常委会和国务院颁布了29部农业方面的法律和行政法规，农业行政管理工作已基本做到了有法可依。

下一步，除配合立法机关重点完成农产品质量安全、农业合作经济组织和农民权益保护等立法工作，进一步健全农业法律法规体系外，要在提高立法质量上下功夫。一要把握立法方向，坚持按照"三个代表"重要思想的要求，解决为谁立法、立什么法和怎么立法的问题，体现党和国家在"三农"问题上的重大决策，服从并服务于农村改革、发展和稳定的大局。二要把握规律性，使农业立法反映农业生产和再生产的客观规律，反映农村经济体制改革、农业部门职能转变和农业一体化发展的要求。三要注重调查研究，实行开门立法，广泛听取人民群众的意见，使立法决策更加科学、更加民主、更能够符合客观实际。

最后，必须强化农业执法。法律的生命在于执行。强化农业执法，不仅是农业部门转变职能的重要内容和目标，更是推进农业依法行政，履行法律法规赋予农业部门执法职责的必然要求。当前，强化农业执法面临改革和提高两项重要任务。改革，就是要逐步将行政审批、行政处罚和技术检测检验工作相对分离，逐步形成行政处罚综合、行政审批集中、检测检验中立三方职责分明的农业执法体系；提高，就是要进一步提高农业执法机构的装备水平和执法人员的专业水平，造就一支政治过硬、业务精通的农业执法队伍。要加强制度建设，进一步完善农业行政执法人员持证上岗制度、执法信息公开制度、执法监督和评议考核制度、执法过错责任追究制度、重大违法案件督办制度、重大行政处罚案件备案制度和执法统计制度，做到执法管理目标化、执法行为规范化、执法程序公开化、执法监督经常化。

（2004 年 9 月）

提高农产品竞争力的必由之路

——《优势农产品区域布局规划》出台的前前后后

2003年1月29日，农业部发布了《优势农产品区域布局规划》，确定了11种优势农产品和35个优势区域，一系列配套措施和实施计划也随之出台。这是我国优化农产品结构，提高农业国际竞争力的重大举措，也是当前农村工作关注的焦点。为帮助读者加深对《优势农产品区域布局规划》的理解，记者在采访中追踪了规划出台的前前后后。

改革开放后，经过20多年的发展，中国农业取得了一系列巨大成就，同时也出现了许多新的问题。近几年，农民增收缓慢，农业发展投资不足，后劲乏力，结构雷同，布局分散，特别是加入WTO后面对国外质优价廉农产品的冲击，以及国际贸易中森严的绿色壁垒，中国农业面临着前所未有的严峻考验。优化农产品品种和结构，充分发挥比较优势，提高我国农产品国际竞争力，已成为中国农业的当务之急。从2001年的中央农村工作会议提出迎接入世挑战、大力推行农业结构战略性调整起，农业部就已开始酝酿筹划优化农业区域布局。

2001年12月8日，农业部发表《加快形成优势产区，积极应对入世挑战》一文，当时的温家宝副总理对此文作出重要批示："优化农业区域布局是农业战略性调整的一个重要任务，也是应对入世挑战，发挥我国农业比较优势的一项紧迫工作。农业部会同有关部门要抓紧编制规划，研究制定具体产业政策和措施。"

温家宝同志的批示，极大地鼓舞了农业部党组班子的工作热情和信心，一项以加快我国农业区域布局调整、建设优势农产品产业带为核心，促进农产品竞争力增强、农业增效和农民增收的《优势农产品区域布局规划》（以下简称《规划》）起草工作迅速展开……

《规划》的起草和出台，自始至终都是在农业部党组和杜青林部长的直接领导下进行

早在中国加入WTO之际，杜青林部长在主持召开的WTO工作领导小组会

议上就指出：要适应加入 WTO 的要求，就要进一步推进农业结构战略性调整，大力提高农产品质量。

正是针对入世后中国农业面临的挑战和机遇，农业部党组于 2001 年下半年，提出优化农产品区域布局，以此作为促进农业结构战略性调整的一个重要步骤。

农业部党组明确提出：要从应对入世和促进新阶段农业结构战略性调整的要求出发，遵循自然规律和经济规律，着眼“两个市场、两种资源”，充分发挥比较优势，实施扶优扶强的非均衡发展战略，坚持以质取胜，在发挥市场配置资源的基础性作用的同时，加强宏观调控，实施政策倾斜，合理有效地配置农业生产要素，重点培育优势农产品和优势产区，做大做强一批具有国际竞争力的农产品产业带（区），形成合理的区域布局和专业分工，力争在较短时期显著提高我国农业的国际竞争力。

《规划》的起草工作，始终是围绕着这一指导思想开展的。

制定《规划》，需要对多年来我国农业发展中存在的问题和具备的优势做深入分析，需要对当前国内和国际市场需求和生产发展趋势做出正确判断，更需要深入探讨和研究农业发展道路上的各种有利和不利因素，以便抓准症结，扬长避短，寻找突破口，确定发展的新思路，调整和进行新的战略部署。

而这一系列问题的答案，必须来自广大基层干部群众的长期实践，只有深入基层，广泛吸收基层在实践中的创新和经验，才能保证《规划》的客观正确，才能保证这项工作的顺利开展，为中国农业找到正确的发展方向和道路。

为此，农业部专门成立了专家组，负责《规划》的调研论证工作。专家组成员共有 60 多位，主要由农业部发展计划司、种植业管理司、畜牧兽医局、渔业局等有关司局领导和中国农业大学、中国农业科学院以及一些民间协会如中国奶业协会等相关科研单位的专家学者组成，专家组又细分为 12 个小组，分别就不同品种、不同任务到不同地区分头进行调研活动。

农业部确定，2002 年为优势农产品区域布局的“规划年”，并将整个编制过程划分为 5 个阶段，分别是准备阶段、编制阶段、调研完善阶段、修改汇报阶段和发布实施阶段。从 2002 年 1 月起，准备阶段工作开始紧锣密鼓地进行。在这一阶段，调查研究是其中一项重要工作，各司局组织与本司局业务相关的专家小组分头行动，马不停蹄，不辞辛劳，在两个多月的时间里，足迹踏遍大江南北。无数次的调研，各种形式的座谈会、研讨会，使《规划》的编制框架日渐清晰，总体思路也逐渐明确。

从应对入世的迫切性出发，《规划》优先选择了能够在应对入世方面大有作为的专用小麦、专用玉米、高产高油大豆、棉花、“双低”油菜、“双高”甘蔗、柑橘、苹果、牛奶、牛羊肉和水产品等 11 种优势农产品，规划了 35 个资源条件好、生产规模大、市场区位优、产业化基础强、环境质量佳、集中连片的优势区域作为近期发展的重点，并在分析其比较优势和薄弱环节的基础上，通过研究其目标市场及需求变化趋势，提出了各自的主攻方向、发展目标和建设重点。

在选择和确定这 11 个优势农产品品种和 35 个优势产区的过程中，《规划》提出了总体思路：

着眼于发挥比较优势。在研究、选择某一个产品、某一个区域有没有比较优势时，首先考虑有没有市场需求。重点发展市场占有率高或市场前景广阔的产品，比如牛奶，国内市场需求旺盛，发展潜力巨大，如果我国奶业不能尽快发展起来，国外乳品企业就会趁“需”而入，占领我们的市场。其次，考虑有没有资源禀赋，比如玉米，尽管我国玉米在价格竞争上劣于美国，但我们拥有世界上盛名的黄金玉米带，有临近国际主要消费市场的区位优势，进一步发展的资源基础很好。最后，考虑产业基础怎么样。要立足现有基础，充分利用生产者生产传统和技术传统，尽快形成产业规模。比如我国的专用优质小麦，尽管专用品种没有美国多，但近年来品种开发和生产有了显著进步，单产水平高于美国、加拿大，全国大多数地方农民有传统的生产习惯，专用小麦进一步发展的产业基础很好。

只有把这些比较优势发挥出来，转变为竞争优势，才能够在激烈的市场竞争中取得主动权，这是推进优势农产品区域布局的基本出发点。

实施非均衡的战略。应对入世不能“四面出击”“全面开花”，必须突出优势农产品和优势产区，实行扶优扶强的非均衡发展战略，进行重点扶持建设，促进加快发展，做大做强一批优势农产品的产业带和产业区，尽快提高竞争力，将其建设成为我国农业应对入世挑战的主力军，进而示范带动全国农业竞争力的提高。正是从这个思路出发，农业部优先选择了 11 种优势农产品，规划了 35 个优势区域作为重点发展和扶持对象，对于大米、生猪、蔬菜等其他一些大宗农产品，考虑到在全国种植、饲养的范围很广，目前这些产品已经形成了比较稳定的出口基地和销售市场，进口压力不大，进出口局势相对稳定，这次就没有列入《规划》。

采取“主客场”竞争战略。着眼比较优势的发挥，立足国内、国外两个市场，农业部将 11 种优势农产品划分为两大类，分别研究了不同的竞争策略，一类是在国内市场上与进口农产品抢夺市场，通过扶持，打好“主场”，有效抵御进口冲击的农产品，比如加工专用小麦，饲用和加工专用玉米、高油大豆、优质棉花、“双低”油菜、牛奶、甜橙和蔗糖等。另一类是在国际市场上具有明显价格竞争优势，生产技术好、成本低，通过扶持发展，能够“走出去”抢占市场，打好“客场”的出口农产品，如苹果及果汁、宽皮柑橘及罐头、水产品等。只有明确不同的竞争对手，确定自己的发展目标和竞争策略，做到“知己知彼”，才能在商场竞赛中“百战不殆”。

按照产业化的思路进行建设。国际市场上农产品竞争不仅是指该种农产品本身的价格或质量的竞争，更是与该种农产品密切相关的生产、加工、销售、科技等各环节及整个产业体系的较量。推进优势农产品区域布局，不能局限于就生产论生产、就产品论产品，而是要着眼于整个产业的开发，通过对每一个优势农产品的整个产业发展的每一个环节进行分析，找出薄弱环节，明确主攻方向，集中力量在影响竞争力的关键节点上取得突破，尤其是要大力培育龙头企业。采取“公司＋基地＋农户”的模式，实行产业化经营，解决农村“一进一出”的问题，通过龙头企业将资金和技术带进农村，把我国农产品和劳动力带到国际市场。

推行突出重点、以点带面策略。这是推进优势农产品区域布局的有效途径。将11种优势农产品和35个优势区域抓好，就会对其他农产品向优势区域集中形成带动效应，有利于构建科学合理的农业生产力布局，有利于加快我国农业发展进程。

总体思路明确，加快准备阶段各项工作的进展。2月底，准备阶段的主要工作：制定工作方案、细化工作任务、提出时间进度表、细化编写提纲等逐步完成。

3月19日，农业部召开部长办公会，会议决定成立《规划》编制协调小组，由发展计划司司长薛亮担任组长，这标志着《规划》的实际编制工作正式启动。协调小组把规划编制的具体任务落实到各个有关司局，发展计划司负责起草总规划，畜牧兽医局负责起草牛奶和牛羊肉两个规划，渔业局负责起草水产品规划，其余8个品种的规划则由种植业管理司负责起草。

《规划》编制迅速进入实际编制阶段。

在此阶段，杜青林部长先后主持召开了6次农业部常务会议，专门研究《规划》的编制问题，各主管副部长也就各自分管的部分召开了若干次部长办公会。每一个草案的出台，农业部党组都要召开常务会进行专门讨论，提出修改意见。

在广泛调研充分论证的基础上，在农业部党组直接领导下，《规划》编制协调小组先后组织完成了一个总规划，11个品种分规划和一个建设规划。

6月26日，农业部召开了全体司局级以上的干部大会，以此为标志，《规划》编制进入第三个阶段——调研完善阶段。这次会议听取了发展计划司、种植业管理司、畜牧兽医局、渔业局等关于《优势农产品区域布局规划》以及优质专用小麦、高产高油大豆、优质专用玉米、“双高”甘蔗、优质柑橘、肉食牛羊、牛奶、优势水产品等9个专项优势农产品区域布局规划的汇报，杜青林部长作了题为《关于优势农产品区域布局的几个关键问题》的重要讲话，就制定《规划》

的主要依据，《规划》与结构调整及农民增收关系以及实施《规划》的基本要求等重要问题发表了看法，并提出“保重点，压一般，不撒胡椒面”，集中有限资金用于有利于全局发展的大事，再一次明确了《规划》编制的关键性问题，进一步推动和完善了《规划》的编制工作。根据这次会议精神，农业部各有关司局就其负责的《规划》进行了进一步细化修改。

推进优势农产品区域布局是一项系统工程，它的成功实施绝不是单靠农业部门就能完成的，而是需要整合社会的力量，取得上级主管部门和其他相关部门的大力支持。

2002 年 7 月 22 日，杜青林部长偕同韩长赋副部长及相关司局的司局长，到国家发展计划委员会衔接汇报。国家发展计划委员会副主任刘江专门听取了汇报，并对这项工作给予了充分肯定，认为这是在新阶段、新时期，农业发展思路上的一个重大调整，也是深化结构调整的一个突破口。当天下午，杜青林部长主持召开了部长办公会议，在听取国家发展计划委员会意见的基础上，研究《规划》的进一步修改和完善工作。《规划》编制由此进入第四个阶段。

在这一阶段，各有关司局不但继续召开专家座谈会，而且从产业化的角度着手，在全国范围内选择相关的龙头企业，把他们的负责人请过来，征求他们对《规划》修改的看法和意见。如畜牧兽医局关于奶业规划的修改和完善，不但召集有关经济专家、育种专家、营养专家等进一步座谈研讨，而且在 7 月和 10 月，两次邀请光明、伊利、蒙牛、三元、完达山、新希望等乳品加工企业的负责人进京座谈，征求他们对奶业加工的前途、趋势等的看法，使规划编制能够更好地把握市场发展的动向。不仅如此，畜牧兽医局还邀请与规划有关的北京、天津、上海、内蒙古、黑龙江、山西、河北 7 个主要省份畜牧局负责人进京共商发展大计，讨论规划的编制修改工作。

10 月 22 日，农业部党组就规划编制情况向当时的温家宝副总理进行了汇报，国务院有关部门负责同志也参加了此次汇报会议。温家宝同志在会上指出，优化农产品区域布局，进一步发挥农业比较优势，是推进农业和农村经济结构战略性调整的重大步骤，也是我国农业增长方式的重大变革，要坚持按客观规律办事，尊重农民意愿，抓住重点环节，扎扎实实地做好这项工作。他强调，开展优势农产品区域布局工作，要重点抓好五个关键环节。一是产业化，二是科技进步，三是质量安全，四是标准化建设，五是市场信息服务。他特别指出，搞好优势农产品区域布局，要有改革创新的精神；要加强国家对农业的宏观调控，改进对农业的扶持办法，提高资金使用效益。

根据温家宝同志的要求，协调小组又组织对《规划》进行了第三次修改和完善。

2003 年 1 月，在全国农业工作会议上，农业部就《规划》草案广泛征求了各地农口领导的意见，而后对《规划》再次做了修改。

至此，历时一年零两个月，在深入调研、广泛听取意见的基础上，在各涉农部门和科研单位的积极参与和国家发展计划委员会及财政部等有关部门的大力支持下，数易其稿的《优势农产品区域布局规划》终于定稿出台。

2003 年 1 月 29 日，《优势农产品区域布局规划》正式发布，并以此为标志，整个《规划》的编制过程进入了第五个阶段——发布实施阶段。

在应对入世和经济全球化挑战的前提下，适时推进优势农产品区域布局是客观需要

如空中飘扬的旗帜，为事业引领着前进的方向。《规划》的出台，为新阶段农业结构战略性调整找到了抓手，明确了奋斗目标。它的制定和实施有着重大的战略意义。

落实《规划》，大力推进优势农产品区域布局，是提高农产品国际竞争力的重大举措。

入世以来，从美国“洋橙”登陆引起的震动，到浙江虾仁出口受阻，一系列类似事件的频频出现，使农业系统的干部群众认识到，中国农业面临的形势不容乐观。如果不采取有效措施，势必加剧国内农产品的“卖难”，影响农业发展、农民增收和农村就业。如何在激烈的竞争中取得主动权，关键是要提高我国农产品的市场竞争力。

提高竞争力的关键在于充分发挥我国农业的比较优势。衡量一个农产品有没有比较优势，要具体分析、全面比较。既要看价格，也要看质量；既要分析一个产品，还要分析其中的具体品种；既要看当前，还要看长远；同时还要看在哪一个市场上进行竞争，而不能简单地认定。只有在国际市场上，与国外产品相比有价格和质量竞争优势的产品才是优势农产品。

我国是一个农业大国，农业发展历史悠久，农业资源和农产品丰富多样，农村劳动力富余，农业生产具有多方面的比较优势，在国际竞争中的回旋余地很大，具有典型的大国效应，有发挥比较优势的基础和条件。比如，我国的高油大豆这几年进口那么多，好像不具优势。实际上我国东北地区发展高油大豆的自然资源很好，有不少含油率与国外相当的大豆品种，是非转基因产品。从去年实施东北大豆振兴工程的效果看，1 000 万亩* 高油高产大豆示范区平均亩产 174 千

* 亩为非法定计量单位，1 亩等于 1/15 公顷。——编者注

克，高于美国大豆的单产水平；含油率提高1～1.5个百分点；生产成本有所下降，价格开始回升，去年的大豆进口量开始减少了，实现了农民增收，企业增效。实践表明，把国产高油大豆搞上去，在国内市场上与进口大豆一争高低是大有希望的。只要着眼比较优势的发挥，做大、做强一批优势农产品和优势产区，就能够在较短的时间内提高竞争力。

落实《规划》，推进优势农产品区域布局，是进一步推动农业结构战略性调整的重要步骤，也是促进农民增收的有效途径。

近几年，虽然我国农业区域布局的调整取得了初步成效，但“小而全，大而全”的问题仍很突出，优质专用品种生产比较分散，区域化布局、专业化分工格局还未形成，地区比较优势未能充分发挥。以推进优势农产品区域布局为突破口，将我国农业发展由过去主要抓产品和产业发展，转向继续抓产品和产业发展的同时，突出抓布局调整和优化，这是我国农业发展重点的一次重大调整。只有这样，才能更好地解决我国农业生产力布局不合理、结构雷同的问题，将各地的资源和区位优势发挥出来，形成区域化布局、专业化分工的格局；打破自给自足的封闭状态，走向开放，参与竞争与合作，实现优势互补，推进农业结构战略性调整向纵深发展。

农民增收困难，特别是从事大宗农产品生产的农民。入世后，农产品主产区受到国际市场冲击的可能性最大，农民增收面临着更加严峻的形势。增加农民收入，重点是增加农产品主产区农民的收入，需要提高主产区农产品的商品率和质量水平。通过优势区域布局，把优势农产品做大、做强，形成规模化生产，从而带动加工、储藏、运输等相关产业的发展，开辟农民新的就业渠道，这既是农业新的增长点，也是农民新的增收点。

而区域化布局、专业化生产、产业化经营，是世界发达国家农业发展的一般趋势和必然规律，也是农业现代化的重要标志之一。目前美国已经形成了一些有竞争力和国际知名的产业带，如其玉米生产带，产量占全国的45%；小麦生产带，产量占全国的50%；大豆生产带，产量占全国的60%。法国形成了世界知名的葡萄优势产区。

在优势产区相对集中投入，加强农业基础设施建设，提高区域农业生产和管理水平，可以促进优势产区率先走向农业现代化。因此，落实《规划》，推进优势农产品区域布局，既是一些国家提高农业竞争力的成功做法，也是推进农业现代化的重要途径。

由此可见，无论是从当前农业结构战略性调整、农民增收，还是从提高农业国际竞争力、实现农业现代化来看，也无论是从我国农业自身发展状况或国际农业的有效实践来看，落实《规划》，推进农产品优势区域布局，都将是现阶段我国农业发展的必然方向和选择。总书记胡锦涛在今年的中央农村工作会议上强调指出：“要大力优化农业区域布局，推动优势农产品和特色农产品向优势产区集中，形成优势农产品产业带。”

《规划》全面实施之日，必将是中国农业在新的起点实现新的跨越之时

《规划》是在客观务实的基础上科学决策的成果，是面对新阶段农业形势和市场竞争作出的重大调整，是一次全国规模整合农业资源、重新布局农业生产力、培植新的农业增长点、打造入世农业竞争主力军的重大战略部署。而落实《规划》，推进优势农产品区域布局是一项系统工程，必须采取综合措施，按照突出重点，以点带面的思路，倾斜政策，合力推进；必须坚持以市场为导向，以质取胜，坚持立足产业整体开发，遵循自然规律和经济规律，充分尊重农民意愿等基本原则。

以这一思想为指导，农业部将从每种优势农产品的优势产区选择若干个重点地区，面向优势农产品整个产业发展的需要，采取“一种优势农产品制定一个战略”，明确主要目标市场，选择一批龙头企业，推广一套实用技术，制定一套扶持政策，实施项目带动等措施，大力推行规模化生产、标准化管理、专业化服务、产业化经营，提高优势产区的生产和管理水平，辐射带动形成一批优势产业带和产业区。

具体来说，品种的优良是保证产品质量的根本，因此必须大力引进、培育和推广优良品种，提高集约化供种水平；而要想在市场竞争中胜出，就必须创立产地品牌，也就必须实行标准化的生产和管理；技术就是生产力，因而大力推广成套农业技术，提高种养业生产和管理水平就成为落实规划的第三个必须；产品价值实现的终端是市场，加强市场服务体系建设，促进产销衔接是市场经济的必然要求；食品安全是一个关系人类健康的全球性重大问题，农业生产要想在这一潮流中站稳脚，就需要实行全程质量监控，提高优势农产品质量安全水平；发展农业产业化经营，增强龙头企业的辐射带动作用是农产品商品化的必经之路；而实行对优势产品和优势产区的扶持政策也是落实《规划》必不可少的，这种扶持主要是有针对性地加大基本建设投资力度，实施补贴政策、减税政策，以及减免各项收费，率先在其优势产区开展农业保险试点等倾斜政策。

农业部出台的这七项措施将为《规划》的实施保驾护航，也将为新世纪中国农业的发展开辟出新的天地。

2003年，作为《规划》实施的第一年，已有多项措施付诸实践。

自1月29日正式发布《规划》起，农业部各部门都在进一步细化部门分工，研究确定每一个实施方案应具体由哪个部门负责。比如发展计划司，主要负责投资项目的争取和支持，业务司局则负责项目的具体实施。

为配合规划的顺利进行，农业部开展了一个题为《优势农产品产业带（区）的形成机制和规律》的课题研究，试图从理论上借鉴国外经验，比如美国产业带形成的机制等，从这个角度总结我国产业带过去发生的一些变化，并在此基础上形成一个具体的既有理论又有实际指导意义的文件，进一步促进优势农产品规划的实施。

据农业部有关部门透露，目前国务院已经批准，由财政部投资3亿元，补贴优势农产品中高油大豆良种和专用小麦良种。农业部有关司局也正在细化具体补贴方案。

推进《规划》，必须进一步加快科技进步与创新，提高农产品科技含量和农业的科技贡献率。2月27日，农业部在人民大会堂举行了新闻发布会，宣布把2003年确定为“全国农业科技年”，将实施优势农产品竞争力科技提升计划，作为《规划》实施的一个分解目标和配套计划。

除上述已在明确进行中的实施动作外，农业部还有一批实施计划正在筹划当中。

虽然当前的中国农业正处于新阶段的“爬坡”时期，但正如杜青林部长在第十届全国人大一次会议记者招待会上所说，“中国农业仍然大有可为!”

《规划》不仅为现阶段我国农业的发展指明了方向，更为其未来描绘出了美丽的蓝图：经过5年的努力，要优先培育11种在国内外市场上有较强竞争力的农产品，形成35个具有鲜明特色、世界知名的优势产业带（区），建立一批规模较大、市场相对稳定的优势农产品出口基地，培育出一批在国内外公认的知名品牌。经过更长时间的努力，构筑具有较强国际竞争力的农业产业体系，形成科学合理的农业生产力布局，提高农业的整体素质和效益，实现农民收入的持续稳定增长，加快优势产区农业现代化的步伐。

农业的发展，是国民经济健康发展的基础；农村的建设，是小康社会建设的重点；农民的富裕，是整个国家富裕的标志。从这个意义上说，《规划》的诞生，是我国农业发展史上的又一个新起点，是我国农业向现代化方向进军的一块新界石。它的制定和实施，不仅是农业部门的一件大事，也必将对我国经济和社会的诸多方面产生深远影响。从一定程度上来说，中国农业实现新的跨越在此一举，现代农业的顺利实现也系于此役，而真正实现城乡经济统筹发展、工农业协调并进、国民经济持续良性循环、全面建设小康社会也与此密切相关。

2003年3月22日，杜青林部长在农业部召开的干部大会上强调，今年农业工作要在5个方面有新的突破，其中第一个方面就是切实抓好《优势农产品区域布局规划》的落实和实施。

有方向的引领，有目标的激励，有措施的保证，更有农业部门和全国人民的共同努力，我们相信，随着《规划》的顺利实施，中国农业将从此揭开一个新的篇章！

（2003年5月）

聚焦粮食之一：政策调动
——构筑粮食生产的战略基础

“好雨知时节，当春乃发生”。中央第六个1号文件的出台，犹如一场甘霖，为解决当前粮食生产中存在的问题提供了新思路，找到了新抓手。农业部政策法规司副司长张红宇告诉记者：“中央1号文件中每处内容都涉及粮食问题，政策中心是增加农民收入，后面更深一层则是确保粮食安全，为国民经济持续协调快速发展打好基础。”

中央1号文件关于粮食政策的着力点主要表现在：围绕一个核心，即农民增收；达到一个目的，即粮食安全；开展三方面工作，即加强粮食生产能力的建设，加强主产区粮食转化和加工力度，加强对粮食主产区的投入。

文件把农民增收和粮食安全放在一起，表现出两方面新意：一方面，把农民收入问题作为头等大事对待，但不能放弃粮食安全；另一方面，虽然特别强调要促进粮食生产，却是围绕着增加粮食主产区种粮农民的收入，实事求是地制定政策和措施。

加强粮食生产能力是确保粮食安全的重要环节，也是粮食产业链的初端，加强这个环节主要从6个方面切入，即实施优质粮食产业工程、建设稳产高产基本农田、扩大沃土工程、加强科技支农、加快水利设施建设、提高农业机械化水平。文件强调运用综合经济手段向粮产区倾斜，通过增强其综合生产能力，走提高农业经济效益的大农业路子。

在这一环节，重点突出了对粮食主产区的投入，集中表现在“四个倾斜”上：一是取消农业税政策向粮食主产区倾斜；二是基础设施建设向粮食主产区倾斜，安排农业科技推广项目向粮食主产区倾斜；三是优质农产品的产业工程向粮食主产区倾斜；四是给农民直接补贴向粮食主产区倾斜。

然而，加强粮食生产能力不是终极目的，增加农民收入才是根本。只有增加农民收入，调动农民种粮积极性，粮食生产能力才有望保持下去，国家的粮食安全才不会出问题，才能形成一个良性循环圈。中央1号文件不仅关注初端的生产，更关注终端的消费和转化，也就是“支持主产区进行粮食转化和加工”。这一环节工作主要从3个方面切入，即积极发展农区畜牧业，以养殖业带动粮食增值；扶持主产区发展粮食精深加工企业，支持主产区建立和改造一批大型农产品加工、种子营销和农业科技型企业。

就这一环节，重点突出了农贷资金对粮食主产区加工业的支持力度，国家要通过小额信贷、贴息补助、提供保险、技改贷款贴息、投资参股、税收政策等诸多形式和途径，从资金方面支持粮食主产区加工增值，各级财政也要安排支持农业产业化发展的专项资金，较大幅度地增加对龙头企业的投入。文件要求：金融机构对农村社区有再投资的义务，加快农村农信社改革；鼓励有条件的地方，在严格监管、有效防范金融风险的前提下，通过吸引社会资本和外资，积极兴办直接为"三农"服务的多种所有制的金融组织；探索实行多种担保形式、设立农业担保机构等多种途径，切实解决农户种粮与小企业贷款担保难的问题。

搞活粮食流通，走大市场的路子，是实现从粮食产业初端到消费加工终端的必由之路。从2004年开始，国家全面放开粮食收购和销售市场，实行购销多渠道经营。确立用价值规律驱动农业发展的新思路，制定和实施"多产粮多收益"的农业保护政策和区域经济平衡政策。建立新的粮食宏观调控体系。文件提出了深化粮食流通体制改革的重要举措，要求有关部门抓紧清理和修改不利于粮食自由流通的政策法规。加快国有粮食购销企业改革步伐，转变企业经营机制，完善粮食现货和期货市场，严禁地区封锁，搞好产销区协作，优化储备布局，加强粮食市场管理和宏观调控。粮食主产区将注重发挥国有及国有控股粮食购销企业的主渠道作用。

从粮食的初端生产到中间的流通环节，再到终端的消费和转化，中央1号文件都以政策的高度给予了关注和支持，为国民经济平稳较快发展构筑了粮食战略基础。从打造一个产业的角度着眼，抓重点工作、抓重点地区、抓重点环节。在此基础上，为进一步调动种粮农民的积极性，国务院又出台了九条更直接、更有力、更果断的措施，以确保国家粮食政策能炼出"真金"，真正实现农民收入与国家粮食安全良性循环。

张红宇副司长把中央1号文件和国务院随后出台的九条措施进行了细致的梳理，就其主要内容总结了七个方面。

一是建立对种粮农民的直接补贴制度。国家从粮食风险基金中拿出100亿元资金，用于主产区种粮农民（包括农垦企业、农场的粮食生产者）的直接补贴。其他地区也要对本省（自治区、直辖市）粮食主产县（市）的种粮农民实行直接补贴。尽可能在春播之前兑现部分补贴资金，全部补贴资金要在上半年基本兑现到农户。具体操作要按照公开、公平、公正的原则，把对种粮农民直接补贴的计算依据、补贴标准、补贴金额逐级落实到每个农户，并张榜公布，接受农民监督。

二是增加粮种补贴，扩大水稻种植面积。2004 年国家加大了粮种推广补贴项目投入力度，补贴作物范围扩大到大豆、小麦、玉米、水稻四大粮食作物。高油大豆、优质专用小麦、专用玉米每亩补贴 10 元；黑龙江省、吉林省、辽宁省农民种植水稻每亩补贴 15 元；湖南省、湖北省、江西省、安徽省农民种植早稻每亩补贴 10 元，种植粳稻、中籼稻每亩补贴 15 元，对晚籼稻的补贴另行研究确定。种植品种的选择要尊重农民意愿。江苏省、浙江省、福建省、广东省等传统水稻产区，也要在地方财政中安排专项资金用于水稻良种补贴。良种推广补贴项目集中安排在河北、内蒙古、辽宁、吉林、黑龙江、江苏、安徽、江西、山东、河南、湖北、湖南、四川 13 个粮食主产省份，其中优质专用小麦、高油大豆、专用玉米补贴面积各 1 000 万亩。优质水稻补贴范围是黑龙江、吉林、辽宁、湖南、湖北、江西、安徽 7 个省份，财政部已根据 2003 年水稻面积向 7 省份预拨了水稻良种补贴资金，随后将根据水稻良种补贴办法的规定据实结算。

三是对购买农机具给予补贴。国家对农民个人，农场职工、农机专业户和直接从事农业生产的农机服务组织购置和更新大型农机具给予一定补贴。中央财政资金安排了 4 000 万元在河北、内蒙古、辽宁、吉林、黑龙江、江苏、安徽、江西、山东、河南、湖北、湖南、重庆、四川、陕西、新疆这 16 个省（自治区、直辖市）的 66 个县实施农机购置补贴项目。具体在哪个县实施，由各省推荐，报农业部审定。补贴机具是小麦、水稻、玉米、大豆四大粮食作物所需的“六机”，即拖拉机、深松机、免耕精量播种机、水稻插秧机、收获机、秸秆综合利用机械。今年的补贴对象是 66 个产粮大县内的农民，不包括农场职工。中央财政已另外安排 3 000 万元专项资金对农场职工购置农机进行补贴（具体实施工作由农垦局负责）。补贴标准是中央财政资金按不超过机具单价的 30%，最高补贴额不超过 3 万元。

四是降低农业税税率，取消农业特产税。在全国范围内取消除烟叶税之外的所有农业特产税，在计税土地面积上产生的农业特产税改征农业税。加大粮食主产区减免农业税的力度。今年在黑龙江、吉林两省先行免征农业税改革试点；河北、内蒙古、辽宁、江苏、安徽、江西、山东、河南、湖北、湖南、四川 11 个粮食主产省份降低农业税税率 3 个百分点；其他地区降低农业税税率 1 个百分点。减征和免征的税额要尽早核算到每一个农户，沿海及其他有条件的地区也可以进行免征农业税试点。

五是对重点粮食品种实行最低收购价格制度。制度规定，在早籼稻市场价格低于每公斤 1.4 元时，由国家指定的粮食企业按每公斤 1.4 元敞开收购；市场价格高于上述价格时，按实际市场价格收购。对中籼稻、晚籼稻和粳稻及秋季播种的冬小麦，国家另行发布最低收购价格。

六是稳定农业生产资料价格。一要认真落实国家支持化肥生产的税收和价格优惠政策，恢复尿素生产企业交纳的增值税先征后返50%的政策，保证化肥生产企业的能源、原材料供应。由中国农业生产资料公司等承担国管贸易进口任务的化肥进口企业，进口环节加收的流通费用综合差率由1.7%暂时降为1.2%，进口磷酸二铵、复合肥等港口交货价允许下浮，暂停执行上浮3%的规定。暂停尿素和磷酸二铵的出口退税。根据生产企业磷酸二铵销售量和进口企业磷酸二铵进口量，每吨补贴100元，补贴资金由中央财政负担。二要加强对化肥出厂价和流通环节进销差率、批零差率的监督管理，严格控制流通环节的加价幅度，降低化肥最终零售价格，真正让利给农民。三要严厉打击制售假冒伪劣农业生产资料的行为。

七是严格保护耕地，努力增加耕地面积，提高耕地质量。落实最严格的耕地保护制度，确保基本农田保护区落实到村组、农户和地块。严肃清理整顿各类开发区，坚决纠正违规擅自设立开发区和扩大开发区面积的现象，对清理出的开发区具备耕种条件的，今年一定要种上庄稼；禁止在基本农田挖鱼塘、栽种树木。加强土地整理，合理开发土地，确保耕地占补平衡；抓紧落实确定一定比例国有土地出让金用于支持农业土地开发的政策。土地出让金用于农业土地开发的比例，由各省、自治区、直辖市及计划单列市根据不同情况，按各市、县不低于土地出让平均纯收益的15%确定。土地出让平均收益的具体标准由财政部、国土资源部确定。

聚焦粮食之二：从长计议　打造精锐兵团
——解读国家优质粮食产业工程

一个军队要取得作战胜利，必须要有自己的精锐部队，一个产业能够最终胜出，也必须有自己的优势区域和优势品种。所谓优质粮食产业工程，就是农业部为确保国家的粮食安全，为中国粮食产业的长远发展大计，而起草编写了《国家优质粮食产业工程建设规划（2004—2010 年）》，针对我国粮食生产近年来出现的新情况，在 13 个粮食主产省份选择一批有基础、有潜力的粮食大县和国有农场，着力加强优质粮食产业基地基础设施建设，整体实施良种繁育、病虫害防治、标准粮田建设、现代农机装备推进和粮食加工转化项目，促进优质粮食产业的发展。通过项目带动，集中力量打造粮食产业中的“精锐兵团”，以提高粮食产业的“战斗力”和竞争力。不久前，国务院常务会议已经讨论并原则性通过了该项规划，具体实施工作也在紧锣密鼓地进行。

三大理念武装粮食产业

国家粮食优质产业工程以 13 个粮食主产省份、9 个粮食优势产业带为主要根据地，把科技的理念、产业的理念和区域的理念贯穿其中，凸显市场在农业资源配置中的基础性作用，为我国解决新阶段的粮食问题提供了一个新的思路和途径。

以科技的理念推进优质粮食产业工程建设，既是在耕地资源和水资源双重约束下发展我国粮食产业的现实选择，也是保障粮食安全的根本出路。我国耕地资源少，人均耕地不到世界平均水平的 1/3，随着工业化、城镇化的推进，耕地将继续减少。我国是世界上 13 个贫水国家之一，人均水资源拥有量仅为世界平均水平的 25%。受气候变化影响，我国将由丰水期转入相对枯水期，水资源对粮食生产的制约将更加突出。这对农业科技的发展提出了更高要求。目前符合市场需要的农业新品种、新技术供给严重不足，优质高产专用良种、病虫害控制技术的供应不能满足需求，水资源的利用效率低下，浪费严重。只有突破过去那种单纯追求粮食播种面积和粮食产量的观念，由单纯“藏粮于库”向“藏粮于库”“藏粮于地”和“藏粮于技”结合转变，把科技进步贯穿到粮食生产的各个方面，充分发挥农业科技在粮食产业中的作用，才能切实提高我国粮食的综合生产能力，促进粮食产业持续发展。实施国家优质粮食产业工程，将紧紧依靠科技进步，推进农业增长方式的转变。通过完善和建设良种选育和技术创新中心，开展新品种选育、品种区试及综合配套技术的开发试验与集成应用研究，为粮食产业的发展提供长期的技术支撑和品种储备；通过实施病虫害防控项目，改善粮食产业植保技术装备水平和能力；通过推广科学施肥配方，提高土地肥力；通过推广喷灌、有效利用节水技术，解决水资源对粮食生产的制约；通过推广深耕深松、精量播种、化肥深施技术，提高农机作业与先进技术应用的集成能力和应用效果；通过支持粮食加工企业的技术改造，引导企业向农产品精深加工方向发展。科技的理念贯穿整个优质粮食产业工程，为工程目标的实现提供技术保证。

以产业的理念推进优质粮食产业工程建设是在市场经济条件下发展我国粮食产业的客观要求。在市场经济条件下，粮食生产既有自然风险，又有市场风险，是一个弱质产业。只有把粮食生产、转化、加工、流通等各个环节紧密连接起来，形成一个完整的产业体系，才能提高粮食附加值，增强粮食产业的市场竞争力。我国虽然是一个粮食生产大国，但粮食的加工转化能力较低，产加销脱节，尚未形成一体化的现代产业体系。必须突破过去单纯抓粮食生产的观念，牢固树立产业整体发展理念，把提高粮食生产能力与构建现代粮食产业体系结合起来，大力发展粮食加工、储运和流通，进一步提高粮食产业的市场竞争力。优质粮食产业工程建设，针对我国粮食加工转化能力较低的现状，实施粮食转化加工项目，通过调整粮食加工企业的区域布局，做大做强粮食产业；按照加工转化的需要，培育和推广优质专用品种，促进产加销之间的衔接；充分发挥市场机制的作用，鼓励和引导企业与社会资金参与优质粮食产业工程建设，把产业的理念贯穿到优质粮食产业工程建设的各个环节，为工程建设目标的实现提供机制保证。

以区域的理念推进优质粮食产业工程建设是调整和优化农业结构、促进粮食主产区经济发展的客观需要。优化农业区域布局，实行农产品专业化生产，形成农产品优势产业带，是我国农业结构战略性调整的基本要求。13 个粮食主产区的农业资源条件优越，适宜粮食作物生产，但由于粮食加工转化能力低下，产业体系不发达，粮食主产区的经济优势没有得到充分发挥。必须打破过去单纯强调区域粮食供求自求平衡的观念，发挥区域比较优势，以粮食主产区为重点，引导粮食生产向优势区域集中，促进粮食生产优势产业带的形成。实施优质粮食产业工程，就是要紧紧围绕 13 个粮食主产区，依据各个区域的资源和市场条件，引导相应的加工企业向该区域聚集，促进粮食优势产业带的形成和当地区域的经济发展。

科技、产业和区域三个理念形成了优质粮食产业工程建设的总体思路，以这种思路统领粮食综合生产能力建设和粮食产业发展，促进技术措施与工程措施的有效结合、粮食生产与加工转化的有效衔接，最终将实现粮食产业发展与区域经济发展、生态环境改善和增加农民收入的相互促进，实现粮食产业“战斗力”和竞争力的增强。

五大能力保障“兵团”建设

国家优质粮食产业工程建设将通过实施优质专用良种育繁、标准粮田建设等五大项目，来培养和提高良种扩繁供应能力、基础地力和产出能力、技术集成能力、综合防控能力和应急救灾能力、粮食加工转化能力和市场竞争能力五大能力，以此为主体推动我国粮食综合生产能力的全面提高。

良种是粮食发展的核心，是粮食生产的首要环节，是打造粮食产业“精锐兵团”的基础，提高良种扩繁供应能力，是提高粮食综合生产能力的内在要求。优质专用良种育繁项目，将按照 9 个粮食优势产业带的区域特性，通过提高完善现有基础条件，配套提升专用新品种开发能力和配套集成技术规程，在提高小麦、水稻、玉米、大豆 4 种粮食作物原种研发和供应能力的同时，巩固完善小麦、常规稻和大豆原种、良种扩繁能力，不断提高专用品种的覆盖率和更新换代能力，形成由“种质创新—新品种选育—扩繁—技术综合配套”等环节组成的良种育繁体系，使主要优质专用粮食作物良种的生产能力满足项目县用种量的 80%以上，标准粮田良种覆盖率达到 100%。

有害生物的扩散和蔓延，严重危害粮食生产的安全，实施病虫害防控项目，提高综合防控能力和应急救灾能力，是提高粮食综合生产能力、实现粮食稳产高产的重要保障。病虫害防控项目，通过省级病虫害监测中心和基层监测站建设，完善重大病虫害灾情监测预警系统；通过有害生物综合防治及应急防治站建设，完善重大病虫害应急控制系统；通过农药安全检测区域中心和安全使用指导中心建设，健全农药监管、安全使用和农药残留控制系统；通过植物检疫重点实验室、引种作物检疫隔离场和非疫区建设，强化危险病虫检疫防疫系统，提高对突发性、暴发性、迁飞性和流行性农业生物灾害的应变和控制能力，通过项目建设，使重大病虫害发生的预报准确率达到 90%以上，灾害损失率控制在 3%以下，病虫害基本不成灾、不起飞、不扩散。

耕地地力水平、技术承载能力、抗旱防洪能力和可持续利用能力是粮食生产的物质基础，提高基础地力和产出能力是发挥优质专用良种生产潜力的必要条件，也是粮食产业得以强势发展的基础。建设标准粮田，将按照"巩固高产田、提升中产田、兼顾低产田"的思路，在13个粮食主产区，选择一批有基础、有潜力的粮食大县和国有农场，开展标准粮田建设。通过粮田基础设施建设，形成具有抗旱防涝、保护生态、提高效率、高产稳产的标准粮田；通过改良培肥地力，逐步遏制粮田土壤退化、地力下降、生态恶化的趋势；通过粮田质量监控，科学维护标准粮田，保证其发挥长远的效益。

农业机械装备是农业科技应用的有效载体，有助于发挥良种、耕地等要素的生产潜力，增强粮食生产的技术集成和标准化应用能力，是提高粮食综合生产能力的有效手段。通过粮田作业大型动力机械购置，以及配套收获、烘干等设备和机具库棚等附属设施建设，使项目区4种粮食作物的机械化率平均提高15个百分点，达到50%左右；通过组建多种形式的县、乡、村基层机械化生产作业服务队或生产联合体，完善农机推广服务体系，形成社会化服务网络；通过对保护性耕作、深耕深松、精量播种、化肥深施、机械收获、秸秆还田、抗旱播种、抗旱灌溉等技术的机械化集成和标准化应用，恢复农田地力，使每亩成本平均降低10～20元，节省种子和化肥20%～30%，降低粮食霉烂损失1～2个百分点，实现节本、增效、降耗，提高了在粮食生产方面的科技贡献水平。

粮食加工转化可以增加粮食附加值，提高粮食产业的经济效益和市场竞争力，调动农民生产优质粮食的积极性，提高粮食加工转化能力和市场竞争力，是保证粮食综合生产能力稳定和持续提高的客观要求。通过实施粮食加工转化项目建设，逐步调整粮食加工企业的区域布局，增强主产区的粮食加工转化能力，培育粮食主产区初级加工与精深加工相配套的产业体系，提高粮食产业的经济效益和市场竞争力，争取到2007年年底，使粮食加工比重由目前的8%提高到15%。

成败与否关键要靠投入

优质粮食产业工程能否顺利实施，工程建设的目标能否顺利实现，"兵团"打造能否顺利进行，增加投入、搞好"后勤补给"是关键。要尽快建立以政府投入为主，其他社会力量积极参与的良性投入机制。

近年来，我国的粮食综合生产能力呈现全面下降的趋势，主要表现在耕地面积减少、基本农田水利设施陈旧、抗灾能力减弱、技术研发和推广滞后、机械化装备水平落后等方面。造成我国粮食综合生产能力下降的影响因素有很多，国家用于保持和提高粮食生产能力的投资不足是其中一个重要原因。1998年以来，国家财政对500个粮食生产大县的扶持力度明显减弱，粮食十强县的支农资金在财政支出中的比重已由1998年的5.5%下降到2002年的1.7%。国家有关部门用于支持粮食生产的项目资金规模很小，总共只有几十亿元，难以从根本上扭转和解决农田水利设施老化、技术储备匮乏、单产徘徊不前等严重问题。随着农业结构战略性调整的深入，不适宜种粮的地区将会陆续退出粮食生产，只有增加对粮食主产区的投入，提高优势区域的粮食生产能力，才能保证粮食生产稳定增长。随着城乡统筹发展战略的实施，将会有更多的农民转向非农领域，对商品粮的需求也会越来越多，只有增加对粮食生产的投入，提高粮食的单产水平，才能保证商品粮的供给。随着人民生活水平日益提高，对粮食及其加工制品的消费也提出了新的要求，只有增加农业投入，加快农业科技进步，才能满足人们食品多样化、优质化的需求。加入 WTO 以后，我国的粮食生产和粮食产业都将面临来自国外的竞争和挑战，只有增加投入，增强农业的国内支持，才能提升我国粮食产业及其产品在国际上的竞争力。因此，在新阶段实施国家优质粮食产业工程，增加资金投入至关重要。

从项目建设作用来看，优质粮食产业工程的大多数建设项目具有很强的公益性和外部性。比如实施西部粮食综合生产能力建设项目，不仅可以改善项目建设区域的粮食生产条件，更重要的是还可以保护当地脆弱的生态环境；再比如病虫害防控项目，往往是小规模经营农户甚至一个区域都难以解决的问题，只有国家增加投入，并统一协调才可以实现有效控制。从项目建设内容来看，优质粮食产业工程建设的重点是解决一些影响粮食发展的关键性问题，比如优质专用良种育繁项目，重点是建设新品种配套技术研发所需的基础设施和原良种扩繁基地；标准粮田项目，重点是建设道路、林网、排灌、基础地力恢复、土壤改良、水资源及环境监测和配方施肥等基础设施。从项目投资特点来看，优质粮食产业工程的一些基础设施建设项目，投资规模大、投资周期长、资金回收慢。比如地力培育，不是一次投资就可以完成的，需要逐年进行投资改良，才能达到改善耕地质量的目标。由于这些项目具有公益性、外部性和长期性的特点，搞好工程建设就需要国家和各级政府增加投入。

从投资渠道来看，近几年有关部门通过一些工程项目对粮食生产进行了一些投入，但由于管理主体多、使用分散、投资力度不够，造成投资重点不突出，整合现有投资，既需要一定时间，也有较大难度，很难在短时间内集中发挥作用，因此需要尽快增加新的投入，且要突出投资重点。从项目内容来看，新增资金重点要投放到优质专用良种繁育、标准粮田建设以及病虫害防控等公益性比较强的项目上，但也要适当考虑种粮农户因购买力不足难以购置动力机械和配套机具等现实问题，加大对农业机械化建设的投入。

优质粮食产业工程建设涉及粮食产业发展的各个环节和各个方面，仅靠中央及地方各级政府的投入是不够的，还必须采取一系列政策措施，鼓励和引导农户、企业以及社会各方积极参与优质粮食产业工程建设。项目建设将始终坚持“谁投资、谁受益”的原则，调动和保护社会各方参与优质粮食产业工程建设的主动性和积极性，并进一步扩大对外开放，努力引进项目和外资。

实施国家优质粮食产业工程，既着眼于提高粮食主产区的粮食综合生产能力，又着眼于提高我国粮食产业的国际竞争力，从长远出发，还着眼于逐步形成我国粮食产业持续发展的长效机制，以达到确保国家粮食安全的目的。国家优质粮食产业工程实施成功之日，将是中国粮食产业崛起之时，是中国粮食“精锐兵团”成形之时，也必将是中国粮食安全无忧之日！

聚焦粮食之三：提质增产　合力攻坚

——农业部“粮食大会战”行动纪实

继全面抗击禽流感一役告一段落之后，农业部又全力投入另一场攻坚战——粮食提质增产大会战。为此，农业部确立了奋斗目标，即“两个确保”，确保粮食播种面积达到15亿亩，确保产量达到9 100亿斤；“两个力争”，即粮食单产力争达到或突破历史最高水平，优质粮食比重力争明显提高。围绕这个目标，农业部创新工作机制，狠抓政策落实，2004年粮食攻坚战已经全面打响。

成立“指挥部”

为更好地贯彻落实中央1号文件和国务院农业和粮食工作会议精神，更好地统筹协调、充分发挥各部门的职能作用，农业部确立了发展粮食生产工作联席会议制度。联席会议由农业部办公厅、种植业司等11个单位的负责人组成，会议由杜青林部长和刘坚副部长主持，联席会议办公地点设在种植业司。

联席会议按照加强生产指导、整合资金项目、协调各方力量、交流情况经验、研究发展措施、督促政策落实的要求，每季度召开一次会议，研究部署促进粮食发展的有关工作，重大问题则随时研究。在联席会议的大旗下，农业部各有关单位既各司其职，又互相配合，开展了农作物种子质量抽检、水稻高产技术培训、优粮工程项目大检查等62项重大工作。农业部专门制订了2004年发展粮食生产工作月历，平均每月安排5项工作，各部门将按照联席会议要求按月逐项实施。这样，农业部各部门不再是孤军奋战，而是在联席会议的麾下组成“盟军”，协同作战，既把各部门的工作细化分工，责任落实到人，又保证促进粮食生产的大方向一致。

如果说联席会议制度实现了农业部的内部联合，那么农业部领导粮食生产联系点制度则是实现了上下联合。这项制度规定，每一位农业部领导负责联系1～2个粮食主产省份，重点了解联系省、联系县贯彻落实中央1号文件的情况和地方制定的配套政策措施，跟踪了解粮食播种面积、粮食价格、苗情长势和农业生产资料供求及到户率等重要指标的变化情况，指导推动地方工作。

联系点制度规定，在春耕、“三夏”“三秋”的关键季节，农业部领导要深入联系点，进村入户、调查情况、指导工作，同时农业部制定并印发了《农业部关于恢复粮食生产的意见》，要求各级农业部门都要把恢复发展粮食生产纳入重要议事日程，把恢复发展粮食生产的各项工作任务和要求分解到市、县，促进粮食生产行政首长负责制的落实，加强监督和工作考核，突出抓好重点作物、重点地区、关键农时、关键措施，以求不断提高粮食综合生产能力。这项制度的实施，通过上下联合行动，实现粮食生产上头有人管、下面有人抓、上下齐用力、共同抓发展的合力局面。

正是在创新制度，形成内部合力、上下联动的基础上，农业部围绕两个工作重点，即全面落实政策调动农民种粮积极性，确保落实面积打下粮食增产基础，开展和实施了一系列行动计划。

吹响“冲锋号”

农业部领导认为，让中央政策的巨大力量转化为亿万农民的自觉行动，是确保粮食增产、农民增收的一项至关重要而紧迫的任务。为此，农业部把宣传中央对粮食生产的扶持政策作为当前春耕备耕的一件大事，并于2月组织编写了《2004年国家鼓励农民发展粮食生产的政策措施》，印发了56万份，确保河北、内蒙古等13个粮食主产省份每个乡镇张贴两份，每个村张贴一份，其他省份的重点产粮乡镇也进行张贴，力争把政策宣传到每家每户，这项工作现已基本完成，并已初见成效。据悉，东北粮食主产区的农民在得知免税和直补的政策后非常高兴，感叹道：“种地不要钱还给钱，真是从来没有过啊。”正是看到政策对农民种粮的巨大鼓舞，为加大宣传力度，农业部又派出14个督察指导组，到粮食主产区宣讲中央发展粮食生产的政策措施，并要求各地农业部门也紧急行动起来，深入田间和农户，加大宣传力度，让政策尽快与农民见面。农业部还把政策宣讲与“三下乡”活动、技术推广、农民培训等结合起来，搞好政策和技术咨询。既让农民了解种粮的好处，又让农民掌握增产的技术，力图通过政策宣传，使发展粮食生产成为广大农民的自觉行动。

在政策宣传下乡的过程中，各粮食主产区也迅速行动起来，相继出台了配套措施，如吉林省于3月25日召开省委常委扩大会议，专题贯彻落实国务院3月23日农业和粮食工作会议精神，研究出台了促进农民增收、粮食增产、农业增效的有关政策。吉林省政府专门召开新闻发布会，公布支农政策，洪虎省长代表省委省政府向社会公布了促进农民增收、粮食增产、农业增效的有关政策，即“一项免征、二项补贴、三项技术”的政策，受到农民的欢迎。江西南昌县则组成百人宣讲团，进村入户，向农民面对面宣讲国家发展粮食生产的政策，在全县乡村共张贴了 1 400 份农业部印发的宣传材料。

据农业部种植业司司长陈萌山介绍，中央扶持农业和粮食生产的政策开始逐步发挥效应。加上粮价上涨对粮食生产的拉动力，既调动了地方政府重农抓粮的积极性，也调动了农民务农种粮的积极性。去年全国秋冬种粮食播种面积大幅下滑的势头得到较好遏制，今年春播粮食及全年粮食播种面积也呈恢复性增加趋势。据悉，春播计划面积比上年增加 2 000 多万亩，这对于实现农业部“两个确保”“两个力争”应该是个不错的开局。但陈萌山司长表示，要真正打赢这场粮食攻坚战，形势依然不容乐观，主要有四方面原因：一是政策落实工作进展不平衡，有的地方还没把政策措施细化实化。二是夏粮面积仍比上年有所减少，而抗旱保春耕的任务相当艰巨，南方部分地区去年遭遇秋冬连旱，北方部分地区旱情仍没有得到基本缓解。特别是近期，小麦条锈病呈偏重发生态势，夺取夏粮丰收难度不小。三是化肥等生产资料价格上涨幅度较大，对农民增加投入的积极性有一定影响。四是一些地方乱占滥用耕地的现象还没有得到完全纠正，也直接造成粮食种植面积减少。

打造“硬环境”

为确保中央政策真正实施到位，粮食面积最大限度得到落实，农民真正在粮食生产中得到支持补贴，得到益处，农业部会同其他部委机关共同开展了一系列督察行动。为落实国家关于“最严格的耕地保护制度”，目前农业部会同国土资源部共同制定了今年基本农田检查方案，坚决查处违反规定乱批、乱占、滥用农民耕地的各种行为，保护基本农田不受侵占。禁止在基本农田开挖渔塘、种植果树等行为，特别是在良田种树，据悉此种行为在全国以冀、鲁、豫三省和天津市最为严重。山东某公路两侧良田种树宽度加起来近 1 公里，严重影响粮食的播种和生产。农业部办公厅主任刘维佳说，在基本农田植树，表面上看是一种政府行为，其深层却是企业行为在背后策动，有的地方恨不得一个县上一个造纸厂。基于这种情况，农业部代拟了《国务院关于坚决制止占用基本农田进行植树等行为的紧急通知》，此通知已获批准执行，目前已发往全国。另外，按照农业部的统一部署，近期还将开展《中华人民共和国土地承包法》落实情况的检查，坚决遏制耕地撂荒现象。农业部部领导联系点制度和农业部 14 个督导小组，也将把落实耕地播种面积作为跟踪调查工作中的一项重要内容。

我国的粮食价格特别是水稻价格，自去年 9 月呈现恢复性增长以来，今年 2 月又出现较大幅度的上扬，这对于农民增加收入、提高种粮积极性有着不可替代的作用。但据农业部市场与经济信息司的统计，自去年 9 月至今，化肥等农资价格已连续上涨 7 个月，使粮食平均每亩物质费用投入比上年增加 20 元，直接抵销了粮价上涨给农民带来的部分收入。而有些地方出现的假种子、假农药等事件也极大地损害了农民的收益。因此，整顿农资市场，平抑农资价格已是目前粮食工作中的必选项。2 月 18 日，由农业、工商、质检、公安等部门组成的全国农资打假专项斗争部际协调小组召开了动员大会，全国范围内的农资打假护农专项治理行动拉开了帷幕。这次行动把种子、农药和动物疫苗确定为今年市场整顿的重中之重，该协调小组已于 3 月派出了 9 个调查组，深入重点地区、重点市场进行明察暗访，查处各种违法犯罪行为。为确保农资打假行动起到实效，最大限度降低农民的损失，农业部还印发了 20 万份辨识假劣种子、农药科普挂图，组织 50 家种子、10 家农药骨干企业向农民做出了合法经营、诚信守约的承诺。同时，农业部还会同国家发展和改革委员会下发了《关于加强粮食作物种子价格管理的紧急通知》。

确保“好战果”

农业是弱势产业，需要国家支持。种粮具有公益性质，更要国家投入补贴。而多年来我们的习惯是向农业索取的多，投入的少，间接补贴的多，直接给予的少。加入 WTO 后，受国际国内的影响，做强做大农业产业、支持扶持粮食生产已是我们当前农业的头等大事。为贯彻落实中央 1 号文件的政策精神，尽快实施对农业和粮食产业的反哺方案，农业部编制了《国家优质粮食产业工程建设规划》，国务院已讨论并原则上通过，目前进入宣传实施阶段。农业部会同财政部制定了水稻、小麦、大豆良种补贴的实施方案，要求各级农业部门切实做好实施良种补贴和优质粮食产业工程的各项准备工作，确保这两项措施发挥最大的增粮效果。目前，各粮食主产省份的农业部门正在紧密结合当地实际，认真组织项目筛选和申报工作，积极争取落实配套资金。另外，农业部还会同财政部共同制定了关于购买农机的补贴办法。

资金上要帮，技术上还要扶。陈萌山说，要想引导农民选用良种和技术，农业部门干部和科技人员必须深入农村，开展服务培训。如果服务工作跟不上，影响了粮食收成，农业部门的责任就很大。据悉，为帮助农民抓好春季田间管理，农业部已派出 20 个夏粮专家指导组，深入主产区开展巡回指导和技术培训。

2004年，注定是中国农业史上浓墨重彩的一笔。无论是中央惠农的好政策，还是农业部创新的内部联合、外部“结盟”、上下联动的新工作机制和理念，都本着从大处着眼、从细处着手的精神把工作做实，把农业和粮食产业做强做大，让农民真正受益，让国家真正受益!

（2004年5月）

关注农信社之历史回眸：风雨坎坷 50 年

我国的农村信用合作社（以后简称农信社）从诞生到现在只有短短 50 年的历程，作为一个以服务“三农”为宗旨的金融机构，相较其他金融企业，农信社走过了相当艰难曲折的道路。其管理体制先后经历了五次大变更，沿着“人民银行—政府基层组织—农业银行—人民银行—中国银行保险监督管理委员会—省级政府”路线历尽沧桑艰难行进，到 2003 年 6 月底，全国农信社法人机构 34 909 个，职工 62.8 万人；各项存款余额 22 330 亿元，各项贷款余额 16 181 亿元，分别占金融机构存款总额和贷款余额的 11.5%和 10.8%，成为我国法人机构最多、从业人员最众、城乡分布最广的金融机构，也成为服务“三农”的最主要金融工具。反过来，也正是农村深广的资金渴求，支持了农信社在曲折道路上始终艰难前行而不至破灭。

1951—1959 年，农信社诞生与迅速成长阶段

为了农民、农业、农村更好地发展，1951 年 5 月中国人民银行召开了第一次全国农村金融工作会议，作出按照“资本金由农民入股、干部由社员选举、通过信贷活动为社员的生产生活服务、坚持合作制”的方针，大力发展农信社的决定；1956 年基本实现全国农村信用合作化，1956 年年底全国共有农信社 10.3 万个，入社农户近 1 亿户，吸收农民储蓄存款 32 亿元，发放贷款达到 10 亿元，其中生产贷款占 42.4%，设备贷款占 8.9%。从农信社创建到 1958 年，农信社由中国人民银行领导管理。

1959—1979 年，农信社管理权反复下放、变换的曲折发展阶段

在这 20 年间，由于极“左”路线的影响，农信社事业遭受到“大跃进”“文化大革命”的严重损害，发展极其缓慢。首先是 1958 年实现人民公社化后，农

信社与银行营业所合并，包括人权和资金权，一起下放给人民公社，成为人民公社信用部，从此开始了贫下中农管理时期；到1959年4月，农信社又被下放到生产大队，改名为信用分部，人权与财权归生产大队管理和核算，业务由生产大队和银行共同领导：在这种情况下，农信社正常的信用关系遭到破坏，财务混乱，经济案件增多。“文化大革命”期间，农信社更是遭到严重破坏，许多农信社无人负责，规章制度被废除，财务混乱，业务停顿，日渐羸弱，问题日益增多。

1979—1996年，农信社踏进“官办”之列

自1977年11月，国务院提出“农信社是集体金融组织，又是国家银行在农村的金融机构”，农信社开始由“民办”向“官办”转变。1979年中共中央办公厅转发文件，同意将农信社更改为“既是集体金融组织，又是农业银行的基层机构，办理农村各项金融业务，执行国家金融部门的职能任务。”至此，农信社完成了向“官办”的转化进程，正式成了中国农业银行的“附属品”和基层机构，农民养大的“孩子”从此与农民渐行渐远。这一时期，正是乡镇企业风起云涌之际，农信社大量贷款倾放到乡镇企业，许多资产质量突变成“地雷”，大量亲朋的安家落户，使农信社几乎成了“家属大院”，“金融世家”也渐成平常事。

1996年至今，农信社“入托”人民银行，进入新改革探索时期

鉴于由中国农业银行管理的严重弊端和潜伏的巨大风险，1996年起农信社转由中国人民银行托管。中国人民银行增设农村合作金融监管机构，专门负责对农信社的监管工作。此时的农信社已是满目疮痍，举步维艰。农信社在1994—1997年间，支付的保值储蓄贴息，以及与农行脱钩时接收的大量金融包袱，为日后发展埋下了大笔不良贷款的隐患；1999年，农信社又成为接收地方政府“两会一部”金融包袱的机构，这使其发展雪上加霜；再到2000年，农信社又接收原各级人民银行等开办经营的“城市农信社”，成了接收各种金融“包袱”的“冤大头”。据统计，到2000年年底，全国农信社不良资产为5 174亿元，其中逾期1 582亿元，呆滞2 672亿元，呆账920亿元，历年亏损挂账则为1 232亿元，全国农信社总计资不抵债2 361亿元。

巨大的金融风险，已使农信社到了非拯救不可的地步！

中国人民银行作为最后贷款人，对农信社实施了历史上第一次大救援，其基层各级分行成了农信社的“大救星”，开始动用一切手段与力量，对其进行监控，

以确保支付，避免连锁金融风险；同时，全国陆续开始“支农再贷款”工程，每年增加超过200亿元以上的投入额度为之培植“造血”功能。5年间减少农信社法人机构1万多家，精简人员4万人，2002年年底农信社不良贷款率比1999年减少14个百分点，2003年6月底又比年初下降5个百分点；全国农信社2000年、2001年、2002年分别减亏增盈52亿元、38亿元、71亿元，亏损面分别下降了10个百分点、9个百分点和12个百分点。但央行既是“裁判员又是运动员”的双重身份成为农信社健康发展的必然障碍。于是，2003年中国银行保险监督管理委员会成立后，再一次对农信社进行了大规模改革和施救。全国3万多家农信社逐步交由省级政府管理，这项工作率先在浙江、山东、山西、贵州、吉林、重庆、陕西、江苏8个省份进行试点。同时配套3项扶持政策：一是财政支持，对亏损农信社1994—1997年期间开办保值储蓄而多支付保值贴补息给予分期补贴；二是税收减免，从2003年1月1日起至2005年年底，对试点地区农信社一律暂免征收所得税和对所得税及营业税实行不同程度的减免；三是利率施救，在民间借贷比较活跃的地方，实行在基准贷款利率1～2倍范围内浮动的利率政策。改革的核心指向是力图使农信社脱下“官服”，换上民装，恢复其群众性和民主性，突出其社区服务性，从而更好地服务“三农”，缓解并彻底改变当前农村金融的“缺血”状态。

50年风雨，农信社可谓命运多舛，但强大的需求，支撑它存活到今天。它诞生于计划经济体制之下，成长于经济体制变革之中，改革于市场经济初步形成之际，在它的身上，有着太多的计划经济烙印。它为中国“三农”做出了巨大贡献，也为中国建设承担了太重的包袱。如今，特别是加入WTO之后，中国经济已跻身世界竞技场，“三农”问题又成为当前制约发展的瓶颈。如何在国际竞技场上立于不败之地，于发展中求解、于竞争中求胜已是唯一的必然选项，农信社如何在新世纪赛道中调整好状态，当好求解“三农”问题的有力后盾，已是重任在肩，万众瞩目。

历史，恐怕不会再给我们更多的选择，也不允许我们再犯这样或那样太多的错误！

关注农信社之现实点击：改革路上的三重跨越

——访中国银行保险监督管理委员会合作金融机构监管部副主任李钧锋

2003年6月，农村农信社改革迈出了新步伐。此次改革试点工作由中国银行保险监督管理委员会负责组织实施，记者在改革试点工作实施一年之际，就改革工作的有关问题专程采访了银监会合作金融机构监管部副主任李钧锋。

记者：自去年7月2日国务院印发《关于深化农村农信社改革试点方案的通知》以来，新一轮改革已在各试点省份迅速开展，您能就这次改革要点谈谈目前全国试点的情况吗？

李钧锋：此次改革是根据新时期农业和农村经济发展，对农村金融服务提出的新要求。深化农村农信社改革是以服务"三农"为宗旨，按照"明晰产权关系、强化约束机制、增强服务功能、国家适当支持、地方政府负责"的总体要求，加快农村农信社管理体制和产权制度改革，把农村农信社逐步办成由农民、农村工商户和各类经济组织入股，为农民、农业和农村经济发展服务的地方金融机构，充分发挥农村农信社的农村金融主力军作用，更好地支持农村经济结构调整，帮助农民增加收入，促进城乡经济协调发展。

改革遵循四条原则：一是按照市场经济规则，明晰产权关系，促进农村农信社法人治理结构的完善和经营机制转换，使农村农信社真正成为自主经营、自我约束、自我发展、自担风险的市场主体。二是按照服务"三农"的经营方向，改进服务方式，完善服务功能，使农村农信社真正成为农村金融主力军和联系农民的金融纽带。三是按照因地制宜、分类指导原则，积极探索和分类实施股份制、股份合作制、合作制各种产权制度，建立与各地经济发展、管理水平相适应的组织形式和运行机制。四是按照责权利相结合原则，充分发挥各方面积极性，明确农村农信社监督管理体制，落实对农村农信社的风险防范和处置责任。

改革重点是解决好以下两个问题：一是以法人为单位，改革农村农信社产权制度，明晰产权关系，完善法人治理，区别各类情况，确定不同的产权形式；二是改革农村农信社管理体制，将农村农信社的管理交由地方政府负责。

从目前江苏和浙江两省的情况来看，改革在一段时期里已初见成效。如“三会”制度得到落实，法人治理结构基本形成，其整体抗风险能力也大幅度提高，进一步找准了服务“三农”的市场定位，各项业务都有了发展。在地方政府接管方面，试点省纷纷成立了省级联社，新的管理体制也在逐步形成。但在经营机制如何进一步转换，股权设置如何更趋合理，成果和风险如何与投入较少股金的社员形成密切联系，如何避免落实支农政策过程中经营成本加重等问题，尚有待于进一步寻求对策。

记者：为什么要把农信社产权制度改革作为重点？具体有哪些内容？为什么要实施以县（市）为单位统一法人？

李钧锋：产权问题是建立现代企业制度的核心和主要内容，也是建立合理科学、归属清晰、权责明确、流转自由的现代法人治理结构的基础。农村农信社多年来产权不明晰，法人治理结构不完善，管理责任不落实，成为制约其作为金融企业法人发展的一个核心问题。以法人为单位改革农村农信社产权制度，就是要解决农村农信社“谁出资、谁管理、出了问题谁负责”的问题。

由于我国各地经济发展水平不一，农村农信社的经营状况各有不同，因此根据不同情况，要分别进行股份制、股份合作制和完善合作制的试点。产权制度改革，最终目的是要促成农村农信社内部机制的转换，促成一个合理、有效的营运和管理机制的建立，而不是以简单的股权量化或者以表面的企业资产股权化来取代良好公司治理结构和机制建设的全部内容。因此，在产权制度改革过程中，特别强调要因地制宜确定农村农信社的组织形式。如在经济比较发达、城乡一体化程度较高、农村农信社的资产规模较大且已商业化经营的少数地区，可以组建股份制或股份合作制银行机构；在人口相对稠密或粮棉商品基地县（市），可以县（市）为单位将农村农信社和县（市）联社各为法人改为统一法人；其他地区可在完善合作基础上继续实行乡镇农村农信社、县（市）联社各为法人的体制；采取有效措施，通过降格、合并等手段，加大对高风险农村农信社兼并和重组的步伐；对少数严重资不抵债、机构设置在城区或城郊、支农服务需求较少的农村农信社可考虑按照《金融机构撤销条例》予以撤销。

实施统一法人是为了改变乡镇农村农信社和各县（市）联社各为法人而形成的机构分散、弱小，抵御风险能力较弱的状况。县（市）联社作为农村农信社入股组成的联合组织，既行使对农村农信社的管理职能，自身又经营业务，实际上已成为农村农信社的基层管理机构。县（市）联社和农村农信社之间权责不清，矛盾很多。2000年以来，江苏实行了试点改革，将农村农信社与县联社各为法人合为一个法人。实践证明，这种做法有利于明晰产权关系，有利于减少管理环节、降低管理成本、提高管理效率，有利于扩大经营规模，提高抵御风险的能力。

记者：农信社在50多年的发展历程中，其管理权几经变易，此次改革又把管理权由人民银行转给了省级政府，您对此有何评价？省级政府对农信社有哪些主要管理职责，如何行使？

李钧锋：农村农信社管理体制是一个长期以来没有很好解决的问题。这次改革试点方案明确提出将农村农信社的管理责任交由省级政府负责，同时国家监管机构依法实施监管，农村农信社自我约束、自担风险。确定这一监督管理体制，是这次深化农村农信社改革的一项重要决策。

把对农村农信社管理的责任交由省级政府负责，主要是因为：第一，国家监管机构对农村农信社是依法监管的关系，不能承揽对农村农信社的各项管理事宜；第二，农村农信社是为社区服务的金融组织，虽然是各自独立的金融企业法人，但其自我约束和自我发展的能力不强，客观上需要对它进行相应的管理，尤其是风险的防范和违法、违纪、违规案件的及时查处等；第三，农村农信社是农村经济的重要组成部分，同时也是地方性金融机构，服务对象是农民，服务区域在农村，服务目标是为了促进地方经济发展和社会稳定，因此农村农信社的改革与发展不能割裂与地方政府的关系，地方政府也有责任加强对农村农信社的领导、管理和支持；第四，随着金融形势的变化和政府职能的转变，省级政府已逐步具备了管理地方金融机构的能力，交由省级政府管理，有利于明确管理责任，也有利于为农村农信社的发展创造好的环境。因此，试点方案提出了“国家宏观调控、加强监管，省级政府依法管理、落实责任，农村农信社自我约束、自担风险”的监督管理体制。

省级政府对农村农信社管理的主要职责：一是督促农村农信社贯彻执行国家金融方针政策，引导农村农信社坚持为“三农”服务的经营宗旨，地方党委要加强农村农信社党的建设和思想政治工作；二是依照国家有关法律法规，指导本地区农村农信社加强自律管理，督促农村农信社依法选举领导班子和聘用主要管理人员；三是统一组织有关部门防范和处置辖内农村农信社金融风险，今后对高风险机构的处置，在省级人民政府承诺由中央财政从转移支付中扣划的前提下，中央银行可以提供临时支持；四是帮助农村农信社清收旧贷，打击逃废债，查处农村农信社各类案件，建立良好的信用环境，维护农村金融秩序稳定。

省级政府在行使管理职能时必须按照“政企分开”的原则，对金融企业的管理只能是间接的、宏观的管理，而不能直接干预农村农信社的业务经营活动。国务院还明确要求，对农村农信社管理由省级政府负责，但省级政府不能把农村农信社的管理权下放给地（市）和县、乡政府。

另外，农村农信社由省级政府管理，需要借助一个载体来进行。省级政府应明确一个专门的机构来统筹全省农村农信社的行业管理，促进农村农信社更好地发挥作用。试点地区可按照精简、高效的原则，成立省级联社或其他形式的省级管理机构，在省（自治区、直辖市）政府领导下，具体承担对辖内农村农信社的管理、指导、协调和服务职能。地（市）级不再设立联社或其他形式的独立管理机构。同时，国家银行监管机构依法行使对农村农信社的金融监管职能。

记者：如果对此次改革做一评价的话，您认为它最主要的突破在哪些方面？

李钧锋：此次改革的政策比较灵活，不搞一刀切，给具体操作留下了很大空间。如果可以顺利达到目的，那么中国农村农信社事业将实现三重跨越。第一个跨越就是靠政策支持和多方面努力力争化解掉历史包袱，实现农信社资产优良化，这是农信社发展的一个大的跨越；第二个跨越就是明晰农信社产权，确立合理的法人治理结构，真正达到“花钱买机制”的效果；第三个跨越就是监管体制的改革尝试，特别是管理权下放到省级政府，有人对此提出异议，但这是在现有认知水平上的最佳选择。无论怎样改革，其核心目的只有一个，就是在切合我国国情的条件下，使农信社事业走上健康发展的道路，以便更好地为“三农”服务。

关注农信社之未来展望：倾农信社之力能否解“三农”之渴？

2003年5月27日，孙大午因“非法吸收公众存款罪”被捕；同年6月28日，贵州省毕节市“借贷主”郑勇自杀身亡。前者反映了一部分民营企业家面临的金融困境，后者则曝出了地下金融市场的冰山一角，两者背后所揭示的是农村金融市场的严重失衡。

1998年至今，四大商业银行撤并了3.1万个县级机构和网点；而与撤并同步的是，四大银行在农村实行宽进严出的存贷模式，此举使农村资金每年单向流出3 000亿元之多。

拥有3.2万个营业网点的中国邮政储蓄银行，更是一部“单向抽血机”，每年从农村抽走资金超过4 000亿元。

农村资金正在以每年5 000亿～7 000亿元的速度外流。

与此相对的，是背着沉重历史包袱的农信社在苦撑危局，它的存贷比已经超过了70%，尽管它使出浑身解数，但对于被数台“抽血机器”狂抽资金的广大农村来说，还是无助大局。

而身为政策性银行的中国农业发展银行，只针对粮棉做封闭运行。于是专家惊呼：农村金融正在因极度干涸而面临大面积荒芜，农民为买一头牛贷不到200元钱而必须等待一年！

资金的匮乏导致农村生产力发展和农业技术的开发和运用受到严重制约，而农业、农村、农民的发展，已成为当前国民经济全面发展的突出制约因素。

破解“三农”问题，必须把农村金融体制改革提上日程。2003年7月，农信社改革试点工作的启动，便是中国农村金融体制改革的破题之举，然而面对这场改革，许多业内人士持有疑虑。

行政管理成本与被忽视的合作金融要求

此次改革给出了三种产权安排，四种实现形式。三种产权安排分别是股份制、股份合作制和合作制。四种实现形式分别是：第一，把农信社办成股份制或股份合作制的农村金融机构；第二，把原来的县和乡两级法人统一成一级法人；第三，还实行原来的县和乡两级法人；第四，不同金融机构可以兼并重组。有学者评价说，这种制度安排实际上是给农信社改革提供了一个商业化的方向，但改革又明确要求，坚持服务"三农"的原则。那么如何把商业化的导向与服务"三农"的宗旨相统一，这是一个难题。于是省级政府这个"婆婆"就被推到了前沿阵地。由此可以看出，这次改革的行政推动色彩是很浓的，而且在制度设计中特别强调了这个功能。

那么，对于省级政府参与管理，业内有一个很大的担心，那就是政府干预农信社业务运营的问题。一位业内资深人士对记者说，政府干预是肯定的，这在制度安排上就能看得见。首先是省联社主任不是自下而上选举出来的，而是由政府派任。如果不是自下而上选举产生，就必然涉及为谁负责的问题，也就存在行政干预的可能性。其次是政绩观的问题，领导干部任期一般为3～5年，在这段时间里，为了政绩，必然要求农信社放贷，至于三五年后他走了，贷款能不能收回，那就是农信社自己的事了。这样新的改革就有可能重新陷入利益的三角关系。即：地方政府通过行政干预获得地方利益，同时向农信社转移成本，然后是农信社通过问题暴露把成本汇总，形成一个大的资金漏洞，最后再把这个漏洞转移给中央，由监管当局通过履行最后贷款人职能或某种形式的改革将漏洞堵上。目前，有种说法是，改革后这种漏洞填补转移给了省级政府。正是为了防止农信社管理权逐级下放造成这种现象，改革方案明确规定，省级政府不能逐级下放管理权。但又说，在"具体实施过程中，省级政府也可以结合实际，适当赋予地(市)、县(市)政府协助管理的责任。"那么，地方政府是否干预农信社业务，在一定程度上取决于地方政府的自觉性了。所以有学者称："把农信社交由地方政府负责，无疑为地方政府干预金融，进而控制和支配金融资源提供了新的机会。"再者，只要掺杂人为因素在内，其道德风险和机会成本也就必然增加。那么农信社遵循的"四自"原则就可能出现偏差。而且，金融是市场的产物，金融机构说到底是一个企业，用行政力量去管理企业，必然会产生违背市场规律的东西。因此，在现行改革框架下，如何限制政府权力的越位延伸甚至规定政府的退出期限，将是农信社今后改革的重要关注点。

也正是基于此，有专家提出，在这场改革中，商业化的导向原则使合作制有被忽视的倾向。相较于商业化原则，合作制的精髓是弱弱联合，打造强势群体。其制度设计本质是一个互助组织，发展动力也是为社员服务，不需要一个专门的行政部门来督促。反过来，按照商业化运作的原则改造的农信社，其制度内在发展的要求就是追求利润最大化，政府想要达到支援"三农"的目的，就必须要以管理者的身份站出来下命令。两者相较，当然前者的成本较低，支农效果也好。而且我们为支农而采用的行政管理办法相较于西方反歧视性贷款的社区再投资法也有所不同，西方是成熟的法制社会，是以法来强调约束，它的成本是固定的；而我们用行政力量来说话，这里就关系到人或道德风险的问题，它的成本是不固定的，就可能导致不公平，也就难免会出现种种问题。

因此在中国中西部地区的农村，实行商业化金融早已被证明是行不通的，四大银行纷纷从中西部基层撤出就是最好的说明。而庞大又分散的小农经济的存在，正是合作金融存在的土壤。因此，把建立真正的合作金融提上日程，应该是农信社今后重要的改革方向。其实早在 1996 年的改革方案中就提出把农信社规范成真正的合作制，后来也多次重申这一点，但收效甚微。这并不是说合作金融不适合中国，而是我们的农信社长期以来打着“合作”之名，行着国有商业银行之实，特别是中国农信社特殊的成长历程，自诞生之日起，它就是计划经济运作的一个产物。它的每次变革都是行政力量的推动，而不是合作制本身的要求。现在，农信社能不能成功改制成合作制金融，关键要看农信社身披的官服能不能顺利脱下，政府在其中能否起到明确的导向作用而不是管理作用，并做好相关的培训和服务工作。

改革后农信社可否独撑“乾坤”

目前，农信社以占全部金融机构 12%左右的储蓄存款余额支撑着 60%～70%的农业贷款和 70%～75%的乡镇企业贷款，几乎是独木支撑的农信社显然难以满足农村居民的基本金融需求，广大农村依然饱受金融饥渴之苦。农信社本身风险也日积月累。新一轮改革再次把农信社推到了焦点位置。

然而，有专家却认为，尽管农信社确实是服务“三农”的金融主力军，但期望仅仅通过改革农村农信社来解决农村金融问题是不现实的。

首先，因为历年来农信社包袱过于沉重，到 2002 年年底，农信社不良贷款占比 37%；资不抵债的有 19 542 家，占机构总数的 54.98%；历年亏损挂账 1 313.9 亿元。尽管这次改革给出了有力的政策支持，但长期承受着巨大亏损的农信社就如一个羸弱的病人，不可能一下子就活力四射，对于改革以及改革所带来的全方位调整，农信社需要一个消化吸收、转变成长的过程，如果在这一过程中把太重的担子压在它身上，恐怕会“欲速则不达”。

其次，从客观来看，农村经济社会发展是多层次的，对金融需求也必然是多层次的。1996 年《国务院关于农村金融改革的决定》曾谈到，农村发展的多层次性要求多层次服务的金融机构，提出“建立和完善以合作金融为基础、商业性金融和政策性金融分工合作的农村金融体系。”这一提法到现在依然很有意义。中国人民银行研究局谢平教授认为，农村金融机构体系必须实现多样化，建立包括政策性银行、商业银行、农信社、商业保险公司和证券机构在内的多层次机构网络；提供包括存贷款、证券融资、证券交易、财产、人寿，以及再保险和支付结算等中间业务在内的多样化金融工具。他认为，农信社是农村金融的“主力军”，但不能独家垄断。中国社会科学院冯兴元研究员则说，农村金融改革是一项系统工程，仅靠农信社改革孤军深入是无法取得理想效果的。目前就农村发展来看，商业金融、政策性金融和合作金融同时并存才有可能满足农村经济发展所必需的多样化金融需求。

另外，就国外经验来看，金融制度的健全发展离不开担保体系和保险体系的配套发展。与我国相似，日本也是小农经济，它的合作金融就有多重支持保障制度。如存款保险制度，除提供存款保险外，还适当进行资金援助、利息补贴等；还有相互援助制度、农业灾害补偿制度以及农业信用保证保险制度等，这些配套制度为日本合作金融顺利发展起到了保驾护航的作用。而美国农信社也有完善有效的存款保险和互助保险机制，法国合作金融担保体系也很健全。我国在1996年的农村金融改革方案中也曾提出“逐步建立各类农业保险机构”，但截至目前，这类保险机构几乎就没有发育出来。因此，在诸多金融配套体系缺位的情况下，把解“三农”资金之困系于农信社改革，的确有些勉为其难。中国人民银行行长周小川最近表示，随着农信社改革的推进，邮政储蓄改革、农村政策性金融、存款保险制度等将提上日程，我们拭目以待。

农村金融改革需要打造法制土壤

市场经济是建立在规则与法制基础上的经济，它需要规则的约束，也需要规则的保障。作为市场经济的重要产物——金融企业，也必然遵守这个要求。中国农信社从确立之初，就指出要发展合作金融。50年过去了，合作金融有名无实，《合作金融法》至今缺位。于是，在农村金融产品供求失衡，农信社独木难支的情况下，民间借贷大面积衍生，而且发展迅速。在私营经济发达的地方，民间借贷尤为活跃。然而，在民间金融活动广泛存在的背后，却是严厉的金融管制法规。1998年发布的《非法金融机构和非法金融业务活动取缔办法》被业内人士认为是一个非常严厉的治理办法。根据这一法规，民间大量存在的“草根金融”属于非法活动，在取缔之列。而同时《中华人民共和国商业银行法》又规定，经中国人民银行批准实缴资本5 000万元以上可以开办农村合作商业银行，拥有1亿元资金方可设立城市商业银行，但不允许农村开办钱户、钱庄。过高的门槛限制了民间借贷向合法化转化，实际上也形成了农村金融垄断的事实。

在农村农信社的新一轮改革中，不少专家呼吁，要尽快制定《合作金融法》，依法规范民间金融活动，使其在合法且可有效监管的规则框架下正常流通。以民间金融之力弥补农村金融的空缺，应不失为一种可行之策。此次改革方案的提出，“可采取有效措施，通过降格、合并等手段，加大对高风险农信社兼并和重组的步伐。对少数严重资不抵债、机构设置在城区或城郊、支农服务需求较少的农信社，可考虑按照《金融机构撤销条例》予以撤销。”从字里行间可以看出，对于撤销资不抵债的农信社，改革是持审慎态度的。因为在四大银行基层贷款机构撤出后，农信社实事上已在独立支撑农村金融的大片天空。如果按照市场规则，所有资不抵债的农信社都退出市场舞台的话，那么中国将会有大批农村出现金融真空，而且农信社所吸收的存款大多都是当地农民的钱，农信社破产就意味着大批农民的破产，这是国家无法承受的。因此这些已不符合市场竞争规律的市场淘汰品必须因政策的需要而继续存在，此时的所谓金融企业已变成政府政策需求的一个机构。一方面是这些金融企业形同虚设地合法存在，另一方面是大量民间金融继续顽强地“非法”生存和蔓延。按照市场经济规律，一个企业的存在与否完全要取决于市场对它的需求和它本身的生存能力，据此而论，前者合法消亡而后者合理存在应该是题中之义。

因此有不少专家呼吁，要尽快出台《合作金融法》以规范引导民间金融活动，以民间金融合法化的增量扩张，代替已经名存实亡的亏损农信社，填补农村金融供求的空缺，让市场力量做出合理的选择，法律制度做出合理的规范，而不是行政控制下的低水平均衡。

结语

如今，说到“三农”问题，必然就联想到农村金融的缺位，然后就联想到农信社改革。这似乎形成了一个思维定式：农信社改革了，农村金融就好转了，“三农”问题就可以解决了。其实这种思维犯了孤立主义的错误。金融是市场的神经，它天生对市场经济敏感，对国家政策导向有强烈的反映。农村金融面临困境是有多方面原因的，但广大农村缺乏主导性产业，以及信息和项目的短缺，使农村特别是中西部落后地区的农村有金融需求，却缺乏金融回报，再加上合作金融性质的扭曲，各项涉农保险和存款担保体系的缺位，使金融业在农村面临很大的风险，从而导致农村金融普遍干涸的局面。因此，搞好农村农信社的改革，是搞好农村金融的关键，但如没有农村金融配套改革的到位，就算倾农村农信社之全力，恐怕也难以形成农村金融供求平衡的整体局面。同样，如果没有农村配套改革的结伴前行，广大农村分散、落后、闭塞的局面得不到有效改善，农民素质得不到有效提高，没有有效的增收途径，就算金融产品能够及时到位，其结果也只能是一粒好种子落进不毛之地，发不了芽，开不了花，更结不出果子来。国外合作金融大都投向消费性贷款而最终不愁收回，其根本的一条就是贷款者基本都有可靠的工资收入。因此，周小川说农村金融发展和农村农业是一个共生共存的问题，它们必须互相促进。

（2004 年 7 月）

一场深刻的变革
——青海省草原畜牧业转型调查

最近，笔者到青海省围绕草原补奖政策的落实、饲草产业的发展以及当地生态畜牧业发展有关情况进行调研。十多天下来，走访了民和、刚察、湟源、湟中、贵南、贵德、互助、乐都等 8 个县、17 个合作社和企业，与青海省农牧厅畜牧处、草原处及草原站和草原监理站的同志进行了座谈交流。总体感觉是：草原补奖政策的实施犹如一石激起千层浪，正在引发草原畜牧业发生深刻变革，传统、粗放、分散的草原畜牧业，正在向集约化、规模化、现代化方向迈进，草原畜牧业的科学发展元素正在增加，监测管理任务更加重要，由此引发的牧民观念和生产生活方式的变革正在向纵深发展，相关后续配套政策显得尤为关键。

草原畜牧业正在发生三个深刻变革

随着保护生态、退牧还草、草原禁牧和补奖等政策的实施，青海这片青藏高原上的草原畜牧业正在发生着深刻的变革。

第一，生态观念深入人心，绿色发展正逢其时。“青藏高原是中华水塔，保护好草原生态环境责任重大，每做一项工作都要做实，这已成为全省各族干部的共识。”青海省农牧厅草原处处长巩爱岐说道。这种保护生态的责任意识在牧民中也被普遍理解。“以前每天就是放牛羊、数牛羊，看着草原退化了，也着急，但谁也不知道该怎么办。现在由国家组织实行禁牧还草、草畜平衡，大家都能理解，也欢迎。”刚察县泉吉乡宁夏村村主任才保说。青海省有 5.47 亿亩草原，不仅是全省 75 万牧民赖以生存的生产资料，也是我们国家的重要生态屏障，从 20 世纪 90 年代起，由于牧区人口增长促使牲畜饲养量增加，全省 90%以上草场出现了不同程度的退化，个别地区严重沙化。保护草原就是保护牧民的生命线，就是保障整个中国的生态安全，这是天大的事，与你我息息相关，这种观念目前已在牧区广大干部群众心中日渐确立。青海省农牧厅厅长张黄元说，正是在这一背景下，青海逐步摸索出一条适合自己的路子：那就是坚持“生态立省”发展战略，把生态畜牧业建设、草原生态补奖机制、游牧民定居工程、饲草产业有机结合、同步推进、综合施策，大力发展生态畜牧业。青海省举起发展生态畜牧业的大旗，旨在转变传统草原畜牧业发展方式，促进生态环境保护与畜牧业发展良性循环。在当前人们对食品安全普遍焦虑的时代，打出青海省这张绿色生态牌可谓正逢其时。

第二，传统草原畜牧业向集约化、规模化、现代化方向迈进。与保护生态相对应，牧群和牧民正在撤出禁牧草场，草畜平衡区开始实施科学核减牲畜数量、按类分群、划区轮牧，草原畜牧业开始走上集约化发展道路。同时草场流转加快，全省 883 个牧业村累计流转草场 1.95 亿亩，整合牲畜 838 万头（只），能繁母畜比例提高了 4.2 个百分点，草原畜牧业开始规模化发展。结合游牧民定居工程的实施、草场围栏建设的推进，游牧民开始走进定居点，牛羊开始走进圈棚，饲草料加工业日渐兴起，大量工商资本开始涉足农牧业，科学育种、合作经营、设施牧业、畜产品竞拍等多种现代因素开始进入草原畜牧业。如刚察县泉吉乡宁夏村生态畜牧业合作社在 2011 年成功搞了“大白毛”（羊毛）集中竞拍，拍卖价比零散售价每公斤高 0.8 元，共拍卖了 9 吨“大白毛”，增收 7 200 元。合作社理事长才保说，以后他们还要尝试竞拍牛羊，商人也愿意这样买，省了一家家去交易。探索和创新正在草原深处竞相迸发，传统分散的畜牧业开始在现代理念的撬动下展现勃勃生机，集约化、规模化的现代生态畜牧业已开始自己的脱茧里程。

第三，草原畜牧业组织化程度提高，新型经营体系正在孕育成形。青海省在转变草原畜牧业发展方式的过程中，以加强牧业生产的组织化为主要抓手，坚持牲畜作价归户所有权不动摇，草场承包到户使用权不动摇，在此基础上积极推动组建牧民合作经济组织，按照“三步走”的发展战略，即由探索推进阶段到提高完善阶段，再到巩固提升阶段，用 12 年左右的时间，全面推动牧业生产的组织化发展。自 2008 年起，青海省由试点到示范再到全面推动，截至 2012 年，生态畜牧业合作社建设的第一步已全部完成，牧区 883 个纯牧业村全部成立了生态畜牧业合作社，入社的牧户有 11.5 万户，占建设村牧户总数的 63%。分散的牧户在自愿的基础上组成了合作体，摸索出了股份制、联户制、代牧制、大户制等不同类型的合作社。目前，通过合作社供给牧民的生产资料占牧民总购买量的 65%以上，销售的畜产品占到牧民年销售量的 80%以上，草原畜牧业生产的组织化程度明显提高。与此相应，随着政策驱动力度加大，一批与草原畜牧业相关的牧业龙头企业正在崛起，以“龙头企业＋合作社”“合作社＋牧户”“生产大户带小户”为发展形态的新型草原畜牧业经营体系正在孕育成形。

现代生态畜牧业发展必须求解的三个关键问题

青海省 5.47 亿亩草原中可利用草地面积 4.74 亿亩，按照国家草原补奖政策，其中 2.45 亿亩中度以上退化天然草原要实行禁牧，另 2.29 亿亩草原推行草畜平衡。按照青海省提出的“禁牧不禁养，减畜不减产”的指导思想，全省年饲草缺口将达到 700 多万吨。

发展现代生态畜牧业第一个关键问题是：草从何处来？

青海省结合实际，着手从护草、种草、储草三个环节入手，立草为业，努力解决草的问题，为生态养护和草原生态畜牧业发展夯实基础。

护草与禁牧相结合。青海省按照先落实草原承包，后核发草原使用权证、草原承包经营权证、签订草原承包合同，然后录入牧户信息的程序，将禁牧还草的任务和草原补奖资金分解落实到户，以达到养护草原、恢复植被、涵养生态的目的。贵南县县长扎江说，为落实草原补奖政策，实现禁牧还草，贵南县专门成立了“草管会”，先后调处解决了 256 起乡村草原纠纷，为落实补奖资金和实现禁牧还草任务打下了坚实的基础。针对草原监理任务日益繁重，草原技术推广亟待加强的现状，贵南县还积极谋划成立草业局，拟将草原监理职能纳入草业局，改变原来草原监理与草原站一套班子两块牌子的现状。青海省草原监理站站长蔡佩云说：“我们宁可慢一点，也要把工作搞扎实，把基础打好打牢。”目前，青海省已先后对三江源地区及青海湖流域的 20 个县的 1.1 亿亩中度以上退化草原实施了围栏禁牧封育和核减牲畜。2012 年补奖政策共落实到户（联户）资金 110 151 万元，占补奖资金总额的 57%，其中，禁牧补助 85 372 万元，占计划资金的 58%。

种草与养畜相结合。为弥补饲草料的巨大缺口，青海省出台推进饲草料产业发展的指导意见，编制发展规划，通过抓牧草良种繁育、抓饲草基地建设、抓饲草料加工三个关键环节，多渠道筹措资金，大力发展饲草产业，实现草畜联动。各州、县也通过优惠政策扶持，积极引导企业、经纪人、种养大户等社会资本加大对饲草料产业的投入，一方面发展牧区的牧草加工，另一方面积极发展农区玉米秸秆加工，多方寻求饲草料供应，力争到“十二五”后期，全省建立牧草良种繁育基地 25 万亩，年产牧草良种 3.1 万吨，全省饲草种植达 650 万亩，年产青干草 4 000 万吨以上，综合利用农作物秸秆 100 万吨以上，饲草料加工能力达 80 万吨，为现代畜牧业发展打造配套的现代饲草体系。截至 2012 年，青海省新建牧草种子基地 1 万亩，牧草良种繁育基地保留面积达 10.8 万亩，年产优良牧草种子1.13万吨；新建人工饲草基地261.3万亩，全省人工饲草保留面积达511万亩，年产青干草300万吨；全省饲草料加工企业75家，年生产饲料产品28万吨、加工饲草产品5万吨。

储草与防灾相结合。汲取2012年青南牧区严重雪灾给畜牧业发展带来巨大损失的经验教训，青海省着力建设省、州、县三级饲草料储备库。省级储备以饲草料龙头企业为主，生产加工储备足够的饲草料；州级以玛沁、泽库、囊谦、久治、玛沁县饲草料基地为依托，建立饲草生产、加工贮备站；县级以万亩、千亩、百亩饲草料基地为依托，建立稳定的饲草生产、加工贮备站（点），同时积极动员牧户做好抗灾饲草料储备，确保牲畜安全越冬。在运行机制上，省、州、县三级饲草料储备库由各级政府投资建设，运行、管理由企业具体负责，平时由企业组织饲草料生产经营，实行市场化运作。灾害发生时，作为政府的应急救灾饲草料贮备，及时向灾区调运饲草料，确保救灾饲草料供应。调研发现，一些企业响应政府救灾号召，积极向灾区调运饲料，但其运出的饲草料目前存在收款难的问题。

发展现代生态畜牧业第二个关键问题是：畜往何处养?

超载的牛羊要有去处，牛羊肉供应也不能断档。为此，青海省以创新组建生态畜牧业合作社为抓手，着力加强草原畜牧业组织化程度，并以此为依托双管齐下，引导指导牧民核减牲畜、精简整编牧群，大力推行舍饲圈养。青海省883个生态畜牧业合作社实行的是一村一社，每一个村都可根据自身实际情况开展形式多样的合作。

据青海省农牧厅畜牧处马清德介绍，天峻县梅陇村的梅陇模式是最成功的一种模式。牧民把生产资料以股份制形式加入合作社，由合作社进行优化重组，统一管理，草场统一划区轮牧，根据草畜平衡原则淘汰产能不高的牛羊，全村49户牧民从最初有49群牛羊，整合成了26个标准牧群，分为生产母羊、精羊、种公羊、后备羊等几个类群，实行专群管理，专人放牧，26名放牧员由合作社民主选举，将最优秀的放牧员推举出来，其他人分流出来从事二三产业。在梅陇合作社的带动下，全村禁牧还草顺利推进，草畜平衡成效明显，草原产草量每亩平均增加14～20千克，植被覆盖度提高5%～10%，牧民人均收入由原来的5 000元，增加到9 000元。

刚察县的宁夏村生态畜牧业合作社是联户制合作社的一个代表，覆盖全村85个牧户。合作社下设23个经营联合户，每个经营联合户由两三个或三四个数量不等的牧户自愿组合，他们的生产资料包括草场、羊群等按股份入股经营，草场统一划区轮作，牛羊统一分群饲牧，经营联合户年终收益按股份分红。经营联合户一般由亲戚或彼此关系好、信得过，或草场距离近的几家组成，推举其中一户作为户主。23 个经营联合户中有一个种公羊经营户，由合作社直接管理。该经营户在畜牧兽医部门技术人员的帮助下，从全村牧群里筛选出 319 只优秀种公羊组群，利用专用草场放牧，交配季以 100 元一天的价格租给其他经营联合户，实现统一配种。村里其他种公羊全部淘汰，避免近亲交配、品种退化，以优化牧群结构。合作社还在秋季草场建立了 4.2 万亩集中育肥基地，由一户专门管理、科学饲喂，育肥基地的羊羔一般 4 个月后即出栏，而以往牧户自己饲养一般要 1～2 年才出栏。合作社还从经营联合户中返聘了 10 人组成综合服务队，主要进行集中剪毛、畜疫防治、维修乡村道路、饲草料种植、项目建设等工作，为各经营户提供社会化服务。按照合作社章程，每个经营联合户单独核算，年终总收益的 2%要上交合作社，但该村村长兼合作社理事长才保说，这 2%的收益合作社并未收取，因为合作社还有其他产业，运营目前不存在困难。据才保介绍，宁夏生态畜牧业合作社 2012 年人均收入已达 10 500 元，合作社牧民桑多嘉说自己入社后比以前少了 100 只羊，但收入却翻了一番。

马清德说，搞生态畜牧业合作就是要解决小牧户与大市场衔接难、风险大的问题，解决畜牧业生产一家一户分散经营在总体上呈现的无政府状态，草原畜牧业如果没有集约化、规模化、组织化生产，不但畜疫防治难度大，草原保护也会苍白无力，政策落实也难，草场资源利用无序、竭泽而渔的现象也就难以避免。

发展现代生态畜牧业第三个关键问题是：人到何处去?

按照发展生态畜牧业的要求，必然要涉及牧民流转、再就业的问题。以梅陇合作社为例，原来 49 个牧群需要 49 个人放牧，现在 26 个牧群只要 26 个人就够了，剩余的 23 个人要如何就业呢? 这不但关系牧民增收，更是牧区社会稳定、草原畜牧业发展顺利转型的重要一环。

青海省对此十分重视，一方面强化政府服务，加大牧民转移就业培训力度，拓宽转移输出渠道，组织引导牧民进城务工就业；另一方面充分发挥合作社的组织作用，大力发展农畜产品加工、民族工艺品加工、特色文化旅游等二三产业，努力解决剩余劳动力就业问题。

据刚察县伊克乌兰乡角什科贡麻村扎木尔牛羊育肥专业合作社理事长扎保介绍，随着刚察县高原海滨藏城建设和环湖旅游业的发展，他们的玛尼石刻和掐丝唐卡销售状况很好，该合作社已在藏城购置商铺 6 间，与西宁 12 家手工艺销售商达成供货协议，计划用三年时间发展成全乡最大的文化产业基地，转移全乡剩余劳动力 800 余人。2012 年该社人均收入达 8 565 元，已转移周边剩余劳动力 110 多人。刚察县农牧局局长才让说，县里十分重视对牧民的转移就业培训，已成立专门的农牧民技能培训中心，针对牧民转移就业进行培训。今年泉吉乡重点针对玛尼石刻、掐丝唐卡制作工艺进行培训，目前全乡 6 个村已有 700 多人报名。

“抓好牧民就业培训是当前和今后的一件大事，必须把转移出来的牧民培训好、安排好、发展好，生态补奖政策才能有效、持久、有生命力。”青海省农牧厅副厅长田惠源说道。

草原畜牧业顺利转型需向三个方面着力

青海草原畜牧业能否顺利转型升级，其最核心的问题是牧民增收问题。巩爱岐说，牧民收入情况这两年还不确定，因为有减畜卖畜的收入，再加上草原补奖的收入，这两年收入不会减少还可能增加，牧民真正的收入情况要等禁牧政策实施的第四年方能显现，如果后续产业和配套政策跟不上，可能出现牧民收入阶段性下降。解决这一核心问题的前提条件是政策持续有力驱动，根本出路在于先进科学技术的应用，基础是切实搞好牧民转移就业培训。

第一，现有政策需持续配套，未来政策宜未雨绸缪。对于正在实施的草原补奖政策，需要继续从保护生态、支持生态畜牧业合作社发展提升、支持现代饲草业健康发展、进一步加强牧民转移就业培训等方面加强配套，特别要重视现代饲草业与现代畜牧业发展的相辅相成。其中有 4 个问题需要给予关注：一是对于大量工商资本进入农牧业，一方面要欢迎、支持工商资本投资农牧业，另一方面也要持警醒态度，特别要注意保护农牧民土地、草场等权益。二是对于牧民和基层干部普遍反映国家补奖标准比较低的问题，应从生态安全的角度加强研究，进一步加大政策支持力度，通过宣传教育、奖惩机制等措施调动牧民保护草原的积极性。三是对于实行禁牧的草原，应提前研究其 5 年后如何保护利用的问题，从政策目标方面给牧民以激励和引导，并切实加强草原监理和草原技术推广力量，确保草原保护和资源利用的科学性。四是对于生态畜牧业合作社发展，要下大力气研究支持、扶助、提升的政策，特别是在合作社发展农产品加工方面，一定要给予有力的支持和正确的引导，这是真正解决牧民就业增收的有效途径，但也要防止低水平加工业发展对生态环境的负面影响，防止造成新一轮环境污染和生态破坏。

第二，科研和技术推广力度需要进一步加大。青海省草原畜牧业转型发展过程中，科学技术的引领推动作用已经凸现。在饲草产业发展过程中，重视繁育牧草良种、推广牧草良种已成为青海省各级政府部门、饲草企业和牧民合作社的共识。在民和县绿宝饲草科技有限公司的试验田里，生长着大力士、青永久、紫花苜蓿、箭筈豌豆、多种燕麦等牧草良种，是用来做对照试验的。青海惠湟农牧科技开发中心总经理陈建林说，我国适应高寒牧区的牧草品种少，一方面是牧草种子科研和推广投入不够，另一方面知识产权保护方面也需加强。另外，适合青海省草地使用的农机，其研制和推广也需要提上日程，特别是农机质量亟须提升。在畜牧业发展领域，优良品种选育、统一配种、早期断奶、两年三胎等一些实用的科学技术正在推广试点；划区轮牧、按类分群饲养等科学方法也正在付诸实践，特别是畜禽良种化程度明显提高。

第三，培训是个大课题。青海地处西北高原，生活原始闭塞，大部分牧民观念保守，文化程度不高，就业技能缺乏，特别是随着各地新农村建设、城镇化发展和游牧民定居工程的实施，大批牧民从散居开始集中居住，从草地农村搬迁到城镇。这些聚集在一起居住的牧民，不但生产方式发生了改变，最重要的是生活方式也与往前大不相同，他们如何顺利适应新生活，必将是城镇管理、政府服务要面临的挑战。只有加强政府部门的服务指导，特别是加强就业培训，让这些牧民能够在新的生活环境中找到新的就业岗位、新的增收机会，生活有了希望，秩序也就会慢慢建立，否则将会对社会良性运行带来较大的负面影响。另外，随着草原畜牧业的发展转型，新的生产方式必然要求新的生产技能，对牧民加强生产实用技术培训、科学种草养畜培训和农牧产品加工方面的培训也是草原畜牧业转型发展的关键。

号称“世界屋檐”的青海，这里是长江之首、黄河之源，更兼祁连侧卧、昆仑横亘，湖水飞波、鸟鸣花开，期望生活在这片神奇土地上的人们，能够以创新的智慧、踏实的作风、科学的方法，描画出草美、畜壮、人快乐的美丽天堂！

（2013 年 6 月）

二、微观聚焦

效益农业在浙江

——浙江国际农业博览会见闻

2001年11月30日至12月3日，中国浙江国际农业博览会在杭州世界贸易中心隆重开幕。而就在20天前，中国加入了WTO。此次博览会意味着什么？是展示实力，还是寻找商机，或者是两者兼而有。短短几天里，在会上的所闻所见，记者深深地感受到了参展者（不管是干部、企业家还是农民）身上所表现出的活力与干劲。那种活力是在市场经济中锻造出的睿智与机敏，那种干劲是积极参与国际竞争的强烈愿望。

浙江省农办的李文胜处长向记者介绍说："2000年我们在上海举办了浙江名特优新农产品展销会，提出的口号是'不出上海，吃遍浙江'，主打的是国内市场。这次不同，中国已正式成为世贸成员，市场大门对人对己都已敞开，我们农产品的市场定位已不能仅限于国内。因此我们这次农博会要成为'浙江农业走出去''走到国外去'的助推器。我们邀请了十几个国家的驻华大使、商务参赞、领事出席了开幕式并参观了这次博览会的成就展。这次博览会的主题是'新世纪农业——绿色、高效、品牌'，突出农产品的安全性和商品性。"

他特别提到，政府的工作突出了服务意识。省政府专门拨款承担了场地费、评奖费等，对参展企业免收展位费、工商管理费；并在省内为参展车辆开通"绿色通道"，对农博会期间在浙江省内运送参展产品的车辆，免收除高速公路外的一切过路、过桥、过隧道费用和动植物检疫费用；税收也实行优惠，对销售自产农产品免征增值税，不属于自产的按13%税率计征。以上这些，都是WTO"绿箱"政策所允许的。为对消费者负责，我们邀请消费者协会驻会，如果消费者发现产品有什么问题，可即时投诉。同时我们也要求参展企业以优惠价销售产品，让群众和客商得到实实在在的实惠。展位产品不能出现断档，必须满足参观者的购买需求。老百姓在展销会上大开眼界，购买了大量质优价廉的产品，也认识了更多的品牌。企业的经济效益也很好，打出品牌、扩大影响、招商引资、交流技术、销出产品，确实达到了政府搭台、企业唱戏、百姓叫好的目的。

农博会举办期间，主办者同时还举办了“加入 WTO 与中国农业”的专题讲座，专程邀请了中国入世谈判农业专家咨询组成员、国务院发展研究中心研究员程国强博士和中央财经领导小组办公室农村组巡视员唐仁健主讲。听众中绝大多数是省、市、县、乡各级领导干部，大家聚精会神，偌大的会议室鸦雀无声，浙江各级领导干部非常关注入世对中国农业发展方向和前景的影响。

记者了解到，在浙江，不但省政府连续三年组织农博会，各级市、县政府也为企业举办了各种各样的展销会。2001 年 3 月 31 日，浙江省德清县就把自己的名特优产品摆进了北京人民大会堂浙江厅，还召开了德清县名优农产品推介会。县政府官员成了农产品推销员。他们在南京推销特产早园笋时，甚至带了厨师当场为市民演示早园笋的烧法。2001 年由副省长章猛进主持的全省粮食工作会议，公证员作为特邀嘉宾，为合同签署仪式做了公证。自 1998 年省政府确立了走效益农业之路的农业发展战略，无论是在政策上还是在资金上，他们都在大力为农业产业化、市场化出谋划策、摇旗呐喊。

温州人的野心

此届农博会运用了图片、实物、模型以及声、光、多媒体等现代化手段，集中展现了浙江省近几年的农业发展成就。展厅内产品琳琅满目，摊位前人来人往。农业部常务副部长韩长赋与陪同参观的当地领导，兴致勃勃地在常山大型胡柚前仔细观赏和合影。前来参观和购买展品的市民更是如潮水般涌入。农博会俨然成了杭州市民的盛大节日。

在温州市的展台前，市农办主任潘华山谈起他们的“三高”农业颇显自豪，他说：“温州的‘三高’农业，是高投入、高科技、高效益。”

高投入的对象是精品农业。我们初步确立了八大精品项目，包括科技育种、休闲农业等方面。计划投资 20 余亿元。目前已投入 2 亿多元。我们想用这八大精品项目作为试点，起到示范带头作用。与以往不同的是，这种高投入主要通过市场机制，吸引工商企业投资，组织民间融资来完成。现在温州市城乡房地产公司投资了 1 000 多万元建造温州绿色乐园，美国潘氏集团出资 1.5 亿元开发西郊公园，另外由社会基金投资的藤桥畜牧科技园区一期工程也已经投产。高科技，主要有多倍体技术、克隆技术、智能化温室栽培技术、转基因技术等，已经初见成效。温州的香鱼比黄金还贵，用多倍体技术进行育苗，大大降低了成本。绿色乐园还用克隆技术培育出名贵品种的蝴蝶兰，一试管就价值 2 万多元，使这种从台湾引进的名贵品种在温州降低了身价。单就蔬菜来说，来自龙泉的农民方有来原来在家乡种菜，一亩地仅收入几百元钱，现在到温州种菜，由于运用了智能化温室栽培管理技术，一亩地收入多达两万元。

高投入、高科技能否带来高效益？潘华山认为，那要看市场营销做得如何。潘华山说，我们发展“三高”农业主要面向国外，温州已经有100万人走了出去，其中有40万人走向了世界。我们就要由这40万人搭桥，将温州农业推向世界，在国际市场安营扎寨。我们有个口号：“温州人在哪里，市场就在哪里，产品就销往哪里。”通过开拓国际市场，使资源配置逐步转为外向型，使温州农业大胆快速地前进。温州土地资源不多，只有100万亩，但我们要用温州人的头脑、温州人的资金，在全国、全世界建立我们的菜篮子、米袋子和市场基地。我们要率先实现农业工业化生产，打出牌子，造出规模。

绿色天地品绿色

博览会上台州农业的“358绿色行动”和横店集团草业有限公司展位上庞大的绿色农机引起了记者的注意，为此我们现场采访了台州市农业局局长徐亦平和横店集团草业有限公司总经理办公室的詹文伯先生。

徐亦平局长介绍说，台州启动的“358绿色行动”具体来说就是确保到2003年全市居民吃上“放心菜、放心肉”；到2005年，主要农产品达到无公害标准；2008年，主要农产品基本达到绿色食品标准，部分达到有机食品标准。绿色农业首先要从绿色环境开始，绿色行动与工业区域化调整是一同并进的。工厂要分一、二、三批搬入工业园区，便于统一治污，为绿色农业创造较好的外部环境。第一步，建立农产品生产基地，3年内要建成200个农产品生产基地，包括粮食、蔬菜、水果、水畜产品等。第二步，就是建立标准化生产，使基地生产符合国际标准，如土地环保标准、化肥农药标准、采收时间标准等。为达到这一目标，我们施行一块牌子、一支技术队伍、一个经营主题，使用统一化管理、检测和控制，使生产由区域化、规模化走向标准化、绿色化。“358绿色行动”就是一个思路、一套办法，使一个目标分阶段实现。

在横店集团草业有限公司10万美元引进的大型平地机前，詹文伯先生说与这台平地机同时引进的，还有GPS定位系统、全自动土壤采样器以及深松机等十几种农机，这些机器在国际上都处于领先地位。我们就是要大幅度提高生产力水平，来应对入世的挑战。我们横店集团投巨资在黄河三角洲建立牧草基地，主要种植苜蓿和其他牧草，基地实行绿色种植、绿色牧养，杜绝疯牛病和奶业污染。对于国内外奶业集团的竞争，横店集团要以一流的牧草基地，发展一流的奶牛饲养，以“绿色放心奶”争坐中国的第一把交椅，并以绿色优势抗衡国外奶业，使中国草业看横店，中国奶业也要看横店。

农博会期间，记者参观了东阳市横店镇沈坎头村的“田成方、树成行、路成网”的标准化农田，田里培育巴西菇的菇床整整齐齐，计划明年出口日本的洋葱青翠碧绿，渠旁路边干干净净，没有一般农村常见的垃圾和废物。由此可见，浙江农业的绿色未来，绝不仅限于“有机茶”和“生态鳖”，这里的蓝天、碧水、清风、白云一定会打造出一片安全卫生、绿意盎然的现代农业。

与狼共舞

农博会期间，浙江省农办副主任、被誉为“浙江农业专家”的学者型官员顾益康大声疾呼“狼来了”。的确，入世对中国农业的冲击是巨大的，美国佛罗里达州“新奇士”（Sunkist）进军中国市场势如破竹，已给我们敲响了警钟。然而紧接着，这位学者型主任又激情洋溢、掷地有声地宣布：“我们浙江将坚定不移、别无选择地‘与狼共舞’，我坚信，以我们浙江人的聪明智慧，坚忍不拔，一定会成为市场的赢家，浙江农业一定会成为一匹纵横驰骋、矫健强壮的狼。”

在接下来的采访中，记者了解到，自1998年浙江提出走效益农业之路后，浙江省农业结构在创新中逐步优化。在全国农民收入增长缓慢的近两年时间里，浙江农民2000年人均纯收入4 254元，比1998年增长11.5%，2001年农民人均纯收入预计可达4 580元，与上年比增长了7.7%。这证明走效益农业之路、走市场化之路是浙江农业前途所在。“但这并不意味着浙江农业就没有问题了，就可以高枕无忧了。”顾益康说，他对入世给浙江农业带来的机遇与挑战，头脑非常清醒。他着重谈了资金对龙头企业的制约问题，农民组织化程度不高问题，还有农业体制不顺等问题。确实如其所言，尽管浙江省农业取得了明显的进步，但与国外相比，差距较大。记者在农博会期间采访了几位外国客商，两位来自西非尼日利亚农业公司的商人说：“浙江省农业很先进，浙江人非常友好，不像西方国家。”而来自杰安特公司的法国商人则说：“浙江农业刚刚开始，与法国很不一样。”当记者问他是不是觉得浙江农业与法国农业相比还比较落后，他点了点头。巴西商务参赞则说：“我是第三次来杭州，第一次参观中国农博会，原以为很小，没想到规模这么大，展品这么丰富，它完全改变了我对中国农业的印象。这是一次很好的了解浙江农业的机会，我还发现了五种巴西没有的农产品。”他边说边打开提包，让我看他发现的“稀罕”物，原来是一袋山核桃。

由此可见，中国农业在迈向国际市场的过程中，既有自己的优势和长处，也有明显的不足。但值得庆幸的是从这次浙江农博会来看，无论是各级政府官员，还是农产品的生产者、农业企业的直接经营者，其开放意识、市场意识、竞争意识、大农业意识、品牌意识、绿色意识、环保和生态意识，甚至忧患意识都非常强烈。而给我们留下印象最强烈、最深刻的是浙江人的敢与强手试比高的竞争意识和对未来充满信心的豪情壮志。面对新世纪的挑战，浙江农业正在蓄势待发，未来的浙江大地，将会有一匹敏捷矫健的“绿色之狼”腾跃而起！

（2002年1月，与郑直合作）

构建盘锦农业的网络神经

——盘锦市副市长张要武细说农业信息化

前不久，辽宁盘锦市农业信息化工程建设工作会议暨“爱农网”新闻发布会同期开幕，环球公司的老板连万友与盘锦市政府的领导共同主持召开了这次会议。记者就此次会议的召开与盘锦农业信息化建设，采访了盘锦市副市长张要武。

张要武说与环球公司共同召开这个会，是因为环球公司有个“爱农网”，这标志盘锦市政府把农业信息化工作提上了日程。

面对加入 WTO 后的新形势，农业信息化对于农业和农村经济发展来说具有越来越重要的作用。加强信息化建设已成为加强农业宏观调控、推动农业结构调整、增加农民收入、转变政府工作职能的重要支撑和保障。它是农业发展的必然选择。美国有 60 万个植物资源样品信息由计算机管理，并在全国范围内向育种专家提供服务。法国农业部植保总局建立了全国范围内的病虫测报计算机网络系统，可适时提供病虫害实况、药残毒预报和农药评价等信息。

“我们的涉农信息工作是什么样的呢?”张要武副市长说：“全国我说不好，但就盘锦来说，则是刚刚起步，我们也做了一些事情，还打算继续做一些，也必须做一些事情。”他接着说：“目前，农业信息化建设的重要性我们全市各级领导都已认识到了。市农村经济发展局、计划委员会、科技局都建立了农业信息网。市农业主管部门通过各种渠道收集了不少涉农信息，并通过媒体、网络、传真、电话、信息联网等形式，向下面各级传递。各乡也都拥有一台计算机可以上网，但全市只有一半左右的乡镇发挥了互联网的作用，另一半由于认识和工作方法等原因，还未很好地发挥互联网的作用。

而民间信息网络的兴起，对盘锦市农业信息化建设起了很大的推动作用。盘锦市环球公司建立了“爱农网”，鼎翔集团建立了“中国米网”，特别是“爱农网”，它拥有 10 套数据库，每天发布近千条农产品供求信息，150 家批发市场的农产品价格行情和近百篇市场预测文章，每天信息更新量达 10 万多字，不仅成为盘锦市农业的一张名片，更成为国内权威的农业市场信息网站，是盘锦市农业信息化工作强有力的网络支撑。

但是，无论是盘锦还是全国，我们的农业信息基础设施还非常薄弱，缺乏统一的农业信息标准和资源共享机制；农业信息资源缺乏，尤其是能够提供给农民应用的有效信息资源严重不足；农业信息化专门人才缺乏，研究力量分散、水平低；农业信息技术成果应用程度低，远远无法满足新阶段农业和农村经济发展的要求。这也正是当前实施农业信息化迫切需要解决的问题。

怎么解决以上这些问题？张要武说，目前他们着手要干的就是整合资源，把现有分散的信息渠道统一起来，形成系统、权威且更加准确的信息，将其收集研究和发布在系统上，统筹安排，抓好农业信息资源采集与整体系统建设，使已有的网络资源优势互补、技术整合，在全市建立一套健全的农业信息采集体系。然后就是抓好市、县、乡网络建设。大力推进信息到乡、进村、入户工作，乡镇农业信息服务站建设要力争做到“六个一”，即有一间房子，有一套设备（计算机、打印机、复印机等），有一条电话专线，有1～2名专业兼职人员，有一套组织网络，有一套管理和服务制度。

农业信息化建设的首要目标就是让农民富裕起来，让涉农企业特别是农业产业化龙头企业和农业经纪人富裕起来，并为各级领导决策提供依据。同时农业信息化也是应对国际农业挑战的必然选择，不占有信息优势，就等于一个人耳目不灵活，就不可能在赛场上取得好成绩。张要武再三强调说，农业信息化工作不能再耽搁了。

（2002年9月，与张海来合作）

为农民与市场联姻
——莱阳市农村合作经济组织发展之路

在市场经济日趋完善，农业产业化日渐发展的过程中，山东省莱阳市的农村合作经济组织应运而兴，并在小生产与大市场的对接中扮演了重要角色。8月下旬，记者专程赴莱阳采访，所见所闻，基本可以反映当地农村合作经济组织发展的脉络。

农业产业化的催生——莱阳合作组织的兴起

辛国军（莱阳市农业局局长）：我们莱阳的农业经济是外向型经济，主要以农副产品加工出口为产业支柱。2001年，莱阳出口创汇2.28亿美元，而农副产品就有1.92亿美元，在全国县级市中排名第一。这里面，农村合作经济组织发挥了很大作用。

据莱阳农业部门介绍，自20世纪90年代以来，莱阳市就根据实际情况，组织实施了农业和农村经济产业化经营战略，培植起了以农副产品加工出口为主导的产加销一体化体系，形成了农业产业化经营的基本框架。但是，伴随着农业产业化的发展，农产品分散生产与企业批量加工、农民服务需求多样化与现行的部门分割及服务不到位、双层经营体制中家庭经营与集体经营等小生产与大市场之间的矛盾越来越突出。为了解决这些矛盾，保证和推动农业产业化健康发展，自1995年开始，莱阳市有组织、有步骤地引导成立农村专业合作社。截至2001年年底，全市已发展各类合作社218个，拥有社员9万多户。合作经济组织的发展加快了产业化进程，促进了地方经济发展。让莱阳人引以为豪的是："龙大的蔬菜，鲁花的油；天府的梨汁，春雪的鸡；三乐的牛奶，隆丰的猪……"这些企业或品牌在山东已家喻户晓，在全国也小有名气。

因地制宜多样化——莱阳合作组织的形式

莱阳市的农村合作经济组织层次多、形式多，兴办主体也各异。莱阳市农业局副局长梁德展说，莱阳农村合作组织类型有很多，有能人联合公司办的，有村干部领办的，有涉农部门牵头办的，还有企业办的。另外，我们莱阳为解决加工出口企业之间相互竞争内耗的问题，还成立了莱阳市企业家协会，并在此基础上又成立了农产品联合会。农产品联合会直接与企业对话，在农民与企业之间协调价格。

记者走访了几个合作社，更加深了这种印象。

形式之一：产加销一体化的股份合作制企业型合作社。这是农村懂生产技术或懂营销的能人牵头，农民自愿入股，形成以企业带动农户的产加销一体化的紧密型合作经济组织。如莱阳市宏富食品有限公司，这是照旺庄镇农民赵国于1995年联合78户农民、入股199.8万元成立的股份合作制企业，公司主要从事农产品的加工出口业务。公司直接向承包土地的入股农户下达作物种植计划，农户根据计划进行生产，公司为农户提供技术、种子、化肥等农业生产资料，作物收获时，公司根据下达的计划收购农产品。农民作为股东参加公司分红，同时又作为合作经济组织的社员得到利益返还。2001年，公司向78户股东分红利20万元，向社员返还利益18万元，公司固定资产总值达到1 600万元，比刚成立时增加了8倍，农民的股本金由2 000元增值到2万元。

形式之二：以服务为主的专业合作社。如莱阳市河洛镇兽医站牵头兴办的奶牛服务合作社。站长李和加兼任合作社社长。他告诉记者：“河洛镇早在1956年就开始养奶牛了，但由于技术跟不上，市场打不开，管理落后，规模上不去，自然也就没效益。为解决市场、技术和管理上的困难，1995年10月成立了该合作社。刚开始时社员只有80户，奶牛220头。成立原则是自愿、风险共担，宗旨是服务。实行产前、产中、产后一条龙服务，产前主要负责成牛引进，良种繁育；产中负责技术培训指导和饲料供应；产后负责统一售奶。合作社成立几年来，为社员购进奶牛1 000多头，销售牛奶1.8万吨，占全镇产奶总量的62%。

形式之三：由加工企业组建的基地型专业合作社。这种合作社有效解决了“公司+农户”形式中的利益协调、产销衔接的问题。如宏达果蔬加工合作社。于江社长对记者说：“我们成立合作社的目的不为盈利，而是为社员服好务，从而为宏达公司供应生产所需的原料。宏达公司与外商签订合同，然后据此与合作社签订原料供应计划，也叫订单计划，包括品种、数量、质量、最低保护价四项内容。之后，合作社下设的技术服务部、财务部、生产资料供应部等部门再与社员签订种植收购协议，并下去进行指导服务。产品成熟后售给公司。”于江社长强调说：“这种方式，可使入社社员解决卖难和技术服务难，每年还可凭股金分红，享受利润返还等。而公司则可按时按量保质完成出口和销售计划，不用到市场抢购原料，或为完成订单多花冤枉钱，公司的信誉也从而得到了提高。目前，该社社员已从1995年的283户发展到现在的498户，土地也由最初的6 800亩发展到10 800亩。”

此外，莱阳农业部门还引导农民创办了多种形式的专业协会。如莱阳市的芋头技术协会、穴坊镇果树技术协会、高格庄镇的芦笋协会等，主要为农民提供技术服务，解决农民生产技术难题，深受农民的欢迎。

运作规范化——莱阳合作组织的特点

梁德展说，莱阳的合作社必须有明确的章程，章程起草后要交由农业部门审核，再经工商部门登记。不符合规定的，是不给予注册的。隆丰养殖合作社社长王智邦说，我们的社员都有个小红本，叫《社员服务手册》。下去服务的合作社人员的服务项目都要登记在册，社员人手一册，以进行服务监督。

记者赴莱阳之前，曾在有关部门了解过莱阳合作社的情况，比较一致的评价是：莱阳合作社起步早，管理比较规范。亲临现场，确实如此。莱阳合作社一般有以下几个特点。

第一是明晰的产权机制。莱阳合作社规定，人社必须缴纳股金，无论是资金入股，还是实物、劳务入股，都要通过发股金证、社员证和建立股金账等方式进行明晰；严格股金转让、馈赠、继承等，要按规定办理手续，避免“穿新鞋走老路”的资产大锅饭现象。

第二是有效的利益机制。根据合作社的劳动联合与资本联合程度，莱阳合作社基本实行三种分配办法，其一，股金分红。身份股的股金分红率不得高于银行同期存款利率。投资股的股金分红率根据盈利情况由社员代表大会确定（一般25%左右）。其二，按实物量返还社员利润，即按买卖实物的价值量进行返还。目前多数合作社都实行了这一分配办法。其三，股金分红加利润返还。在合作社与公司相互参股的组织形式中，社员一方面以股东身份参与企业股金分红，另一方面以社员身份取得合作社返还的利润，从而使公司、合作社、社员成为一个利益联结的整体。

第三是灵活的经营机制。莱阳合作社经营机制也是各有特点，但主要有三种方式：一是合作购销。合作社销售农产品的主要对象是加工企业。它们通过购销合同的形式来进行营销衔接。二是代理销售。即由合作社统一销售社员产品，合作社提取合理的手续费后，按平均价格与社员结算。三是代存、代加工。即合作社统一贮存、加工社员的产品，有了合适的市场销售时机，由合作社代社员销售，合作社提取代存、代加工等费用后，其余的利润全部返还社员。

第四是科学的管理机制。莱阳农业部门重点引导合作社内部机制的建设。如梁德展副局长前面所言，莱阳合作社的成立都必须建章立制，按照现代企业制度的要求，建立科学的运行管理机制。要由社员代表大会民主选举理事会、监事会。“三会”的责任和权利都要严格照章办事。在合作社内部决策上，严格实行“一人一票”制。建立严格的劳动管理和经济责任制，建立合理的内部分配制度，还要建立健全进货、销售、财务等一系列管理制度，保障合作社的健康发展。

第五是有效的监督约束机制。合作社一般要建立社会监督、系统监督、内部监督三个环节。社会监督主要是发挥政府职能部门的作用，监督合作社是否按照国家法律、法规从事经营及社会活动。系统监督主要是发挥农业经管部门的业务管理作用，对合作社的经营管理情况进行监督、检查。内部监督主要是发挥监事会和广大社员的作用，通过社务公开、账务公开等方式，监督合作社干部及工作人员的行为。

改变农民经营方式——莱阳合作组织的突出作用

王智邦说：“中国农民太分散了，一家一户，规模那么小，怎么出效益？买生产资料贵，卖产品代价又高又不好卖。政府就是想提供服务也不好办。所以成立合作社的好处很明显，把分散的农户组织起来，规模有了，效益也就来了，组织和管理的成本也不那么高了。隆丰养殖合作社成立后，我们基本上实现了‘五化五统一’，即：统一供应良种、统一供应饲料兽药、统一技术服务、统一饲养模式、统一组织销售，从而实现管理标准化、生产规模化、市场专业化、产品安全化、品种优良化。买饲料从莱阳六合饲料厂买进，每吨返回 70 元，生猪卖给龙大集团和上海的公司，龙大集团每斤返回 2 角钱。这其实相当于买时打折，卖时提价，单个农户能做到吗？不能。”

由此看来，一方面，合作社把各自为战的农民结合成一个整体，提高了农民在市场交易中的地位，增强了抵御市场风险的能力。农民入社后，生产资料有来源，生产有计划，销售有渠道，极大地提高了农民生产积极性。2001 年，莱阳合作社供应的农资占农民需求量的 80%以上，为农民销售的产品占农民销售量的 40%以上。人们普遍反映，从事同样经营项目的入社社员比不入社的农户，每年可增加收入 150～300 元。

另一方面，由于合作社处于农民对接市场的前端，既具有首先接触信息的优势，又具有组织农民生产的任务，因而培训农民，提高农民生产技能和素质就成了几乎所有合作社的共同项目。记者所到的几个合作社都把培训作为服务的一项主要内容，他们经常请农业部门的干部和农业院校的专家、教授给农民上课、指导。1996 年，宏达果蔬合作社仅两次请日本专家讲胡萝卜新品种的种植和管理就花费了3万多元。这些专业技术人员不但讲技术，也讲怎么做人，怎么做一个合格的市场主体。李成喜镇长讲了该镇的一件趣事：刚开始按订单种芦笋时，有的农民弄不清这是什么东西，把种下去的又拔出来；可现在，有农民把别人的种笋移到自己地里。这个例子虽有些极端，但也能说明了一些问题。合作经济组织通过科学技术的普及和推广，改变了农民的传统观念和经营方式，使许多过去习惯于小生产经营的普通农民，一批批地成为现代农业的行家里手，这种无形的影响将更为深远。

高格庄镇镇长李成喜说："我们的芦笋协会把农民、企业、科研单位联系在了一起。我们请专家给农民上课，让农民知道芦笋是一种什么产品，它的食用保健作用是什么，如何才能生产出绿色产品，市场行情怎样等，让农民不再傻种地。"河洛镇河洛村奶农战高谦说："我当初养奶牛不入社，是想着一斤奶可比合作社高出两角钱来。可零售没准儿，弄不好就会卖不出去。而且由于饲养技术不行，一头牛日产只有15千克牛奶，加上死了一头牛，里里外外赔大了。入社后，经过培训，一头奶牛一天能产奶20千克，普通疫病我自己都可以应付，现在放心多了。"

向标准化生产迈进——莱阳合作组织任重道远

辛国军说："就莱阳来讲，合作社的桥梁作用很重要，特别是入世后，挑战来得太急。今年1—4月，与去年同期出口相比，我们的产品出口率下降了16%，后来又略有回升，今年平均出口率下降了6%。我们过去可是连年上升的。抓标准化生产已是大势所趋，这个时候合作社的作用就更重要了。"梁德展说："过去我们产品出口只要达到几十个指标就行了，现在却要达到上百个指标，有的更多，200多个。怎么办？只有从生产这个环节抓了。"

我国加入WTO以后，标准化生产在莱阳已不仅是个话题，而是迫在眉睫的一件大事，记者在莱阳的采访中深切体会到了这一点。然而怎么推行标准化？靠政府强迫命令？不行。只有运用市场这个调节杠杆，让农民自觉按标准进行生产。而单家独户的农民如何组织？在国际市场紧锣密鼓的绿色品牌大比拼中，农民专业合作经济组织的作用就凸现出来了。前边提到的宏达果蔬合作社，主要为从事农产品出口贸易的宏达公司提供原料。它在与公司签订了供货计划后，对社员生产实行"三统一"，即：统一使用化肥农药、统一规定农药的使用浓度和统一打药时间。市农业局也就此发放了"明白纸"，并投资400多万元购买了防虫灯，配合合作社工作。收购产品时，社员的产品排号接受检测，不合格的一律退回。到今年8月，公司向日本出口菠菜120吨，全部合格。高格庄镇芦笋协会则与无公害农药专卖店建立联系，把生产标准下到户，并建立种植档案。兼任监理会会长的镇长李成喜谈起种植档案如数家珍。他说：“我们不但有种植档案，还有销售档案、农药档案、肥料档案，每个社员人手一册，所有的都要记录在案，我们就是要通过这种细化管理，实现将高格镇建成胶东绿色芦笋第一镇的理想。现在我们已经在按这种模式走了，绿色证书也正在申报中。”

综观莱阳农业合作经济组织的兴起，政府的正确引导功不可没，而它之所以能够蓬勃发展，还是取决于农业产业化发展的必然要求。莱阳合作经济有一个明显特征，就是每一个合作组织都联结着一个或几个龙头企业，都有着相当规模的产品基地，形成典型的“龙头企业＋合作社＋农户”模式。合作组织在农民与市场（或龙头企业）之间所起的中介及协调作用是显而易见的。莱阳一行，感触颇多，其中最强烈的感受是：在我国农业生产向专业化、区域化、标准化发展的进程中，农村专业合作经济组织定将大有可为。如果它的作用得到充分发挥，广大农民与市场结成“良缘”，农民的市场主体地位才能真正得以体现，我国农业才能不断提高国际竞争力。

（2002 年 10 月，与晓伟合作）

津沽粮仓“白龙起舞”
——天津市武清区奶业发展纪实

地处京津走廊的天津市武清区，号称“津沽粮仓”，拥有137万亩耕地，大宗作物产量占全市1/4～1/3，是天津市主要农业区（县）之一。

近几年，在产业结构调整过程中，武清区异军突起，“双龙”齐舞，以无公害蔬菜为主的“绿龙”已成为京津市场的一道亮色，而另一条“白龙”——奶业，更是蓬勃发展，引人注目，记者在采访中了解到这样一组数字：

1998年以前，武清区奶牛存栏数2 000～3 000头。

1998年年底，3 400头。

1999年，4 900头。

2000年，10 000多头。

2001—2002年年底，全区奶牛存栏3.3万多头。日产鲜奶360吨，共购进机械化挤奶设备46台套，建设奶牛小区34个，占地5 520亩，其中25个小区通过了天津市无公害牛奶生产基地的验收。

从以上数据可以看出，以2000年为界，武清区奶业在近两年内飞速发展，已在中国奶业这块“大蛋糕”上切下了不小的一块，目前武清区已成为京津地区举足轻重的优质奶源基地。

那么，武清区奶业为何能如此迅速地兴起并健康发展呢？政府又在其中扮演了什么样的角色？武清区委宣传部部长李伯怀说：“这要从1998年夏天说起。”

“你说种啥能多赚钱？”

1998年夏的一天，时任武清区区长（现任武清区委书记）的王树培在路边向一老农买青玉米，觉得价钱非常便宜，就说：“你为什么不种些能多挣钱的东西？”老农反问道：“你说种啥能多赚钱？”

这句话，不仅问住了王树培，也给当前农业结构战略性调整提出了一个无法回避的问题。毫无疑问，农业结构战略性调整的目的之一，就是要增加农民收入，也就必须回答种什么赚钱这个问题。

然而，答案从何而来？谁来回答这个问题？怎么才能比较准确地回答？这不仅是农民要去面对，也是政府必须面对的。

针对这一问题，武清区政府首先确立了自身定位：结构调整必须坚持市场点戏，农民唱戏，政府搭台伴奏搞服务。而市场会点什么戏，政府怎么去搭台，伴奏服务怎么搞，都对政府所扮演的角色提出了较高要求。

为演好自己的角色，找到武清发展的新路子，从1998年起，武清区政府组织农口部门人员多次深入调研。正是在广泛深入调研的基础上，区政府提出了将武清建设成为“京津鲜菜园”，而奶业作为这一工程的重点之一，武清区政府进行了专项调研。他们分赴北京、天津、河北等地，深入了解市场、养殖、加工和消费等各方面情况，收集了大量关于奶业的第一手资料。基于对这些资料的深入研究和分析，武清区政府得出一个基本判断：随着大中城市消费能力日渐提高和国家有意识地引导奶类消费的趋向，对照目前中国奶业的生产和消费现状，奶业在中国的发展潜力巨大，而全球掀起的健康食品热潮，也使奶业市场成为了世界商家必争之地，如不加快发展，必然会被市场的车轮抛在后面。武清区作为京津走廊，靠近京津两个大市场，区位优势明显。武清奶业又有一定基础，已摸索出小区养殖的新模式；作为一个农业大区，武清区每年玉米种植就可达到60万亩，可利用秸秆80万吨，专用饲草也在不断发展，载畜能力强，可为发展奶业提供强有力的支撑。因此，把奶业培植成武清的支柱产业是可行的。武清奶业大有可为！

那么，应该怎么“为”？当时武清奶业多为一家一户散养，组织化、产业化、标准化程度都很低，生产过程无法监控，牛奶质量参差不齐。如果农民认识不到自身现状和面临的机遇和挑战，看不到奶业发展的诱人前景，就不会积极正确地投入这一产业。如何引导农民投身这一产业发展？武清区政府认为，既不能搞行政命令，也不能无所作为。他们决定充当信息沟通员，将政府调研所掌握的信息、资料以及相关的分析和判断，传递给农民，上下沟通，共同磋商，以求得出共识、形成合力。

2000年12月18日，武清区召开全区奶业座谈会，邀请养奶牛大户、养牛小区业主、有发展优势的乡镇领导人，以及乳品加工企业，如娃哈哈、福是妙的负责人等100多人参会。在这次会议上，政府把收集到的资料及对资料的分析整理拿了出来，让与会者发表看法，结合各自的工作实践，从各个层面发表了对发展奶业的观点、意见和建议。大会讨论氛围热烈，最后参会者形成了一致的结论：即武清区应该发展奶业。武清奶业要发展好，就必须上规模、高标准、抓质量，只有形成高质量成规模的奶源基地，才能吸引加工企业的目光，才能通过加工企业与大市场链接，只有种好梧桐树，才能招来金凤凰。

这次大会成为武清奶业发展史上的一个坐标。正是在这次大会上，实现了信息互动、各业互通；政府在此基础上进一步掌握各方的意见和动态，因势利导，确立了奶业进一步发展的工作思路和具体措施，武清奶业由此走向一个加速发展阶段。

领导小组与奶业办公室

为把奶业育强做大，使这条“白龙”尽快成形起舞，武清区成立了以区长任组长，主管农业的副书记和副区长任副组长的领导小组，小组成员包括区农委、畜牧局、规划土地局、信用联社、电力公司、公安局、财政局、广播电视局等有关部门负责同志。这个小组实际上整合了武清区政府各部门资源，同心协力打造奶业这条“白龙”。小组定期听取汇报，研究、协调和解决产业发展中的突出问题，部署下一步发展工作。与此同时，又从区农委、畜牧局等涉农部门抽调精干人员，成立区奶业办公室，具体负责全区奶业发展的规划、组织、管理和协调工作。

武清区奶牛养殖基本有两种模式，一种是散户养殖，另一种是小区养殖。小区养殖又可分两种模式，一是养牛大户投资建小区，同时招来其他养殖户进区饲养，小区提供统一的公共设施、技术培训、防疫检测、挤奶售奶等全套服务，如华明奶牛小区和大老李奶牛小区。二是由村集体投资建场，投建各项设施，并成立类似合作社性质的服务公司，负责技术、防疫、饲料、卫生、售奶等服务性工作，并按售奶量提取一定的服务费，如南蔡村镇的南陈庄华兴奶牛小区。

相比较而言，小区饲养的共同特点都是机械挤奶、管道输送、冷链贮运，其鲜奶质量把关严谨，保证了奶源高质量无公害，同时小区饲养使分散趋向集中，能够集中提供优质奶源，利于与加工企业合作，使牛奶生产与市场直接挂钩，解除了奶农的后顾之忧，而集中用地、用水、用电，也有利于节约能源和环保卫生。

正是基于小区养殖有上述诸多好处，武清区政府决定鼓励小区养殖的发展，制定并出台了《关于发展奶牛产业化经营的扶持办法》，主要从以下几个方面给予扶持和引导。

基础设施方面。小区用地不变性，即不按工业用地而按农业用地计算地价；小区用电由电力部门提供优质服务，小区绿化所用林木全由区林业部门统一免费发给，水和路等公共设施也全部优质低价服务。

资金方面。争取对小区养牛户贷款贴息，市、区各拿一半，期限 1 年，后为鼓励发展无公害标准化生产，凡被认定为天津无公害牛奶生产基地的，由区财政给予每个小区 5 万元的补贴；存栏规模 500 头以上、1 000 头以下的标准小区，区政府补贴 20 万元，1 000 头以上的补贴 30 万元；对进行胚胎移植的小区，由区财政给予每枚 500 元的补贴；小区从国外直接进口优质奶牛，通过检疫测定的，由区财政给予每头 1 000 元的补贴；对使用优质冻精价格超过 15 元以上的部分，全部由区财政补贴，以此达到优化品种的目的；对全区奶牛防疫实行补贴，由区财政补贴专项防疫经费 10 万元；发展优质牧草规模种植的，区财政对种子和机具给予部分补贴。

技术管理方面。武清区奶业办公室专门在京津两地聘请了 4 位奶牛专家作为武清区奶业顾问，定期为农民授课、指导；加强小区规划设计，严格规划审批，请专家帮助审定和制定规划设计方案，从建场选址、功能布局到设施摆放等，使各方面更加趋向科学规范、合理环保；为加强防疫灭病、环境卫生、品种改良、投入品管理、饲养技术及生产操作规程等方面的管理力度，推进标准化生产，奶业办公室专门召开奶牛小区加强管理现场会，进行多次大规模培训，先后培训 600 多人次；与天津农学院合作，对奶牛小区技术管理人才实行为期一年的培训，学费由区政府负担，2002 年 6 月由各小区推荐的第一批学员 25 人已进入院校学习。

其他服务方面。到武清养牛的外地人，区政府给予多方关照，如帮助解决户口问题、小孩上学问题等；区畜牧局还专门成立了奶牛发展服务中心，分成防疫兽医、品种改良和饲料饲草 3 个站，为奶牛小区和场户提供全方位的服务，如派技术人员到东北地区、内蒙古、浙江等地挑选优质奶牛等。

像情报员收集各路信息，像联络员搭建交流平台，像铺路工忙碌在前，像勤务兵服务在后，没有“打雷”也没有“刮风”，武清奶业就是在这样的政策环境中春风化物般悄然兴起，迅速壮大。武清奶业办公室主任岳树理给记者算了这么一笔账：2001 年，武清区奶牛由 1 万多头发展到 2.79 万头，鲜奶售价每千克 1.9 元，一年销售鲜奶收入 2.09 亿元，扣除成本 1.26 亿元，农民净获利 8 300 多万元；青贮 30 万吨，青贮收入加上雇工收入能达到 1.29 亿元，武清户均增收 650 元，人均增收 183 元。

大老李奶牛小区及其他

大老李是来自东北的养牛大户，原名李进友。大老李奶牛小区分南区和北区，南区建于 1998 年，共有 15 个养牛户入驻，奶牛存栏 500 多头；记者参观的北区建于 2001 年，占地 300 亩，共有养牛户 42 户，现奶牛存栏 1 800 多头，其中大老李自己拥有 700 多头。大老李的儿子李小军在接受采访时说："我们父子从 1983 年来到武清，迄今已有 20 个年头，在这里养牛，除了考虑区位优势外，最主要的是这里政策环境留得住人。比如说修路，区公路工程局随叫随到，而且只收成本价；奶牛小区用水多，政府就专门给我打了一眼深水井；再比如用电，钱还没交，线就给架上了。另外，在资金贷款方面，特别是品种改良方面，政府都给予了大力支持。"李小军 30 多岁，多年异乡创业的磨练，使他看起来坚定沉稳，他指着一个围栏对记者说："这里面的 350 头奶牛已争取贷款 400 万元搞胚胎移植，今年 7 月，400 头新西兰优质奶牛也将入住小区。"

同行的武清区委宣传部副部长高元勃介绍说："李小军去年被评为武清区十大杰出青年。"看来武清区政府对奶业投资者的关怀已涉及更深层次。

记者随后参观了富贵庄园奶牛小区和娃哈哈自动生产流水线。据娃哈哈生产线负责人介绍，今年年底娃哈哈将再上一条生产线，届时娃哈哈日加工能力将达 200 多吨：而投资 2 亿元的完达山加工基地也正在紧张施工当中，计划在 8 月正式投产，预计其一期工程日加工能力即可达 200 吨，如果到 2005 年三期工程全部竣工投产，日加工能力可达 400 吨，这将是武清奶业发展的巨大推动力。

现在的武清大地奶业正兴，养殖与加工双管齐下，投资与产出与日俱增。相信在不久的将来，武清奶业这条巨龙定会在京津大地盘垣绵延，大显神通。武清奶业兴起的过程，则启发我们思考很多……

政府与服务

奶业是极有市场前景的"朝阳产业"，这已是全球共识。国际上将人均乳制品消费量作为衡量国家和地区人民生活质量的重要标志。日本的"一杯牛奶强壮一个民族"，泰国的"喝奶委员会"，印度的"白色风暴"，我国的"早餐革命"，无不预示着奶业有着广阔的发展前景，特别是中国市场潜力巨大已成不争的事实。正因如此，全国都在发展奶业，可谓千帆竞发，百舸争流。如何才能在这场激烈的竞争中胜出呢?

"以规模和质量取胜，以绿色无公害创品牌，保持相对领先的优势，这是我们面对挑战、抓紧发展的根本对策。"武清区奶业办公室主任岳树理如此说。

确立这样的思路不难，但如何落实这一思路才是关键。目前很多政府的行政行为都流于概念化，缺乏可操作性，向上级汇报时朗朗上口，实际做却糊里糊涂。概念化行政是转变政府职能、建设服务型政府的一弊。在武清奶业兴起的过程中，武清区政府做出了可贵的探索。

第一，因事设人、设机构。由区长任组长的领导小组的成立和奶业办公室的诞生就是一例。这使得奶业发展过程中所遇问题能够得到及时解决，改变了过去人浮于事，而真正有问题却找不着人解决、互相推诿扯皮的现象，也避免了部门之间各自为政、缺乏配合的弊病。

第二，抓住优势，做强做大，敢于投入，善于投入，把有限资金用在刀刃上。农业需要补贴，农民需要补贴，而政府的财政能力却是有限的。如何在全球化的今天，把有限的资金投放到收益最大的地方，是对政府判断能力的考验；而如何有效投入，更是对政府操作能力的考验。武清区在“把钱花到哪儿和如何去花”这个问题上趟出了自己的路子。

第三，服务不是空洞的概念，而是具体入微、可操作的一系列办法和措施，且服务是持续的。这就需要干部从机关走出来，多听多看多学习，勤思考多研究，善决策，还要决好策。这既是对政府人员综合素质的考核，也是对他们敬业精神的检验。建设服务型政府，对政府公务员提出更高标准的要求。武清区政府在振兴奶业的过程中，提供了产前、产中、产后一条龙服务，并随着产业形势的发展，不断调整和出台新的措施，在求索中服务、在服务中前进、在前进中再求索。

市场经济是一艘快船，商机转瞬即逝，能否看得准、抓得住、搞得好，是任何一个产业发展的关键，武清区委、区政府正是在农业经济结构战略性调整的大背景下，从这 3 个方面下大力气，真抓实干，从决策的高度，做好政策开路、服务辅路，在打造优势产业的同时，实现政府职能的转变。

（2003 年 6 月）

民族乳业的长富模式

盘点2003年中国乳业，从“鲜奶标志”大讨论，到异地收购原料奶风波，再到二次污染奶遭到质疑，几乎所有矛盾的焦点都指向奶源。如何解决中国奶业的“根源”问题？2003年12月中下旬，全国奶业协会联席会议确认了民族乳业的长富模式。

目前，中国乳业界存在着两大模式，即虚拟模式和规范模式。所谓虚拟模式，就是在创业之初采用“先抢市场，后建工厂”的发展思路，充分调动外部资源，建立“公司加农户”的虚拟联合模式。规范模式则是“先高端奶源、再市场”，建立“公司加规范牧场”的运营模式，长富乳业就是后一种模式的代表。2003年度全国奶协联席会议期间，中国奶业协会理事长刘成果、副理事长徐定人等会同各省奶协秘书长，来到福建省南平市武夷山下，参观了福建省乳业巨头长富集团的四个牧场、一个乳制品加工厂，充分肯定了长富乳业的发展模式。

长富牧场坐落在南平市外的山间缓坡和平地上。牧场内绿草如茵，隐约飘荡着舒缓的音乐。牛舍和奶牛运动场散布在大片绿地之间，牛舍四面透风，装有自动饮水槽和很大的风扇。长富牧场给人的第一印象就是宽敞、干净、人性化。据长富集团的总畜牧师孙荣鑫介绍，长富乳业创业伊始就把80%的资金投入到牧场建设中，直属牧场多达34个，奶牛存栏34万多头。“长富模式”的首要特征是先建牧场、后搞加工，所有乳制品全部源于长富牧场生产的鲜奶，不向社会散户收购一滴牛奶，奶品质量完全可控。

参观途中，长富集团董事长陈学坤着重介绍了长富倡导的“天然奶”消费观。所谓天然奶，首先是牛奶的原产地要有良好的生态环境，防止原料奶受到一次污染；其次要运用现代化挤奶设备和工艺，确保牛奶的品质，杜绝原料奶二次污染，也就是“真正的天然奶不仅要源于天然，更要保持天然”。在长富十一牧场和十三牧场，与会者参观了长富牧场的挤奶过程。代表国际先进水平的德国产转盘式挤奶器可与奶牛右蹄上的信号器同步进行，只要奶牛一进入挤奶位，挤奶器就会自动识别牛身上的号码。据陈学坤介绍，这种机器共有48个挤奶位，可同时进行挤奶操作，然后挤出来的奶通过全封闭的管道迅速进入冷藏奶缸中，并在最短的时间内，用专用冷藏奶车运送到长富乳业加工厂。牛奶自离开牛体后，则与外界完全隔绝，避免了原料奶的二次污染。刘成果评价说：“长富牛奶就等于在奶牛的乳头与人口之间加了‘一根管子’，天然安全。”

环境问题一直是困扰牧场或养牛小区的一个难题，而长富乳业已初步解决了这个问题。在长富十一牧场，人们参观了进行牛粪尿分离的加工机器和液体沼气池，长富集团副总经理蔡永智告诉记者，通过这种机器将牛粪尿分离，固体牛粪用来肥田，液体用来发酵产生沼气，实现能源的循环利用。同行的云南奶协秘书长陈德端评价说：“这种设备在国内应该是先进的了。”看来，长富乳业不仅看重牧场选址的自然生态环境，更注意保持这种生态环境。

在随后的长富乳业新闻恳谈会上，孙荣鑫总畜牧师介绍了长富乳业从奶牛到乳制品、从牧场到加工场的养殖生产以及监控的全过程。他从长富牛奶的蛋白质和脂肪含量，到细菌控制数目，详细阐明了长富模式下的“长富标准”。“长富标准”明显高于国家标准，并达到甚至超过了国际标准。中国奶业协会理事长刘成果给予了长富模式很高的评价。他认为长富模式的确做到了从源头抓起，培育了优质奶源，名副其实地做到了“国际标准，国人享有”。但同时他指出，长富乳业将牧场大本营选在福建，相较于北方乳业是一种高成本的投入。

那么，长富为什么要冒险投巨资在福建建这么多牧场呢？

“从‘纬度论’出发，福建处在北纬27度，有‘中国澳洲’之称，我们有信心把牧场建好。而且我们认为，优质的奶产品必须源于优质奶源，‘长富模式’就是扎扎实实打造优质奶源基地，生产出优质奶产品。”陈学坤董事长胸有成竹，但他也坦言自己的“委屈”：“这么好的产品，很多人却不大了解，我真感到有点委屈。”但陈学坤表示：“是金子总要发光的。”未来的奶业竞争必然是奶源之争，“长富模式”必将产生后发优势。

对此，刘成果理事长说：“目前中国乳制品消费者和企业都尚未成熟。奶业的将来，一定是好品牌来自好奶源，消费市场也必将是巴氏消毒奶的天下，当消费者成熟时，不会再喝超高温灭菌奶，而且喝奶不仅要看乳制品的品牌，还要看奶源地。”

“得奶源者得市场，得优质奶源者将永远得市场。”刘成果理事长的话寓意深远。看来，重视奶源地的建设应是乳品企业下一步的竞争重点，中国奶业也将进入由“注重量的扩张”到“注重质的提升”的嬗变时期。

（2004年1月）

“十年磨一剑”金橘变成“金豆豆”

走进广西阳朔，这里依山傍水，远望峰峦如画，近看渔船摇曳，路侧绿枝招展，坡上橘树吐金，再配以小楼人家，真是风景如画。进农户听农情，入橘园品金橘，我们真切地感受到了农民兄弟丰收的快乐。阳朔县“十年磨一剑”，持续推动金橘产业发展，如今金橘已成为当地农民的“致富果”。

科学种橘，新技术赢得新发展

金橘在阳朔种植已有140多年的历史。其皮薄，秋冬遇雨，容易裂果、落果，落果严重年份落果率高达80%。为减少损失，果农只好提前抢收上市，导致果实品质差、经济效益低，发展一直比较缓慢，到1999年全县金橘种植面积还不到1万亩。

然而，就在这一年，当地有一个叫作雷五四的农民，因大雨要来情急中拿了块薄膜把果树盖了起来，一两个月后发现，果子不落不裂，吃起来更甜了，于是大家都仿效着给果树盖膜。这个办法虽好，却仍有不足，薄膜直接盖在果树上，时间一久里面温度太高且不通风，容易把果子闷烂。这引起了当地政府的关注，县委、县政府组织农业科技部门开展技术攻关，成功推出倒U形棚式“三避”技术，即避雨、避寒、避晒。通过实施“三避”技术，推广绿色生态标准化种植，金橘既提高了单产和品质，又延长了果实糖化时间，采收期限从当年11月延至次年4月，而且果大肉厚、品质优良，深受市场青睐。

在观音山村村民李毅的果园里，我们品尝了盖在膜下的鲜金橘。“这山坡就是我们的天然冷库，卖多少摘多少，不卖就在树上存着，就像挂在树枝上的钱包一样。”李毅自豪地说，“1亩金橘好的话，可以收入3万～4万元，最差也可以收1万～2万元。”

政府扶橘，小产业成了大气候

在突破金橘发展的关键技术后，阳朔县委、县政府乘势而上，多管齐下，以政策激励、市场带动、品牌打造、服务助推等多项措施，全力推动金橘产业发展。

政策是产业发展的启动器。自2002年起，阳朔县连续10年出台鼓励发展金橘产业的优惠政策，建立专项农业发展基金，用于扶持金橘等特色种植业的发展。为充分调动农民积极性，2012年阳朔县开始对全县新种植金橘的农户按300元/亩进行补助，当年全县新发展金橘3.17万亩。“目前，阳朔金橘种植面积已有15.8万亩，比1999年增加了近15倍，年产量近16万吨，产值超过了13.5亿元。”阳朔县分管农业的副县长徐永康介绍说。

品牌是产业提升的灵魂。为扩大阳朔金橘的知名度和市场竞争力，阳朔县组织实施了品牌战略。自2003年起，每年举办一届金橘节，阳朔金橘参加了各类农产品展销评比促销活动。阳朔金橘先后获得国家质量监督检验检疫总局地理标志保护认证和国家工商行政管理总局专用商标认证。

服务是产业壮大的重要驱动力。政府为发展金橘产业，出资培训技术能手，多方引导经济能人、种植大户成立专业合作社，走规模经营、农超对接之路，目前阳朔县共有100多家与金橘相关的公司或专业合作社。

未来看橘，走合作之路是必然趋势

伴随着阳朔金橘种植面积从10多年前不足1万亩，到如今的近16万亩，农民收入也从人均不足千元快速增长到2012年的8 403元。在这样的高起点上，阳朔金橘产业如何再上新台阶？

尽管有政策的扶持、市场的拉动和配套的服务，但阳朔金橘目前主要以户为单位，进行小单元种植，与大市场对接依然存在挑战，特别是散户种植不利于先进科技的推广使用。

这一点李毅深有感触，他很羡慕蕉芭林村的金橘销售大户赖玉梅，“人家种了200多亩金橘，还成立了合作社，经常有农技人员指导，采用的滴灌技术只要在电脑上用鼠标点一下，下肥、浇水就全部自动完成了。”

谈到合作社的作用，徐永康认为走合作社这条路是必然趋势，一家一户分散经营，推行新的科学技术难度太大、成本太高。目前阳朔金橘合作社虽然不少，但松散型的居多，真正能成为产业主体、发挥重要作用的合作社还不多。合作社下一步的突破方向是解决带头人问题。

（2013年3月）

“得雨”长龙　绿遍山野
——江西德宇集团农业产业化发展的三个乐章

江西德宇集团，自1979年10月，靠30只母鸡起步，经过20多年的发展，已成为下设景德板鸡公司、种鸡种猪公司、特种水产养殖场、省级生物食品技术中心、茶叶研究所、德宇集团农业生态园等科研开发与生产经营为一体的国家级农业产业化龙头企业。由科研创新到成果转化，再到品牌打造和企业升级，进而拉动当地农业产业化发展，德宇集团走出了一条极不平凡的发展道路，打造出“景德板鸡”——“中国第一板鸡”和“得雨活茶”——“国宴特供茶”两个著名品牌。

由“土鸡”变“凤凰”——科技创新是其根本动力

“品牌要靠科技打造。”这是德宇集团董事长刘浩元在接受采访过程中说得最多的一句话。回首德宇集团走过的路，特别是德宇集团两块金字品牌“得雨活茶”和“景德板鸡”的树立，笔者深深明白这句话的含义。

“得雨活茶”——人民大会堂国宴茶。江西浮梁茶叶在历史上久负盛名，曾在1915年巴拿马国际博览会上荣获金奖。1993年起，德宇集团开始关注茶业；1994年12月，经过对各地茶叶的分离分析，德宇发现浮梁茶叶内的花椒醇和茉莉花醇要比别的茶叶高得多，而这是由于当地特殊的土壤、气候和水资源较优质。这一发现坚定了德宇集团要复兴浮梁茶的决心和信心。1997年“绿茶生物保鲜技术”（该技术获国家科技发明奖）的发明和应用，使德宇集团的浮梁茶如虎添翼。刘浩元告诉笔者：“传统的保鲜技术不外乎三种，一种是使用木炭和石灰，一种是冷藏，一种是化学方法保鲜。前两种其实是保质，保证不变质而已，鲜是保不住的，而化学防腐剂大量使用不利于人体健康。只有生物技术，可以达到安全保鲜的目的。”笔者亲眼看见了德宇集团用生物保鲜的绿茶，其色青碧如翠，观之赏心悦目，啜之茶香清郁。刘浩元说，德宇集团这项技术可以保证绿茶在2～3年的时间里各种理化指标不发生任何变化，其味新鲜如初，其色绿润如生，“得雨活茶”的命名也由此而来。

德宇集团不断创新、飞跃发展，引起各级领导的关注。从1995—1997年，李鹏、朱镕基、刘华清、宋平、费孝通、邹家华等中央领导同志曾先后到德宇集团视察，对色味鲜醇的“得雨活茶”大为赞赏。1999年，人民大会堂管理局与德宇集团取得联系，在对“得雨活茶”进行多项指标检测后，将其确定为“人民大会堂国宴特供茶”，并享有5年冠名权。就这样，经过短短6年的发展，“得雨活茶”登上了“国茶”宝座，并远销美国、法国、日本、以色列等国家和我国香港、澳门及台湾地区。

2004年11月26日上午，就在笔者采访的过程中，刘浩元接到人民大会堂打来的电话，电话说“得雨活茶”在人民大会堂的5年冠名权到期后，同意再延长5年，人民大会堂管理局近期将到德宇集团实地考察。

“如果没有科技支撑，得雨活茶不会‘活’出这么大名气，景德板鸡也不会一‘鸣’惊人，所以品牌打造不是靠吹牛皮，而要靠高科技和真品质。”接完电话后的刘浩元显然非常高兴，他再次向笔者强调了德宇集团品牌打造的“科技真经”。

“景德板鸡”——中国第一板鸡。1979年10月，30只鸡落户景德镇市农牧渔业科学研究所。此后3年时间里，30只鸡发展到上万只鸡场，市农科所也成为景德镇居民禽蛋供应的主要基地。德宇集团的前身——景德镇市种禽场由此诞生，并走上科技创新与成果转化、企业发展与产业带动相结合的道路。

1989年，经过多次选育，综合6个鸡品种优势的景黄鸡F28选育成功。这种鸡胴体金黄、个小，免疫力强，肉质鲜嫩，是鸡中“上品”。

此项技术荣获农业部全国农牧渔丰收奖和科技成果二等奖，种禽场由此获得了质的提升，养殖场规模扩大到存栏10万只。

1992年，经过3年上百次的艰难试验，国内首次“使用植酸参与畜禽加工发酵”的工艺诞生在景德镇市农科所，该项技术于1996年、1997年分别荣获“中华优秀专利技术”和“国家科技发明奖”。它的应用在畜禽加工界引起了一场“革命”，并在加工制作技术上开启了我国肉类食品酶化工艺之先河，并由此延伸，开发出景德板鱼、鱼禽野菜类方便菜系列和各种酱类和汤料系列。1992年，时任国务院总理朱镕基到江西视察，在品尝了景黄板鸡后赞不绝口：“你这是中国第一板鸡啊。”

国家领导人的重视和支持，极大地鼓舞了德宇集团人的信心和决心。他们以上下求索的创新和钻研精神，把科研和市场的触角伸向了更新的领域。

“资源要靠品牌整合。”这是德宇集团刘浩元的又一观点。他说，江西茶业在历史上非常辉煌，茶业资源丰富、茶文化积淀深厚，但由于交通等原因，江西茶业在近代日益衰落。特别是福建、浙江一带茶业兴盛，品牌日响，江西茶业越发显得群龙无首，“得雨活茶”就是要填补这一空缺，领跑江西茶业，以资源保品牌，以品牌养资源，实现资源整合和品牌分享。

笔者在采访中发现，“得雨活茶”已经发挥出明显的品牌效应。11 月 27 日上午，笔者驱车到安徽大山里采访茶农，休宁县鹤城乡右龙村的老书记张金仲说起茶业的兴起，心潮澎湃。在 1998 年的农历正月初四，张金仲去找刘浩元，问右龙村的茶叶收不收，刘浩元说安徽的茶叶不行，要汪湖的（汪湖村属江西省，是德宇集团的茶叶基地，与右龙村相邻）。张金仲问：“我要是做得跟汪湖一样好呢?”刘浩元说：“德宇集团只认茶不认人。”“有了这句话，我就放了心，回去一宣传，大家都到汪湖村学习做茶，当年茶就卖到每千克 200 元。”如今，右龙村已成为“得雨活茶”的基地之一。

“品牌是一个无形的资产，但品牌又可以化为有形的资产”。刘浩元告诉笔者，现在有小贩到市场上卖茶，会说“得雨”就是我这茶，这就是品牌效应。在市场经济中，品牌其实就是一面旗帜，不但会起到整合资源的作用，还能引领不同品牌之间竞争，从而使整个产业得到整合。江西省浮梁县委副书记郑小平对这一点深有感触，他说：“德宇集团以自己的高科技品牌引领了茶叶这个产业，也带动了大家的品牌意识，使公司之间互相比赛，对整个产业的发展和整合都起到了催化作用。”

“江西的茶叶出去了，恶性竞争、窝里斗的现象减少了，茶农富裕了，‘得雨活茶’这个品牌对资源的整合作用就出来了。”刘浩元感到用品牌整合资源非常有效，但不可能一蹴而就，需要一个过程。

“竞争力要靠标准化提升。”在经济全球化的今天，所有的产业发展都强调以市场为导向，但“怎么个导法”，德宇集团推出了标准化战略。用标准化规范生产的各个环节：一是生产标准化，禁止使用化肥和农药，鼓励使用农家肥和生物灭虫；二是采摘标准化，茶叶等级分明，叶芽数量相等；三是加工标准化，要求统一使用柴火小锅烘焙，统一手法制作，加工后的茶叶色形味统一；四是包装标准化，统一流线型作业，同一级别的茶叶使用统一包装，并在包装上注明产地，实行产品可追溯制度。四个标准化中最关键的是前三个，让分散在大山里的 20 多万户茶农接受这一新理念和新做法，不是一件容易的事。为此德宇集团在这十多年里，投入了大量精力和几十万元资金，通过请师傅手把手“教”，到培养经纪人队伍“带”，再到建立严格的检测指标“查”，三管齐下，推行“得雨活茶”标准化。德宇人彻底改变了当地茶叶粗放经营的面貌。

“我们这里由粗茶到细茶的转化，是刘总和德宇的一大贡献。”浮梁县委副书记郑小平对笔者说。

“德宇集团这几年接受了几十次抽查，有国家级、省级、同行监督的各类抽查，没有任何问题。这就是德宇的成就。”刘浩元很自豪，他告诉笔者：“只要标准化理念得到推行，茶叶卖给谁都没关系，卖给谁它都是好茶。”

市场经济是竞争经济，永远都在进行着优胜劣汰。没有科技创新作支撑，就难以打造出真正的品牌，没有品牌带动，就很难有效整合优势资源，而没有统一的标准化作业，就不会实现一个产品由内而外的全面提升。德宇集团的成长过程足以说明这一点。据德宇集团总经理助理李晓滨介绍，德宇集团目前共有科研人员 82 人，每年都要投入上百万元科研资金，集团已有 40 项科研成果储备。标准化战略也伴随着德宇集团科技的创新和事业的发展在更大范围内得到推广和实施。

由“龙头”带“龙身”——农民增收是其内在要求

德宇集团在产业发展过程中，采用了公司加基地加农户的运作方式。20 世纪末，“景德板鸡”的兴盛，拉起了一条养殖产业链，使景黄鸡的养殖由景德镇扩散到省内的南昌、九江、波阳等 8 个地区，以及安徽省的宣城、屯溪和祁门等地，仅景德镇地区就有 90 万农民靠养景黄鸡而实现增收。“得雨活茶”的兴起，更是在十多年间带动了江西、安徽两省九县的 26 万户山区茶农增收，拉起了一条绿色茶业长龙。

农民说：“我今年增收多少钱？说了你也不相信！”

安徽省休宁县鹤城乡右龙村茶农张复兴有 6 亩多茶园，20 世纪 90 年代初，每斤茶叶卖 2～3 元钱，他一年收入也就 300 元左右。自右龙村成为德宇集团茶叶基地后，所产茶叶由原来的粗茶变为精细茶，最差的茶叶每斤也能卖到 60 元，最好的每斤能卖到 260 多元。去年张复兴卖茶收入了 8 000 元，当笔者问他今年增收多少钱时，他说：“我今年增收多少钱？说了你也不相信！连我自己也不相信，卖了 10 060 元!”

据鹤城乡乡长张天龙说，右龙村由 1994 年的人均年纯收入 42.17 元发展到现在的人均 2 600 多元，翻了十几倍。而茶业由右龙村开始辐射，已带动周边地区，左龙村、四门村、逢村等 4 个村加入“得雨活茶”的产业链中，茶业已成为全乡农民增收的主要途径。

像右龙村这样的例子在德宇集团基地中很有代表性，如浮梁县的瑶里镇、西湖乡等都是如此。一位农业部门的领导在调研中感叹：“要是没有德宇集团这样的龙头企业，这些大山里的农民要增收，可就太难了。”

经纪人说：“我们就盼着公司一天比一天做大，做梦都想着这个事哩!”

金瑶军是江西浮梁县瑶里村村民，大约 30 岁左右，看上去精明强干。他以前做小贩生意，山里收茶山外卖，一年下来能赚几千元钱。

2001年，刘浩元在收购茶叶的过程中看中了他，让他做“得雨活茶”的经纪人。每年新茶下来，由他和另一个经纪人吴学军到划定的片区收购，资金由公司预借，一年下来赚个十万八万块不成问题。像他这样的经纪人，德宇集团公司在十多年里共培养了四五百人，刘浩元称他们是“在企业和农民间穿针引线的轻骑兵”。他们的主要作用有四：一是帮助公司收茶，二是搞技术培训，三是进行质量把关，四是传递市场信息。通过这些经纪人，德宇集团把分散的茶农组织起来，节省了交易成本，也给茶农送去了方便。据金瑶军讲，他和吴学军两个人还有一个职责，就是负责管理一个茶园——浮梁县兴田乡黄金山茶场，这是20世纪70年代开辟的国有茶场，共1 200亩，已荒芜多年。2003年7月22日，德宇集团以每年3万元的租价签了15年合同，并投入30多万元整治茶园，德宇集团与塘口村委会沟通，把茶园无偿划分给村民经营，两个经纪人将兼管塘口村村民种茶的技术指导和茶叶收购。

浮梁县西湖乡桃壁村共有3 400多口人，茶园7 000多亩，山高田少，收入主要靠茶叶。以前做红茶，一斤2～5元不等，一年下来没几个钱，还要翻山越岭到安徽去卖。因此，很长一段时间里，这里所有的茶园几乎都荒芜了，全村有1 000多人到外面打工。自1995年德宇集团收茶开始，村民种茶积极性日渐高涨，现在家家户户都开始种茶，在外面打工的人也纷纷返乡。

“我们西湖乡7 000多茶农感谢刘总，我们现在都靠他了。德宇集团要是不收茶，我们的茶园又要荒了，村民又得出去打工。在外打工很不容易，工作难找还挣不了多少钱。现在回来种茶，每年人均收入都在2 000～3 000元，平均每户都有上万元的收入。”桃壁村支部书记汪德民说。他还告诉笔者，去年6月，德宇集团与桃壁村、西溪村等几个村子签订协议，每年无条件拨款，帮助村里开垦茶园，2003年拨给桃壁村5.5万元、西溪村2万元、西湖村2万元。

桃壁村原来是省级贫困村，现在靠种植“得雨活茶”翻了身，全村775户人家有600多户安上了电话，95％的人家有彩电、VCD，50％的人家有摩托车，全村共有15辆面包车。

德宇集团董事长刘浩元说：“龙头企业不是低价买进高价卖出，而是以高科技和名品牌拉动一个优势产业链条，带动千万农户增收，让龙身与龙头共同发展，而不是大了龙头，瘦了龙身。”

正是基于这一理念，德宇集团走出了一条真正的产业化龙头企业发展之路，也得到了茶农的真诚爱戴。每到山果成熟时节，山民就会把第一批采下来的香榧子送到刘浩元的办公室，一些村民还敲锣打鼓给德宇集团送来牌匾。

现在，“得雨活茶”基地由江西婺源、德兴、波阳、浮梁、乐平等5个县

(市)，延伸到安徽省休宁、祁门、东至、屯溪等4个县，一条产业化绿色长龙逶迤盘踞在深山茂林之间，它犹如一条绿色生命线，将德宇集团与26万户茶农紧密相连，他们休戚与共，福乐相关，共同创造着美好的明天。

由生产到生态——和谐发展是其最终目标

德宇集团是一个高科技食品生产加工集团，也是一个国家重点农业产业化龙头企业，它的企业文化非常独特，其核心精神是“以人为本，关注生态”。刘浩元对此有个概括：“德宇集团必须对消费者负责，开发的产品必须是安全营养的放心产品。

生产安全、营养的食品是德宇集团始终不渝的信念，也是集团创始人刘浩元的一贯主张。

早在20多年前，他以科学工作者的敏锐和良知，发表了一篇《谈有机食品的概念》，对当时刚刚风行的食品和饲料添加剂提出质疑。文章一发表刘浩元就成了众矢之的，江西省一位干部说：“你几斤几两，哪个大学毕业的？你这是向现代科技挑战！”然而，时至今日，食品安全已成为全球性的话题，发展有机食品广受欢迎。德宇集团秉承对消费者负责的原则，从景德板鸡制作工艺的发明和应用，到板鱼等系列产品的开发，再到“得雨活茶”的培育，及其40多项科研成果的储备，德宇集团人始终坚持向传统工艺要科学道理，向现代科学要发展空间，将传统和现代相结合，开发安全、营养的绿色有机食品，拒绝任何有害人体健康的急功近利行为。

“德宇集团必须对生产者负责，产业发展必须与养护生态同步进行。”德宇集团在产业发展的同时，以培育绿色有机生态环境为己任，开展“百猪千鸡”无偿赠送活动。浮梁县瑶里镇汪湖村的老支书汪德瑶对笔者说：“德宇集团是真正为群众服务的龙头企业。”他回忆起几年前的情景，那是1998年9月，刘浩元来到汪湖村问：“今年茶叶收购结束了，收益怎么样？”汪德瑶说：“人均收入600元左右。”刘浩元说：“那还是困难。”两个月后，他又来了，跟汪德瑶说：“我送你们母猪养，你们划得来，猪粪作有机肥送到山上养茶树，生了小猪可以卖钱。”“我当时有点不相信，哪有白送人家母猪的？可刘总不仅送来20头母猪，第二年又送来鸡和鸭，每户5只。”汪德瑶说。“我们直接跟公司挂钩，得到一种关心，跟自家人一样。”当年要了5只鸡的村民胡连开对笔者说。

“百猪千鸡”赠送活动在瑶里镇取得了实效，现在汪湖村人均收入已达到3 000元。当地的养殖业与种茶业实现了良性循环，农民增收与生态养护也得到了协调发展。德宇集团已经把这项活动推广到了更多的地方。刘浩元的理念是：

让凡是长茶的地方都得到养护，让茶叶生长在纯天然无污染的有机环境中。农业部部长杜青林在德宇集团考察时，充分肯定了刘浩元的理念，他指出：搞农业产业化就是要突出优势农产品区域布局，突出绿色有机，德宇集团的思路是对的。

“德宇集团必须对社会负责，项目确立必须与社会进步相融合。”德宇集团时刻不忘龙头企业的使命，他把自身的发展和项目的确立，与回报社会融为一体。

一是建立德宇集团农业生态园，打造绿色生态基地。2001 年 11 月，占地约 300 亩、投资 6 500 万元的德宇集团农业生态园开始建设，目前已具雏形。行走其中，但觉小径斜出、古木林立、小桥楼馆、鸟鸣花飞，大有如入仙境之感。刘浩元告诉笔者，生态园将承担三个责任，一个是保护古树，一个是进行科研，一个是创造环境。德宇集团坚持人与自然和谐发展，生产的是绿色有机产品，创造的是自然和谐的绿色环境。生态园离市区 6 公里，将来打算对外开放，德宇集团不但要为农民增收提供“桥梁”，也要为市民提供安全营养的食品和优美的生态环境。目前，园内已植入古树 5 万多棵。

二是共建生态渔业公司，培育农民老板。2001 年，德宇集团与鄱湖边的珠湖养殖场签订了共同组建江西德宇集团鄱湖生态渔业公司的协议。德宇集团投入资金、实物，用于 8 万亩水面的野生渔业保护。“这是一种可持续发展的生态农业产业化合作，农民将改变依附者的身份，以合作者的身份直接参与到经营中。”刘浩元说。

三是建立野山茶基地，保护和开发野生资源。德宇集团于 2001 年首次在寿溪村发现了深藏于 3 万多亩山林植被中的大量天然野山茶树。为保护和利用好这片罕见的野生茶区域，德宇集团从农民的切身利益及长远效益着手，将整个寿溪村 3 万亩山林全部作为集团基地，挂牌公示，并出巨资买断 8 000 亩野山茶区的 70 年使用权。围绕野生茶保护和利用这一大计，德宇集团为寿溪村制订了全新的发展规划。

“叶羞雾含轻抖出，香借风送得雨还”，这是德宇集团董事长刘浩元吟咏茶叶的诗句。然而“得雨”的又岂止是山中的茶叶？因为“得雨”，大山深处的百万茶农欢呼雀跃；因为“得雨”，中国优质名茶历史续写新篇；因为“得雨”，中国农业产业化战略又增成果；因为“得雨”，人与自然和谐发展再奏新曲……

（2004 年 12 月，与刘水长合作）

农民“女状元”宋美妹的喜和忧

——一个农业产业化龙头企业发展一瞥

宋美妹，福建莆田市荔城区新度镇东郊村人，农业产业化龙头企业——新美集团的董事长。初中毕业后，宋美妹回乡务农，从 2 亩地开始，到现在拥有 5 000 亩基地和 1.7 万亩生产面积订单，在近 20 年的时间里，从产到销，再到出口外销，她与蔬菜结下了不解之缘。新美，被寓为“新鲜美丽的蔬菜”，也是农业产业化龙头企业，新美是从无到有一步步发展壮大。

观念决定方向：两条腿走路的新美模式

40 岁左右的宋美妹说起话来有条不紊，显得非常沉稳。她深有感慨地说：“搞农业产业化，‘公司＋基地＋农户’的路子不好走，我们新美是两条腿走路，一条是‘公司＋基地＋农民工’，一条是‘公司＋基地＋专业户’。”

宋美妹回顾了自己 20 年来所走的路。1987 年，初中毕业的宋美妹结婚后分到 2 亩地。种点啥呢？“我们那会儿就是觉得自己多少也算上过学，有点文化，得搞点创新。”于是小夫妻一商量，就种了 2 亩荷兰豆和青椒，没想到这为新美掘取了第一桶金。那时种菜的人不多，恰又赶上当年周边省份遭灾，2 亩地竟赚了 1.6 万元。尝到甜头的宋美妹觉得要规模发展才能更赚钱。1990 年她就发展到 100 亩地，1992 年开始自销产品，1995 年开始发展专业大户，2002 年投资 5 000 万元建立净菜加工厂，2004 年加工厂建成投产，并于同年开始自营进出口。今天的新美，年加工优质蔬菜 5 万吨，创产值 1.8 亿元，带动农户 2 万户。新美蔬菜一半外销，一半内销，产品供不应求。

总结宋美妹和她的新美 20 年的成长经历，由一个非常鲜明的主线贯穿着，那就是观念决定方向。

宋美妹之所以要搞点创新，把 2 亩地都种上常人不怎么种的荷兰豆和青椒，与她不甘平庸不无关系。这 2 亩菜的买卖过程使宋美妹感到规模种植会带来的好处，于是从 2 亩地发展到 100 亩，从一家一户发展到规模种植。规模种植拥有可观的效益，但风险也大大增加了，而风险都由种植一方承担，买家，即商贩却旱涝保收、丝毫不担风险。于是 1995 年宋美妹决定自己闯市场，延长产业链，分散纯种植业的风险，并开始发展专业大户，拓展生产环节，探索既降低管理成本又扩大生产规模，风险也相对分散的新路子。20 年的时间，新美从土地到市场、从技术到管理、从国内到国外，探索出了自己的创新模式。公司自己的 5 000 亩基地，实行“公司＋基地＋农民工”模式；与专业大户签订的 1.7 万亩订单生产，实行的是“公司＋基地＋专业大户”模式。

新美走上产品外销的道路，带来了集团的第一次腾飞。宋美妹说，如果公司联系的是一个个分散的农户，一户也就几亩地，你告诉他怎么用药、用什么药、何时施用，他很可能不理睬你，不就是几亩地吗？犯得着那么麻烦！但一个专业户少则有一二百亩地，多则上千亩地，他如果不按标准生产，产品卖不出去，那就亏大了。因此，公司要贯彻标准化生产意图，联系专业户就很容易实现，而联系单独的农户就很难保证。

宋美妹说，农业要增效，必须规模化发展，必须走工业化生产的路子。无论是新美集团，还是新美联系的专业大户，他们一般是与农户谈判，算经济账，从而实现土地租用，农民就地转为农民工。据宋美妹介绍，新美集团租用土地价格为每亩 500 千克稻谷（合 800 元），在新美基地工作的农民工，每月保底工资 800 元。一年下来，租出地的农民一人就可挣 1 万元左右，比自己种地还划算。

科技决定存亡：从枯枝发芽到太空育种

“科技可是好东西，太空育的种子，平均可增产 20%～30%，抗灾力还强。要是没有科技这个后台，1999 年那场台风早就把我刮趴下了，不可能干到今天。”提起农业科技，宋美妹是既欣喜又自豪。

1999 年 10 月，一场百年不遇的台风横扫福建莆田，12 月又一场 60 年不遇的霜冻不期而至。眼看着辛苦栽种的番茄苗转眼间被霜打成七零八落的枯枝败叶，这就意味着当时资金并不雄厚的新美要有 100 万元的亏空。“那时想死的念头都有啊！”宋美妹感叹。市科委的技术人员来看了，说根还活着，把这些枯枝修剪掉，还能长出新芽来，比重新育苗能提早 40 多天。宋美妹一咬牙，死马当活马医，于是宋美妹严格按照市科委的技术要求操作。“结果，那年我的番茄上市早，一斤卖到 1.6 元，而 40 多天后市场价就跌到了两三毛钱一斤。”科技，让宋美妹的新美之路峰回路转，那一年新美的番茄保本微利，顺利度过了一劫。从此宋美妹特别相信科技，新美每年拿出 20 万元作为科技投入，并划出 100 亩地作为新品种、新技术的试验田。

当太空育种这一新鲜事物传到宋美妹耳朵里时，宋美妹决定试试。“我们的蔬菜种子都是外调的，大多来自日本和我国台湾地区，每年购种投入1 000万元左右。购种时有一条说明：因气候问题导致减产概不负责。这些种子不能留种，只能种一季。这等于我们的命运操纵在别人手里。”宋美妹不甘心，她觉得在种子问题上必须要有创新、有突破。

2004年，由宋美妹决策，新美集团与中国科学院遗传与发育生物学研究所签订三年合作协议，新美集团每年为研究所提供50万元赞助科研资金，研究所为新美集团进行太空育种，并指导留种、试种等工作。当年，新美集团进行太空育种的作物有三种，胡瓜、番茄和甜玉米。2005年3月，这些太空种子与进口的种子在同一块基地、按同样管理模式对比试种生产。结果表明，太空育的种子抗灾能力强（那一年基地遭淹，进口种子基本绝收，太空种子仍获丰收），平均亩产增加30%左右。“我们还留下了种子，中科院专家马上就要到我们那儿去检查留的种子。”看得出来，宋美妹对太空育种充满信心。据她介绍，去年8月，他们又把芥蓝、香菜等4个品种拿去太空育种，其中芥蓝试种后增产40%，香菜增产30%。

说到太空育种的意义，宋美妹说，我们首先关注的肯定是经济效益，但与中科院合作，在获得经济效益的同时，社会效益也很明显。中科院专家对我们的试种工作非常关心，他们最高兴的就是科研成果得到推广应用，产生了实际效益。对于农民来说，也降低了生产成本。

服务决定规模：农业产业化发展亟须保险服务

“如果没有相应的保险服务，农业产业化龙头企业很难做大，也不能做大，不然，风险就太大了。”宋美妹谈到这个问题时忧心忡忡。

伴随着新美的成长，最让宋美妹担惊受怕的莫过于一次又一次的自然灾害。2005年9月台风“达维”的登陆，使新美集团2 000亩已经下了种子的土地，眼看着被大水淹没，颗粒无收。当时的福建省委书记到场视察灾情，宋美妹对省委书记直言：“无论农业产业化有多好，意义有多重要，要是农业保险服务跟不上，新美不会也不敢再扩大规模了。”作为莆田市政协委员，宋美妹早在2004年就把“发展农业保险服务，为农业产业化发展提供保障”作为两会提案提交有关部门。她提出，国家应设立农业专项风险资金，并把这笔资金投入农业保险公司，实施国家资金支持，市场化运作，企业和农户按比例投保，避免传统的撒胡椒面救灾模式，走保险救灾、扶助生产的道路。时隔两年，今年两会代表再次热议“三农”，农业保险问题继 2004 年中央 1 号文件第十九条提出“加快建立政策性农业保险制度……”，随后也再次成为关注热点。有代表提出，没有农业保险，农业产业化就难解后顾之忧；也有委员说，让农民走出“一年遭灾，三年翻不了身”的泥沼，唯有发展农业保险服务。近几年，上海、山东、浙江等地已在发展农业保险服务方面有了新的探索和收获。看来，农业保险这一困扰新美、影响农业产业化发展的问题已经到了必须要解决的时候了。不然，会有更多的企业像新美一样，有巨额投资打水漂的风险。

农民“女状元”、农业产业化龙头企业新美集团董事长宋美妹，一方面在土地和市场上打拼，一方面在社会公益事业上播撒爱的种子。自 1994 年至今，她已拿出 100 多万元资金扶贫济困。宋美妹说：“授人以鱼永远不如授人以渔。”去年，她为她资助的 8 个孩子家长提供了在新美的就业机会，这 8 个家庭一年就脱离了贫困。宋美妹深有感触地说：“新农村建设要有成果，就必须走农业产业化发展道路，必须建设现代化农业，让农民有事干、有钱挣，实现这一目标最为重要的就是把教育搞上去、科技搞上去、服务搞上去，让人才和科技在农村广阔的天地中发挥作用，让切实有用的服务为农业发展做好后盾，这才是新农村建设的希望所在。”

（2006 年 8 月，与王海静合作）

冀鲁豫秋粮探行见闻：大地披金黄　粮仓谱新章

随着秋收进度的逐步加快，丰收的脚步离我们越来越近。为了解今年秋粮的生产情况，9 月 25 日笔者开始了冀鲁豫秋粮探行的行程。5 天的时间里，笔者先后深入河北赵县、临漳，河南新乡、许昌，山东兖州、齐河等地村镇的秋收一线进行调查采访。一路上笔者看大地丰收的果实，感农民心中的喜忧，记录了途中一系列的所见所闻。

高产创建打造粮食生产的“精锐兵团”

“这就是我们齐河玉米高产创建五万亩的示范方，刚才我们绕着它转了一圈，想让各位看看我们示范方的玉米长势。”从齐河县城到焦庙高产示范方，我们走了近 50 分钟，山东省德州市农业局局长邵国君解释说。

从河北到河南，再到山东，除在河南新乡原阳县看了水稻之外，一路上看的都是高产创建示范方的玉米。河北和山东因靠北，玉米收获刚开始不久，河南玉米收获已近八成。我们所到之处，长在田里的玉米秆直穗满，收在家里的更是金黄一片。

“高产创建是个好办法，国家有支持，老百姓跟着看、跟着学，真正起到了示范作用。”河北赵县农业局局长王国军说。在采访过程中，三个省的基层干部都认为高产创建是各级领导和农业部门抓好农业生产的重要抓手，是专家和农技人员施展本领的重要平台，是示范推广新品种和新技术、加快转变农业生产方式、示范发展现代农业的重要途径。

河北省在落实国家级粮油高产创建示范片的同时，鼓励各市、县因地制宜自建高产创建示范方。目前，河北省、市、县三级自建高产创建示范片 400 个，面积达 350 万亩。河南省在落实 316 个国家级粮油作物高产创建万亩示范方的同时，自建 352 个示范方。山东省今年共安排 86 个小麦、63 个玉米高产创建示范县，着力以小面积单产突破带动大面积粮食高产。

有了高产创建这个好抓手，更有中央强农惠农政策的有力支持，三省重农抓粮积极性都很高。河北省提出“十二五”期间粮食总产要达到700亿斤，要求一半的粮食生产大县达到吨粮县，3个市达到吨粮市。目前，赵县已作为河北高产创建整建制创建试点，邯郸市财政每年拿出5 000万元用于奖补粮食生产，力争建成吨粮市。河北省在抓粮食生产过程中提出“对标河南粮食生产先进市，大幅提高粮食综合生产能力”，使各地市、县抓粮食生产有榜样可以学习，有目标可以追赶。河南省的一些地方甚至在向吨半粮（两季合计产1.5吨粮食）的目标迈进。而多种粮王大赛活动、高产创建竞赛活动在三省有关市、县都有开展，旨在调动广大种粮农民的积极性，鼓励多种粮、多增产。

“高产创建就像打造粮食生产的精锐兵团。这几年自然灾害严重，气候异常，粮食生产能够稳定增产，高产创建功不可没。但搞整建制推进，资金投入怕后劲不足。另外，一家一户经营的体制阻碍必须破解。”河北省农业科学院粮油作物研究所玉米栽培室主任杨利华说。

从“三分种七分管”到“七分种三分管”

“这儿搞的品种展示会很有用，一年最少也要搞两回，小麦一回，玉米一回，一般都是村干部带着村里的科技示范户来参加，村民自己来也行。”在河北赵县农业科学研究所组织的品种展示会现场，前大章乡永安村的农民王平分说。

搞品种展示会，是赵县农科所向农民推荐良种的传统做法，每年组织全省范围的大规模现场观摩会2～3次。今年，展会共安排冬小麦品种34个、夏玉米品种42个，通过引进新品种、新技术进行展示示范，召开现场观摩会，让广大农民去现场观摩、学习、比较、选择，从而把展示示范的过程，变成农户学科学、用科学的过程，促进优良品种的更新换代。特别是从2008年起，赵县把1 000亩土地划为石家庄市农业科学院在赵县的实验基地，作为回报，石家庄市农科院成熟的技术成果优先让赵县使用，这种院县合作模式已成为赵县提高农业科技支撑能力的重要途径。赵县副县长黄云锁说：“粮食生产关键在科技，科技的关键在种子，种子是科技的重要载体。以前是三分种七分管，现在是七分种三分管。”据介绍，该县的小麦、玉米品种基本上三年可更新一次。“品种好不好，只靠说不行，把这些品种在同一块地种出来，看看到底怎么样，然后让农民自己去比较、去选择。不过，这是有千亩实验田可以搞展示，要是没有这块地，又该怎么办，这是种企改制过程中需要认真为农民考虑的问题。”河北农科院专家杨利华说。

谈及秋粮的丰收，各地首先强调的是秋粮面积，接着就是良种覆盖率，可见良种的培育、选择、推广已成为粮食生产的关键问题。

从3元一斤到30元一斤的距离有多远

“这种‘黄金晴’水稻是从日本进口的稻种，产量不高，但质量好，这个品种的大米在日本每斤卖到60元一斤，在国内超市也可以卖到30元一斤。而农民把稻米卖给企业，只有3元一斤，走的是订单农业。”河南省新乡市原阳县农业局植保站站长师学文说。

农业比较效益低是一个老话题。按照新乡市的有关数据，当前小麦、玉米、大米三种粮食作物价格同比涨幅分别为5.32%、8.99%、18.92%，而尿素、碳酸氢铵、三元复合肥价格同比涨幅分别为17.95%、22%、30%，种粮比较效益依然在降低。山东齐河县焦庙镇周庄村农民陈东亮算了一笔账：一亩地的玉米，种子钱要43元，浇水要90元，肥料钱要150元左右，另外，打药、机收、机播加上秸秆还田等还要170～200元，种一亩地玉米大概需要450～500元的成本，这还不包括人工成本，而一亩地如果能收1 000斤玉米，按照1元一斤算，一季下来，农民每亩也就只收入500～550元，这还是在没有天灾的情况下。

国家一直很重视农业比较效益低、种粮农民收益少的问题，各种补贴政策的出台从一定程度上也增加了农民收入，前不久公布的提高明年小麦最低收购价的新政策就给广大种粮农民很大的鼓舞。另外，各地也在解决这个老问题上不断探索新办法。河北邯郸市开始实施“4123”双增工程，即从2009年至2011年，重点在全市组织实施百万亩增效、百万亩粮田增产、百万亩杂交棉间作套种增效、百万亩蔬菜亩增千元4个工程，带动全市总增产粮食10万吨以上，实现全市种植业效益增加20亿元以上，农民人均增收300元以上。今年是实施“4123”双增工程的第二年，成效明显。山东兖州市以本市工业较好为基础，大力扶持农业龙头企业，农产品加工企业规模不断扩大，农业产业化进程加快。目前，兖州市加工企业年加工转化小麦近200万吨，是兖州小麦总量的5倍以上，农民种麦不愁销路，企业每千克收购价比市场还要高0.1元以上；年加工转化玉米100万吨以上，本地生产的玉米供不应求，带动玉米价格上扬，增加了农民收入，而专业合作社也是增加农业效益、提高农民收入的一种组织形式。河南许昌县帮富种植专业合作社成立于2007年，已由最初的50多户农民发展到现在的360户。合作社带头人赵新芳说：“相比没有入社的农户，合作社社员可实现两季亩增收200元。增收虽不多，但已不容易。”当问到合作社目前的困难时，赵新芳说，最大难题是融资难。合作社目前只有一台价值七八万元的秸秆还田机。

一个人与一支队伍

“良种和良法要结合才能出高产。你看这方玉米，不是等距离行距，而是宽窄行，这样有利于密植玉米通风、透光，同时也有利于苗间作业；还有晚播晚收，晚播可以避开害虫繁殖时期，从而减少病虫害发生，晚收就可以充分灌浆，增加粒重，提高产量。”一位个子不高、敦敦实实的老人向我介绍。我心里暗自诧异：山东农民科技素质这么高！忙问他是哪个村的，他憨憨一笑，说自己是这5万亩玉米示范方的技术负责人。后经介绍，才知他是齐河县农业局农技推广研究员马仁元。已经退休的老马现年62岁，他41年的时间都在搞农技推广，现在是退而不休，继续为这5万亩玉米操心。望着这位年逾花甲、衣着朴素、面色晒得黝黑的老农技推广员，让人不由心生敬意。

马仁元是一个个体，更是一个群体的代表、一支队伍的缩影。千千万万个马仁元，如同酿蜜的蜜蜂，在大地上穿梭忙碌，播洒汗水和心血，收获喜悦和希望。在山东兖州采访期间，笔者与济宁市总农艺师、市农技推广站站长黄九柏有过简短对话。这位从事了30年农业科研与推广工作并获得许多荣誉的农技专家是如此看待自己的工作的：“从事这份工作有苦也有乐。苦的是工作条件较差，乐的是看到技术被推广应用，农民增产增收，觉得活得有价值。”

其实，不仅仅是他们两位，从赵县的农科所、农技推广中心、七个区域技术推广站和分布在281个村庄的281名村农技推广员，到济宁市农技推广站、兖州市农业科学研究所等，那些被庄稼地包围的办公楼里潜心研究的人们，那些在广袤大地上“传经送宝”的人们，担当了转化农业科研成果、变革农业生产方式的催化剂和先行者的角色，有了他们的辛勤劳动，才有了从传统农业向现代农业奋发迈进的豪迈乐章！

此行采访的最后一站，是齐鲁大地的玉米田。一辆红色的大型玉米收割机正在作业，一面吐出金黄的玉米穗子，一面进行秸秆还田。“要是没有农机帮忙，这地里的活儿做起来就有点吃力了。”61岁的山东农民陈东亮说。据了解，山东省农业机械总动力位列全国第一，超过11 080万千瓦。今年山东玉米机收水平突破70%，而全国玉米机收平均水平预计在25%左右。我国农业机械化发展的空间和潜力还很大，而伴随城镇化发展加快，农民转移就业增多，农业从业人员的女性化和老龄化特点越来越突出，加强农机服务、发展农业机械化已势在必行。

（2010年10月）

打开信访“千千结”

——天津市武清区以制度创新根治信访潮

近几年，来信访浪潮节节攀升，这对于各级政府来说，既是巨大的挑战，也蕴藏着推进政治改革的难得机遇。天津市武清区委、区政府从法律和制度创新的角度切入，为化解信访潮、保持稳定大局做出了有益探索。

依法信访，“鞭子”对准政府各级官员

国家信访局局长周占顺对信访提出4个“80%”，其中两个：80%以上的信访是可以通过各级党委、政府的努力加以解决的；80%以上是基层应该解决也可以解决的问题。武清区委、区政府显然认同这种提法，2003年初，武清区委、区政府着眼全局，做出了实施依法信访的决定，并将此项工作确定为全区七项重点工程之一。所谓依法信访，就是按照国家、市、区相关法律、法规的要求，使信访人和受理单位双方依法履行各自的责任。对不遵守有关法律法规、扰乱社会秩序、影响社会稳定的上访人依法进行追究；更主要的是，对各部门不认真答复和解决群众反映的问题、激化矛盾、造成群众上访的，要追究主要领导和责任人的责任。

“我们的依法信访主要是针对各级领导干部。”武清区信访办公室主任张国平说，“针对老百姓的依法上访似乎全国都在做，有的地方就变成了简单的高压。这就使群众感到单个人无力与强大的政府抗衡，导致集体上访大量增加。所以一味地高压政策难保稳定，解决问题才能保证不出问题，化解问题才能实现长治久安。”

正是基于这种认识，武清区委、区政府从四方面着手，实施依法信访，试图把信访工作纳入法制化轨道。贯穿其中的核心精神是“两手抓”：一手抓干部遵纪守责接待信访，一手抓群众的依法有序逐级信访。

依法信访工作首先从制定相关文件着手，使依法信访有法可依。武清区委、区政府出台了《关于实施依法信访的决定》等两个相关文件，区纪委、区政法委

和区政府办也随之出台了配套文件，为依法信访工作的开展提供了制度依据。

其次是健全信访网络，畅通信访渠道。2003 年 4 月，武清区成立了依法信访工作领导小组并设办公室，由区委副书记、纪委书记刘万明任组长，信访办主任张国平任办公室主任，负责全区依法信访工作各项重大事宜，在此基础上武清区各乡镇局委都成立了由主要领导牵头的依法信访工作领导小组，并按照有固定接待场所、有固定专/兼职信访工作人员、有完整工作制度、有完整档案资料的“四有”原则，健全全区的信访网络，畅通信访渠道，使群众有了问题有地方反映、有部门接待、有人负责。

再次是建立四项制度，以确保领导工作到位，群众信访落实。这四项制度是：一是每月 15 日为区、乡领导干部信访接待日制度，二是每季一次区依法信访领导小组信访工作例会制度，三是每月 25 日各单位各部门受理信访情况报告制度，四是信访人和信访受理人违反法规双向责任追究制度。为保证制度落到实处，武清区还确立了检查标准，把有关制度落实和领导干部的工作态度都列为考核标准，由区委专人负责突击检查，并邀媒体予以曝光监督，使制度落实取得了较好的效果。据了解，今年 4 月由于工作态度不好，引发了村民上访，梅厂镇经管站的一位工作人员受到停职检查处分。

最后是加强学习宣传，既教育群众又教育干部。武清区把 2003 年 6 月中旬到 7 月中旬一个月的时间定为学习宣传月，全区各部门、单位把学习宣传国家有关信访工作的法规及天津市和武清区相关法规和条例作为一项重要的基础工作来抓，武清区委宣传部印发了《依法信访宣传提纲》和信访明白纸。信访明白纸用简明的语言告诉群众：什么是依法信访，怎样正确行使信访权利，又特别说明了各部门接待上访一般要在“1 个月内办理完毕，最长不超过三个月”“对因不负责任，处理不公激化矛盾造成严重后果的，要依法依纪严肃处理。”

“实施依法信访就是不堵、不压，就是建立渠道、架起桥梁，让民情上达，民怨畅流，就是用制度约束，让干部把该担的责任担起来。基层矛盾之所以激化，往往是问题长时间得不到解决造成的。”区纪委信访室主任李洪年如是说。他谈到，依法信访总体要求是：不准把本地区、本部门的矛盾推向社会、推向上级，要尽最大的可能使问题就地消化。如果反映问题涉及几个部门，由首先受理的单位或部门协调解决，而不是让农民自己跑来跑去。

“三体联动”打造班子，为化解信访潮“正本清源”

武清区委宣传部部长李伯怀说，武清区共有 741 个村、82 万人，财政收入 6 年时间从全市倒数第三变成顺数第三，这种发展速度必然伴随着利益格局的重新调整，在这个过程中不出任何问题是不现实的，而问题又大多出在农村基层，因此加强农村基层工作是从源头上减少信访的治本之策。武清区委、区政府站在全区经济社会和谐发展的角度，顺应政治文明的发展趋势，狠抓基层班子建设，以配强班子、加强基层组织团结协调能力和战斗力为目的，变革原有的乡村换届选举模式，实行“三体联动”换届选举模式。

所谓“三体联动”，就是改变过去那种上半年换村支部、下半年换村委会的一年都在换的选举办法，而是进行同时选举；改变过去由组织部门抓党支部、民政部门抓村委会、纪检部门抓村民代表会议的做法，而是实行部门联动、合力攻坚、把三个组织的换届捆在一起抓的办法，通过换届统筹考虑、联动进行，并同时扩大基层民主，使村级班子人员的配备更加科学、合理和具有群众基础，从而改变村级组织之间互相掣肘、基层组织整体战斗力不强、干群对立的局面。武清区委组织部副部长刘俊江说，只有村级班子配备合理、组织战斗力强、党性原则性强，才能保证在发展过程中不出问题或少出问题，即使出了问题也有能力解决，从源头上化解信访压力。

据武清区委宣传部副部长高元勃介绍，为搞好“三体联动”换届选举工作，武清区专门成立了领导小组和一个由 18 人组成的换届选举办公室，区委书记王树培、区长袁桐利分别任组长和办公室主任，并抽调 100 多名优秀机关干部派到各乡镇检查指导工作。

目前，“三体联动”式换届选举已收到初步效果。信访办主任张国平告诉记者：“往年一到换届选举时，我们信访部门就门庭若市，2003 年却没有一例。”制度创新，为基层组织建设注入了活力，为农村经济与社会协调发展提供了保障，也在源头上为信访工作减了负、轻了装。

农村财务制度改革，为信访工作减压解围

据武清区信访部门统计，信访问题中 60%～70%是财务问题。依然是出于“治本”的目的，武清区下大力气整治农村财务，重点实施了“三清三规范”，“三清”即清账、清款、清物，对村街所属的资产产权做了进一步界定，“三规范”则是规范财务制度、规范收支监管、规范财务监督，并在此基础上成立村民代表理财小组，严格实行“两笔一章一把关”制度，即每一张票据在有经办人签字的同时，必须有村支部书记、村委会主任二人签字，然后村民理财小组审核盖章，经乡镇农经站把关后，方可入账。

据悉，“三清三规范”实行以后，较好地化解了不稳定因素，武清区今年 1—4 月，全区农村信访比去年同期下降了 36.5%。

正如武清区委研究室副主任董伟所说，基层社会变化快速，没有哪一种制度可以一劳永逸。要从源头上做好信访工作，维护稳定大局，必须坚持抓基础性工作，抓制度创新，用制度去管人管事。武清区在“三清三规范”的基础上，又根据现实情况改革创新，在全区推出了农村会计委托代理制度。

农村会计委托代理是指农村集体经济组织在资产所有权不变、资金使用权不变、财务审批权不变的前提下，经过村民会议或村民代表会议讨论通过，委托乡镇、街道会计服务中心代理记账，代管农村集体资产，其工作的主要内容是对村集体财务管理全面实行“一项委托，五个统一，四层监督”；“一项委托”是指村委会将村级财务业务书面委托给乡镇、街道，“五项统一”是指统一制度、统一审核、统一记账、统一公开、统一建档，“四层监督”是指群众监督、业务监督、审计监督、上级监督。实行这项制度旨在提高村级财务透明度，控制各种贪占挪用公款的现象，增强干部廉洁自律和接受群众监督的自觉性，以合理化解村级不良债务、缓解干群矛盾，实现农村经济社会的平稳运行，为信访部门减压解围。

本着标本兼治、疏导化解的原则，以依法信访为核心，武清区“三管”齐下，强化领导责任，用制度管人理事，收到了良好效果。据了解，自实施依法信访以来，武清区信访形势无论是从数量上，还是从工作管理上，都较过去发生了质的变化。2003 年与 2002 年同期相比，信访总量下降了 13%，集体信访下降了 18%。

一个不断发展的社会，必然会产生这样或那样的问题，只有不断创新不断思考，才能不断化解矛盾取得进步，任何试图掩盖问题、压制矛盾的做法都是错误的。武清区委、区政府能够从长远和全局出发，直面矛盾，致力于制度建设和根源治理，开创出信访工作的新局面，应该说是相当有魄力和战略眼光的。

（2004 年 7 月）

民主议政议出南陈庄的新局面

土地是农民的命根子，土地产出高效益，则是农民增收、农村发展的命根子。那么如何使土地产出高效益呢?

天津市武清区南菜村镇南陈庄现有人口 1 800 人，可耕土地 3 860 亩。过去实行的是双田制，基本上是以工补农。村集体每年要为农业投入水电、耕种等费用共计 40 多万元，分到村民名下的那部分口粮田也因为一家一户分散经营，没有为村民带来多少的效益。如今，沿袭多年的双田制就要到期了，村里原打算把土地平均分到农户，可南陈庄村民却意识到：分散经营形不成合力，种啥都不成气候，也不利于机械化耕种。怎么才能既保证农民土地经营权，又可以实行规模化种植、区域化管理以对接市场，成了南陈庄要解决的头等大事。

地该怎么种

为解决这个问题，南陈庄“两委”多次开会研讨，又召开支委扩大会议，邀请村里有识之士参与讨论，共商发展大计。2000 年 5 月 22 日，南陈庄组织全体支委、村委、党员代表、群众代表、企业领导等 19 人到北京房山区韩村河进行实地参观，并就地召开了研讨会。韩村河集体致富的突出成就、韩村河领导人的敬业奉献精神，深深地激励着这些参观者。通过这次学习，以王建忠书记为核心的南陈庄“两委”班子坚定了走集体发展道路的决心，开始构思南陈庄土地经营的新蓝图。

受韩村河土地公司化经营的启发，南陈庄“两委”班子认为，发展规模化生产，搞区域化种植，是发展高效农业的基础。在这一思想的指导下，成立农业土地股份公司的构想在讨论中渐趋明晰。在取得共识后，南陈庄短短几天里召开了一系列民主议政会。2001 年 3 月底，记者在南陈庄度过了一个难忘的日子。

早晨 9 点，在村办企业振华集团的会议室里，就土地股份制，王建忠书记主持召开了“两委”扩大会议。除“两委”成员、企业集团领导外，还邀请了村里几位德高望重的退休老校长参会。会上，大家进行了细致的讨论，把能想到的问题都摆出来研究，与会的每个人都谈了自己的观点。会议一直开到中午12点。

下午2点，在同一个地点，村“两委”又召开了致富能手代表大会，就土地股份制听取了他们的意见。这一批人都比较年轻，平均年龄大约在35岁，他们有搞养殖的，有搞果木蔬菜栽培的，也有搞中介流通的，大都是头脑灵活、市场观念较强的。他们百分之百拥护土地股份制经营。养殖专业户王昌海说：“我反正不爱钻那玉米地，把地分给我，就跟邻村一样，好好的地都得抛荒。”种植大户陈景林则说：“我有林果栽培技术，想种地，可现在都讲究个食品安全，我想搞生态经营，但别人要打药就搞不成，分地到户我是绝对不赞成。”在想法取得一致的基础上，他们纷纷为土地股份经营出谋划策，土地股份经营的章程也渐渐有了轮廓。会议一直开到下午五点半才结束。

晚上7点，在村教学楼的村民大会议室里，王建忠书记又主持召开了村所有党员和群众代表大会，就土地经营问题向大家说出村“两委”的构想，让大家敞开讨论，发表意见，以达到最终统一思想。令记者惊讶的是，村民们来得那么早、那么全，讨论的气氛那么热烈！他们纷纷从不同侧面、角度提出自己的观点、看法和忧虑。绝大多数群众坚决要走集体致富的路子，希望农业土地股份公司能真正起到组织作用，带动农业与市场的对接，减少经营风险。但也有群众对土地股份公司经营能力和监督情况表示怀疑和担心。会议一直进行到晚上11点。

一天的会议可谓收获颇丰。首先坚定了村“两委”搞土地股份经营的决心，其次了解到了村民的心态及其对土地股份制的一些顾虑和担忧，以便对症下药，做好下一步工作。而最大的收获则是他们在此基础上草拟了公司章程。

为使群众意见能够最大程度上达成一致，“两委”班子组织了“农业土地股份公司百问百答”活动，通过“两委”到党员，再到群众代表，最后到每家每户，宣传农业公司成立的目的、宗旨、意义以及经营方式等，并通过有线广播、张贴文字材料等，让这一创新形式家喻户晓。与此同时，他们把村民分成10个组，每一个组都由一个村民代表或党员负责对公司章程开会讨论。章程规定，村民们在自愿入股的基础上，把分到自己名下的土地作为股金入股，农业公司每年发给每位入股村民250千克干小麦，以保障基本生活，不要实物的村民可按当年市价折合成钱。同时公司把全村土地集中起来搞统一的农田基础建设，按照果、菜、花卉等功能划分区域，然后公开招标发包出去。公司负责引进优良品种，开拓市场渠道，实施农场化规模经营。公司主要靠收取发包费、农产品销售提成等渠道实现收益。公司所得收益在除去上面这些服务性开支外，留一部分，其余作为红利按土地股为村民分红。这样既可以避免土地抛荒，又可以提高农业生产的组织化程度，增强农业抵御自然风险和市场风险的能力。同时，最重要的是，它便于标准化生产的实现，有利于无公害产品和绿色产品的生产监控，从而提高农产品科技含量和市场竞争力。

为让公司经营透明化，农业公司特设监事会，由村委会成员和股民组成，对公司的资产核算和经营管理实施全面监督、检查，并提出合理化建议和意见。

就农业公司如何保障股民的土地经营权，王建忠书记接受了采访，他说：“如果股民们都要经营土地，那么发包的上限就是人均2亩地，保证耕者有其田。但不管谁种田，多少人种，园区划分是固定的，规模化种植、区域化管理是不变的。”王建忠书记又说：“成立土地股份公司，只是万里长征迈出的第一步，还有大量的工作在后面。比如蔬菜种什么品种？怎么种？怎么达到生产标准化？实现无公害、绿色产品；又怎样打出自己的品牌，把产品推向市场；谁来进行这一系列操作，人才怎么培养？如何确立一套完整的市场信息反馈和预警机制等，这都是迫在眉睫的大事。”

简单地说，土地实行股份制经营，村“两委”肩上的担子更重了。一方面他们要摸索着一步步完善制度，另一方面迫切需要解决种什么、怎么种，卖给谁、怎么卖，而这都需要人才。用王书记的话来说，就是“我们急需培养我们的生产者和管理者”。

人才何处来

没有人才，在市场竞争中就没有战斗力。以王建忠书记为首的南陈庄“两委”班子深刻地意识到了这一点。南陈庄成人教育学校也因此应运而生。在上任之初，王建忠就专程拜访了在北京工作的陈万仓校长，请他多关心家乡的发展，在信息、人才方面多给予帮助；前任老书记黄继茂是武清区的“名牌”支部书记（《农村工作通讯》2002年第一期“大地之子”栏目曾详细报道），被返聘为“两委”顾问；村委会又请三位退休在家的老校长王学礼、高庆山、李凤歧出任“两委”智囊团，就一些大事讨论给意见。然而，南陈庄的发展，必须通过培养新人、年轻人和有文化的人，让他们来实际操作。为此“两委”统一了认识，决定创办成人学校，从抓人才素质培育来激发生产发展潜力。

2001年5月，由书记王建忠挂帅，村主任张庆雨实抓，王学礼、高庆山、李凤歧实管，陈万仓作顾问，投资10 000元的成人学校正式开学。他们开设了常规班和短期培训班。目前为止，常规班开设微机班两期、妇女班一期、家长班一期。第四期常规班打算推出“新世纪青年农民培训工程”。王学礼校长说：“要把常规班作为一个提高村民综合素质的平台，对村民进行多方位多层次的培训。短期培训班则作为一个提高村民科学技术水平的平台，主要就一些实用技术进行集中培训。短期班已成功举办了奶牛班、棉花栽培班、养猪知识培训班等系列讲座，受到村民的热烈欢迎。”村民们自豪地说：“奶牛班授课时，邻村的一些农民竟然打车过来听讲呢。”

南陈庄成人学校的成立，引起了上级相关单位的重视，市财政局、团市委和市农业局把南陈庄成人学校命名为：“农业教学基地”。上级的支持更增强了南陈庄办校的信心，特别是三位校长更是全身心地投入工作。当记者赶到成人学校时，看到三位校长正陷在各种资料图片的“包围”之中，他们打算近期举办“高效农业资料展”，供村民参观阅读。记者参观了成人学校的教室、资料室、微机室。王学礼校长介绍说，教学主要通过讲授和电教两种方式进行，资料室打算改成村里的图书馆。谈到成人学校将来的发展时，三位校长谈了自己的看法，他们说：“入世之后，农业竞争的焦点是科技和人才。就南陈庄来说，农业公司成立后，与国际农业发展趋势相吻合，生产标准化、节水灌溉、科学防虫栽培、新技术推广等都是新课题。成人学校将在这些方面发挥重要作用。”最后王学礼校长总结说：“说到底，竞争是人的竞争，人的素质提高了，什么都好说，这就是成人学校的意义所在。”

令人感动的是，这些老校长这么认真地工作，竟完全是义务劳动。

目前，南陈庄农业股份公司已吸收了70%的村民入股，运营机制也正在酝酿启动；成人学校第四期常规班“青年农民培训工程”也在筹备之中，奶牛场二期工程也已在规划。也许他们的尝试会遭遇一些挫折，也许他们的追求会出现暂时的困惑，但他们勇于探索、善于创新的精神值得钦佩。中国社会科学院的一位专家说：“南陈庄在提高农民和农业组织化程度、提高农业竞争主体的综合素质方面，做出了有益的探索。”

（2002年5月）

小康建设：老家农民有点“渴”

河北省邯郸市永年县以传统的方式，迎来了热热闹闹的羊年春节。然而，在家过年的短短几天，在与左邻右舍亲朋好友的交谈中，记者品咂出老家的羊年其实有点“渴”。

水到哪儿去了？

“要说咱们这儿，可叫‘下坡地’，村子四周都是水，挖地三尺，一定见水。当年鱼呀虾的，可没少吃。可这水说没就没了，你说怪不怪?”南沿村镇翟庄村的老关叔发牢骚。

的确，20多年前，这个村庄四面环水，村东西头是浅水芦苇地，南北头有藕池鱼池，特别是村北有一条河沟，一年四季流水不断。夏天，姑娘媳妇们在河边洗衣，小伙子们跳进水里“抬鱼”，不是水乡胜似水乡。

而自1985年以后，水就日渐减少。村东西头的浅水芦苇被毁，南北的藕池鱼池也渐渐变成了宅基地。村北的河沟一年四季少有流水，于是地下水便被广泛利用，喝的是地下水，用的是地下水，田园灌溉也是地下水。如今，浇地费已成为家乡农民的一项重要支出。虽然如此，用水倒也没受阻。这种状况持续到2000年，当天旱长时间不雨，而田地又需浇灌时，家家户户都有的吃水真空井就会部分不上水。于是很多农家便预备了“水包”，看谁在浇地，就凑过去拉点儿回来。但这种情况一般不会发生在冬季，因为冬季田里一般不需大量浇水。然而2002年冬，全村绝大多数真空井都不上水了，一直到春节，依然有许多家的井里没水，于是扁担又上了肩头。

而当地的主要地上水源滏阳河已变成一条颜色乌黑的臭水河。据说用这种水浇麦麦不长，浇蒜蒜不生。前几年农民还为此与邯郸市某工厂打过官司。听说官司没打赢，所以黑水依旧长流。

就水的问题，记者与永年县水利局局长单以武作了交谈，单局长说：“目前只有打深水井，我们已打了若干口深水井，解决了一些地方吃水难的问题。这个工作是要持续下去的。”

诚然，打深水井是解决吃水这一燃眉之急问题的最快且有效的办法。但是，就像农民所说：水到哪儿去了呢？要是有一天深水井也不上水了，那该怎么办？

关于水的问题，除了打深水井外，是不是还应该做点别的什么工作？

钱从哪儿来？

年前，有一个老乡四次给我打电话，口口声声要找北京的老乡搞贷款。此人我根本不认识，不知他从何处得知我的电话。最后一次打电话他竟跑到了北京，说要找人民日报社的某某老乡搞贷款，而某某老乡实际上根本就不在人民日报社。况且，人民日报社又不是人民银行，怎么搞贷款？我说他应该找当地农村信用社，他说不顶用，一分钱也贷不出来，还得赔上一盒好烟。

年后，记者在走亲访友的调查中又了解到：南沿村镇的村民杜玉与同村几个人合伙搞鸡粪加工，去年每人赚了近 5 000 元。今年他们想扩大规模，每人得筹 10 000 元本金，杜玉为这点钱几乎跑断了腿，钱也只凑到了一半。杜玉说：“这年头，挣钱不容易。有钱的人家不借，出利息也难借到，没钱的想借也不行。”当记者说为啥不找农信社贷点儿款，杜玉说：“农信社咱又不认识人。”无独有偶，小龙马乡的农民姚海，想搞养殖致富，需 10 000 元，为此大伤脑筋。记者问他为什么不找农信社，他说：“没有熟人想贷款，那不是自找没趣儿吗？”后来他又说：“听说今年咱县要大力发展养殖业，有一个人搞养殖，县长给他贷了两万元，还亲自去他的养殖场看了看，不知道人家咋认识县长的？”

就记者这几天接触到的农民来看，制约他们增收的一个关键因素就是资金。资金从何而来？农村农信社责无旁贷。但在农民的观念里，贷款就得“有人”，就得走“后门”。那么农信社的“前门”到底为谁敞开？缺钱的这几位农民根本就没去农信社问，因为他们觉得问也是白问。那么，究竟是农民观念落后？还是农信社工作确实如此？由于过节放假找不到人，记者没法求证，但农民这种观念绝不是凭空而来的，也不是主观臆想的，更不是一日形成的，它是长期以来农信社在老百姓心中的一种印象。现在，农村小康建设成为全面建设小康社会的重中之重，信贷支农如何到位，是群众关注的焦点、干部工作的重点。

没有信贷这瓢水，农民增收要开花恐怕不易。

啥时候能踩着石头过河

“今年翟美抓住了机会，建了两亩地芹菜大棚，芹菜年底一斤 1 元多，少说他也弄个一两万元”“这事真说不准，去年芹菜都扔进了河沟，谁知今年这么紧俏!”“今年蒜算扔了，1角2分钱一斤，白辛苦一场!”“咱们种田，就像摸着石头过河，摸着了是你走运，摸不着自认倒霉”“大侄女，你是从北京来的，你说科学进步了，机器人能说话，天气能预报，为啥这么多农民种地没个预报呢？要是科学家能造出种地预报的机器，花多少钱我也买一台，要不这地种得心里一点谱都没有。”

庄稼人说三句话，就有两句连着庄稼事儿，大年初一串门拜年也不例外。可这种“种地预报机”还真是个新名词，但这反映了在市场经济的今天，农民对信息的渴望和需求。就我的家乡邯郸市永年县南沿村镇来说，绝大多数农民种地还是很盲目的，别人种啥赚了钱，就会一窝蜂地跟着。这种“跟风”在全国许多农村都存在。究其原因，与农民的经营观念、自身素质和能力等都有关系，但市场信息工作不到位、农民信息闭塞更是一个重要因素。如何面对市场构建信息工作体系，并使这项工作与农民切身需求紧密结合，使农民耳聪目明，不再摸着石头过河，而是踩着石头过河，种啥心里都有数、都受益，那么我们的小康农村还会远吗？

哪一天“种地预报机”诞生了，农民的“信息渴”就解了。

（2003年3月）

一个国学新村的成长轨迹

——河北省玉田县陈唐庄（小陈府村）“文化兴村”纪实

这是一个不一样的村庄。村口高高的牌楼上镌刻着“小陈府国学村”，两旁对联上也写着“文化兴村诗书礼乐忠厚传家，产业富民农工林牧勤劳为本”“国之四维礼义廉耻，子以四教文行忠信”。往里走，横平竖直的水泥路干净整洁，统一粉刷的街道墙壁上，图文并茂地涂绘着中国古代儒学经典的名言警句和故事。如果不是看到过往农人朴实的面庞和农家院里垛起的大白菜，你都会怀疑自己走进了某个国学书院。

这个不一样的小村庄就是坐落于河北省唐山市玉田县玉田镇南部的陈唐庄。陈唐庄是小陈府村与唐庄在行政上的联合体，小陈府村和唐庄是在陈唐庄党总支下辖两个党支部的各自领导下独立开展工作的，基本属于“分别自治状态”。我们一行在陈唐庄的调研，实际上是在小陈府村开展的。

一个村庄的选择

2008年年底的一天，那是一个寒冷的日子，陈唐庄却在进行着一场热火朝天的村委会选举。这个有着240户人家的村庄有效选票共630张，他们分别经过了海选和竞选两轮投票，最终以海选10人200票、竞选3人570票的高得票率，将村主任的重担委托给一个叫宋志原的人。

而被誉为陈唐庄第一能人的45岁的宋志原，除了帮村里干点好事（比如出钱为村里通上了自来水、帮村民协调要回来被扣的“三码车”等），基本上是一个游离于村庄事务之外的人。作为唐山道诚管业有限公司、唐山铸造有限公司董事长兼总经理，他以儒家文化治企，经营企业17年，其资产过亿，员工过千，是地暖行业的老大。竞选当天，宋志原正在山东泰山玉皇顶与企业客户一起登山呢。“接到电话的那一刻，我真有点发蒙，我办企业好好的干什么村干部!”宋志原回想当时的情景。

2008年的陈唐庄，是个“水泥村”“烂摊子”，一下雨就满街的水和泥，家家户户的茅厕修在院墙外的街道边，进村就能闻到味；陈唐庄村委会上无片瓦、下无立锥之地，村集体所有的财产凡是能变成钱的全被卖光了，村民时有上访告状的。宋志原心事重重地从山东回到家，一进门他的老母亲就对他说：“这个村主任咱不能干。有你爹的事在那儿摆着呢，你能弄好这个村?”宋志原的父亲曾当过村支书，宋志原理解母亲的顾虑，也深知村里的工作困难重重。

“那时跟镇里领导反映，说不想干这个村主任，镇领导说，大家这么高的票把你选上了，你要不干，寒大伙儿的心，你要是忙不开，挂个名也行，至少不会给镇里工作添乱。”谈起当时面临“干与不干”的选择难题，宋志原说，真正促使他下定决心干这个村官的是他的一个同学。快过年了，宋志原去本村一个同学家走动，当时是寒冬腊月，天很冷，同学家屋里的水盆冻成一个大冰坨，却没有烧炉子，还说不冷。宋志原感到很心酸，他说：“我这个同学并不是买不起煤，他手里怎么也有十来万块钱，但这个钱是从地里一把泥一把汗抠出来的，来得不易，不舍得花啊!”宋志原决定把村官这个烫手的山芋接过来，他要为乡亲们干点事情。

2009 年年初，宋志原正式开始了他的村官之路。玉田镇党委从实际工作考虑，决定委任宋志原任陈唐庄村党总支书记兼村主任、陈唐庄党支部书记。从 2009 年到 2011 年，不到三年的时间里，陈唐庄在宋志原这届班子的带领下开始了脱胎换骨的爬坡历程。第一是改变村容村貌。宋志原号召全村每户出资 500 元，他个人捐资 120 万元，将全村街道硬化，共铺水泥路面 4 500 平方米；他与村委班子成员及村民代表带头入户做村民工作，将村民建在街旁道边的厕所统一拆除改建入户。第二是筹建公共场所。宋志原个人出资 10.6 万元购买了三处闲置的老房子，在镇政府支持、村民自筹和宋志原个人投入的基础上建设了村委会办公场所、村民教育课堂和村文化广场；统一粉刷了村内街道墙壁，并围绕儒家文化提倡的“孝、悌、忠、信”等道德精髓绘制了文化漫画，催生了村民活动中心，营造了国学兴村的文化氛围。第三是创新产业模式。宋志原个人出资带领村里的党员和村民代表赴保定、天津等发展较好的村庄参观学习，谋划陈唐庄发展规划，在此基础上他垫资 400 多万元，兴建了占地 225 亩的国家现代农业示范区昊德设施蔬菜生产基地，开始启动陈唐庄从传统农业向现代农业转变的探索。另外，宋志原还充分发挥自己“能人”的作用，通过各种渠道争取上级部门支持和社会资金投入，总共 300 多万元，用此改造了陈唐庄电网、建起了村口的牌楼、购买了村民健身器械、建起了村民图书室，由此使陈唐庄的基础设施有了质的提升。

“我们村能有今天，都是我们选了个好书记。”得知我们是农业部来村子里调研的，一个从自家院子里走出来的阿婆边说边对着远处的宋志原几次竖起大拇指。“我们这个书记，三年给我们村带来了 700 多万元的投入，他自个就投入四五百万元呢！要就个人他这个书记是当亏了，要就我们村可就赚了!”村支委黄德柱说。

国学兴村的现代实践

“在我们村，想招商引资以工业兴村，不太现实，村民绝不会答应占地建厂。想兴村富民，只能找别的切入点。”宋志原与村班子成员一道，多方谋划产业兴村的切入点。最终他们确定了“文化兴村，产业富民”的发展思路，即以国学兴村为切入点，努力打造“农耕礼仪文化民俗村”，最终以发展乡村旅游来带动农业产业扩展和村民增收。

“我们这条路走起来可能不那么容易，但我始终认为，一个人最重要的是有理想，一个组织最重要的是有目标。我们对自己选择的路是有信心的。”宋志原说。围绕既定目标，陈唐庄决定从“正人心、厚人伦、淳民风、讲文明”开始，以儒家的价值理念教育孩子，进而影响孩子的父母，和谐家庭；以传统文化中廉洁修德的思想教育干部群众，打造“廉为荣、贪为耻”的价值认同。宋志原把自己企业文化资源延伸到村里，请国学专家到村里讲课，组织村民学习《弟子规》《孝经》等儒学经典，打造廉政漫画一条街，并在村文化广场张贴了村规民约，设立了“古代玉田十二个清廉县令”的宣传专栏，树立了孝子碑、状元碑和功德碑三个汉白玉石碑，以此来规范村民行为，弘扬廉洁正气，褒扬孝顺老人，激励好学上进，鼓励村民热心公益事业。

“村风跟人心一样，不提倡正气，就会有邪气入侵。”退休在家的老校长黄长富是被宋志原亲自登门请出山的，他主要负责村民国学教育及村里扭秧歌等文娱活动的组织工作。每到暑假，黄长富就会带领几个骨干组织放假的孩子们学习《弟子规》等儒学经典，目前已连续办了三期学习班，每期人数都在40～60人，连附近白庄、三渠庄等多个村庄的孩子也被吸引了过来。除了教育孩子，村里还组织婆媳学习班，以清末王凤仪先生的讲稿《伦理讲演录》为蓝本，教育婆婆和媳妇要各守本分，和睦相处。

对于提倡国学教育是不是会忽视现代文明优势的这个问题，宋志原显然早有考虑。他说：“我们对国学的提倡是有选择的，对一些过时的观念是要批判和剔除的，而对国学中的精髓则要大力弘扬，我们要在传统的文化土壤中催生现代文明的新枝。”

文明新枝之一：党员作先锋。“‘欲影正者端其表，欲下廉者先己身’。村里工作不好干，党员干部要率先做模范。我想着把村里积极上进的、有文化、有头脑的人选上来，让他们带头干事，我这村支书也不能一直干，还得交给村里人。”

宋志原谈起发展党员的初衷时如此说。陈唐庄有一条街叫“党员先锋街”，有党员的家门口都有一个“共产党员户”的牌子。目前，村里共有 34 名党员。据宋志原介绍，自去年起，党支部在村里发展党员，有 15 个人递交了申请书，目前已成为预备党员的有 9 人。而这之前陈唐庄已有十七八年没发展过党员了。在这个村里，特别是在这一届班子的带领下，党员干部、村民代表的先锋模范作用发挥得很突出。村里筹建公益事业，党员干部要带头出资出力；整理村容村貌遇到困难，党员干部要到一线做工作；村民有红白喜事，党员干部到场一律要出份子钱，不能白吃白喝；开展村民教育，党员干部家人要率先参加……“清理村里乱建厕所时，有一户不愿动的村民说自己没时间，我们就动手帮他家拆旧厕所、建新厕所，后来那家人被感动了，又是给我们买烟，又是跟我们一起干的。”黄德柱说。

据村民反映，这一届村干部班子与上一届是“一个天上一个地下”，这一届村干部班子主要靠教育、引导和感化治村，想让村民做的，党员干部自己先做。

文明新枝之二：制度要管用。“仁圣之本，在乎制度而已”。陈唐庄在文化育人的基础上，围绕“公开、监督、服务”三个关键点，进一步健全了村务管理制度。在公开方面，按照规范公开内容、公开时间、公开形式、公开阵地和公开管理“五个规范”的标准，把群众关心的村经济活动招投标、发展党员、各业承包、救灾款物发放、宅基地审批、最低生活保障审批等诸多事项，都一一公开，确保群众知晓监督内容，明白办事程序。在村文化广场的公开栏里，我们甚至看到收养一个孩子所需要的程序和费用。在监督方面，多形式发挥群众的监督作用。这一届村班子组建后，将全村分为 11 个片区，每片区重新推选一名村民代表，再由 11 名村民代表推选，选出村民理财小组，村里的一切财务支出都需村民理财小组通过，并由组长签字后才能入账。同时，创建廉政使者队伍，重点开展廉政知识和受众群体宣传教育，以反馈群众意见建议的形式对村内事务进行监督。村民理财小组组长寿克美说：“我连任三届村民理财小组组长了，这一届实在是太省心了。别说没什么额外支出，就是很多需要村里支出的，我们书记自己都掏了。”按照“在公开中行权，在监督中做事，在服务中赢得信任”的思路，陈唐庄探索开设了“村官晒权台”，即将全体村干部的姓名、职务、职责、承诺和联系电话全部进行公开，主动接受群众监督，提高便民服务质量和办事效率。

“无论党员的先锋作用，还是制度的规范作用，都离不开文化环境和价值理念的支撑，否则先锋作用就发挥不出来，制度也会失灵。这就是我们要开掘传统文化土壤中的营养精华以催生现代文明新枝的原因所在。”宋志原对此若有所思。

文明新枝之三：民风更淳良。“经夫妇、成孝敬、厚人伦、美教化、移风俗”是儒家文化的重要教化功能，也是社会主义核心价值的重要体现，得到陈唐庄村民的衷心拥护。比如提倡孝敬老人，52岁的村民蔡景贵家四世同堂，他对我们说，现在在村里提倡尊老敬老，教育年轻人怎么做子女。而参加了“婆媳学习班”的78岁村民张秀珍则说：“通过学习班，我思想大转弯!”如今“厉害人”张秀珍主动与儿子和媳妇改善了关系。年轻媳妇刘玉荣深有感触：“以前我们都觉得婆婆就该给看孩子，现在我们知道了，不管给不给看孩子，都应该孝敬公婆。另外，我还特别希望国家能把《弟子规》纳入小学课本，对教育孩子很管用。那天我叫孩子，她不应，我就说‘父母唤’，她随口接道‘应勿缓’，我看了看她，她立即意识到了，说妈妈我错了。”

负责村民教育的黄长富谈到国学教育对村民的作用时，他说：“通过儒家文化的潜移默化，等于给村民行事树了个标杆，在全村形成一种气氛，让心术不正、不孝顺老人、挑唆生事的人感到压力。现在我们村打架斗殴的少了，婆媳关系有了改善，一例上访的也没有了。”

文化兴村需要产业支撑

建设社会主义新农村，如果没有村民的富裕，一切最终都会是空中楼阁。在实践中，宋志原等村委一班人认识到，陈唐庄的“文化兴村”必须要依托在“产业富民”上。陈唐庄具有悠久的蔬菜种植传统，全村1 200亩耕地，几乎全部用于种植蔬菜。由于效益较高，村民还在外村包了1 000多亩地种植蔬菜。自2010年玉田县被认定为第一批国家现代农业示范区后，该村被列入万亩蔬菜产区核心区，这为当地蔬菜产业的升级发展提供了新的机遇。经多方考察，陈唐庄决定集中土地建设日光温室大棚，搞设施农业，以带动传统蔬菜种植升级发展。

然而，这个意见却不大被村民接受，受传统种植习惯影响，大多数村民对新事物还是不信任。他们既不愿意出钱，也不愿意出地。为了给农民以示范效应，宋志原决定自己投资，先建设一批日光大棚，只要农民认可了，设施农业就能发展起来。2010年起，宋志原个人投资兴建了225亩、33个日光温室大棚及配套水电路等设施，成立昊德农民专业合作社，吸引49户农民以土地入股，签了6年合同。入股农民每亩耕地每年可拿到2 000元基本保障金，如在大棚工作，可另外获取工资，合作社如果盈利，入股农民可参与分红，如果亏了，则由宋志原个人托底。

据昊德合作社负责人李建军介绍，截至目前，大棚实际运营接近2年，头一年由于经验不足，技术管理不到位等原因，赔了9万元。今年积累了一些经验，各方面管理跟了上去，如果市场好，有望能盈利100多万元，差不多一亩大棚能赚1万元。

“盖大棚有什么好？那好处多了！首先是收入增加了，以前一亩地赚 2 000 元，现在能翻好几倍。其次是开阔了眼界，种了一辈子菜，原来菜还可以这样种。还有一个就是给我们带来了先进技术。现在农业部办的田间学校落到我们村了，已经搞了 8 次培训，我们也知道了菜干叶原来是缺镁造成的。”李建军一边带我们参观大棚里种植的无土免洗草莓，一边例数设施农业的好处。由于大棚效益初步显现出来，农民的认识也慢慢改变了。我们在调研中发现，很多村民因自己地块与大棚规划地块远、入不上股而有些遗憾。据村民介绍，去年县里曾经给村里安排了一个日光温室大棚项目，每亩补贴 2 万元，大家都非常支持，可就是因为有一家农户不愿建，结果整个项目没有搞成，很多村民都非常不满意。看来，陈唐庄的大棚菜不但开启了传统农业向现代农业迈进的步伐，也给农民的耕作观念注入了新的活力。

“破茧化蝶”的阵痛

“发展大棚蔬菜是我们文化兴村、产业富民的一个重要环节，下一步，我们将把大棚中间的道路打造成绿色长廊，大棚蔬菜要搞采摘观光，我们的目标是让来客‘进村闻诗书礼义，入田品瓜果绿色，离开有恋恋不舍’。”

谈到未来的发展规划，宋志原充满信心。据了解，陈唐庄围绕发展乡村旅游、打造“农耕礼仪文化民俗村”的目标，即将引进资金，建设一个培训拓展基地，具体包括三部分，一是儒家文化讲堂，主要用来作企业文化培训；二是“真人 CS”项目，用于来客的体育娱乐；三是“人民公社大食堂”，用于为游客提供饮食服务。在宋志原的心中，经过若干年的努力，陈唐庄村将变成一个生活富裕、民风淳朴、富于人文、包含传统和现代的美丽乡村。而这，不正是“生产发展、生活宽裕、乡风文明、村容整洁、管理民主”的“陈唐庄版”社会主义新农村吗？

陈唐庄的发展变化诚然让人振奋，但也有一些深层次的问题发人深省。

一是人的问题。“人在政举，人亡政息”，这个自古以来就存在的为政怪圈，在一些地方还未完全解开。陈唐庄有今天的新貌，与宋志原这个人密切相关。有了这个人，村里已有的制度才真正管用，如村民代表制度、村民理财小组制度等；有了这个人，才有了村里的发展新思路、创新新举措、文化新气象；有了这个人，才有了村级党组织建设、新党员的培养，村庄发展才有后续力量。如果没有宋志原这个人和这一届村干部班子的同心协力，那么许多像陈唐庄一样的村庄应该怎么发展？目前农业部门在实施《农村实用人才和农业科技人才队伍建设中长期规划》，就陈唐庄来说，农村实用人才和科技人才的培养，是该村农业产业升级的重要支撑，加强对村民的科技文化教育也是农业产业和村庄持续发展的必要基础性工作，而有组织有计划地培养高素质农民党员、选拔有能力的村庄管理接班人，恐怕也是我们新农村建设的重要方面，应该纳入制度层面加以规范。

二是钱的问题。“巧妇难为无米之炊”。陈唐庄三年的发展变化，诚然是人努力的结果，但如果宋志原本人没有资金投入，社会资金没有给予大力支持，这个村庄绝不会有今天这么大的变化。即便如此，陈唐庄也正在为筹划“国学幼儿园”发愁，县里给拨款 25 万元，缺口还有 30 多万元。那么，许许多多没有钱可筹的农村又该怎么建设新农村、发展现代农业呢？现在国家支持新农村建设的资金主要是由各条线向下延伸，县域经济层面统筹划拨力度不大。另一方面，调动社会资金支持新农村建设也缺乏有效的平台。新农村建设需要持续投入，我们的公共政策应该切实按照“工业反哺农业、城市带动农村”的方针，加大财政支持农村发展的力度，创新平台，有效调动各方面资金，才能不断推动新农村建设和现代农业发展。

三是文化的问题。“文化就是水泥，物质就是砖，盖一个结实的房子，没砖不行，没水泥也不行。”我们的社会主义新农村建设也是如此。如果说物质需要、财富追求是文明社会发展不可或缺的动力，那么价值世界的扩展与深化，既是人类物质活动与精神活动永不衰竭的激励机制，又是后者的结果、表现和象征。而价值世界的扩展和深化则表现在文化的发展和创新上。党的十七届六中全会强调“社会主义核心价值体系是兴国之魂”，突出强调了文化对一个国家、一个民族的重要性。陈唐庄以“国学兴村”为切入点，以儒家文化精华教育村民、和睦家庭、经纬邻里，从而带动整个村庄的和谐发展，的确为新农村建设拓展了思路，为农村文化建设作出了有益探索。所以玉田县委书记李晓军这样评价陈唐庄：这个村现在穷点，但有思想有文化，将来会很有前途。

如果说陈唐庄正在积蓄力量等待破茧化蝶的美丽，那么，我们相信，中国还有许多村庄正在经历着破茧化蝶的阵痛。我们衷心希望有更多的社会力量去关注社会主义新农村建设这项事业，去帮助、去催生那一只只美丽的蝴蝶！

（2011 年 12 月）

关注农村“三种人”
——马年春节见闻随想

就在马年春节即至的旧年腊月二十九，笔者回到了家乡——一个坐落在华北平原腹地的小村庄。听父母唠叨些陈年往事，听邻里传递些乡村新闻。这些看似漫不经心的话语信息，却写意般勾勒着乡村百态，其间是苦是甜是喜是忧，当真是一言难尽、百味杂陈。

农村老年人：安度晚年的幸福梦想尚需助力

“过年过年，家里连个人都没有，过啥年呢。”玲婶年轻时可是个能干人，两个女儿都让她给送出了农村，找了城里的工作，也都成了家、有了孩子。女儿接她到城里住，玲婶住不惯，留在老家成了典型的农村空巢老人。她说：“现在吃的不缺、穿的不缺，就是缺人。看别人家，一到农忙时，儿女齐上阵，没几天活儿就干完了，看我们家，老头子一个人，干活又慢，半个月活儿都不出活儿。过个节，别人家有儿有女热热闹闹，我们家冷冷清清，走亲戚的也是几个大人。真没意思!”

这种农村空巢老人已成为现代农村社会的一个突出现象。据第五次全国人口普查数据，我国有 65 岁以上老年空巢家庭 1 561.64 万户，生活在空巢家庭中的老年人 2 339.73 万人，其中农村空巢家庭老人 1 632.9 万人，占空巢老人的 69.79%。如果说城市的空巢老人还有自己的工资、生活最低保障及比较发达的社会服务等，那么农村空巢老人面临更多的是家里没有劳力，生活来源非常有限；面对疾病等突发事件，老人总是不想给儿女添麻烦，能扛就扛，耽误治疗时间；最为重要的是，老人情感空虚、孤寂、无助，心情比较抑郁。由此产生的一系列社会问题，已引起很多专家学者的广泛关注，政府民政部门也做了一些工作。比如玲婶，今年过年就领到当地村委会送的两袋大米，还有民政部门补贴的 270 元钱。

如果说玲婶由于空巢而感到不幸福的话，那么一些儿女在家却不肯对其履行赡养义务的老人就更不幸福了。年前不久，我们村驼叔把他的 4 个儿子告上了法庭，原因是 4 个儿子都已成家却谁都不肯赡养爹娘。不过让村里所有老人松了一口气的是，法院来人了，说每个儿子出 1 000 元，谁不给就把谁铐走。4 个儿子一听，吓坏了，将 4 000 元交给了父亲，驼叔算是过了个宽裕年，但“幸福”两个字恐怕正在走远。据说他一个儿媳一气之下住了院，花了好几千元。“也亏得现在能报销医疗费，不然她就亏大了！”玲婶的话显然有点嘲讽的意味。

中国自古就提倡孝道，封建社会还一度以孝治天下。但在今天，“父母在，不远游”“养儿防老”等家庭伦理观念正在随着现代社会发展的洪流渐行渐远。家庭养老的功能正在日渐淡化，而社会养老的功能在农村却刚刚起步。2009 年，我国在 10%的县实行农村养老保险，预计到 2020 年在全国实现全面覆盖。在社会养老不能满足需要，而家庭养老观念正在淡泊的地方，司法机关依法保障老人的合法权益实在是弥足珍贵的。

“乡风文明”是社会主义新农村建设的重要内容，而一个乡风文明的新农村，一定不是一个“老人孤寡而不得养、儿孙满堂却不得抚”的哀怨之所。一个乡风文明的新农村必然有三个特征：一是对传统文化的精华要继承弘扬。传统伦理所倡导的“仁义礼智信”“尊老爱幼”等，依然应该是衡量我们精神世界的标尺。二是对现代民主法制的推崇和遵循。如果说传统伦理文化的精华是衡量我们精神世界的标尺，那么现代民主法制就是规范我们行为的准则。在传统伦理文化塌陷的某些区域，代表现代文明的民主法制应该发挥必要的作用，为农村老人安度晚年撑起一片天空。三是村党支部和村委会应在管理基层事务的过程中充分发挥服务监督功能。目前，国家对农业生产、农村医疗保险、养老保险、最低生活保障等都有政策倾斜，如何把这些政策公开透明地落到实处，落到该落的地方，是村党支部和村委会的重要职责；而为村里的孤寡老人提供人文关怀和生活救济，对村里不尽赡养义务的儿女进行说服教育，以组织行为弘扬正气、提倡新风，也应是村党支部和村委会的重要服务内容。

农村中年人：争取项目的发展冲动有待规范

“你给咱们村争取个项目吧，咱们也把路修修，把自来水接上。”“你不能给弄点钱，也整个啥项目做做？大家弄点零花钱！”

回家过年，满耳朵除了鞭炮声，就是村里这些大叔大哥们的“项目”声。争取国家项目，提高自家收入或改善生产生活条件，已成为农村中年人最热衷谈论的事情了。这一方面，反映了国家近几年政策支农项目带动发展的形式已经对农民产生了积极影响；另一方面，也反映出一些项目在运作过程中存在问题。

“咱也有一些关系，能给村里跑点钱，可怎么跟咱分成不说好，咱不能管这事，咱干这个就是想弄点钱儿花。”邻居车三民一边吐着烟圈一边说。车三民所代表的是一部分项目掮客的想法，但同时也反映了国家一些项目在运作方面存在不透明和不规范的现象。正是这种不透明不规范、缺少有力监督的运作方式，滋生了这些项目掮客和关系户，使本来就不多的项目资金以“水过地皮湿”的方式层层剥皮，到了目的地就所剩无几了，最初立项的目标也就很难实现。

“你可千万别管村里的事，这些人素质太差了，心里不是想着干事，净是想着钱。”这是一位邻村的能人草千里给我的忠告。

草千里是留洋的硕士回国创业，之前也曾在省政府某部门当过中层领导。大前年，他帮助村里争取到5万元水利方面的项目资金。后来据说村干部直接把钱分了，什么事都没干。前年他又帮村里争取到40万元的修路款。按照规定，修路项目由县里招标，钱直接打到中标企业账上，由乡里负责监督，村里只负责安排怎么修。但现在草千里所在村的村支书天天追着他要钱，说什么“你帮村里争取下这么大一个项目，我当村支书的却见不着一分钱，别村的干部都笑话我。”之类的话。而据村民透露，这个村支书已开始吃村民的请，谁请他吃喝了，他就答应把路修到人家门口，没请的就得不到这样的承诺。对此草千里十分生气，几次告诫村支书要把好事干好，但村支书听不进去。草千里后来实在没脾气，就威胁说，要是再这样盯着钱不干事，就把争取来的项目退回去。而据这位村支书的家属说，争取这个项目请客送礼就花了十来万元。公路村村通工程是国家重点发展项目，为什么争取这个项目还要花费这么大的成本？这中间请的是谁？礼又送给了谁？而最重要的是：如果这40万元修路款给了村里，村里会怎么花这钱，路会修成什么样子，谁来监督这笔钱的用途，这确是让人担心的事。自1988年河北省藁城市首创公开办事制度、公开办事结果、接受群众监督开始，政务公开由试点到推广、由乡镇到县市、由部分公开到全面公开，已经有20多年的探索实践，而今，在乡村农民都热衷的项目发展冲动中，如何让项目运作在公开透明的环境里接受群众监督，应该是政务公开的当务之急。

如果说中央各项惠农政策是水，那么项目运作就是渠，这渠要修到明处，才能发现哪里漏水、哪里不畅，从而及时修补疏通，才能确保惠农政策之水及时滋润干渴的田野、等来期望的丰收。

农村青年人：逐梦城市的行走道路尚需通畅

“什么也不可靠，就是家里的地最可靠。飞飞他们几个年前都回来了，干了3个月，只拿回500元钱。”

飞飞等 5 个 20 多岁的小伙子去年 10 月经人介绍去广东修路，说是每月工资 2 000 元，结果干到 12 月底，只发了 500 元钱，原因是没钱。“没钱就回家呗，家里有地，反正饿不死。人生地不熟的，跟人家打不起官司。”飞飞他们 5 个人一商量，就拿着 500 元钱回来了。建业是我们村的小木匠，娶了邻村时髦的姑娘燕子做媳妇。建业有手艺，小两口收入殷实，日子过得很好。尽管如此，结婚后燕子坚决不肯在农村呆，一定要去城市打工，于是，小两口分头出去找活干，燕子在邯郸，建业在北京，孩子则留给公婆。

“打工虽然挣钱多，但很辛苦，一家人也不在一起，要是让我说，不如在家里。但是媳妇不愿意，没办法。”建业说起打工的事，有点无奈。建业媳妇燕子很小就跟其姐姐在城市打工，习惯了城市的环境和生活，穿衣打扮都像城里人，她不甘心在农村待一辈子，总想能把家安到城里，为此小两口既闹着矛盾，又憧憬着，也奋斗着。

当前，农村在城市化的强烈辐射下，内在自信正在悄然消解，一切都在向城里看齐。“结婚穿婚纱，生孩儿叫爸妈，没事 K 歌上网吧”，这是新一代农村青年的生活方式，“爹”“娘”这两个与土地紧密相连、与亲情水乳交融的称呼，正在远离我的村庄。现在村里 5 岁以下的孩子都已改学城里人叫“爸妈”了。留在村里务农的许多新一代农村青年，他们继承的是父辈留下的土地，植入的是城市生活的简单模版，抛却的却是乡土文化几千年来积淀的纯朴和清新，这既是城乡二元经济体制结构所造成农村文化的迷失现象，也是城市化快速推进的明显成果。

然而，城市却并未对所有怀揣梦想的乡村追慕者张开友善的臂膀，打工得不到应有的工资、讨薪被打、维权艰难、坚硬的户籍制度、令人叹为观止的城市高房价等，都为农村青年的城市追梦设了一道道门槛。踏入现代化轨道的中国农村，将如何界定前进的目标，使乡土能够“望得见山、看得见水，记得住乡愁”，在城乡之间轮回辗转的乡村青年怎样才能放心追逐城市梦想，在城市“站得住脚、扎得下根，找得到归属”，这既需要在改革开放的大背景下获得社会方方面面的助力，也是当前和今后统筹城乡发展过程中的一道时代命题。

（2014 年 3 月）

突破瓶颈

——河南省辉县市农信联社支农探索调查

当前，相当一部分农村信用社非但没有起到援农作用，反而帮助城市“掠夺”了农村的资金，这严重偏离了农信社为“三农”服务的经营宗旨，而农信社本身并未就此尝到甜头，相反，不良资产居高不下，历史包袱沉重，民主管理监督机制名存实亡等问题，严重影响了农信社的经营和发展，也直接影响了信贷支农工作的深入推进。如何建立农信社良好的内部治理和约束激励机制，协调好服务“三农”与自身盈利的关系，成为当前农村金融不得不面对的首要问题。河南省辉县市农村信用合作联社在这方面取得了重要突破。

支农需先知农

辉县市农村信用合作联社为及时掌握农村资金需求，组织全体员工深入乡村农户，同农民面对面交谈，以调查表的形式了解农业产业结构调整项目和资金缺口，以及对农信社金融服务的建议和意见，掌握第一手材料，据此制定和完善了《辉县市农村农信社信贷支农实施方案》《辉县市农村农信社专项支农资金管理规定》。2001 年年初，他们共发放和收回调查表 16 000 份，村调查面达到 70%，农户调查面达到 30%，及时了解到了农民全年资金需求的季节分布情况，并先后两次安排支农资金 1 600 万元，使农业基础设施得到了很大改善。

从联保小组到信用村

为培育农村的信用环境，辉县市农信联社开展了创建“信用村”、评定“信用户”活动。他们积极宣传创建“信用村”的目的和意义，并在联系农户的基础上，让其按照自愿原则组建联保小组，由村组干部、村民代表、信贷员组成的小组对参加联保小组的农户进行评定，对净资产进行查实，并据此计算出每户贷款的最大限额。对组建的联保户及时投放款，兑现承诺，使老百姓真正体会到该活动所带来的实惠。这很大程度上带动了拖欠贷款户及时归还贷款。创建“信用村”活动全面展开后，共盘活不良贷款 60 余笔，金额 50 万元。在活动期间，占城、西平罗等乡镇还出现了贷款户排队还贷的热闹场面，农民的信用意识明显提高。

辉县市农信联社在着力培育信用环境的同时，加紧完善信贷制度，规范信贷操作。为加强贷款管理与监督，先后制定和完善了《信贷管理办法》《支农再贷款管理办法》《农户联保贷款管理办法》等内控制度。为保证支农贷款的使用效益，农信联社与联社业务科分别建立支农贷款台账和支农再贷款台账，对每笔贷款进行全程监控，实现现场监督与非现场监督有机结合，确保支农贷款合理有效地使用和发放。在发放信贷过程中，农信联社落实第一责任人制度，即包放包收包效益，保证了支农贷款的安全有效归流。

贷款证方便了群众

在建立联保小组的基础上，农信联社实行了《农户信用贷款证》管理。凡加入联保小组的农民，都可以办理贷款证，需要贷款时，持证就可立刻得到贷款。此举简化了贷款程序，减少了审批环节，提高了工作效率。高庄村农民申建清拿到了贷款证，当他抱着试一把的心态跑到农信社，在不到 10 分钟的时间里贷到了 1 万元，他高兴地说：“这东西看来还真管用!”

“一联三送两促进”拉近了农信社与老百姓的距离，辉县市农信联社要求每位信贷人员至少要联系 100 个农户，通过送技术、送信息、送资金，促进农民增收，促进农信社增效。信贷员们同农民交朋友，建立农户经济档案，并将所掌握的国家金融方针政策、农业科技致富信息和农民所需的资金及时送到农民手中。2001 年上半年，就占城镇陶村等几个村的玉米、水稻品种改良，农信社先后投放良种玉米款 70 笔，共计 8 万元；优质水稻款 80 笔，共计 19 万元。农民当年就获得了较好的回报。

农信社支持了农民致富，致富后的农民也没有忘记农信社。2001 年年底，辉县市农信社系统各项存款较年初净增 1.05 亿元，余额达 10.49 亿元，支农实力大大增强。辉县市农信联社规范信贷操作，坚持公平、公开、公正的原则发放贷款证，杜绝了“垒大户”、人情款等违规违纪现象的发生。与今年爆出的成都市信用联社 4 000 万元泰港骗款案相比，辉县市农信联社的小额支农贷款既分散了风险，又盘活了资金，起到了优化信贷资产的作用，为实现“农社双赢”做出了有益的探索。

（2002 年 8 月，与李存保、赵海峰合作）

扶贫贷款谁在花
——从塞飞亚到草原兴发看农贷扶贫

扶贫贷款作为一项为农村输血的工程，一直受到社会各界的密切关注。到2002年年底，中国农业银行扶贫贷款余额已突破900亿元，主要投向龙头企业、基础设施建设和贷款到户。然而，对于“农村扶贫贷款到底应该贷给谁”这一问题，争论依然比较激烈。有人认为扶贫贷款应该贷款到户，不能贷给企业，不然就不是扶贫而是扶富；也有人认为，扶贫贷款到户往往收不回来，许多农民缺乏市场观念，素质较低，没有能力、没有项目，贷款给他们不但致不了富，反而白白增加银行的呆坏账。带着对这一问题的思考，记者随同中国农业银行扶贫贷款处处长武建平和王县力经理开始了这次调查行程。

内蒙古作为西部开发的一大省份，自然成为扶贫贷款的重点投向。在内蒙古赤峰市为期4天的调查行程中，我们重点采访并参观了赤峰市的两个国家级重点龙头企业：塞飞亚集团和草原兴发股份有限公司。

银企联手，搅动农村资金流

“如果没有这么个龙头企业带动，要实现那么多农民增收致富、那么多农村剩余劳动力就业，需要投入多少资金？要用多少年？我们的扶贫贷款不贷给这样的企业贷给谁？”谈到塞飞亚集团在扶贫方面发挥的作用时，中国农行总行的武建平处长如此感叹地说。

塞飞亚集团公司原是内蒙古赤峰市宁城县的一个乡镇企业，而宁城县是一个国家级贫困县，也是一个以产粮为主的农业大县。长期以来，如何调优农业结构，走产业化发展的道路，使农民增收致富，一直困扰着当地政府和百姓。1997年起，塞飞亚集团抓住国家发展农业产业化的历史机遇，开始围绕“农”字做文章。经多方考察，他们决定依托当地丰富的粮食资源和剩余劳动力资源，采用全封闭网上绿色养殖的新技术，走一条肉鸭养殖加工的产业化发展道路。而就在此时，塞飞亚得到了第一笔扶贫贷款，共600万元。

自1997年4月国家计委批准塞飞亚养殖加工600万只肉鸭的产业化项目至今，经过6年多的时间，塞飞亚集团获得迅猛发展，其肉鸭产业已在宁城大地上打造出一条龙式的产业链，产业开发已拓展到肉鸭养殖、饲料生产、屠宰加工、熟食加工、羽绒加工、特许经营、餐饮服务等各个领域。塞飞亚肉鸭产业二期工程在今年建成投产后，肉鸭养殖加工能力将达到1 000万只，将为7 000人提供就业机会。

“扶贫贷款贷给我，扶持的不仅仅是企业，而是托起了两个链条。”塞飞亚集团董事长李秉和对记者说，“一个是企业的产业链，另一个就是农户的养殖链，两个链条一兴俱兴，一损俱损，是真正血肉相连的。”

因每养一只鸭需占用流动资金30元左右，按每批次养殖600只计算，养殖户需筹措资金2万多元，这是一般贫困户办不到的。为解决农户饲养与资金缺乏的矛盾，真正达到项目扶贫，塞飞亚主动为农户提供经济担保，帮农户争取中国农业银行养殖专项低息贷款，银行与养殖户签订长期的养鸭借款合同，借贷资金采取全封闭性的内部运行，农户借款只能转到公司账户，用于购买鸭雏、饲料，商品鸭收购时进行转账结算。中国农业银行内蒙古分行的杨勇处长对记者说：“这样做既可以保证养殖户所需的资金，又可以防止农户把贷款挪做他用，避免了银行风险。”几年来，塞飞亚集团通过担保借贷，赊销鸭雏、饲料、药品等多种形式，累计为农户筹借贷款1 000多万元。企业的发展和壮大，离不开资金的及时注入和支持。塞飞亚从创立之日起，就得到了中国农业银行的有力支持，这么多年来，中国农业银行几乎伴随了塞飞亚发展的每一步。迄今已累计放款3.49亿元，其中扶贫贷款3.21亿元。塞飞亚则凭借强劲的发展和诚信，连续4年被中国农行内蒙古分行评为3A级资信企业，开创了企业与银行携手共进、政府与农民皆大欢喜的局面。可以说，正是银行与企业的亲密合作，扶贫贷款与产业化项目的有效结合，才成功打造了“草原鸭”这个扶贫产业链，带动了支农资金的良性流动。

另外，中国农业银行还为当地养殖农户发放扶贫贷款，累计达5 600万元。武建平处长认为，扶贫信贷依然是信贷，必须按《扶贫贴息贷款管理实施办法》规定的“放得出、收得回的原则，自主发放”。如果放出去后收不回，资金就流动不起来，银行放贷也就没有动力。宁城支农资金能够流动起来，是因为塞飞亚集团扮演了资金流动链条上的助推器和动力源。

扶持龙头，拖起一条增收链

就扶贫贷款放给龙头企业是不是肥了个人，亏了国家，农民受不了益这一问题，宁城县县长张文树是这样说的："这个问题得全面分析。从表面上看，扶贫贷款给企业，似乎企业老板成了最大受益者。但就塞飞亚集团来说，如果没有塞飞亚的发展壮大，宁城县就不会兴起肉鸭这个产业，也就不会有那么多靠养鸭致富的农户，塞飞亚的二期工程将承担2 400户的万人生态大移民，实施产业扶贫。就是配合京津风沙源治理项目，将宁城县西部山区贫困乡村整体移民到塞飞亚生态园养鸭致富，山区封山育林。如果没有塞飞亚集团，我怎么安排这2 400户、1万多口人的吃饭问题？山区生态恶化怎么治理？所以你说扶贫贷款给企业，谁是最大的受益者？"

当记者问"你认为谁是最大的受益者"时，张县长说："是宁城！宁城有了塞飞亚，结构调整就有了奔头，农民增收就有了靠头，生态建设也有了盼头。农民手里有了钱，就会买吃买穿、修房盖屋装电器，那么宁城的二三产业就活了起来，整个经济也就活了起来。所以，银行贷款给这样的企业，就是造福社会、造福农民、造福宁城。企业不受益，农民怎么受益？企业不发展，农民怎么发展？所以在扶贫贷款问题上，不能把企业和农民完全对立起来。"

在发展肉鸭产业的过程中，塞飞亚集团扮演了三个角色，即市场开拓者、生产资料供应者、资金技术服务保证者。正是企业全方位的服务，及其市场开拓能力的不断增强，塞飞亚肉鸭产业已成为当地农民增收致富的最可靠途径。肉鸭养殖基地已发展到两省区（辽宁省、内蒙古自治区）、四个旗县区（喀喇沁旗、建平县、元宝山区、宁城县）、26个乡镇、1 500多农户，其中80多个自然村成了养鸭专业村，直接使农民收入增加5 000多万元。而且，宁城是个产粮大县，农民卖粮难的问题一直十分突出，如今塞飞亚肉鸭产业为解决这一难题立了大功，它已发展玉米订单种植户3.5万户，带动650家个体运输户，为农民增加综合收入达上亿元。记者在参观途中，看到饲料加工厂门前车水马龙，老百姓卖粮的牛车、三轮机动车、拖拉机排起了长长的队伍。

一个好的企业，必然在赢得经济效益的同时，也创造了较好的社会效益，产业化龙头企业尤其如此。记者在几天的参观和采访中深深感受到了这一点。我们参观的一个正在流水作业的肉鸭屠宰场和一个静悄悄的养殖小区分别是原县肉联厂和军队闲置的营房，这既实现了企业的低成本扩张，也盘活了集体资产。塞飞亚还与林业部门合作，开发利用次生林地，建立林中园、园中林的养殖模式，既改造了次生林地，又实现了低成本无污染生态养鸭，取得了生态效益与经济效益的双丰收。而当我们走进汐子镇北山嘴养鸭小区时，只见一排排红砖鸭舍整齐排列，鸭舍前的空地上种着各种应季蔬菜。这个小区共有15个养殖户，北山嘴村有6户在此养殖，其他都是外地人。北山嘴村党支部书记刘忠国告诉记者："农民最欢迎企业给找项目、国家给贷款这种方式了，这样老百姓致富既方便又保准。”他带领我们走进一家就要出栏的鸭舍，这家户主是来自辽宁朝阳建平县太平庄乡太平庄村的夫妇。丈夫名叫毛兴广，妻子名叫刘玉兰。当记者问及为何离开家乡跑到这里来养鸭，刘玉兰说：“在家种地不来钱，在这里每年收入都有保证，又不累，比家里好多了。”当问到收入情况时，毛兴广拿出一张农行的金穗借记卡说：“都在这里了。每年怎么也弄个万把块钱吧。”

塞飞亚肉鸭产业实质上解决了小生产与大市场的对接、低附加值养殖与高附加值加工的对接等问题。扶贫贷款投入这样的企业，为农民增收、企业增效、银行贷款良性循环提供了稳定的保障。

据记者了解，目前，在一些商品化程度较高、信用环境较好的地区，小额贷款到户扶贫确实收到了很好的效果，如贵州盘州市和陕西延安等地，但在多数贫困地区，农民不但缺资金，还缺路子，他们所沿袭的小生产习惯与大市场要求相距甚远。

“龙头企业就是农业产业化的头，没有这个头，就不会形成龙身子，产业也就成不了气候，农民也就难以脱贫。贷款给龙头企业，支持它的发展和壮大，就是在培育有组织有规模的产业化链条。”内蒙古草原兴发股份有限公司的方武总经理提出了这样的观点。从草原兴发接收第一笔贷款至今，中国农业银行已累计为草原兴发的肉鸡项目贷款 4.6 亿元（其中扶贫资金 4 700 万元），肉羊收购资金 7.4 亿元，把近万户养鸡农户和 3 万多养羊牧户都纳入了整个产业化体系中。方武总经理结合自己的亲身经历，对于扶贫贷款的投向明确表态：“扶贫贷款是在培育农业和农民的造血功能。但好些农牧民的观念还跟不上，就算银行把款贷给他，他要么没有项目，拿着钱也不知该怎么投；要么就是乱上项目，一会儿养蓝狐狸、一会儿养鸵鸟，结果力也出了，钱也花了，农民也没富起来，银行白白增加了呆坏账。所以我认为扶贫工作必须与农业产业化相结合，退耕还林还草、西部大开发也要与农业产业化相结合，而走农业产业化之路，就必须重视龙头企业的建设和发展。”

附记：

当前，随着经济全球化和我国加入世贸组织，发展农业产业化已经迫在眉睫了。而所谓农业产业化经营就是要使一家一户、单打独斗的传统经营方式变成有组织的系统经营活动。在这一变化过程中，龙头企业所担当的开拓市场、组织生产的作用十分重要。因为龙头企业占据着相对较为集中的市场资源和信息资源，智力资本相对雄厚，能够在自身做大做强的同时，推动地区农业经济的发展，带领一大批农牧民进入生产经营环节，从而实现农产品竞争力增强、农业增效、农民增收“三增”的目的。在农村经济发展中，特别是目前，存在一个普遍而严重的问题，即农村缺乏金融的支持，处于严重缺血的状态。这必然制约“三增”的实现，制约农村经济的健康发展。作为龙头企业，对于资金的需求更是十分迫切，因而农贷资金注入农村，注入龙头企业，对于打造农业产业化和实现“三增”有至关重要的意义。从塞飞亚的发展到草原兴发的腾飞，如果没有资金支持，其发展道路不会那么顺利，而如果没有塞飞亚和草原兴发这样的龙头企业，赤峰的几万农户也不可能迅速走上致富道路。因此，扶贫贷款贷给这样的企业，确实起到了很好的扶贫作用。扶贫贷款到户在贵州盘县、陕西延安同样收到了较好的效果，不仅帮助农民增了收，而且放贷资金收回率也非常高，做到了农民满意、银行放心、政府开心的“三赢”局面。所以，农贷扶贫是放款到户还是贷给龙头企业，二者并不是非此即彼的完全对立关系。中国幅员辽阔，各地农村千差万别，同样是 1 000 元钱，放给张三就赚钱，放给李四就赔钱，主要因为个人观念素质不同；放到东部，也许就会诞生一个小店，成就一个小老板。贵州盘县的到户贷款能做到银行和农民双赢，为什么？因为盘县政府部门做了大量工作，为农民找致富路子，为银行做信用监督等。而在有些地区，这边一张桌子放扶贫贷款，那边支一张桌子收所欠税费，钞票从国家银行通过农民的手马上流入国家财政，犹如演戏，白白浪费操作成本，于扶贫无半点作用。由此可见，扶贫贷款是银行的任务，而贷款扶贫却是一个综合工程，不单是一个资金问题，也不单是一个投向问题，而是需要以贷款为切入点，以各部门全方位合作为保障，打造一个利于扶贫的环境，才能取得好的收益。所以，扶贫贷款是投向龙头企业，还是贷款到户，抑或支持基础设施建设，是要以扶贫效果最大化来衡量的，而不是从主观愿望出发。这里要特别明确的是：银行是一个企业，不是政府救济部门，银行的钱是老百姓存的钱，不是政府救济金，不能“撒胡椒面”，不能做杯水车薪式济贫，而是要扶起来，见效益，起码要保本；扶贫贷款不能搞一刀切，要考虑在大原则下的因地制宜，要把握原则，切合实际，注重放贷技术；否则，目的善良而技术把握不了是没有用的。

（2003 年 8 月）

三、热点解析

农民的命根子变成了谁的钱袋子
——河南省辉县市八里沟旅游开发“怪事”连篇

这是缘起一份反映辉县市政府违法行政上访材料的新闻调查。

这是对于一起极大损害农民利益事件的关注。

这是发生在河南省辉县市上八里镇松树坪村的一连串“怪事”，而且“怪事”还在以连续剧的形式继续上演。

八里沟景区位于太行山腹地，原是一个普通的连路都没有的穷山沟。从20世纪80年代初，散居于景区内的松树坪的村民自发筹资筹劳，开山修路，引水架电，建设各项旅游服务设施。到1990年，他们的辛劳付出结出硕果，八里沟被定为省级风景名胜区。旅游事业的开发使松树坪村民生活跨上了一个新台阶，这个村在1995年被评上小康村，人均收入已达到2 500多元。然而，时针拨转到2002年7月2日，辉县市政府与北京龙脉温泉疗养院签订了一纸协议，彻底改变了松树坪300多位村民的命运，他们从此失去了承包的土地、林地，失去了辛苦营造的家园，被迫搬出自己一滴血一滴汗开发出来的八里沟景区，他们从开发景区的功臣一夜之间沦为景区开发的“被驱逐者”，成了“开发移民”。

在这次政府与开发商联手进行的开发中，八里沟上演了一系列“怪事”。

怪事之一：面对一纸合同，《土地承包法》和村民自治法不管用了

辉县市政府与开发商签订的合同这样规定：开发商负责完成3 000万元投资，拥有60％股份，辉县市政府向开发商提供开发区域内土地，含旅游自然资源、地上附属物、建筑物、林木等，并以此拥有40％的股份。这里所说的土地中包含了松树坪村第七、第八、第九村民小组66户人家的近300亩耕地，还有他们的林地、住房等。

村民在上访材料中说：“辉县市政府未经松树坪村民代表大会讨论通过，擅自拿群众集体所有的东西去签合同‘兑股份’，严重违反了《中华人民共和国村民委员会自治法》；我们的第二轮土地承包合同期限是从1998年8月1日到

2028 年 7 月 30 日，政府剥夺我们土地承包权显然违犯了《中华人民共和国土地承包法》”。

对于上述问题，记者采访了松树坪村党支部书记刘建国，他说：“承包地归公司了，市、乡、村用土地入股了，老百姓每人每年给 400 斤粮食。”当记者问他有没有就此事召开村民代表大会，并征求村民意见时，刘建国说：“没有进行这个程序，当时领导签完协议后，就开会通知我们动员落实。”

8 月 11 日，就这一问题记者赴辉县市土地局采访土地局局长韩喜国，韩喜国说市长找他谈工作，没时间接受采访。记者又拨打了辉县市市长王可明的手机，连打通三次都没人接，再拨打就成了忙音。记者又与其办公室联系，被告知市长下乡去了，何时回来不知道，去了何处也不知道。记者再与辉县市委书记贾甚祥联系，也被告知下乡去了。而当晚 11 点 40 左右，记者在返京的火车上接到了王可明市长的电话，王可明市长首先问是谁拨打了他的电话，记者表明身份后与他有了以下对话：

记者： 对于村民土地林地入股一事，你们有没有通过法定程序，征求村民的意见？

王可明： 签协议这事他们镇里村里都知道，开会时说到过这事儿。我们使用的都是国有土地，松树坪村的承包地都退耕还林了。

记者： 你们退耕是事实，还林是实事吗？据老百姓和村干部反映，许多耕地目前已变成宾馆和停车场了，您能解释是怎么回事吗？

王可明： 我们占用的土地都有手续的，这是两回事，你问他们镇里村里干部就清楚了。

记者： 您说两回事，是不是先退耕还林，这是一回事，再审批土地，这又是一回事？

王可明： 不是这样，我们用地都给折了钱的，一亩地折一万元钱。

记者： 你是说折给老百姓？

王可明： 不是，是折给村里，村里再折给老百姓，你问他们村里干部就清楚了。

为求证此事，记者打通了上八里镇长职可法的电话，他说：“景区耕地是按退耕还林处理了，赔偿 1 万元是说建筑用地，像第三村民小组的耕地，打算给一次性补偿 12 000 元/亩，还正在商议。”而村里的一位干部则说：“这都是虚的，再说了，12 000 元花没了老百姓靠什么活？”

就退耕还林一事，老百姓说他们已于 2002 年 4 月 1 日与政府签了退耕还林合同书，并对河滩及坡地实施了退耕还林。而一名干部则告诉记者，松树坪村退耕还林任务早已完成，而且退耕还林对土地的质量、高度、坡度都有规定，不是政府说哪些要退耕还林就退耕还林。

记者查阅了《国务院关于进一步完善退耕还林政策措施的若干意见》，其中第三项“认真落实林权，调动和保护农民退耕还林的积极性”中有三条规定：退耕还林后土地的承包权由30年延续到50年；退耕还林后，承包地上的林木所有权属于承包户；退耕还林土地如有租赁意向，则要本着协商、自愿原则进行。按此来审视松树坪村所谓的退耕还林：第一，他们没有真正实现还林，记者在实地看到的是大片的建筑物，有的耕地还长起了两米多高的荒草；第二，他们没有本着协商、自愿的原则进行租赁经营，即便是租赁，也不能改变“还林”这一要求；第三，农民土地承包权没有延期，还被强行剥夺。

对于百姓承包地被强行收回不准耕种一事，辉县市土地局地籍科科长王树林另有说法。他回答记者问题时似乎非常生气，他说：“承包地不种是谁的责任？土地撂荒是谁的责任？那是承包户的责任！”

那么究竟应该是谁的责任，村民用事实回答了这个问题。2003年5月10日，第八村民小组有几个人到自己承包田里拔草种菜，结果有三个村民被抓，罪名是“破坏公共财物”。被拘村民赵保连气愤地对记者说：“我的口粮田被占了，盖了大楼，我在自家承包地里种点菜就犯法了？”

据村民统计，辉县市与开发商的一纸合同，垄断占用松树坪村农户承包地总计340亩，涉及村民300多人。

对于占地情况，记者采访了八里沟景区股份有限公司环卫部经理李震龙，此人归属松树坪村第七村民小组，他告诉记者：“占地是占地了，可每人给了600斤粮食（内含退耕还林粮200斤）。”

记者查阅《中华人民共和国农村土地承包法》，该法明文规定任何国家机关及其工作人员不得利用职权干涉农村土地承包或者变更、解除承包合同，必须保护土地资源的合理开发和可持续利用。然而面对松树坪村的现状，《农村土地承包法》庄严的字眼显得如此苍白无力。

怪事之二：派驻工作队，村民集体被驱逐并群体大逃亡

2002年12月6日，松树坪大雪纷飞。这样的日子，山民们本应是“家里一盆火，炉前几口人”共享家庭温暖的好时刻，然而，地处海拔1 200米高山的松树坪村第九村民小组却是另外一番景象。冒着寒风大雪，老百姓扶老携幼，哭哭啼啼，沿着陡峭的山路，一步一滑地蹒跚而下。

“工作队住在俺这儿，几个干部包一户，拿着搬迁协议连哄带压让俺签字，一签完就强行撵俺，就像撵牲口一样，让卷着铺盖走人。”

后来听说有人给辉县市长王可明打电话，问他大雪天把老百姓赶出家于心何忍，这样我们镇长职可法才赶到山上说：“谁要是不想走，等天好了再走也行。”老百姓当时都哭了，说：“你咋不早说？铺盖都下去了！镇长也哭了。”

几个村民提到那天被集体大驱逐时，眼泪汪汪。参加过工作队的一个干部对记者说：“当时工作队上去之后，村里人全跑光了，我们等到傍晚，有一个妇女回来了，看到我们说老百姓都藏在树林里，这么晚你们还没走，我给你们做饭吧。当晚我们住下了，一直到半夜 12 点，老百姓才陆续返回。那是寒冬 12 月，海拔 1 200 米的高山上，也不知老百姓在树林里是咋呆的。撵群众下山的那天，老百姓哭成一片，包括镇长在内的许多干部也掉了泪。一个老大爷指着田地问我：这梯田是我亲手建成的，都种了一辈子了，承包法国家主席都签了字也不管用了？房子也不能住了？当时我真是无话可说，这场开发把老百姓利益损害到了极点。”

令人费解的是，当时山下的新居尚未落成，那些被迫离开家园、背着家什行李的老老小小必须投亲靠友找房住。村民郭秀忠一家三代 12 口人，不得不挤在三间房子里住。直到次年 4 月 20 日，新居依然没有完成，村民又搬回旧居住了两个多月。

继这件事之后，特别是在第八村民小组的三个人拔草被抓之后，老百姓一听到警车鸣笛就跑到山上藏起来。因为有人传还要抓人，于是第八村民小组的苏腊成和赵保清等 7 个人，还有一名 62 岁的村民苏信（据传他因拔草也在被抓之列）怀揣着馒头、方便面，带着大衣、手电筒和一口小锅都跑到山上密林中躲了起来。起初他们上到海拔 700 米的庙后洼，躲了 3 天以后，有人走漏了风声，他们又连夜转移到对面海拔 1 600 米的水洞自然村。这个自然村已经 20 多年没人住了，只有几间破房子，他们在那里又躲了一个星期，因食品有限，一人一天只能吃两块方便面。后由于水土不服，几个人全部拉肚子，只好又连夜穿丛林、攀绝壁，步行了 70 多里*地，翻过山到了马头口村，在那里投亲靠友躲了一个多月。一个经历了这次大逃亡的村民对记者说：“那事儿想起来现在都后怕，悬崖峭壁根本没路，我们又是夜里走，一不小心就可能摔个粉身碎骨，长这么大可没受过那罪。”

记者在村民的指引下大概看了一下庙后洼与水洞自然村的位置，两个地方基本是两座山头，相距甚远，特别是水洞自然村，壁立森严，山势陡峭。

据村民反映，政府与开发商于 2002 年 7 月 2 日签订合同之后，就开始着手移民搬迁的准备工作，这期间曾四次抓捕村民。

---

* 里为非法定计量单位，1 里等于 500 米。——编者注

2002 年 7 月下旬，召开党员干部会，当时的上八里镇党委书记张洪波宣读协议，读完后立即散会。

8 月 25 日，宣布景区全封闭，不许经商、不许种地、不许旅游。

9 月，公安局第一次抓人，村民苏小二被拘留了近一周。原因是老百姓因不满封闭景区，把封条上的“封闭”二字抠了。

11—12 月，拆老百姓商业用房 40 多座。

2003 年 5 月 10 日，村民苏祥、赵保连、董贵芝因拔草被抓，前者当天放回，后二人被拘留 6 天之久。

2003 年 7 月 4 日，河南省一位副省长到八里沟视察，八里沟村老人和妇女打着“还我土地，还我家园”的条幅，在车队必经之路跪倒痛哭喊冤，董贵英、董贵芝、常运兰三名妇女被当地政府抓走，后由于常运兰昏迷，才将三人中途放回。

7 月 8 日晚，村民苏腊成被抓，派出所的人告诉苏腊成：“你回去后让村里人在搬迁协议上签字，不签字就判你一年刑。”7 月 9 日下午 6 点，苏腊成被放回。7 月 10 日，苏腊成在搬迁协议上签了字，苏腊成说当时让他签字的协议书是空白的，有关赔偿标准、面积等都是后来添加上去的。

记者在查看搬迁协议书时，村民拿过来两份，一份是空白的，一份有黑色圆珠笔填写的内容。协议甲方为被搬迁人，乙方为上八里镇政府，协议第一款写有：“甲方原住私房及附属物，由河南省八里沟景区有限公司全部收购。”

村民们问记者：“他要购买我的住房，我不卖不行吗？哪条规定说景区不能住人？让村民在空白协议上签字，这是啥行为？不签就判刑，这是啥法律？”

一位工作队成员透露，市里有一位领导在工作会议上说：“还有几户不搬，我 600 多名干警只要出动 300 名，就什么都解决了。”

马头口村一个村民对记者说：“八里沟简直就是白色恐怖。”此言当然不妥，但记者在采访中明显感觉到村民心中的紧张情绪。他们害怕被政府抓，害怕被开发商报复，因为现在的八里沟已不是他们的家园，而是开发商的地盘了。

怪事之三：真假土地证，关山究竟属于谁

细看开发合同，其规定的开发界线非常模糊。比如“西至上八里镇界”，马头口一位干部说：“照这样的话，上八里镇西边界线那就长了，都属于八里沟景区开发范围？”开发区面积有多大，合同上没有明文规定。直到 2003 年 6 月，辉县市政府才下文件把开发面积确定为 28 平方公里。这里又引发出另一个问题：“关山究竟属于谁？”

关山村是一个位于海拔 1 600 米高山上的行政村。1993 年，该村与马头口村协商成立经济联合体。1994 年 4 月，群众大会举手表决，实现“两委”一块办公，共同开发关山旅游资源。10 年间，他们植树造林，修路架电，投入资金近 2 000 万元，投入劳动力 40 万个。2002 年 11 月 1 日，关山旅游服务有限公司注册成立，该公司是由集体控股、村民自愿入股的股份制有限公司，两个村委会分别与公司签订了入股协议。马头口村村主任王永明说：“我们辛苦这么多年，已经初见成效，政府只要稍稍支持，我们今年五一就可以开业了。”

然而，关山旅游服务有限公司面临的不是支持，而是干扰。自八里沟开发协议签订之后，关山就成了争夺的焦点。

“刘志豪（八里沟的开发商）开发太随心所欲了，他要哪儿政府就给哪儿，八里沟开发跟我们有什么关系？去年 10 月上面领导通知我，说关山有 8 户人家得迁移，可 8 户就是几十口人，他们要吃要住要生活，你们一句话让我把人家迁到哪儿去？”关山村党支部书记董玉成说。

2003 年 3 月，辉县市委书记贾甚祥、市长王可明亲自上关山考察，马头口村和关山村“两委”班子十分激动，以为他们苦干这么多年，终于引起了领导的重视。可事后不久，他们接到镇里的通知，说让他们把关山的 3.8 平方公里地域面积割给刘志豪。

“我们两个村委会与关山旅游服务有限公司签订了合同，我们的公司是合法注册的经济实体，怎么能出尔反尔，一会把关山给这个，一会又把关山给那个。别说我们没有这个权力，辉县市政府也没有权力把一个公司的资源无条件划给另一个公司。公司无论大小，在法律面前都是平等的，不能恃强凌弱，以大压小。”马头口村田守君书记接着说，“再说了，我们开发这么多年，眼看要受益，却让我们割给别人，老百姓怎么会答应？没了关山那 3.8 平方公里面积，我们的景区就像一条龙被斩了头，还有什么价值？上级领导在这儿呆一两年就走了，我们可是祖祖辈辈要生活在这里，这‘卖国贼’的帽子我们戴不起。”

马头口村主任王永明说：“老百姓要生存，我们要发展，我们不敢给政府硬拗，既然这事涉及两个经济实体，我们就提议协商一下，可人家刘志豪根本不跟我们谈，一说就是找你们政府吧，政府上来就压我们。”

关山村的任同喜副书记拿着集体土地所有权证对记者说：“我们的土地所有权受法律保护，政府规划八里沟，把我们关山规划进去，我们‘两委’事先根本不知道，这在程序上是不合法的。”

记者查看了关山村的集体土地所有权证，上标明土地所有者是“上八里镇关山村委会”，发证日期是 2003 年 5 月 18 日；而记者在八里沟景区股份有限公司也看到了一个集体土地所有权证，上面标明土地所有者为“河南省八里沟景区股份有限公司”，发证日期是2003年6月13日，上面都盖着辉县市国土资源局的红色印章。对此关山村和马头口村的干部一致认为：“刘志豪跟谁是集体？他怎么会有集体土地所有权证？关山只有一个，土地局怎么会一块土地给两家？他的证件有问题。”

8月11日上午，记者就八里沟景区的集体土地所有权证问题采访了辉县市国土资源局地籍科科长王树林，王树林给记者的答复是：“刘志豪有没有土地证我不清楚。我只给他办过盖宾馆的土地使用证，那是政府有批文的。宾馆啥名字我不知道，占地数我也记不清。我啥都不提供，啥都不知道。要看档案你去办公室找人，让你看你就看，不让你看我也没办法。”

记者随后到二楼办公室去找人，办公室的人说看档案要到用地科，记者又到用地科，结果被告知，管档案的人不在。记者问管档案的人的电话，答说不知道。

而就关山土地荒唐易主这一问题，新华社河南分社记者林嵬从辉县市土地局局长韩喜国那里得到的答复是：“这个事情我不太清楚。”

在八里沟景区股份有限公司，记者亲自查看了辉县市政府的批文，上面明确规定关山村在开发区28平方公里范围之内。

土地管理混乱，行政手段强硬，使群众与开发商和政府的矛盾日益激化。6月27日，开发商刘志豪带人上关山景区考察，被当地群众包围，并用巨石阻断道路，群众甚至说：“你刘志豪再敢上俺关山，就把你扔下去。”后来辉县市委副书记郭清怀、上八里镇党委书记和镇长以及镇派出所所长等前来解围，才把风波平息下去。马头口村一个村民告诉记者：“老百姓看到刘志豪就眼儿红，巴不得他马上死掉。八里沟让他整惨了，又来关山胡折腾，我们就是拼了命，也要与他战斗到底。”

关山村和马头口村几个主要干部看上去都是忧心忡忡，董玉成更是十分气愤，他说：“钱一个人是挣不完的，你让刘志豪吃肉，老百姓喝口汤总行吧。你政府不能把这也割给刘志豪，那也割给刘志豪，让他发家致富，老百姓咋牺牲都无所谓。刘志豪是人，难道老百姓就不是人？”

记者于8月13日得到最新消息：辉县市一个主要领导已再次要求把关山3.8平方公里割给刘志豪，并许诺，如果这样做，关山旅游事业立项问题政府一路开绿灯，否则一切免谈。记者已从马头口村主任王永明那里证实了这一消息。

两个集体土地所有权证，究竟谁真谁假，记者不敢妄言。如果发证机构辉县市土地局的局长和地籍科科长都搞不清楚，莫非那证是凭空变出来的？

一个关山，究竟花落谁家，记者更不敢妄猜。如果松树坪村民的300多亩耕地、几十栋房屋以及坡地、林地，能在百姓毫不知情的情况下兑成开发公司的股份，那么关山最后的定夺恐怕也不是依照法规、按照常理能够推测得出来的。

现象后面的本质：利益分割中，百姓的权益谁保障

辉县市委副书记郭清怀曾介绍说，他们给景区群众上了“三道保险”：一是在景区外给群众盖了住宅楼；二是对于18岁以下60岁以上没有劳动能力的人每人每年600斤粮食，200块钱；三是对于18～59岁的群众除每年给600斤粮食外，还可以进景区当工人，如果没有安排就业，每人每月发最低生活保障金123元钱。

对此群众却另有说法。一是政府和开发商不诚信。原说盖3栋住宅楼，村民只安排住二三层，结果只盖了两栋楼，一到四层全住了人。楼房质量也没保证。村民苏海根带记者到二楼他的新家参观，记者看到的是水泥地板已出现三条裂缝，厕所的屋顶有一大片漏水不止，苏海根说：“找谁也不管，不知道该咋办。”该村支部副书记耿庆武说：“这里是太行山下，楼房应该是抗8级地震的，可现在是不是这样不敢说。”二是搬迁时老人没有户头，不给搬迁费，不让单独住，必须跟儿孙住在一起，侵害了老人的权益和自由。有4个老人无论如何也不肯跟儿孙一起住，村委会只好把他们安排在松树坪小学里住，一年要交500元房费。三是喝的是未经处理的河水，非常不干净。记者看到他们楼旁修有3个露天蓄水池，池水呈绿色，上面飘着几个大树叶和其他杂物，旁边建有一个银色压力泵，水就是从这个压力泵直接送到楼里的自来水管的。四是合同上说“未安置人员每人每年400斤粮食和200元基本生活保障金发放至终生”，可括号里又注上“有劳动能力而不接受安置的人员不享受此权利”，村民对这条规定非常担忧，他们说：“这是什么合同？这是霸王合同！要是老板给我安排最脏最累又不挣钱的活儿，我爱干就干，不干就走人，从此就与公司无关了，我就成了既无地又无业的游民了？”

村民常运兰一家四代七口人，爷爷86岁、公公68岁、婆婆63岁、女儿19岁、儿子17岁。按公司规定，他们一家就有4个人属于“没有劳动能力的”。以前她家里养有7头牛，23箱土蜂，70只羊，1 000只蛋鸡，这几项收入算下来，一年就有3万多元。一年还喂养两头猪，家里住了旅客，又有一笔额外收入。另外，还有果树和经济林木共500多棵。常运兰说“俺家果树品种最齐全，桃子可以从4月一直吃到10月。女儿放学后做个小生意，零花钱也不用从家里拿。四

亩承包地种粮也够吃了。搞养殖老人小孩都能搭把手，忙忙碌碌一年也能收入个四五万元钱。可现在俺什么也没有了，鸡卖了，羊也卖了，牛也不能喂了，由于搬迁搅得无心经营，蜜蜂跑的只剩下5窝，也送人了。地没了，树也没了，里里外外损失好几万。从去年政府签了合同到现在一年多，俺家七口人只有三口人能领每人每月123元钱最低生活保障金。别的地方都在奔小康，我们这儿是从小康往回退。”

谈到将来，常运兰一脸迷茫，她说：“过去有那点地，心里就踏实，顾住嘴了。可现在什么也没有了，真想往外走，可往哪里走？老人们都老了，不愿走，就将就吧，过一天少两晌，熬日子吧。”

记者问村民张荣年一年来在做什么工作。他说：“没地种了，我就四处去打工，采石头什么的。”记者问他收入怎么样，他说：“就那样，现在我还年轻，有力气，以后谁知道呢?”张荣年三四十岁，负担着七口之家。

记者感觉到，在百姓所有的担心中，最核心的问题是就业问题。记者就此采访了松树坪村村主任苏文虎。苏文虎说“现在糊里糊涂的，还正在安置吧，啥时能安置完，我也不清楚。”

在政府和公司的协议里，能给村民一点增收希望的就是村里15%的股份。然而就股份分红问题记者采访到的情况却是糊里糊涂。村主任苏文虎说：“分红?那得听公司说了算，给俺多少是多少，他说亏了，那也有可能。”而一位不愿透露姓名的干部则告诉记者：“说叫老百姓人均收入1万元，后又说5 000元，都是信口开河。一年了，除了老百姓怨声载道外，不知是谁增了收？给老百姓的粮食都是镇里帮他借的。”

在谈到对八里沟开发的信心时，松树坪村党支部副书记耿庆武连说了3个“但愿”：但愿景区开发能像开发商承诺的那样，三年后保证村民人均收入达到5 000元；但愿开发商能够信守承诺，把村民就业安置好；但愿八里沟景区能够科学合理地开发。

从采访中，记者感到：对于群众就业，村干部心里没谱，老百姓更不用说；对于公司运营和监督，没有明确的机制保障，股权分红将是一个大大的问号，而就算给村里分了红，到老百姓手里还有一道坎儿，这一层也没有明确的操作办法。面对这种上不着天、下不着地的情况，恐怕只有耿庆武副书记的三个“但愿”才能表达松树坪村干部群众此时的心情了。

附记

不得不面对的沉重

采访结束了，可记者的心情非常沉重。这些朴实的山民本来是依山而居、以田为生的。他们靠着勤劳和智慧，开发了八里沟，建设了自己的家园。他们建造的四合院次第错落，二层小楼掩映在山草树木之中。清澈的山泉通过自来水管道直接通到厨房，一年四季长流不断。他们过着半自给自足、半市场经济的生活，以家庭为单位自主经营。他们的日子忙碌而充实、富裕而自在。然而随着外来资本的介入，行政强权的干预，他们赖以生存的土地被剥夺，这里的一切全变了。虽然山泉水依然长流不息，可四合院已是人去楼空。村民老少几代被强行集中在一起，安置到新建成的潮湿未去的单元房里。他们不得不喝肮脏的河水，不得不为有裂缝的新楼担惊。他们自主经营的身份被彻底改变，成为游离于土地之外的简单雇工。

这一切绝不是一个简单的改变，而是关系到方方面面、深入骨髓的变动。它是由资本与权力的结合，越过现有的法律法规，形成对农民的合法权益、生产环境、生活条件和生活习惯的强势入侵。它直接导致农民自主经营的身份和地位的改变，导致农民的收入来源没有保障，生活成本直线上升。现在他们吃一个水果、一个鸡蛋、一棵菜，都要用现金来买。老人和儿童每年200元钱实为杯水车薪。他们的生老病死全没了保障。因为在中国，土地不只是农民的生产资料，还是农民的生存保障。

这种变化从纵的方面来看，可能会影响几代人；从横的方面来讲，则资本可以在辉县以冠冕堂皇的身份与权力结合，进而形成对农民的剥夺，那么在别的地方为什么不可以？如果这样的事情接二连三地在广大农村上演，那么大量从土地上被驱逐的农民将会对社会产生怎样的震荡，对整个农村经济又将带来多大的影响，这是我们无法回避、不得不关注的问题。

中国社会在传统上是一个安土重本的农业社会，历朝历代的变革都要首先从土地制度上体现。改变土地制度，就是改变一个时代，甚至变革一个政权的性质，而一个朝代的动荡也总是体现在土地制度的变化上。现在的中国农民依然是人口的大多数，农民安、则天下安，农民动荡，则国家动荡。国家一而再再而三地强调坚持土地承包制度，并以法律的形式加以保障，就是根源于此。然而，八里沟景区开发依然上演了一系列伤农恶剧。开发商是商人，固然要追求利润的最大化，辉县市政府作为一个管理、监督、协调、服务的机构，是否把自己的位置放正了？政府应以安民为重，还是把眼睛盯住开发商的钱袋子，以那所谓的股份为重？

对于开发，八里沟村民说，开发是好事，应该开发，可不能以牺牲老百姓的利益为代价去开发。开发是为什么？不是为了让老百姓过上更好的日子吗？

马头口村村民则说："要是国家建设需要，让我们牺牲，那我们没的说，可现在你为了让开发商得利，置老百姓的利益于不顾，这说不过去。"

“三讲”教育搞过了，“三个代表”思想也学过了，可在八里沟开发一事上，究竟谁代表了老百姓的利益?“有的干部口口声声‘三个代表’，可他们究竟把老百姓的利益放在了哪里?”面对群众的拷问，辉县市每一位介入此事的领导干部都应扪心自问：“你究竟代表了谁的利益?”

（2003年9月）

制度欠缺的悲剧
——透视北京市昌平区南邵镇姜屯村罢免村官的前因后果

自 2002 年北京六环路征地补偿款逐步划拨到村，昌平区姜屯村村民就开始为获得这笔补偿款走上了上访道路。一年多的上访迟迟未果，2003 年 12 月 9 日、10 日，姜屯村上百名村民冲上了六环路。7 天后，第一笔补偿款 60 万元发放到每家每户。

2004 年 1 月 12 日，涉嫌聚众阻碍公共交通秩序，6 位村民被传唤、拘留，乃至 1 个月后被捕。13 天后，即 1 月 25 日，农历大年初四，姜屯村召开全村选民大会，原村委会的 5 名村官被全部罢免。

2004 年 1 月 25 日，农历大年初四上午，一改往日的严寒，北京市郊区姜屯村和风送暖，阳光明媚。村委会门前露天大院内人头攒动。300 多名村民神色庄严，由南邵镇政府社会事务科科长李元军主持的村官罢免大会正在按部就班地进行。

上午 11 点多，大会宣布"罢免成功"，顿时，整个村部大院，整个姜屯村迅速淹没在震耳欲聋的鞭炮声中。鞭炮声整整持续了一个多小时。

时隔 20 多天，记者驱车前往姜屯村，就该村罢免村官一事进行了深入调查。原以为这个采访会比较顺利，但事实却并非如此。

缺乏有效的纠错机制，六环路征地款点燃了积攒已久的不满

这次被罢免的姜屯村村委会班子包括村委会主任丁连城、副主任王德仓，另加王桂荣、李茹玲、丁峰等 3 名村委委员。姜屯村是两套班子一套人马，其中村委会主任丁连城已在姜屯村当了近十年的村支部书记了。十年时间，发生了许多事。记者在走访村民的过程中，发现罢免村官并不单单缘起六环路征地款，村民们对村官的不满是日积月累、由来已久的。

首先是土地问题。

位于北京北郊、紧挨六环路的姜屯村共有耕地 100 多亩，村民 600 多人。

据村民反映，早在五六年前，未经村民同意，村委便自行收回所有村民的自留地，其中330亩地出租用来种植树苗，200亩地出租种植了牧草，剩下的土地大多荒置。

记者在村民的带领下，看到姜屯村东南角一块90多亩的抛荒地，上面堆放了许多砂石土。土堆旁是轧得像镜子一样的地面，再远一点是去年留下的玉米茬子。村民代表丁凤霞说：“这是块好耕地，村委会说种地不赚钱，把正长的麦子轧了，用来放置工地废土。后来村民纷纷提意见，村委又把废土给卖了，卖了多少钱村民不知道，可这块地让车碾的水都渗不下去，去年种的玉米全长不起来，颗粒无收。”

1998年，华北电业管理局在姜屯村征地65亩，建造了一所变电站。村民说变电站占地补偿价格和合同至今是个谜，村民没有看到，更没有得到过一分钱。

2001年，在北京六环路建设征地之际，姜屯村村委会又将村民的口粮田收回，至此村民彻底失去了土地。而六环路所征的75亩土地，一直到2003年12月17日以前，村民没有得到分文补偿。

由土地问题又派生出两个重要问题，就是账务公开问题和农民就业问题。

据村民说，该村设有民主理财小组，也有民主理财日，但由于这种民主理财流于形式，导致了近十年来村里财务不透明。村民说自1998年变电站占地补偿到各种租金（厂房、土地、鱼塘），再到村里集体经营的果园等各种收入，全没有明细账公布，村民不知道集体每年收入多少、支出多少、积累多少。但几个村民都对记者说，我们村这些年怎么也有上千万元的收入，可十年里没修一条路，村民夏天吃水困难也没人管，冬天村民洗澡难，村民代表会上形成决议盖澡堂，村委会也不执行；村民希望安装有线电视，给老年人修建健身场所，可村委会一件也没兑现。“变电站占地给补偿那会儿，村民说拿出50万元存在银行里，用利息给村里老人涨一涨保障金，后来保障金没长，50万元钱倒没了。”村民代表王淑玲说。

而与此形成鲜明对照的是：新盖的造价70多万元的村委会大院鲜明阔亮，据村民说，村委会办公就四五个人，可一排房子少说也有十几间，其中有几间房还有套间，可以洗澡。村民代表丁健宇告诉记者：“村里没钱给老百姓办事，却有钱给干部配高级笔记本电脑，还花近2万元买来豪华大背投电视，说是为党员学习。前年一拿到六环路征地补偿款就买回一辆20多万元的小轿车……”

没有了土地，村民就业情况怎么样呢？记者在走访调查中发现，村民就业不充分是该村村民情绪不稳定的重要原因。据村民代表统计，该村600多口人中，没有固定收入来源的有250人左右。一些村民只能外出打工，一些老人靠在外捡破烂维持生计。村民李厚以前承包村里的鱼塘，但鱼塘被收回转包给外地人后，他就成了失业农民。“出去打工谁要我这50多岁的人？村里10个鱼塘全承包给外地人了，要是承包给本村人，一个鱼塘就有4个人就业，10个鱼塘就有40个人就业，有活儿干、有钱挣，谁还去罢你的官？”李厚身体不太好，他很无奈地对记者说：“现在是种地没有地，干活儿没有活儿。”77岁的村民韩秀英对记者说：“谁当官也得让老百姓有饭吃，卖了地你就办个厂子，把青壮年打发出去一部分。我三个儿子都在家待着，老头子还病着，干部也不管。”

正是基于土地问题，进而到财务和就业问题，村民感到村官不为村民着想，不为村民办事。81岁的李淑清老太太对记者说：“他们太不关心老百姓了，他要是那么回事，到不了这步棋。”另一个村民更是气愤地说：“你是个父母官，你任期10年了，企业没有、福利没有，查账不让，想干什么就干什么！”

据记者了解，就上述问题，村民代表在会上不止一次向村委会提出建议，但均未被采纳。

长期的不满意导致不信任，这种情绪愈积愈浓。六环路征地补偿款就如同一粒火种，立即使这团情绪迅速燃烧起来。然而，这团情绪始终没能得到重视并给予及时疏导，所以才有了下文的故事。

讨要征地补偿款，姜屯村村民为理性上访和非理性抗争付出了巨大代价

讨要补偿款始于2002年下半年。从那时起一直到2003年12月8日，姜屯村村民的行为一直在理性控制之中。

村里矛盾激化的标志性事件是2003年7月12日姜屯村的“民主理财日”，8名村民代表罢会。

那天上午8点30分，20多个村民代表与村委会干部一起开会讨论村委账务问题，南邵镇人大杨秘书到会。会议过程中，有20多个村民赶来要求旁听，理由是他们不知道哪位村民代表是代表他们的，他们要求对村委账务知情。但这个请求遭到干部拒绝。20多个村民就选出两个代表参加，依然不被允许。丁建宇和丁久华等8名村民代表认为：如果不能出具有关禁止村民旁听的法规条文，村民临时选出的代表就可以旁听，否则这个不能全面代表村民意志的会议就失去了意义。双方僵持不下，丁建宇等8名代表愤而退场。据村民讲，全村一共有20多个村民代表，其中大多数是在村委会或集体经营中挣工资，他们经济上受制于村委会，也就不敢真正代表民意，而且很多村民并不知道谁是他们的代表。于是这中间又发生了村民罢免村民代表，另选代表一事。而后，丁建宇等8名代表拟

定了一份指向村委会的《质询方案》，他们列出了11条，就村民关心的村财务问题、村民福利问题、社区建设问题等进行质询。该方案于2003年7月21日递交村委会和镇政府。8月21日，在镇政府领导到场的情况下，姜屯村召开村民代表大会，就《质询方案》的11条展开质询，但村委会不同意审计集体账目，丁建宇说，在会议进行中，有村委会干部家属扰乱会场并殴打了村民丁谨父子。质询会不欢而散，从此没了下文。

继这场“质询风波”后，村民找到了一份昌平区人民政府2003年4月印发的《关于印发昌平区农村集体土地征用占用收入管理使用暂行办法的通知》（昌政发〔2003〕27号）。该文件规定：“实行家庭承包经营按人平均分配土地并延包30年以上（含30年）的，所得土地补偿款的40%一次性补偿承包农户，其余部分归集体所有。”村民代表丁成年随即将该文件送到村主任丁连城手中，但得到的回答是：“没有一次性发放的说法。”

于是丁建宇、丁成年、丁久华拿着文件到昌平区农委政策科咨询，政策科的答复是：到底分几次发放应由村民代表大会决定。丁建宇等几位代表又找到村委会，要求召开户代表大会讨论六环路征地40%补偿款的分配方案。2003年10月19日，户代表大会召开，会上以绝大多数同意形成决议：40%补偿款一次性发放。然而，3天后，当丁成年再次找到丁连城询问款项何时兑现时，丁连城说“决议”不能生效，镇领导不同意。

丁成年随后便与丁久华、李长江3人去了镇上。镇长白向军接待了他们。据丁成年讲，当他问“村民大会形成的决议算不算数”时，镇长的回答是：算数也不算数，因为与27号文件有抵触。问有何抵触，答需区农委的人解释。

10月30日是昌平区区长陈秋生的接待日。丁建宇、丁成年、丁久华3人找到区长，拿出27号文件和村民决议寻求解释。陈秋生区长当即批示，责成南邵镇党委书记王志刚、镇长白向军就此事展开调查。然而村民在南邵镇政府得到的答复依然是“不能一次性发放”。村民代表提出两点要求：一是村民大会决议生不生效，要求上级部门给出法律依据；二是关于政策含义，村民希望得到一份书面解释。但这两点要求没有得到回复。

在村、镇、区三级均未得到说法的情况下，11月26日，大约30多名村民到北京市信访局上访。第二天，昌平区农委政策科、人大、信访办联合南邵镇政府和村民代表举行五方座谈，协商解决姜屯村问题。但会议精神依然是“补偿款逐年发放，村民决议与27号文件相抵触，不能生效”。当村民代表问“做这种解释敢不敢负法律责任”时，会场陷入沉默，僵持近一个小时后无果而终。

12月5日，村民第二次到北京市信访局，接待员对他们说：“话已递过去了，就找你们区里镇里解决就行了。”

“上访就跟‘驴拉磨’似的，打着圈转，也不管用。”村民们感叹，“个别当官的拿着国家俸禄，却不落实国家政策，老百姓为落实国家政策却要自己带着干粮搭着路费四处碰壁，而且讨回应有的公道是如此之难，不知道谁该给我们做主。”

理性的极限在这打圈似的上访中慢慢消磨。村民与村委会主任丁连城的冲突日益激烈。12月9日，姜屯村几十个村民冲上了六环路，南邵镇政府领导出面劝回，但问题依然未予解决。10日，上百名村民不听村民代表的劝阻，再次冲上六环路，他们说就是要大领导出面给解决问题。这次惊动了昌平区政府。区司法局负责人朱绍春出面劝回村民。在他的协调下，村民与镇、村达成协议：六环路征地补偿款的40%，即120万元，作为粮食补贴分两次发放。2003年12月17日前发放60万元，2004年12月17日前发放另一笔60万元。第二笔专户储存，由村民选出20名代表监管。

事隔一个月后，即2004年1月11日，昌平区公安局刑侦支队传唤6名曾上六环路的村民，并在次日予以拘留。一个月后，6名村民以“涉嫌聚众阻碍公共交通秩序”被正式逮捕。

占地给补偿，本是天经地义的事情。但在姜屯村，2001年六环路就开始占地，到2003年12月上旬，失地农民尚未拿到分文补偿。昌平区政府27号文件于2003年4月1日正式实施，可一直到12月初，失地农民还在为落实文件条文四处奔走。一年多的上访路，投入的时间、金钱和精力，就是村民们为争取自己合法权益而付出的高昂成本，而6个人被捕又是他们为此付出的巨大代价。而这一切，原本是可以避免的。

国土资源部等五部门于2003年9月28日明确要求，征用农村土地要严格按照法定程序，并给予农民合理补偿和妥善安置，严禁拖欠、截留和挪用被征地农民的补偿费用。对于已拖欠的征地补偿费，必须限期补偿到位，凡截留、挪用的，必须追究当事人责任。

那么姜屯村征地补偿款的发放行为，是属于哪一种性质？又有谁应该为此承担责任？政府信访部门如果能够及时化解矛盾，而不是层层批转、原地打转，又怎么会出现6名村民被捕的悲剧？

记者问村民：“为什么不同意逐年发放的计划？”几个村民几乎异口同声地说：“到时村里把钱都花没了，我们找谁要去？”

记者又问镇里领导：一次发放与两次发放有何不同？镇里领导说，一次发放与27号文件相抵触。记者仔细阅读了27号文件，并没有发现任何相抵触的地方，倒是明确规定“土地补偿款的40%一次性补偿承包农户”。

依法罢免村官，姜屯村在村民自治进程中迈出了艰难一步

法律手段是一种惩罚，更是一种教育，但在姜屯村村民看来，被抓的6名村民是为了大伙儿的利益被抓的。如果村委会能够接受村民意见为群众办实事，如果村干部能够按照文件把补偿款及时发放，村民怎么会到处上访，又怎么会冲上六环路妨碍交通？一位被抓村民的母亲对记者说：“毛主席打下来的天下，按人头分地，你把地给卖了，我们要钱有什么罪？有政策你不执行，该做的事不做，不该扣的钱你扣，谁犯法？”

矛盾的焦点再次集中在了村干部身上。村民们认为村委会干部无视民意，不符合“三个代表”的要求，没有代表大多数村民的利益，他们决定依法罢免村委会干部。

而实际上，早在2003年7月底，“质询风波”之后，村民就曾向南邵镇政府提交过一次罢免请求，“但镇政府、人大进村核实是否满足‘本村五分之一以上有选举权的村民联名’这一条件时，工作组人员是由当时的村委会干部带领进户的，村民不敢表态，因此‘五分之一以上’这个条件没有满足，罢免没有启动。”村民丁成年如此告诉记者。

2003年12月26日，姜屯村村民七八十人再次将罢免请求送至南邵镇政府，并要求政府给予书面答复。据村民讲，那天下午恰好是昌平区政府派人来南邵镇政府考察“五好党委班子”。

3天后，镇政府派出工作组进村调查。村民代表提出改变核查方式，要求调查组在村部统一调查，以户为单位，逐户核实。结果“五分之一”这一条件顺利满足，“弹劾”程序正式启动。

罢免的第二项议程是组织村民代表大会，讨论具体罢免对象、日期等7项议程。但据村民代表王淑玲说，由于村委会主任丁连城的干预，30日和31日两次村民代表大会都因到会人数不够而未能开成。2004年1月1日，经镇政府同意，姜屯村召开了全体村民大会，讨论有关罢免事宜。大会以举手表决的形式，通过了7项议程。会后立即贴出公告，通知罢免日期。1月2日，工作组进行了选民登记。4日，选民榜张贴公布。24日，发放选民证。

2004年1月25日，也就是农历大年初四，姜屯村罢免大会如期举行，姜屯村村委会5名干部全部被高票罢免。

“我们罢免村官之所以能够成功，一个很大的因素就是6个村民被捕激起了民愤，村民上六环路是违法了，可如果村干部称职，怎么会有这样的结果？”村民代表丁建宇等人如是说。

“我们罢免的是村干部的村委职务，他们仍然保留着党支部职务，被罢免村委职务后，他们个个上班特准时了。”村民代表丁凤霞告诉记者。然而，当记者到村委会大院试图采访丁连城等5位被罢免的干部时，却被告知全部不在，并且不知去向。在一间挂牌为“调解委员会”的办公室里，记者碰到在那里值班的姜屯村3位老党员，其中有一人自称叫丁会。当记者就罢免村官一事请他谈谈看法时，他拒绝发表任何评论，并且说：“村官是我们自己选出来的。”据记者了解，丁连城等5名村官的确是在2001年3月经村民选举而上任的。说起当初选举的情形，许多村民都对当初的草率投票表示后悔。“当初我们家投票是我们老太太去的，投一票6块钱，代表一家人，老太太可以拿到几十块钱，至于选谁，她让别人随便写一个就算了。”“那时想，谁当村长跟我都没关系，爱谁谁，根本就没当回事。”可以说，村民对自己所拥有的民主权利的忽视，也直接影响了村官对于选民权益的重视程度，所以才会出现自己选出的村官却不能代表自己的利益。姜屯村罢免村官事件给村民们上了一堂活生生的民主启蒙课。“今年3月份的选举，我们可要好好睁大眼睛，睁得亮亮的，认认真真地投出自己的一票。”村民董春红说。

“最不合时宜的采访”和“官民”一致的“制度认识”

就姜屯村罢免村官一事，记者到南邵镇政府进行采访。但镇长白向军拒绝接受采访。理由是区委宣传部有纪律，这件事该不该宣传，记者得请示区委宣传部。他个人认为罢免村官一事是依法进行的，是一个合法的正常现象，新闻媒体不应该炒作。当记者表示想采访镇党委书记王志刚时，白镇长告诉记者：“书记不在，开会去了。”记者旋从三楼下到二楼，在书记办公室里见到了南邵镇党委书记王志刚。但他以同样的理由表示不能接受采访，认为现在不合时宜。因为姜屯村罢免村官的成功，使一些存在类似问题的村出现了震荡。“村民天天追着要我解决十几年前的遗留问题，我要是陷入其中，别说许多问题很复杂，一时又难以弄清，就算能弄清，南邵镇的经济还发展不发展了？我哪里还有精力考虑别的？”

在镇里采访未果的情况下，记者拨通了昌平区委宣传部冯副部长的电话，进行了简单的电话录音交谈。冯副部长情绪似乎非常不好。他首先问了记者的年龄，然后给出四点拒绝采访的理由。“第一，我们需要一个正面报道。第二，现在是最不适宜采访的时候。北京市委宣传部有明确规定，不让报。第三，我们已邀请了新华社记者写了内参，上报中央。你忧国忧民，但不用你担心，中央领导已知道了。第四，对于媒体不负责任的报道，我们已准备提起诉讼。”冯副部长表示自己此时情绪激动，就挂断了电话。大约过了一段时间，记者再次拨通了冯副部长的电话，这时他的情绪缓和了下来，对自己刚才说话的态度表示了歉意。对于姜屯村罢免村官一事，他说，这件事并不是说哪些干部好、哪些干部不好，而是一个体制问题，其根本点是干部与民争利。现在全国平均40个人养一个公务员，这些人工资从哪里来？所以问题的根源“不在于理而在于利”。

对于拒绝采访一事，冯副部长说，昌平区处于北京市郊，大约有70个村子都不同程度存在占地赔偿的情况，北京又在两会期间，“稳定”是当前最重要的事。冯副部长表示，要想从根本上解决这些问题，还是要从制度上找出路。他说，昌平区就征地补偿之事正在搞改革试点，试着探索建立监事会、董事会等机制，与农民签订民事合同，以从长远解决失地农民的问题。

冯副部长的话在一定程度上解答了姜屯村村民的疑惑。姜屯村村民告诉记者，他们怎么也想不明白，为什么政府制定了政策，却不执行？为什么村民按程序上访却没有任何结果？为什么只有等到村民冲上六环路、违了法，问题才能得到初步解决？

“不在于理而在于利”就是答案，体制才是问题的根源。

在这次采访中，使记者感到有意义的是，作为政府的一员，冯副部长认为应该从制度上找原因找出路；而作为农民的一员，姜屯村村民代表丁建宇也跟记者谈到了制度问题。丁建宇说：“基层组织建设不能搞近亲繁殖，否则影响决策的科学性。”据村民代表统计，姜屯村29名党员中，与村干部有亲属关系的就占十几名，另有约6名在村集体经营中拿工资。因此，党员大会对党支部书记几乎没有什么约束力。丁建宇还提出：“谁当干部并不重要，重要的是能建立一种制度，保证一百年都可以合理发展，真正拿‘三个代表’来检验工作。”

就姜屯村罢免村官一事，记者采访了国务院发展研究中心农村部部长韩俊。他也着重谈到了制度问题。韩俊说，依法罢免村官，是这个地方民主意识的进步，是一种政治文明的表现。通过这件事，政府应该反思一下，基层选举是不是只是走过场？农民也要反思，自己有没有认真行使自己的民主权利？被罢免的干部更应该反思，自己为什么被罢免？在台上的干部也要反思，应该怎么做才能免于被罢免。韩俊认为，长期以来，一些地方政府只关心GDP的增长，却不管它的分配，不关心农民的基本利益，这种政绩观是有问题的，经济的增长，要求社会公正、和谐、全面地发展，这才是稳定和长治久安的根本之道，而要做到这一点，必须真正重视制度建设，因为制度是有长期性、基础性和根本性的，只有通过制度才能真正规范干部的行为。就姜屯村发生的事情来说，它就涉及土地征用补偿制度、信访制度、村民自治制度，甚至干部政绩考核制度等一系列制度。而特别值得关注的是，必须建立有关制度落实情况的责任追究机制，让不落实制度或政策的相关部门或干部付出代价并承担责任，而不是把这种代价转嫁给利益受损的农民。

当然，任何一种制度从萌芽、确立，到被有效实施和自觉遵守，需要经历一个艰难的利益博弈过程，而培养良好的制度意识和制度观念也需要一个漫长的历练过程。

关心制度建设的姜屯村村民丁建宇显得忧心忡忡："我们感到很悲哀，我们希望上级政府就罢免村官一事跟老百姓座谈座谈，听听我们的想法。可到现在没一个人理睬我们。而且我们有一种恐惧，听说还要抓一批人。"

那么丁建宇的忧虑是不是杞人忧天？被逮捕的 6 名村民将何去何从？剩余的 60 万元补偿款能否按时发放到位？今日的姜屯村将在 3 月换届选举中走向何方？这些都将是本刊乃至全社会继续关注的焦点。

国务院总理温家宝曾说，如果农民的利益得不到足够的重视，农村社会就难以发展，农业生产就难以为继，国家的发展和长治久安就都成了一句空话。在姜屯村，土地补偿矛盾初步解决了。但是，在中国广大农村，还有多少类似姜屯村的问题在继续发生着？

（2004 年 3 月）

信访症结何处得解

新闻背景

2004年，国家信访局受理群众来信45.7万件，接待群众来访6.7万批次、14.8万人次，分别比2003年上升11.7%、58.4%、52.9%。

2005年1月5日，国务院第76次常务会议审议并在原则上通过了新《信访条例》（修正草案）。5天后，温家宝总理签署了中华人民共和国第431号令。

2005年5月1日，新版《信访条例》正式实施。

5月1日前，国家信访局门前嘈杂拥挤，各部委机关信访接待处门庭若市。5月1日后，国家信访局门前依然是人声鼎沸，但各部委机关信访接待处门可罗雀，大部分信访流被引向了地方。面对这一浪高过一浪、上下翻滚的信访浪潮，我们不由沉思……

是什么捅了上访的“马蜂窝”，“李万春为什么要告状?”

李万春是河北省临漳县杜村乡西庄村村民。2000年10月，该村150多亩耕地被村委会主任以1 500元/亩的价格私卖为宅基地，李万春承包的4.2亩地也在其中。从此李万春一家9口人只能依靠剩下的2亩地生存。2001年起，李万春踏上了上访维权之路，至今已有4年“访”龄。

上述李万春所反映的问题，实质上是村干部不依法办事造成的。依据《中华人民共和国农村土地承包法》和《中华人民共和国村民委员会组织法》，村委会主任私划村民承包地为宅基地属违法行为，是对李万春等村民合法权益的侵害。而类似李万春的上访案例绝非少数。从我们接触的案例来看，信访问题虽千差万别，但大部分信访问题产生的根源是：一些党政干部和行政机关不依法执政，或执法不公，政策法规落实不到位。

在我们接触的20例信访事项中，有19例是由于行政机关或党政干部不依法执行，不按法定程序办事或执法不公引起的。其中涉及的主要问题有村务不公开，财务混乱；截留政策补贴款项，税费改革及财政补偿政策不到位；私卖耕地、草地，超标预留机动地，不依法执行土地承包合同等。上述这些问题中央都有明确态度，绝大多数都有明确条文，如村务公开早在1998年6月就出台了规定，2004年更出台17号文件加以完善；关于税费改革和政策补贴及财政补偿等有关规定，中央更是三令五申，不许以任何借口予以截留；至于土地政策，中央更是三下禁令，明确各种操作规程和原则。但是，视政策法律如无物、顶风而行者却大有人在。如国家明文规定预留机动地不得超过耕地面积的5%，但据上访人薛文臣反映，黑龙江省肇源县超等乡博尔诺村预留机动地超过58%，并在大部分村民毫不知情的情况下，村干部就把1万亩草原卖包给了他人。

对于当前的信访形势，前国家信访局局长周占顺有4个著名的“80%”，如果再加一个80%的话，就是80%以上的上访都是行政机关依法执政不够，政策法规落实不到位引发的。这种“不到位”和“不够”极大地浪费了政策法规的规范效益，使中央煞费苦心出台的政策在一些地方大打折扣，甚至形同虚设，收不到预期的效果，制定的法规也成了纸上谈兵，发挥不出应有的作用。政策法规总是针对一定的现实情况和问题而制定的，如果落实不到位或落了空，那么旧的问题没有解决，新的问题又会接踵而至，最终必将导致信访问题层出不穷，信访量居高不下。

是什么在挑战政府的诚信和法律的尊严，“群众多次举报为什么就是没人管?”

曜泰冶炼有限公司第一违反土地法，第二违反环保法，其存在问题除盲人以外的人都能看到，群众多次举报为什么就是没人管?“曜泰这种低级厂子能顺利上马大肆污染，却无人制止，当官的在干什么，土地法和环保法还有什么用?简直让老百姓凉透了心。”

这封措辞强烈、情绪激动，署名为“山西省临汾市尧都区县底镇全体在外工作人员”的上访信给人印象深刻，其所传递的情绪可以代表大部分长期上访问题却得不到解决的群众。它实质上反映了：一些事关群众切身利益却长期得不到解决的问题已造成群众对政府诚信和法律尊严的强烈质疑。

法治社会的根本特征之一就是行为有法可依，合法权利得到有效保障，违法行为能够及时得到追究。近年来，信访总量在持续上升中呈现出“中央多、基层少”的“倒金字塔”形，它在一定程度上反映出上访群众对基层政府的不信任和对中央政府的期望；而就同一问题反复上访的案例增多也说明信访工作效率低下，信访问题解决不力；至于信访形式不当、过激行为时有发生正与前两个特征相承接，是有一定因果关系的。它们的共同指向就是信访问题久拖不决必将或已在影响政府公信力和法律的严肃性，也反映出我们的社会法治化程度明显不足。像河北省农民李万春为4.2亩耕地上访4年，找各级政府反映情况超过200次；河北省农民李士勇自2002年开始上访，两年多时间里他在乡、县、市、省四级政府部门之间一遍遍地做“往返”运动，问题依然得不到解决，今年他第一次跑到了北京。一些上访群众就是在诸如此类的反复“磨炼”下，失去了耐性，采取了过激行为，而政府部门的公信力也在此过程中逐渐下降，法律的尊严被一点点消解，导致群众对政府和法律的预期屡次落空，产生部分政府部门失信于民的背离状况。

诚然，问题总是个别现象，但如果此处问题得不到有效解决，违法行为得不到及时纠正，那么它就完全有可能在彼处得以复制和衍生。因此，即便是为了一元钱的合法权益而打官司上访，这种行为也是值得尊重并须认真对待和支持的，因为他们在用自身行动维权的同时，也在捍卫政府形象和法律的尊严。如果因为层层推诿和拖延使得他们无法承受维权成本而最终选择了忍气吞声，那么低头的绝不只是上访的群众，更有神圣的法律因此受到亵渎，制定和颁布法规的政府部门和工作人员也将因此受到巨大嘲弄。更进一步说，这将使公平和正义在违法和邪恶面前沉重低头。这是一个文明社会所不能容忍的，任其发展，必将使整个社会走向和谐的反面。

利益重构中政府应归位何处，“谁来保证被征地农民的合法权益，谁来保证被征地农民的生存，谁才是农民的包青天?”

这是来自广西南宁市江南区白沙村被拆迁村民的呼喊。据信中反映，白沙村是个三面环江、依山傍水的半岛，因其地理位置优越，成为各路开发商强征强抢强占的一块“肥肉”，1998年到2004年10月，不仅该村6 000亩土地已被征用完毕，连村民世代居住的房屋都被列入征用范围。在征用过程中，公司与政府部门联合，甚至动用了几千警力来达到征用目的，而该村村民面临着沦为“种地无田，就业无岗，社保无份，居住无房”的“四无”困境。

失地农民在上访队伍中占重头，农业部2004年信访接待统计数据显示，反映土地问题的达到8 473件次，占同期信访量的50%，而其中排名首位的就是土地征占。土地征占往往是赖以生存的土地被合法或不合法地征占，农民却不能及时拿到征地款，他们随着土地的丧失而成为新的历史条件下的“三无”农民或四处飘荡的廉价劳动力。从某种层面上来说，这实际上是一种资本对土地的兼并，城市对农村的掠夺。这一变革过程往往伴随着弱势的农民与强势的资本之间尖锐的冲突，但资本总会用自身的优势，吸引政府参与到自己的利益中来，从而轻易越过现有的法律和法规，形成对农民合法权益的全方位强势入侵。在这种社会经济的发展变革中，政府把握好自身定位，依法行使好管理、监督、协调和服务的职能，是化解冲突、维护社会公平和正义的关键所在。

中国在改革开放的20多年中，经济与社会变革深入各个领域。特别是随着改革向纵深推进，不同社会组织和阶层之间的利益矛盾和冲突日渐显现。在这样的社会大背景下，掌控社会公平和正义的政府，一旦出现定位偏差或决策失误，就必然会激化矛盾，加剧冲突，严重影响社会稳定。在不正确的政绩观和部门利益的诱导下，一些地方就可能出现权力在资本内部寻租，市场与行政权联结扭曲，这一点表现在征地开发方面尤为突出。开发商以税收和政绩刺激政府，政府本着“借地生财”的利益驱动与之联合，甘愿充当各种违规操作的捉刀者或保护人，于是各种名目的开发区便在一些地方迎风而设、遍地开花，从而导致耕地面积迅速减少，“三无”或“四无”农民汇成数量可观的上访队伍，成为社会稳定和和谐发展的巨大隐患。从一定程度上说，一些政府部门自身定位不当成为制造信访压力的重要源头。

打造法治政府才是信访“解结”的关键，“2005年，是中国社会的改革年，是改革的攻坚年。”

这是今年两会上温家宝总理在答记者问题中郑重强调的一点。就信访工作而言，改革首先体现在信访条例的重新修订上。自2005年5月1日起正式实施的新的《信访条例》在原条例的基础上做了较大的修改和调整。新的《信访条例》体现出3个明显特征：一是突出保护信访人权益，将“不得打击报复信访人”提到信访总则的突出位置；二是强化问责制，将化解信访矛盾、解决信访问题下移到基层；三是有所为有所不为，彰显法治精神。

中国社会科学院于建嵘研究员曾对632位进京上访农民做过调查，结果显示，55.4%的上访者因上访被抄家或没收财务，53.6%的上访者因上访被一些受干部指使的人打击报复。而申诉、控告本是宪法赋予人民群众的权利。新的信访条例明确提出：打击报复信访人，构成犯罪的，依法追究刑事责任；尚不构成犯罪的，依法给予行政处分或者纪律处分。这些条款无疑将成为今后信访群众维权的一柄利剑，也是给各级干部或部门打压上访人的违法侵权行为上了一道“紧箍咒”。

针对基层政府上推矛盾不作为或乱作为的事实，新的信访条例在总则中设定了“属地管理、分级负责”的原则，提出三个“应当”：即应当畅通信访渠道；应当科学、民主决策，依法履行职责；应当建立各负其责、齐抓共管的信访工作格局。对于引发信访的行政机关及在信访工作中有失职、渎职行为的责任人，条例提出要依法追究其法律责任，同时规定各级政府应当将信访工作绩效纳入公务员考核体系。这些措辞严厉、饱含问责要义的条文，旨在进一步督促行政机关依法行政、合法作为，以求从源头上遏制信访问题发生或促进信访问题尽快得到解决。

信访不能“包打天下”，行政权力不应有损司法独立，新的《信访条例》显然认同了这一点。条例提出，对已经或依法应当通过诉讼、仲裁、行政复议等法定途径解决的请求，信访机构不予受理，对各级人大及人大常委会、人民法院、人民检察院职权范围内的信访事项，应当分别向上述机关提出。这一规定突出了信访“有所为有所不为”的职能界定，这就意味着司法及其他执法部门要承担更多的责任。但就于建嵘研究员的问卷调查，632 位上访农民中，有 401 位在上访前到法院起诉过，其中法院不予立案的占到 42.9%，认为法院不依法判决的占到 54.9%。

因此，信访制度的改革只是一个点的突破，而这一点上的突破能否成功，还要看与之相关的其他制度改革能否跟上，否则，奢望单靠修订信访条例来解决信访问题，是过于乐观了。因此，突破信访困境，最根本的还要从根源上去抓。要从官员入手，培养干部依法执政观念；从制度入手，革新官员政绩考核体系，加快司法等领域的配套改革；从政府自身入手，加快政府职能转变，增加执政透明度，使政府权力依法得到有效的制衡和监督。一言以蔽之，加强依法行政、打造法治政府，既是走出信访迷局的根本出路，也是构建社会主义和谐社会的必然要求。

（2005 年 5 月）

不做亏心事不怕鬼叫门
——陈士松事件启示录

一个目不识丁的农民，竟可以上左右市政大员，下控制乡镇干部，他究竟何德何能？

一个众人仰望的市委书记，竟对一个地痞无赖俯首帖耳，炙手可热的土地局局长，竟心甘情愿为一个农民所驱使，其“奥妙”究竟何在？

我们还是先来看看这个农民是何许人物。

陈士松是浙江省温州地区瑞安市莘塍镇中村的一个普通村民，终日游手好闲，不耕不种，操着巫师的行当东游西走骗吃骗喝。在当地人眼里，他只能算个不务正业的“二流子”。陈士松的“发迹”应该是从“扳倒”一个公安干部开始的。20 世纪 80 年代末，陈士松因有求于公安干部某某却未被理睬，于是便想出了报复的“奇招”，他连续 7 天晚上藏在公安干部某某家的猪圈里，谁上过门，谁送过礼，他一一记在脑子里，而后向纪委举报。纪委一查果然完全属实，某某因此而受到了处理。陈士松也一夜之间名声响遍了莘塍镇。从此陈士松以举报有术，逐渐成为举报明星，周围大小干部都怵他三分。

陈士松认识到自身的“价值”所在，便开始收集一些干部的丑行劣迹，并以此为法宝，要挟干部为他办私事。镇上的领导对陈士松又怕又恨，又不得不敬着。因此，当陈士松参选村干部时，镇上的主要领导都亲自帮他出谋划策，于是在镇领导的大力扶持下，陈士松于 1992 年登上了镇中村村委会副主任的宝座。

（点评：大小干部都怵他，不是因为别的，乃是因为怕自家的小辫子被他揪出来。）

陈士松用此招俘虏干部招招得手，从基层乡镇一直打到了市局级领导层面。20 世纪 80 年代末，温州经济腾飞，掌握土地审批大权的瑞安市土地局局长章方清被陈士松盯上了。一天，当章方清刚在卡拉 OK 包房内与小姐温存一番出来后，陈士松像幽灵一样飘到他跟前，揪着章方清的耳朵冷冷地说：“你今天可够快活的。”说完扬长而去。从此章方清就成了陈士松任意驱使的奴仆。就连瑞安市委书记叶会巨，在被陈士松跟踪调查一个多月后，也乖乖缴了械，成了陈士松手中的一张王牌。

（点评：陈士松可谓有的放矢，弹无虚发，这些干部纷纷落马，究其原因，是因为陈士松神通广大吗？非也，全因为这些干部自身“千疮百孔”，一旦有人看到他们的真面目，便顿成惊弓之鸟，为了保住自己头上的乌纱帽，他们不得不任由陈士松驱使，进一步践踏党性原则以确保自己的私利。老祖宗说过，“无欲则刚”，这些干部早已有欲在先，如何刚得起来？）

陈士松正是抓住了这些人的弱点从而为所欲为。一次深夜饮酒，陈士松为了向其亲信证实自己“呼风唤雨”的威力，便传呼某局长，要他立即赶过来。果然，不一会，那位局长就匆匆赶过来了，问陈士松深夜传唤有什么要事，陈挥了挥手说：“没事，回去吧。”那位局长大人只好原道回府。

（点评：可悲啊，我们的干部。）

陈士松母亲的葬礼也是轰动一时的新闻，成为瑞安有史以来最隆重的葬礼。瑞安多数局级干部都亲自参加了葬礼，片区书记陈裕荣亲任葬礼总调度，房管局局长郑宣澄则是葬礼主持人。

（点评：从某种程度上来说，陈士松的“价值”与一些干部的腐败程度是成正比的。对陈士松愈是巴结谄媚，愈是心里虚弱或有着不可告人的目的。）

干部当到这种份上，已不再是党的干部，人民的公仆，而蜕化堕落成个人私欲的化身兼维护者。叶巨会等与陈士松联合起来，打成一片，他们互相利用，打击异己，扶持亲信，干预市委组织部门对干部的任选（陈士松因此被称为“地下组织部长”），并从中牟取巨利。对于原则性强，不买他们账的干部则采取各种手段进行排挤诬陷，直到赶走为止。瑞安市分管党群工作的副书记林可夫同志为人正直清廉，在群众中很有威望，他不满陈、叶所为，陈、叶便串通一气，散布流言，称林与某某女同志关系暧昧，叶巨会又一再煽风点火，使这位作风正派的领导被迫离开了瑞安。

（点评：干部腐化变质，流氓无赖逞威，整个瑞安市乌烟瘴气，真成了“竞进以贪婪，兴心而嫉妒”，以致“鸾鸟远遁，燕雀巢堂”。然而，天网恢恢，疏而不漏。1999 年 8 月、9 月，瑞安市委书记叶会巨、市长黄余华被依法收审，10 月，陈士松也被逮捕。这批跳梁小丑终于以可耻的下场向人民谢了幕。）

结束语：掩卷沉思，陈士松这样一个近于流氓无赖的人物，竟能够如此兴风作浪，大显神通，而我们多年培养的干部却任其驱使，如奴仆一般，真让人感到切肤之痛。究竟是谁赋予了陈士松如此大的“权力”？陈士松“发迹”前后共经历了十多年时间，做了多少违法乱纪的事情，而我们各级纪检又都在忙些什么呢？陈士松自然是一个畸形的肿瘤，然而透过陈士松“发迹”的前后，我们更应该看到，正是一些干部的腐化行为滋养了这个肿瘤，为肿瘤的成长壮大提供了肥沃的土壤。如果没有那么多“肥沃的土壤”，也就不会结出陈士松这颗恶果。因此，重要的不是治陈士松这个“表”，而是治“培育”陈士松的“本”。我们各级干部要时刻保持洁身自好，坚守党性原则，谨记“其身正，不令则行”。身不正，则必为外物所役。陈士松事件虽然已过去一年多了，但在农村改革进一步深化之际，我们仍然有必要对此事件进行深刻反思，并时刻引以为戒。

（2001 年 4 月）

政绩应该怎样计算

目前，很多地方以上了多少项目、办了多少企业作为干部的政绩，只要有形的“面子工程”办起来了，干部的乌纱帽也就高起来了。而无形的债务却如鬼魅随身，给下一任政府和当地群众造成沉重的负担和巨大的压力。故此政绩应该怎么计算成了一个重要的问题。

如果上级懒于动脑，只乐于一些花架子，然后大笔一挥：提拔。那么诸如灵宝豫灵镇的“黑洞企业”、浙江慈溪的“赔钱工程”就会大肆流毒、禁而不止。所以笔者以为，计算政绩不但要以干部任期干了什么，而且要以他任期结束后留下了什么来计算。如果他留下的是惠泽百姓、是文明、是富裕、是安定，那么即使没有什么金碧辉煌工程，他的政绩也是光彩夺目的。如果他留下的是沉重的债务、是怨声载道、是不公、是咒骂，那么此人政绩就已显而易见了，即便他有金碧辉煌的工程，也要结合工程背后沉重的代价全面评估，不能一丑遮百美，也不能一美遮百丑。

据报道，安徽亳州谯城淝河镇在村委会换届中，实行“离任村干部审计”制度，不让他们留有一笔“糊涂账”。离任审计可把干部在任期间的功过成败做个清楚的总结：干部走，走得明明白白；干部升，升得理直气壮。如果有问题，对不起，依法清算。这种方式，对于一些不负责任，盲目铺摊子、上项目、搞政绩工程的干部是有警戒作用的。如今有一些干部，单位穷得叮当响，他们却心宽体胖、处处摆谱。为什么？因为这里不是他的“家”，在不长的时间里，弄些面子工程，显显“魄力”，跑跑关系，能升时则升，能走时则走，单位于我何干焉？

另外，干部政绩的计算者不应只是上级。诚然，上级站得高看得远，但老百姓站得近看得清。干部的政绩，直接受益者应是百姓，所以政绩的好坏，老百姓是第一当事人，计算政绩，百姓最有话语权。要治好干部的“工程病”，治好流行的“唯上风”，就需要上级领导放权给百姓，让老百姓张开嘴巴，参与计算干部的政绩；让干部的提拔与否，直接与百姓的利益挂上钩、接上线，大家共坐一条船，利益均沾，损害同受。

（2002 年 9 月，与王节英合作）

是谁捂住了农民的嘴

时下，常有一些仁人学者呼吁各界为农民说话，但问题是农民自己的事为什么不让他们自己说？农民是“三农”的主体，他们对农村的现实、农村的问题有着最深切的体会，他们占全国人口总数的70%以上，可他们的声音呢？为什么听不到？为什么那么微弱？是谁捂住了农民的嘴？

是官僚主义。

官僚主义是一种由封建社会流传下来的官场陋习，居官位者以老爷自居，视小民如无物。走路是官步，说话是官腔，忙的是官事，什么民生疾苦，与我何干？社会发展到21世纪，为官者，人民之公仆也。吃民俸，为民忙，这可谓进步了，觉悟提高了。但是，有一些官员却是嘴皮子上的提高，而骨子里却全不是那么回事。老百姓有困难找到他，他眼珠子翻上天，爱管不理的冷待，吹胡子瞪眼睛的抢白，让老百姓有气都得倒着出，多找他几趟就得少活几年。这种官老爷的工作，根扎不下去，头绪理不出来。道不同不相为谋，官不为民做主，民也就不再相信官。譬如呼喊，一声不应，叫第二声，如屡叫屡不应，还有人叫吗？于是上情不下传，下情也不能上达，譬如河道，久而久之，淤泥污垢，堵塞河床，流水不畅，大堤危矣。

陕西器休村为何一声呼喊，群体响应？就是因为群众平时太憋屈。一有由头，势不可挡，终于酿成打砸镇政府和派出所的恶性事件。而县委组织部部长马银录通过3个月的驻村调查，倾听民声，深知民苦，并用政策和法律的手段平了民愤，疏了民情，从而由进村时的民恨民骂，变成了离村时的民送民敬。然而，这场对话的代价是不是太大了？如果器休村农民的呼声在最初就引起重视，就给予关注和解决，事情又怎会发展到这一步？如果不是农民的过激举动，器休村的问题何时才能够解决？而如果农民与政府的每一次对话都要这样进行，这巨额的成本非但农民支付不起，政府又如何承受得起？

因而，根治官僚主义的恶习，放权群众监督，健全对话机制，让农民开口，这才是保障依法行政、民主治理，实现稳定发展的根本所在。舍此，一切免谈。

（2003年1月）

他们在为谁而忙

看了2003年2月19日中央电视台播出的《种了苦竹，断了生路》的节目后，我不禁想：到底是什么断了朝阳镇江洋村种植苦竹农户的生路？

老百姓响应国家退耕还林的号召种了苦竹，国家制定了一系列优惠政策，并按相关规定下发了补助粮和钱款，地方政府也与老百姓签订了为期8年的合同。可当生产周期为3年的苦竹还没能产生相应的经济效益时，老百姓却拿不到按规定补助的粮食，一下子断了生路。然而当地干部则说，老百姓拿不到粮食的原因仅仅是干部的工作太忙了，忙得没时间和精力去过问这件事儿。

那么请问：这些干部的工作是什么？他们在为谁而忙？

往大说，政府的一切工作要为人民服务，公仆作为政府意志的执行者，更应该在工作中具体体现这一宗旨，老百姓断了生计，干部却忙得顾不上问，他们是怎么为人民服务的？又是怎么体现政府意志的？通俗一点讲：公仆是怎么当的？往小说，为官一任，就当造福一方。而当地政府是怎么造福当地百姓的呢？如果说忙得忘了百姓，那么再问一句：他们在为谁而忙？为何而忙？从远的来说，当官应为民作主，这是老祖宗传下来的，那么当地的“官”又是怎么为民做主的？如果政府对百姓的承诺可以用忙为理由而不闻不问，那么政府的威信何在？诚信又何在？何况这是关系百姓生存的大事。再从近的来讲，“三个代表”其中之一就是代表最广大人民的根本利益，那么当地大多数农民的吃饭问题是不是他们的根本利益？干部在工作中怎么体现的？“三个代表”又是怎么学习贯彻的？

一句话：百姓的生计大事，他们没时间过问，那他们在忙些什么？如果忙是托词，那不作为的后面又是什么？如果是真忙，还是那句话：他们在为谁而忙？无论是哪一种情况，这些所谓的“公仆”，其工作态度又岂是一个“浮”字了得！

（2003年4月）

希望田野上的“骗”和“干”

前不久热播的电视剧《希望的田野》中，有一个靠“骗”谋利的华乡长，有一个靠“干”创业的徐书记。前者举全乡之牛羊走穴，搞所谓的“特色村创建活动”，大搞官商勾结；后者则修路建镇，为秀水规划了中草药生态园和农业发展蓝图，并与腐败分子展开了不可调和的斗争。前者为自己捞到了好处，给干群制造了矛盾，使党和政府的形象大大蒙羞；后者则费尽心力，甚至冒着生命危险，使经济得到发展，使正义得到伸张，树立了一个人民公仆的光辉形象。

李昌平曾说：“上不怕领导、下不怕群众、中间不怕同事和身边人的领导，就是好领导。怕上级的官是庸官，怕同事的官是昏官，怕群众的官多是贪官。”以此标准来衡量华乡长和徐书记，前者骗上级、骗同事、骗百姓，而之所以骗就是有所怕，所以华乡长可以说既是庸官、昏官，还是个贪官。而相比之下，徐书记上不怕县委书记，下不怕秀水老百姓，中不怕同事华乡长们。所以他既是能官，又是清官，还是廉官。

然而，前者何以猖獗？后者何以艰难？

骗人者本领通天，实干家屡遇阻力，虽然最终是正气压邪，但这个过程却让人心里发堵。不错，田野是充满希望的，因为有徐大地这样的好书记。但徐大地的胜利是好人政治的胜利，如果不是遇上了主持公道的县委书记，徐大地恐怕蒙冤、屈死都不得理昭于天下。一个廉洁有序的好社会，光靠好人政治，靠几个徐大地是远远不够的。要从根本上避免骗人者得势、干事者受阻，就必须有一个好机制，有一套受法律保障的制度，有一个透明受公众监督的社会氛围。只有这样，才能铲除滋生华乡长、李林、李大可的“土壤”，才能为更多的“徐大地们”铺平干事创业的舞台，田野才能真正充满希望。

（2003年6月）

100 年能有几个任长霞

100 年能有几个任长霞？没有人能回答。而 100 年对于一个人来说，基本已是穷尽一生了。假如这 100 年里恰好没有出现一个任长霞，或好不容易出了一个，却又不幸英年早逝，对于有 13 亿人口的中国民众来说是何其不幸！而即使上天慷慨，允许这 100 年里诞生 100 个任长霞，相对于中国的 2 800 多个县市，100 年的时间跨度来说又是何其不足？

毋庸讳言，中国老百姓没有人不想要任长霞这样的干部当公安局局长。任长霞的事迹非常感人，但她的所作所为并不是因为有谁要她这样做，或哪项制度规定她必须这样做，而是她自己认为应当这样去做。任长霞这样的局长，对老百姓来说，是百年一遇，是可遇而不可求，任何社会的任何机制都无法保证所有的公安局局长都像任长霞一样。所以，任长霞完全可以算作一位了不起的英雄。而正常的社会不可能时时处处缔造出太多的英雄，靠英雄维持秩序的社会是不幸的。

因此，我们不能奢望每个公安局局长都会成为任长霞，都能成为英雄，但我们有权要求每一个公安局局长和其他部门的国家干部都称职和尽责。比如任长霞为农民丢失的耕牛微服私访，从而迅速破获该案，正如任长霞所说，这是一个称职的公安局局长所“应该做的”，老百姓也没必要为此而感激涕零。但为老百姓打水井肯定不属于公安局局长的职责范围，但任长霞为老百姓做了，这里不能用称职和尽责来评价任长霞，而必须用“心系民众”和品质高尚来褒扬她。但是值得思考的是：群众没水喝应该是谁的职责？他们是不是称职并尽责了？答案当然是否定的。那么，那些不称职的干部是否依然尸位素餐呢？所以，我们缺少什么？我们缺少一个有效的监督制约机制，以使那些不称职尽责的人“下课”，使那些称职尽责、品质高尚的人不至于太累。只有建立这样一种机制，我们的社会才会更加公平、合理地平稳运行。

对于目前的中国老百姓来说，他们太需要任长霞了，但对于一个经济发展水平迅速提高的公民社会来说，老百姓更需要称职的官员以及强制官员称职的民主监督制约机制。

（2004 年 7 月，与高军合作）

四、大地留痕

铁腕书记龙长春的深山新政

从贵阳到沿河，汽车要在九曲百弯的公路上盘旋一天；踏上沿河的土地，就要不停地上山、下山。沿河土家族自治县的确是一个地地道道的老少边穷国家级贫困县。这里，在 2 468.8 平方公里的土地上，分布着 8 988 座大山；仅有的 6%平地因地处河谷，“三天不晴天就涝”；全县 55 万人口中有 16 万人没有解决人畜饮水，全县 429 个村中有 204 个村没有通公路、30 个村没有通电、117 个村没有进行农网改造……

“干死青蛙饿死鬼”道其民生艰难，“山高石头多，出门就爬坡”状其环境恶劣。难怪贵州省省长石秀诗到沿河调研时感叹：“沿河这个地方有人愿意到这儿来工作就不容易，能够安心干出点成绩就更不容易。”

沿河县委书记龙长春就是这“更不容易”中的一员。

干部大换血，“三把火”烧出个大环境

2001 年 9 月 11 日，随着美国世贸大楼的轰然坠地，龙长春踏上了沿河这块土地。迎接他的除了令人心惊的恶劣的自然条件和贫困的群众之外，首先要解决的一块硬骨头就是：必须在 10 月底前完成县乡机构改革。

上任第二天，龙长春就走访了县委四大班子，第三天就下到乡镇去调研。而后他针对干部队伍老化，年轻干部上不来，领导班子缺少闯劲和活力的特点，当机立断，大胆实施了一刀切：男 48 岁、女 46 岁的科级干部改任非领导职务。

“搞这个一刀切，没有点儿魄力和胆量是搞不成的。”原县纪委书记罗克明这样说。的确，这个一刀切一下子要切下 300 多人，而省里的规定是 53 岁的干部不再提拔。这阻力和风险太大了。但龙长春没有畏难而退，他说：“如果我是出于私心，为了稳中求胜，不会这么做，但我要在这儿干事，就得切这一刀，不切，沿河的发展就难，就不会有活力。”

是出于公心还是出于私利，大家的眼睛看得很明白。这场大手术前后，但凡谁来找他说情的，他就反复向他们讲道理；谁来给他送礼，他让办公室原样送

回。县委办公室副主任崔永龙告诉记者："调整干部期间，为杜绝有人说情，龙书记手机都不接。"一场改革下来，县乡共有397名科局级干部改任非领导职务。原粮食局局长王延超感慨地说："谁都说王局长肯定不会下，结果我照下不误。"王延超与龙长春是十几年的好朋友，又同在纪委系统工作过。

正气昭昭，邪气自消。沿河县这场"地震"式的机构改革最后竟平稳过渡。由此，沿河县干部群众感到，这个新书记有两下子。然而，又有一场考验正在悄悄逼近。

长期以来，由于贫困，沿河县就业路子窄，政府部门就成了"肥缺"。因此在几届县乡选举中，人大代表下榻的宾馆前总是车水马龙，拉选票已成公开活动。龙长春对这种风气深恶痛绝。他说："沿河干部之所以形成帮帮派派，就是缘于此。竞争双方互相攻击，死结难解，以后工作上就很难配合协调。窝里斗个不停，哪有心思谋发展为百姓办事?"能不能刹住这股歪风，治好这个顽症，是对龙长春的严峻考验，许多人也都拭目以待。

为搞好去今两年的县乡换届选举，县委出台规定，明文禁止一切非组织活动，着令纪检监察部门履行职责，严格监督。凡是在换届选举期间跑官要官、拉票贿选的一律追究当事人的责任。组织上确定的副县长人选，由龙长春亲自带着进入官舟镇极贫困的高原村。这里许多群众依然住着茅草棚。在这次访贫过程中，群众的艰难处境，特别是一些特困户的苦难，使许多干部掉下了眼泪。龙长春在访贫问苦的最后一站黑水乡召开了大会。

"为什么要在这个时候搞这次活动，就是要我们这些即将走上副县级岗位的领导人受一次教育。组织委派我们的目的是什么，上任后应该干什么。我们必须明确责任，齐心协力，共同搞好这次选举工作。"他要求与会人员一个个发言表态。

严厉有效的措施，艰苦耐心的工作，使这次选举井然有序。其中中寨乡财政所所长顶风而上，靠贿选当上副乡长，查实后立即被撤，该乡党委书记也因此事被降职移地调任。对此龙长春说："认准了，就要干到底，风气正了才能干事。"

在龙长春到沿河工作的两年多时间里，沿河纪检和司法系统刮起了一道"龙卷风"，县教育局局长、人事局局长等6名科局级干部先后被查办，极大地震动了沿河官场。"龙书记看起来文弱，但骨子里很刚强，敢于碰硬。"原在公安系统工作的思渠镇党委书记黄中这样评价。他说起去年办的"肖家帮"一案，由于涉案人员复杂，在法院开庭审理时，龙长春亲自到庭督阵，给公诉、审判机关打气，使这股垄断市场的黑恶势力受到了应有的惩处。

龙长春不仅刹住了贿选风，惩治了腐败风，还下大力气治理了县城大办酒席收受礼金的陋习。"凡是千元以上的礼金，基本上都是公款送礼，办酒成了有权有势之人敛财的机会了。”龙长春决定从党风廉政的角度着手去除这个陋习。经数次开会讨论研究，沿河县出台了规定：凡摆婚丧之外的所谓“升学酒”“参军酒”“生日酒”和“建房酒”者，除罚款外，实行廉政责任追究制，各自管好各自的人，哪一个环节违犯规定，相关领导全要受到相应的处分。

“过去我们这儿人情大于国法，吃酒送礼一个月下来工资几乎全空，现在好了，我们老百姓是受益者。”沿河二中一位老师对记者说。

从党风廉政入手，以政风带民风，龙长春的“三把火”，“烧”正了社会风气，为沿河发展创造了环境。

两年埋头耕耘，沿河发展框架初成

龙长春初到沿河时，全县共有柏油路70公里，层层叠叠的大山，没路就无法发展，而修一公里路仅爆炸物资就要1万多元，沿河县全年的财政收入才4 000多万元。在忠渠镇扶贫的地委宣传部副部长刘云成告诉记者，在一次架电时，80个农民抬两个电杆，抬了一天半，9个人受伤。这里的山之高、建设难度之大可见一斑。

“沿河要发展，首先要解决人的问题，干部作风问题，他抓住了主要矛盾。”县委副书记陈朝禄如此评价龙长春。然而要解决人的问题却没那么容易，领导自身必须做好表率，既要清正廉洁让人敬，还要真有水平、踏实干事让人服。这个标准很高，但龙长春做到了，而且做得让人感动。

干部找他“跑官”被他警告：夜路走多了会撞到鬼的；企业送10万元到家被他退回；个体老板送红包到住处被他拒绝。龙长春说：“沿河天高皇帝远，自己不严格要求，稍微不慎，就会被他们包围。”

注重学习是龙长春一大特点。谈每一项工作之前，龙长春都要亲自上网查相关资料。每次开重要会议之前的晚上，他都要熬夜亲手准备讲稿。“龙书记谈哪项工作都从来不说外行话，听他开会是一种享受，每次都有新东西。”不止一人如此评价他。

然而，在沿河创业，才德服人还不够，重要的是还要有人一我十、人十我百的超人决心和毅力。

激活用人机制，打造创业队伍，建设发展环境，这是沿河发展的必选项。龙长春就从此处下手，首先在政府机关实行末位淘汰制和公开评议制，前者保证能者上、庸者下，后者保证用人的公开、透明、民主、公正。教育卫生工作关系百姓的切身利益和长远发展，为把这两项工作搞上去，龙长春打破原有人事平衡，在教育卫生系统率先实行公开竞聘上岗制。竞聘过程中，出题、监考、阅卷、面试，全部由省委党校老师们负责，县委班子成员可参加面试但不评分，从而保证人才竞选的公平客观。为治理县城脏乱差的硬环境，实行卫生分区责任制，每天晚上电视公开检查结果；为治理经济发展的软环境，严厉打击吃、卡、拿、要……

有力的措施营造了环境，也为沿河的发展组建了一个精干团结的干部队伍。有了人马就要干事。大量的调研使龙长春对“县情”吃得很透，他给沿河的定位是：如果说贵州是中国西部的西部，那么沿河就是贵州西部的西部。他继承前任的思路，进一步强调“倚靠贵阳，面向重庆，依托乌江，挤进长江”的发展战略。具体思路是：以发展沿河山羊为突破口，种草栽树，建设畜牧强县；以庆祝黔东南革命根据地70周年为契机，以红色文化拉动，打造生态旅游产业。近期发展目标有两个：一个是融入长江经济圈，把沿河建成重庆商品的二级批发市场，向周边县辐射；另一个是通过发展生态产业，把沿河做成重庆市的农产品供应市场，带动绿色生态链。龙长春提出“夯实一个基础”，即做好以交通为重点的基础设施建设，做好“山水两篇文章”。“山文章”重点是养山护山，做好退耕还林；依山扬山，把产品推出去；靠山吃山，发展牧草，养好山羊。“水文章”则是依托乌江航运，发展水上运输；依托乌江水能，开发水电资源；依托乌江三峡，打造旅游品牌。

龙长春不是口号干部，他是实干家。为把山羊产业做起来，去年一年开了四次畜牧大会，其中一次是山羊专题大会。为监督落实工作，他别出心裁，请出6位身体好、实干能干的退居二线的老干部组成督查室，专职负责山羊产业的实际问题。龙长春在大会上公开授权，使这些老同志深受鼓舞。督查室成员罗克明对记者说：“他有这样好的思路和作风，我们就一定要扎扎实实地干。”

龙长春知道，要实现沿河的发展目标，仅靠自身力量是不行的，沿河必须跳出大山的封闭，走出去，实行“内挖潜、外借力”的发展策略。为此他在北京设立了贵州省第一个县级驻京联络处。他把目标锁定在两件大事上：官石公路和乌江二桥。前者可穿沿河7个乡镇，后者直接关系县城的江东新区开发。但两个项目需资金一亿多元，要“跑”下来谈何容易！数次到北京，无数次到贵阳，一次又一次汇报，一回又一回找人，只要能给沿河帮上忙的，龙长春都会想到、求到。功夫不负有心人，两个项目都成功了！记者在沿河采访时，官石公路已经动工，乌江二桥也有望明年开工。而事关沿河经济大翻身的沙坨、彭水两个大型水电站工程也即将全面启动，届时将为沿河财政和旅游产业做出不菲的贡献。

辛苦播种，深山里收获的不仅仅是希望

“三年后，沿河就可以走在铜仁市前列。”龙长春充满信心，但也很客观：

“虽然展望未来前景无限，但任重道远，我们只能在历届奋斗的基础上，实实在在地为百姓干几件事。”

他的确在实实在在地干事，甚至不要命地干。为沿河的发展他不但付出了智慧和心血，也付出了健康的代价。他初来沿河时身体很好，但两年下来，脚患了痛风，常常肿痛难忍，但这并未阻止他上山下乡的脚步；去年他患感冒一拖就是半年，今年初拉肚子又一直持续了两个月之久。其间几次住院，但工作一刻也没有放下，甚至打着点滴开会。由于他急于工作而用药太强，以至肝肾受损，目前还在吃药恢复。

“我们书记是累病的。”这句话记者在沿河不止一次听到。他的确是个不肯休息的人。今年到中央党校学习前，他把全县 22 个乡镇走了一遍才放心动身。而就在党校学习期间，他又组织乡镇的主要领导到北京参观学习，他说：“这是沿河第一次真正走到北京。沿河要发展，干部的思想不解放、眼界不开阔，就永远跳不出陈旧的小圈圈。”

龙长春常说：“我是农村出来的。”也许就因为这点，使他对民生疾苦深深同情。下乡时哪家房子破他就去哪家，去年大年二十八，他带着妻儿去官舟镇敬老院与几个孤寡老人和 6 个孤儿一起吃饭，又到高原村几个贫困户的家中送年货。对于老百姓反映的问题，他都亲自督促有关部门查清落实。

民心是永不泯灭的青史，民言是永不破损的丰碑。

一位退休老干部说：“沿河有三个最吃苦的书记，70 年代的瞿大国书记，80 年代末的杨安民书记，第三个就是龙长春书记。”沿河老百姓说：“龙书记是个大清官!”

（2003 年 12 月）

巍巍太行不老松
——记十届全国人大代表申纪兰

世界上有个“吉尼斯”纪录，但没有“议员”年届这一项纪录。如果有，这个纪录非“她”莫属，因为她——一位土生土长的普通农民，却是唯一一位连任10届人大代表的“女议员”；她曾先后13次见到毛主席，并与邓小平、江泽民、胡锦涛等历届党和国家领导人共商国是，而且“一议”就是50年；她曾赴苏联见过斯大林，也曾受到越南领导人胡志明、朝鲜领导人金日成的接见；作为新中国妇女代表，她曾到丹麦参加过世界妇女大会，苏联青年英雄卓娅的母亲给她写过热情洋溢的信；她还曾是美国著名记者斯特朗的采访对象。

她，就是山西省平顺县西沟村的申纪兰，她的名字响遍太行山区，让国人注目！这个名字后面是一连串传奇故事，是一幕幕战天斗地的奋斗画面，是一代中国共产党人的伟岸形象，更是中国农民吃苦耐劳、解放思想、与时代同行的光辉历程。

与这样一位传奇人物对视，无疑就是在面对共和国50多年的历史。

2004年3月11日下午，怀着一种神秘和敬仰，以及即将面对“历史”的庄重，记者随同李文学副总编，在山西代表团下榻的金台饭店，见到了年过七旬却依然神采奕奕的第十届人大代表申纪兰。一头齐耳短发、一身旧式西装、一双手工布底鞋，见其朴素本色；虽历经70多载风雨，依然掩不住眉宇间的豪气，可见其多年奋斗的风采；而热情的表达，爽朗的言谈，更见其朴实、耿直的性格。

简短的采访，揭开了历史厚厚的篇章。

一把锄头争到了地位，骑着毛驴走出了山沟

申纪兰注定是个不平凡的女子。早在1946年，她嫁到西沟村第六天就下地劳动，在当地一时成为新闻。因为当时的观念还是“好女不出院，好男不出县”。中华人民共和国成立初期，这种传统观念依然统治着西沟村人的思想。那时，新媳妇过了门，3年后婆家每年才给八尺布做衣服；吃的向来是男的吃好点，女的

吃赖点；集体劳动计算工作时，两个女工顶一个男工，而且分数记在男性家长名下。

但西沟村的历史在申纪兰手里发生了转折。1951年，作为全国著名劳模李顺达的助手，申纪兰出任山西省平顺县西沟农业合作社副社长。1952年，申纪兰带领西沟村众姐妹向男劳力发起了挑战，她们在田间操起锄头、驾起耙车，通过一次次劳动竞争，最终改变了西沟村的分配制度，在中国农村率先实现了男女同工同酬。《人民日报》以《劳动就是解放，斗争才有地位》为题报道了她们的事迹。之后，“男女同工同酬”被写进了《中华人民共和国劳动法》。

1954年，已是全国劳模的申纪兰当选第一届全国人大代表，“那是个什么情况呢？我到北京参加会议时是骑着毛驴先到长治，再坐上大敞篷车到太原，再从太原坐上火车到北京。整整走了四天四夜。”申纪兰对记者说。第一次参加全国人大会议时，山西代表团下榻在北京东四的一个小旅馆里，代表团一共有24位代表，其中西沟村就占了两名，就是两位全国劳模：李顺达和申纪兰。申纪兰说，当时代表团共有4名女代表，其他三位分别是郭兰英、李惠（音）、胡文秀（刘胡兰烈士的母亲）。

“人民代表大会一次比一次好，一次比一次高，这是人民最有权力的大会，特别是农民也敢到中央来说话了，我对人民代表大会抱着最大的希望，这次要给农民减免农业税，我最高兴了！”申纪兰这样评价全国人民代表大会。而回忆起她第一次到北京参会，申纪兰记忆犹新：“那时我一个字不认，就记得乡亲们的话，一定要选上毛主席。在会上我啥也不敢说，见了毛主席心里特别高兴，啥也说不上来。”

然而50年的风雨历练，现在的申纪兰不仅写字看文件没问题，而且还带来多个建议和议案，内容涉及农村修路、农民增收和搞好乡村建设等问题。申纪兰再也不是当年不敢说话的乡下妹子，她不但敢说话，而且一次次为农民利益说真话说实话。薄一波同志是山西走出来的国家领导人，每年两会期间山西代表团都要去登门看望薄老，有一年省里主要领导去了，薄老问：“纪兰为啥没来？”没等回答，薄老又说：“你们可以不来，纪兰不能不来，我想听她的真话！”

心血汗水“感化”了石头，官至“正厅”也不离故土

太行巍巍，千仞壁立。平顺县西沟村，就坐落在太行深处的干石山区。20多平方公里的土地上，有大大小小239条干涸贫瘠的沟壑，332座光秃秃的山头。“山是石头山，沟是石头沟；没土光石头，谁干谁发愁”，申纪兰几十年的心血汗水就倾洒在这样一片土地上，而且无论面对多么优厚的待遇和条件，申纪兰

对于这片贫瘠的土地始终是不离不弃、不改初衷。这里既有一种像泥土一样朴素而深厚的情感，也有一个女强人锲而不舍的价值追求。

针对西沟“石厚土薄”的状况，从20世纪50年代起，申纪兰与老劳模李顺达并肩作战，带领西沟人“保土、移土、用土、争土”，山上植树，河滩造田，坡上种草，开始了改造生态环境的生产实践。为治理荒山，申纪兰最先登上山头，并建立了一支由十几名妇女组成的女子植树队，刨石头、填土坑、喝凉水、啃窝头，从10多里外挑水种树。风雨无阻几十年，她和西沟村的父老乡亲硬是为15 000亩荒山披上了绿装。而在这奋斗的征程中，西沟人们不会忘记，山洪暴发时，申纪兰跳到齐腰深的水中护坝，建水库抬石头，她三天三夜不回家……

不屈的信念，坚强的精神，不止的奋斗，终于使西沟果木成林，目前共有桃、杏、枣、核桃、苹果等各色果树10万多棵，户均30亩林坡地。“山上绿油油，牛羊溜山沟，走路不小心，苹果碰碰头”的西沟美景已成为现实。

随着时代的前进，申纪兰又为西沟村规划了新的蓝图，那就是：栽上树，修好路，种好粮食吃饱肚，乡镇企业迈大步。1984年冬，申纪兰率几名村干部到南方考察。半个月的所见所闻，使西沟村党支部深深认识到：“无农不稳，无工不富”的道理。1985年4月，西沟村决定利用本地丰富的硅矿资源建一座铁合金厂，申纪兰为此走出大山，辗转长治、太原、北京，申请项目资金，寻找投资伙伴。1987年10月，当第一炉火红的铁水滚滚流出时，许多党员都激动得哭了。如今，西沟铁合金厂年产值已达上千万元。

1997年，西沟和山西安泰集团共同投资200万元办起了山西安泰纪兰饮料有限公司，主产“纪兰”核桃露饮料。以劳模名字作为商标，一时成了太行山里的新鲜事。对此申纪兰坦言：“改革思想不是一下子就这样的，开始我不愿意写我的名字，后来想，只要能为西沟挣到钱，名人效应就名人效应，这也是解放思想吧。”

随着思想进一步解放，西沟的事业也越做越大。1998年8月，西沟村和一个私人企业合股成立了山西纪兰产业公司，公司下属的集餐饮、住宿、娱乐为一体的“西沟人家”已“落户”省城，进一步续写了“山上有银行（树林），山下有工厂，太原城有开放窗”的西沟篇章。2001年两会期间，申纪兰更进一步表示，要把“西沟人家”办到北京来。

在这半个世纪的奋斗中，党和人民给予申纪兰许多荣誉。申纪兰也曾官至“正厅”，于1973年当了山西省妇联主任，而且一当就是10年。但她当官与别人不一样。当时省领导提出给她转户口、定级别，申纪兰谢绝了。她说：“我的级别在西沟，我的户口只能留在西沟。”而她的丈夫从部队转业回长治环保局工作时，曾悄悄地把她的户口迁了出来，申纪兰知道后，第二天就从派出所把户口追了回来。她说：“在西沟干，比在城里更能出力。”

正是有了李顺达、申纪兰等几代人的艰苦奋斗，才有了西沟村这面迎风招展的猎猎红旗。多年来，党和国家领导人多次造访深山，看望西沟人民。朱镕基同志曾亲手在西沟植下一棵树，胡锦涛总书记在担任国家副主席时也曾到过这里。

“胡锦涛可是个好领导！他当年到西沟时对我说，纪兰同志，你要把接班人培养好啊！”提起这件事申纪兰有些激动，“总书记说得对呀，年轻人上不来，工作就不好做，培养一个人不是一句话，既要实践锻炼，又要经受考验。现在我们村的支书和村主任都比我强，他们都是高中生，有文化。”申纪兰现在是西沟村的党总支副书记。

私心太重当不好干部，“纪兰语录”植根于泥土

语言是思想的记录，更是一个人成长发展的标志。申纪兰从一个不识字的乡村姑娘，到为国为民建言献策的人大代表，50 年的春秋岁月，她留下了许多朴实无华的话语，从中我们既可以体会到一代劳模、10 届人大代表的精神面貌和思想境界，也可以洞察人大代表与国家民主制度同步成长的变化，还可以揭示中国社会改革开放和市场观念深入农村的符号。

关于做人大代表，申纪兰从最初定位的“开会举手，回家死受（拼命干活的意思）”，发展为“代表就是要为人民说话，关心国家大事，还要行使监督职能”。“人大，人大，人民越来越大”，这就是她 50 年代表生涯的深刻体会。

对于基层干部，申纪兰建言颇切中要害：“基层要有一个好支部，代表群众利益。基层干部特别是一把手，私心太重当不好干部。”“干部不怕多吃苦，群众才能少受罪。”“转变干部作风，就是恢复老八路传统，就是发动群众、帮助群众、与群众心连心。”

对于自己，申纪兰是这么说的：“我文化低，没水平，但是跟党有感情”。“我是党员，你要比别人好，就要比群众睡得迟、起得早。”“劳模不劳动，还算什么劳模？只要我还能干得动，就要干！”“将来不当代表了还是要关心国家大事，不在北京开会了，还会在村里开会，要一辈子为农民说话，为农民办事。”

对于市场经济，这位 70 多岁的老人说：“办企业不同于上山栽树，不是光有憨劲就行。企业需要的是懂技术、会管理的人才。”“农民致富要迈大步，就要走市场，就要解放思想，转变观念。”

申纪兰，一位农民的女儿，她几十年如一日身不离劳动，心不离群众。其劳模本色是艰苦奋斗，是创业不止；其人大代表的本分是代表人民利益，是替人民说话。她的话语有着泥土一样的纯朴与厚重，提炼了她一生的追求和前进的动

力。她活得很辛苦，但又活得无比充实。

70多载风雨磨砺，使她成为山西大地上一面迎难而上的英雄旗帜；50年的代表生涯，使她成为中国民主历程中一个跨时代的坐标；坚强勇敢、执着追求、生命不息、奋斗不止的共产党人精神，更使她成为一棵扎根泥土、巍巍耸立于西沟的“太行不老松”！

（2004年4月）

大写的“人”
——追记舟山市定海区皋泄村党支部书记朱缀绒

2001年10月18日，这是一个黑色的日子，年仅51岁的朱缀绒，浙江省舟山市皋泄村党支部书记，被车祸夺去了生命。她，死在了工作途中。

2001年10月20日下午，哀乐低回，皋泄村几乎一半村民、1 000多人自发为朱缀绒送葬，长长的队伍绵延一里多地。

遗体告别仪式上，定海殡仪馆哭声如潮，78岁的符老太太放声哀哭，朱荷珠老婆婆边哭边要在遗像前下拜，并一把推开阻拦她的朱缀绒爱人王其科：“她为我们累了这么多年，我拜她一拜，也是一片心啊!”

从孩提时代到生命的终结，从赤脚医生到妇女干部，再到村支部书记，朱缀绒51年的生命历程承载了多少曲折的故事，抒写了多少人生的悲欢。特别是在9年的书记生涯中，为了父老乡亲能过上好日子，朱缀绒走了多少路，说了多少话，操了多少心，吃了多少苦……

她是杜鹃，杜鹃啼血为报春

“脱去三层皮，我就不信老百姓富不起来!”朱缀绒如是说。

“她并不是个泼辣的女性，但她有股韧劲，工作起来忘我，不达目的誓不罢休。”舟山市组织部徐智忠处长如是说。

1993年10月，朱缀绒挑起了皋泄村党支部书记这一重担。皋泄村三面环山，没有工业，世代土里刨食，一年到头赚不了几个辛苦钱。1993年人均收入仅1 500多元，村集体还欠3万多元的债。怎么让乡亲们富起来，这是朱缀绒上任之初的头等大事。

上任伊始，她就把目光盯住了一岭之隔的定海城区，定下了“菜果兴村”的发展战略。从1993年村里仅有一个钢质大棚到1994年9月一下子冒出53个，在这个飞跃发展的过程中究竟浸透了朱缀绒多少心血，没有人能说得清楚。村民袁万根，以前是只种粮的贫困户，为了说服他改种蔬菜，朱缀绒接连“盯”了他好几天。袁万根下地去，她跟到田头说，袁万根回家吃饭，她就拉张板凳坐到对面谈，有时一说就是一两个小时，天色漆黑才离开袁家。袁万根说："那时耳朵都听出了茧子，满脑子都是朱书记的大棚菜。"终于，功夫不负有心人，袁万根和部分村民被说动了。没有资金，朱缀绒替他们申请了 4 万元贷款；没有技术，朱缀绒多次跑到市、区农林部门请技术人员；缺少蔬菜良种，她又跑到市种子公司去联系。为了让村民增强信心、增加实践经验，她派村干部领菜农到杭州、绍兴、宁波等地去取经。与此同时，她又多方奔走，积极争取建立蔬菜基地。1993 年年底，市政府将皋泄村列为二线蔬菜基地，朱缀绒"菜果兴村"的发展策略迈出了具有决定性意义的第一步。

针对农田水利设施年久失修、蔬菜科技含量低的现状，朱缀绒发动群众，大搞农田水利建设，大力引进先进的生产设备。在短短的几年内新建、改建三面光渠道 6 500 多米，新建机耕路 1 750 米，除险加固水库 3 座，还引进钢质塑料大棚 123 套、遮阳网 47 500 平方米。在此基础上，她带领村民建起了高标准的 300 亩省级蔬菜示范园区。一位外地农技人员到皋泄村实地考察时惊叹："这里一点不比浦东的蔬菜基地差!"生产条件和生产设备的改善，科技含量的增加，使皋泄蔬菜发展又跨出了第二步。

至此，皋泄村常年蔬菜种植面积 1 000 多亩，每天有十几吨蔬菜运到各大农贸市场。朱缀绒为巩固和进一步发挥皋泄村的蔬菜优势，咬牙迈出了第三步，在村级经济比较困难的情况下，投资 3 万多元，建成了村农贸集运菜场，使皋泄蔬菜的知名度不断提高，先后被市政府命名为"菜篮子"工程先进集体，"一线蔬菜基地示范村"。

朱缀绒为使蔬菜成为村民的致富菜，几乎跑断了腿、说破了嘴、费尽了心。然而，辛劳不能疲惫她好强的精神，成绩也不能阻止她开拓的脚步，定要把皋泄香柚培育成村民的致富果，这是朱缀绒"菜果兴村"战略的第四步。

皋泄香柚，香味浓郁、果肉酸甜适中，但村里种植很少。要发展皋泄香柚，首先要有优质种苗。朱缀绒毅然决然地挤出集体资金，请专家、建苗圃，落实专人育苗。当首批香柚种苗培育成功后，朱缀绒按人头分配，一时间，皋泄村的屋前房后、山上地头都种上了香柚，村委会还适时出台了开发荒山的优惠政策。为提高产品档次，增强竞争力，使香柚真正成为村民的"绿色银行"，朱缀绒又决定投资 8 000 元，申请"普陀山"牌商标，印制了皋泄香柚专用箱，使皋泄香柚一炮打响，在 1998 年浙江省名特优新农产品展销暨农业洽谈会上，皋泄村的"普陀山"牌香柚荣获银奖。2000 年，皋泄香柚产量达到了 8 万千克以上，售价高出同类产品许多，而市场供不应求。

如今，皋泄村共有 1 000 多亩蔬菜园，2 650 亩山林，每年近 4 000 吨蔬菜、杨梅、草莓、香柚上市。朱缀绒当书记的 8 年多，村民收入增加了 2.8 倍，2001 年全村人均收入达到 4 494 元，村庄也从贫困走向了小康。几年里皋泄村修建了 3 公里长的沥青路，10 000 多平方米的水泥路，村容村貌和群众生产生活的基本条件得到了质的提高。然而朱缀绒心里并没有轻松，皋泄村其实离城区并不远，但由于东皋岭挡道，使皋泄村和定海城区被阻隔成了两个天地，东皋岭就像砌在她心上的一堵墙，压得她心头沉甸甸的。

作为连续三届区人大代表和本届人大常委会委员，朱缀绒一次又一次把议案提交到人代会上，她写道：“兴建东皋岭隧道，不仅有利于皋泄村每年 4 000 吨蔬菜、草莓、杨梅、香柚的运出，而且有利于舟山本岛东北白泉、北蝉等乡镇经济和社会的发展……”几经奔波、争取，总投资达 4 800 万元的东皋岭隧道工程终于被列入市“重点工程”建设项目。

隧道工程涉及皋泄村 30 多户村民的搬迁，还要征 40 亩地。为确保隧道顺利开工，朱缀绒引导群众正确处理眼前利益与长远利益的关系，齐心协力为隧道工程做贡献。她率先捐款 3 000 元。房屋拆迁、土地征用赔偿资金一时未能到位，朱缀绒竟用自己的房产证作抵押，向农信社贷款 6 万元，还向人借了 4 万元，以供急用。在她的带领下，全村干部群众共为此筹款 42 万元。

无私的奉献，为公的精神，不仅感召着父老乡亲，也感动了施工的工程队，一名工人感慨地说：“我们走南闯北这么多年，打了那么多隧道，像皋泄村这样，干部群众这么心齐，一点矛盾都不闹的，还是头一次碰到。”为确保工程的顺利进展，朱缀绒亲自料理安排 100 多名施工队员的住宿、饮食，以及施工的临时便道、堆料场地。她还翻山越岭，每三四天就到施工现场去查看一次。

为集体事业，朱缀绒究竟付出了多少，没有人能说得清楚。儿子的大喜日子，她却在隧道施工现场；母亲卧病在床，她脱不开身，只好雇人侍候老人。为村民的幸福她究竟有多累，也没人能说得清楚。皋泄村一家小店老板庄秀绒说，书记一个月有 20 多天都在这儿买方便面当午餐，她的胃就是这样搞坏的。到定海去办事，被雨水浇成落汤鸡，她跑到小姑家去换衣服，还要把衣服洗好了还给人家，原来这已是她第二次淋湿了。2001 年 10 月 14 日，天已黑了，朱缀绒才回家，一进门她就躺倒在床上。邻居周幼花来看她，问她吃过饭没有，她说胃难受不想吃。周幼花看着她瘦弱的身子、疲劳的面庞，不由感到心痛，跑回家拿来一袋奶粉，冲了一杯劝她喝了下去。就这样，朱缀绒过了自己 51 岁生日，也是她生前最后一个生日。为了隧道工程顺利进展，朱缀绒简直操碎了心、受够了累。她说：“等隧道通了，我要到隧道口去大哭一场。”然而，师出未捷身先死，她竟未能等到那一天！带着未尽的心愿，她永远地离开了倾心付出的地方。

她是春蚕，春蚕到死丝方尽

朱缀绒说：“富了，还应该有更高的追求。”

徐智忠处长说：“朱缀绒是个全面的人，她的思想富有开拓性，样样事心里都装着老百姓”。

农民出身的朱缀绒最了解农民，农民为人质朴，勤劳节俭，但小农意识也普遍存在。为提高村民的思想道德素质和科技文化素质，1996年年底，朱缀绒从并不宽裕的集体资金中抽出1万元，办起了村成人文化技术学校，并亲任校长。她多次说：“不能小看这个成人学校，好村风好村貌都要在这里塑造，新技术传播培训也要靠它，这可是我们村一块多功能阵地。”朱缀绒请来农技专家为农民授课，又请来村里两位“田秀才”做兼职老师。她又联系了4个专业户，将村里4亩香柚圃作为培训实习基地，让听课的村民进基地现场实习。无论工作多忙，每次上课，朱缀绒都要亲自到场，并专心听讲，认真做笔记。村民赵培利发自肺腑地说：“朱书记就是看得远想得细，从成人学校课堂上我学到了使用防虫网、微滴灌技术，才知道这些新名词是怎么回事。”

确如朱缀绒所说，成校充分发挥着多功能阵地的作用，为皋泄村培养了淳朴的村风，更培育了知识型的劳动力，为村经济长远发展打下了基础。2001年5月，皋泄村成人文化技术学校还被评为全市村级示范性成人学校。

为丰富村民业余生活，皋泄村还成立了业余演出队，他们编排的舞蹈《采梅舞》《夸特产》，小品《瞒工资》等节目，深受群众欢迎。如今，洋溢在皋泄村的不仅有创业求富的学习气氛和积极健康的精神风貌，更有一种和谐与正气的氛围：举手可摘的香柚没人伸手，村集体的宣传栏村民自觉维护。这种正气的树立，仅靠以上工作是不够的，更多的是靠朱缀绒作为当家人的无私奉献精神带动。皋泄村建立了民情分析制度和村干部联户制度，村会计朱意庆说：“要讲村里民情，大小事都摊在朱书记心里；要讲干部联户，她联的户最多，她跟哪一户不是血肉相连!”

1991年12月16日夜里，舟山突下大雪，气温骤降。第二天天刚放亮，时任妇女主任的朱缀绒就与村干部李德意踏着积雪，一家家去探望孤寡老人和困难户。当看到他们的棉衣单薄，朱缀绒不顾冰雪封路，硬是和李德意一步步攀过东皋岭，到定海市区为老人买回暖和的棉袄。回想起这段10年前的往事，李德意不禁热泪盈眶，他说：“那次回来时天都黑了，爬山时她摔了一跤，滑出老远，危险极了，可她还是紧紧攥着袋子不放……”朱缀绒不仅是村里的领路人，更是村民的贴心人。只要遇到难题，人们第一个想找的人就是书记。村里老人的赡养争端她来调停，婆媳不和、夫妻吵架有时也要她来解劝。五保户老人庄恩态淌着泪说：“人家下大雨都往家里躲，只有咱们的好书记，哪里危险，她就到哪里。”一次强台风刮了两天两夜，朱缀绒便两天两夜没合眼，冒着风雨到处巡查，帮助村民转移财产家当。

朱缀绒没有多高的文化，没有强健的身体，也没有泼辣的性格，更没有殷实的家业，她始终凭着一颗为民的热心，凭着一种脚踏实地、吃苦受累的坚韧精神，坚持战斗，直至生命最后一刻。

她是蜡炬，蜡炬成灰泪始干

“这样一个人，在这样一个地方，她已尽了全责。可是她的个人生活，却是非常辛酸的。”前去采访的《浙江日报》记者金波这样说。

“办公事不能有半点私心。”朱缀绒是这样说的，也是这样做的。

朱缀绒家经济并不宽裕，她一个月工资 630 元，丈夫常年有病。近两年两个儿子相继成家，家里经济更加拮据。朱缀绒午餐吃的方便面从来都是 6 角钱的虾仁面。她只有一身出门穿的好衣服。长期积劳成疾，落下严重的胃病、头痛病、心脏病等，她从来都是能挺就挺，连吊瓶盐水都舍不得。然而为了公益事业，她一次又一次地慷慨解囊。整修村道，她带头捐资 1 000 元；皋泄中学建校舍，她又集资 500 元，别人捐款有难处，她还代捐了 200 元；村里谁有个急用，找到书记开了口，只要口袋里有，朱缀绒就一定当场拿出。然而，最为可贵的是，作为分管财务审批的“一把手”，对于集体的钱她从不乱花一分。为联系草莓、香柚的销售摊位，她不知进城多少回，回回都是跳下公交车，就靠两条腿，连辆三轮车都舍不得坐。中午赶不回来，就到定海小姑家去吃饭，给集体省下快餐钱，而村里规定的出差伙食补贴，这么多年来她从未报过一分钱。

两袖清风，一身正气。这是朱缀绒的追求，也是她的写照。为了集体的发展，村民的幸福，她不但奉献了自己全部的精力和心血，也牺牲了家人的许多利益。东皋岭隧道动工之初，她的儿子打算买车运石料，遭到她的强烈反对。朱缀绒说：“这肯定能赚钱，但你干不行，不能让别人戳我的脊梁骨，说我让自己儿子赚公家的钱。”“难道因为你当个干部，就要一家人跟着你受罪吗?!”“就是因为我是干部，一举一动都有几千双眼睛盯着，才不能有丝毫私心。妈千辛万苦争取来的隧道工程需要村民支持，更需要你们支持啊。”朱缀绒的小儿媳没有工作，隧道工程队打算招她去记账，朱缀绒却说：“我帮你们找个记账的。”几天后，一个从技校毕业的姑娘报了到。工程队又为朱缀绒出主意，说让她多病的丈夫开个小杂货店，工程队的人一定“捧场”，可朱缀绒又一次把赚钱的机会让给了一个困难户。

一切从大局出发，无私无欲、克己奉公，兢兢业业、呕心沥血，鞠躬尽瘁、死而后已，这就是朱缀绒崇高人格的写照。她用自己的生命实践了“三个代表”思想的精髓，也赢得了群众真心的拥护和爱戴。

当朱缀绒去长沟畈规划香柚基地不幸殉职的噩耗传遍全村时，村里顿时哭成一片：“忠良之人啊，老天怎么不开眼!”“书记啊，隧道还没打通，你怎么就走了啊!”

一叫千回首，天高不为闻。朱缀绒操劳的灵魂永远安息了!

记者金波说：“我采访过那么多典型人物，但像这样的人物很少碰到。几乎人人都说她好，随时都可能半路冲出个人，拉着你哭着说他们的朱书记，那真是一种真情的流露。”

长长的送葬队伍，堆成小山一样的花圈，纷飞的眼泪，沉痛的悼念，这就是朱缀绒生命的重量，也是山村人给予为民操劳一生的好书记——朱缀绒的最大哀荣！她用自己的党性和人格大写了一个字——人!

（2002年4月）

公心如日　朗照晴天
——记天津市武清区南菜乡南陈庄村原党支部书记黄继茂

2000年3月的一天，天津武清区南菜乡南陈庄的村支部书记黄继茂主动辞职了，这不但在南陈庄掀起了轩然大波，就算在镇里区里也一时接受不了。武清区区长王淑培专程赶到南陈庄，与黄继茂促膝长谈了一个下午，最后同意了他的请求。

黄继茂是何许人也？值得如此兴师动众？南菜乡党委书记李荣虎说："那可是我们武清区的名人，此人平生可圈可点。"

的确，在黄继茂23年的书记生涯中，南陈庄村党支部连续11年被评为县级先进党支部，连续4年被天津市农委命名为"红旗党支部"，1993年被市政府命名为天津市首批"明星小康村"。他领导下的企业——振华集团公司在1994年农业部表彰的全国最好经济效益乡镇企业中名列前茅，1995年又荣获全国最高利税乡镇企业第384名。黄继茂本人连续20年被评为武清县（区）优秀共产党员，并先后被天津市委、市政府授予"天津市农业劳动模范"和"天津市优秀共产党员"等荣誉称号，并当选天津市第六次代表大会人大代表，1997年、1998年连续两年被评为"武清县（区）十佳公仆"。常言说"名不徒生，誉不自长"，黄继茂绝非浪得虚名。

毕生血汗洒热土

1977年，南陈庄党员大会无记名投票，几乎全票通过选举黄继茂任村党支部书记。在那苦干一天只能挣到一包烟钱的岁月里，黄继茂深感责任重大。他几个日夜不能寐，反复思考，又几经研讨，确立了创业方针：一方面苦干实干，大搞科学种田；另一方面，兴办村集体企业，工农业齐头并进。

要想富，先修路，几乎是老生常谈了，但任何一个优秀的村干部都要经过这一关的考验。1984年修乡村公路，对于黄继茂来说，是一件终生难忘的事。当时武清县（区）拨款20万元买料，要求南陈庄也筹款20万元作为工程队的工钱。黄继茂说筹款难，工由我们来出，县里派两个技术员来就行了。就这样，修路动工了。黄继茂甩开膀子，带领 80 名精壮劳力上了施工前线。工地上活儿他要带头干，晚上回到家，还要加班加点计划次日的分工和进度。从骄阳似火的盛夏到艳阳高照的初秋，他与大伙一起，每天一身土一身汗，全身上下，衣服没有一块是干的。他率领队伍起早贪黑、摸爬滚打了整整三个月，皮肤晒脱了几层，人从 160 多斤硬是瘦到 108 斤！县工程队技术员蒙现正说："黄书记玩儿命了！"就是因为有了这个"玩儿命"的书记，南陈庄才有了 5 000 米长，寿命长达 16 年的质优价廉的第一条公路。回首这段往事，黄继茂至今心有余悸，他两次对记者说道："现在再让我那么干，肯定干不了啦！那时没钱啊！20 万元像个天文数字。"

20 世纪 80 年代初期的南陈庄，街道犬牙交错，沟沟坎坎，极不美观整齐。黄继茂提出规划宅基地，重建南陈庄。然而这件事涉及多重利益，盘根错节，工作阻力很大。为把工作做好，黄继茂带头，要了一块大坑作宅基地。继而动员村委做党员工作，再由党员带头做村民的工作，为了此事，嘴皮子都磨破了，鞋底子都磨穿了。终于，功夫不负有心人，黄继茂的一片公心感动了大家。思想通了，工程就开始启动了。他们借来 7 台铲运斗大车，书记支委齐上阵，有沟垫沟，有坎平坎。前后历经 10 年之久，要不是有非常的恒心毅力，南陈庄就不会有街道笔直、排房美观的今天。

提起黄继茂，一个村民亲切地说："那是我们的不脱产支书，村西 800 亩低产田怎么改造好的？都是他带头和社员们一起，经过几十个日日夜夜，平地、挖渠搞规划，才有了现在种果树、种蔬菜的好园田。"

"我水平不高，但干活不外行，也不想图什么，只想干点实事。"黄继茂如是说。他的确身体力行了这句朴实的话，但你据此就认为他是个只知道吃苦傻干的人，那就大错特错了。

知人善任多决断

黄继茂深知，抓住机遇、发展企业、壮大集体经济，是彻底改变南陈庄贫穷落后面貌的根本出路。当时村里只有一个烤漆厂，经济效益很不好，穷则思变，黄继茂觉得支部班子里程魁很有潜力，可以委以重任。但时任烤漆厂的厂长姓王，人也非常好，更重要的是王厂长的女婿是村主任，亲家是生产队队长，又与自己是表亲，乡里乡亲情面上的事就够不好说了，更使他担心的是，如果因此导致班子不团结，那工作就难干了。他说："我这念头一憋就是一年，吃不好、睡不香。"终于，在一个适当的机会，他把自己的心事告诉了生产队队长李保林，得到认同后，就由李保林以亲家的身份做王厂长的工作，这样，企业工作平稳交接。程魁上任后果然不负厚望，2年后，企业开始飞速发展，他们先后建起纸箱厂、汽修厂、陶瓷厂、建新预应力金属制品有限公司等十几个企业，并在1992年建成集自行车车架、烤漆、组装为一体的天津市振华集团公司。自1989年到1996年，企业每年都有新投资，每年都有新发展；到1996年年底，全村自有资产总值达1.5亿元，工农业总产值达2.5亿元，利税3 000万元，村民人均收入近5 000元。

企业办好了，总经理程魁也成了名人，全国劳动模范也评上了。然而在程魁成功的背后，有一个有力的支撑，他就是黄继茂。

1992年在投入500万元争取同香港客商合资创办山枝国际天津食品有限公司时，有一位重要人物叫齐凤鸣，此人有才但无资金，他的活动能力很强，可为两边牵线搭桥，但他的报酬问题始终悬而未决，关键时刻由黄继茂拍板。由南陈庄出资，齐凤鸣算10%的股份。他说：“咱们这样做并不吃亏，齐凤鸣是个人才。”果然，在此后的筹划运作中，齐凤鸣起到了决定性作用。在筹建建新预应力金属制品有限公司时，当时的总经理程魁有点犹豫，怕铺了摊子搞不好，老百姓会埋怨。这时黄继茂说：“你尽管放开手干，出了篓子我来承担。”程魁吃了定心丸，投入资金1 000万元，当年利税就上百万元，几年就收回了投资。

在企业发展过程中，难免会有一些方面做法欠妥，于是有了到黄继茂那里告程魁状的，有了要求撤销对程魁任命的人。黄继茂说：“办企业的目的是什么？不就是为了赚钱吗？程魁把钱赚来了，你们还说他，那钱可不是为他自个儿赚的，而是为南陈庄老百姓赚的。我把总经理的头衔要回来，把程魁管得死死的，他还怎么积极主动地工作，企业还怎么发展？那就是为私利而不是为公了。”

一切为了南陈庄，一切为了老百姓，黄继茂不争名不争利，甘居幕后，为程魁撑起了一片天空。只要对集体有利，该放手的他大胆放手，该认真的他绝对一丝不苟。

熟悉黄继茂的人都有这样一个印象：黄继茂非到关键时刻不开口，一开口准都在节骨眼上。在南陈庄经营王朝酒厂的原总经理许文衡曾说：“别看黄书记是个庄稼人，对外谈判可不大好对付。”黄继茂说：“当书记威信要确立、大事要拍板，不注意学习是不行的。看书看报不能少，少了跟不上形势。生活中也得事事留心。”

然而，黄继茂最感人最珍贵的品质还在于他——

两袖清风不染尘

南陈庄富了，村集体有钱了。黄继茂说：“老百姓的钱老百姓用”。在他的领导下，首先从企业盈利中拿出 100 万元存入银行，用利息每月为全村 60 岁以上的老人发 50 元养老金，又相继投资建起了教学楼、公共浴池、青年之家、老人乐园，还修筑了水泥街道，又专门购买了一辆大巴车，供村民看病免费使用。每到过年，每人还可领取 80 元的过节费和 10 斤鱼。村民生活用电，每度电由村集体补贴 0.35 元。村民口粮田耕、耙、种、浇、收，都由集体农机站免费提供服务。邻村人都羡慕南陈庄，说南陈庄是小康社会主义。

然而黄继茂对自己、对自己的家人、对支部成员，却要求极严。他说："正人先正己。南陈庄再有钱也是老百姓的钱，当干部的无权胡花乱用。"他规定公车不准私用，20 里以内开会不能坐车。23 年来这条纪律雷打不动。村支委副书记李子凤说："这些规定他都带头执行，集体 40 多辆车，黄书记自己用车都是打的，从不破例一次。连儿子娶媳妇，都是用自行车接过来。我们支委几个人 20 多年没有坐下来吃过一次公家饭，企业最好时都没有过。"

"不说别的，单是不占公家便宜这一点，谁都得服。"村民王昌海如是说。

黄继茂家规极严，他的 4 个儿子，全是凭本事自谋出路。企业领导曾想提拔他的侄子黄威明当车队队长，黄继茂一口给否了。黄威明对笔者说："我当时很生气，质问伯伯：'你铁面无私，我们过不好，你老了咋办?'他说他老了有口面粥喝就行了，这我还有什么说的?"黄继茂经常召开家庭会议，告诫晚辈什么当做什么不当做。他说："集体的小树别人砍十棵可以，你们砍一棵也不行。"黄威明笑着对笔者说："他说怎样就怎样呗，谁让我们都怕他呢?"

古人云："公生明，廉生威。"信矣。

一位姓张的村民说："我们老支书都没有企业一个车间主任富。"但作为南陈庄的村支书，要想发点财那太容易了。村里几乎每年都有成百上千万的投资，单就工程建设这一项，黄继茂要发个几十上百万私财是轻而易举的。他是瓦工出身，对建筑很在行，因而村里所有的厂房包括教学楼都是他负责招标监工的。为承揽工程给他送钱送物甚至送金货的都不在少数，但没有一个不是乘兴而来、败兴而归的——黄继茂不买他们的账。自行车厂房施工时，黄继茂发现地梁垒得不达质量标准，当即找到工程队长，要求他们返工。到了晚上，队长来到他家，塞给他一包茶叶，求他高抬贵手。黄继茂当即打开包，发现里面是一厚沓钞票，他立刻退给那人，并说："你也不打听打听，我负责盖这么多厂房，收过一次礼没有？按合同办事，钱一分也不少你的，但质量差一点，我也不会同意，损公肥私的事不是我黄继茂干的。"那位队长只好在第二天重新返工。黄继茂说："谁不知道钱是好的？我也穷了一辈子了。农村工程要求标准本来就低，再来点儿偷工减料怎么成？当干部不能让钱给堵了嘴。"

壁立千仞，无欲则刚。面对金钱的诱惑、人情的贿赂，黄继茂始终凭着坚强的党性，崇高的人格，走过了23年的书记历程，并得到一路喝彩。南菜乡党委书记李荣虎上任前黄继茂已卸任，二人可谓素不相识，但这位新书记到任后却专程拜访了黄继茂，李书记说：“作为一个平常人，我想表达对老支书的崇敬，为官20多载，为集体创下那么多财富，硬是河边久站不湿脚，这廉洁二字少有人能比。”

当笔者也如这位书记一样，怀着崇敬的心情去拜访这位老书记时，他听说我采访的目的后，连连摇手，说：“你写我没啥写的，功劳都是大家的，我是廉洁奉公，别的支委也个个都是好样的，企业好那是程魁的功劳。南陈庄的今天应归功于我们支部班子团结心齐，否则个人再有本事也没用”。当笔者问及辞职之事，他说：“我老了，今年都65岁了，也干不出什么啦，年轻人也都成长起来了，我不能老占着位子耽误他们。再说，南陈庄的发展耽误不得，我撂给建忠书记的担子可不轻松。小伙子人品正，有闯劲。今年建的成人学校、奶牛场都很好。”新书记王建忠早已告诉笔者，老书记为建牛舍整整监了5个月的义务工，但黄继茂对此只字没提。

桃李不言，下自成蹊。新任书记王建忠对笔者说：“老书记埋头苦干一辈子，我们敢偷懒吗？他老人家两袖清风，我们敢贪吗？他就是一面镜子，老百姓时刻要用他照我们呢。”是的，黄继茂退下了，但他崇高的人格、踏实的精神，依然闪烁着夺目的光彩。新的舵手将沿着他的足迹开拓新的天地，创造更加辉煌的未来！

（2002年1月）

大巴山的脊梁
——记安康市旬阳县棕溪镇王院村党支部书记陈分新

层峦叠嶂的大巴山东段，马鞍山宛如巨龙般沿东西向长卧，白云在山腰浮动，房屋在雾中朦胧。一条长蛇似的公路蜿蜒而上，有 1 115 口人，307 户人家星星点点散落在平均海拔 800 米、方圆 16 平方公里的大山深处。这就是王院村。

在大山的重围里，10 年前的王院村民，依然是守着土坯房、煤油灯、草鞋、竹篓、石磨熬日子，1991 年，人均收入依然不足 400 元。然而，短短 10 年之后，这里发生了脱胎换骨式的巨变，村民摆脱了原始的生活、生产方式，人均收入 2 300 多元，高于陕西农民人均收入 800 多元，现在每年给国家财政贡献 30 多万元。闭塞千年的山村通路、通电、通自来水、通电视电话。小伙子驾着“飞毛腿”走村串户，老人们看着电视议论世事，孩子们在宽敞明亮的教室读书。七八年间村里出了 4 名大学生、28 名中专生。这曾经被遗忘的山村，一跃融入富裕、文明、精彩的新时代……王院村村民邱令文感慨地说：“村上变化这么大，老几辈人做梦都想不到!”

“信任是金”

1991 年 10 月 28 日，在一间四面裂缝的土坯房里，王院村 26 名衣衫褴褛的党员、干部在选村主任。大家不约而同地把票投给了 30 岁出头的陈分新。没等大伙鼓掌，陈分新气呼呼铁青着脸冲出会场。

他趔趔趄趄向山上疯跑。自己的日子在苦苦挣扎，还有啥脸面在人前站！他心里这么想。

土生土长的陈分新，18 岁第一次走出大山当了兵。在部队他学到了书本上所学不到的知识。1984 年，陈分新从部队复员回家，与相恋 4 年的未婚妻刘忠群结了婚，甜蜜的小日子没过半年，妻子患上骨癌，膝关节肿得像水桶，疼起来哭得撕心裂肺。陈分新只有默默背着妻子，到镇、县医院、下十堰、上安康四处求医，这一背就是 6 年。这 6 年，陈分新靠毅力撑着这个悲惨的家。他没向妻子发一次火，没向外人诉一次苦，没在人前掉一滴泪。

这是个让人心碎的家。一间土坯房裂缝能伸进两只胳膊，妻子得骨癌被锯掉一条腿，生活难自理，小女儿几乎是绑在椅背上长大。为给妻治病，家里能卖的全卖了，还欠了上万元的债款。可村民们认准了这位做人有良心、办事有公心的退伍军人。

陈分新拖着不上任，眼看到了年关，村民有事不断来找，镇领导来劝，他心里也越来越不安，自己虽然苦，可村民的日子一样艰难。

深夜，他披衣走出家门，大山一片死寂。那挨个的背篓和躬着腰在山道上爬行的乡亲们，在他眼前浮现；石崖边一脚踩空掉进水潭丧命的妇女在向他呼救；被背篓压弯脊梁、抬不起头的父亲在向他倾诉。他又想到背妻子翻山越岭的艰难，山里人活得太穷、太苦了！可山里人也是人，为啥就不能组织起来与这穷命抗争？家穷、村穷，没电、没路，大家富不了，自家咋能富？他想起在部队举拳向党宣誓的情景，想起村民一双双乞求、渴望、信任的目光。两难选择取其重，是贫穷的村民，把他逼上村委会主任的岗位。

第二天，他找到镇领导，答应试干一年。然而，不干则已，要干就干出名堂。一年之后，陈分新不仅没卸任，反被选为村党支部书记，这一干就是10年。

信任是金。陈分新这辈子只赌这一口气，发誓要扛好这杆党旗，回报乡亲们。而正是陈分新高擎的这杆党旗，让村民实实在在感受到与时代同行的脚步，感受到生命质量的光彩！

“凡事只要百姓满意，再苦再累，也值”

王院村村民散居在狭长的一沟两山上，东西长20公里。九曲回肠般的山路是禁锢王院村发展的绳索，那路上浸透了祖辈人的苦涩和辛酸。村民邱令涛提起卖猪就犯难。天蒙蒙亮，8人轮换抬着绑在滑竿上的肥猪去镇上卖，25公里山路来回，折磨人一整天。山外人戏称：“人走山路猪坐轿，人在流汗猪在笑，不是肥猪想坐轿，只怪山上没有道。”3组村民王志明，每年帮人背进几十吨化肥，背数千斤公粮，他的肩背被磨成厚厚的茧子，人称“两条腿的拖拉机”。王院的壮汉，哪一个没有背山的血泪史！

吃尽苦头的王院人，盼路、想路，对路积聚了太多太久的渴望。陈分新一上台就开会动员：“路是王院的穷根，没路，谈发展、谈致富，都是一句空话。咱们再不修路，就是对不起乡亲们！是党员，就不能眼看着百姓遭罪受穷！”党员干部被鼓动起来。老支书徐新双一拍大腿说：“分新，你大胆干，我再干一届副支书，支持你！”很快，全村上下取得共识。

村集体没一分钱积累，陈分新动员党员干部带头，每人先集资200元作启动资金。他又多次带人跑县交通部门立项、农信社贷款。村民选出群众代表专管修路资金，各组又成立了修路组委会。地是山里人的命根子，占谁的地谁心疼。陈分新和党支部一班人提着手电筒从早到晚一家一家做工作，满山遍野测地块、定地界，一熬就是一个通宵。为使修路占地补偿公平合理，村党支部又制定了《王院村公路建设实施办法》。

更大的一只拦路虎横在前面。那就是接通公路必经原下沟村。下沟村不修路，成了制约王院通路的“老虎钳子”；借道占地又牵扯到村与村的赔偿。生性倔强的陈分新下了死功夫。寒冬腊月，他一次次跑一二十里外的下沟村当说客。走访干部群众，算大账，谈利弊，一谈就是大半夜。重情的山里人，喝酒是开心的钥匙，陈分新硬撑着一杯杯往下灌，醉了就睡。他一连跑了20多户。在村干部家，他又提出两村共同发展的修路、拉电一揽子规划。下沟村的干部群众，被他的真情和决心打动了。一条路，牵起山里人对新生活的希望。

1992年冬，“轰隆隆”，随着一阵阵撼天动地的爆破，王院村的男女老少挥舞着镰头、铁锤和钢钎，打响了战天斗地、气冲霄汉的修路战役。这一干就是4年，4年间王院村开山的炮声没有断过，王院人身上的汗水没有干过，王院人手上粗糙的裂口没有合缝过。

一次，检查修路质量，陈分新指出一农户修的盘道宽度不够。不料，这个村民气冲冲地说：“修那么宽，要埋几口人?”陈分新忍了又忍，心平气和地说：“你挖宽些，就当将来埋我。”

下雨了，不能干活了，他才拖着疲惫的身子踏进家门。没进门就听见小女儿哇哇大哭，6岁大女儿正摇摇晃晃地提着两桶水。他一阵心疼！找到后院，只见妻子摔倒在玉米地里，一身泥巴，满脸是泪，他扶起妻子，一句话也说不出来……

1995年腊月通车那天，8辆面包车、农用车披红挂彩，浩浩荡荡，从镇上开往王院。家家户户扶老携幼守在路边，车过之处，炸响一串串喜庆的鞭炮，欢声笑语唤醒这沉睡千年的山谷。一辈子没见过汽车的老人，抚摸着车身，噙着眼泪说：“这辈子能看到这么多车，死能闭眼了……”70岁的晏文凤老人，坐在孙子开的三轮农用车上，高兴地颠簸几个来回还不肯下车。看到山里人第一次这样扬眉吐气，陈分新红了眼圈，他与村民一样激动，一样幸福，这更坚定了他为村民干事的信念：“凡事只要百姓高兴，百姓满意，自己再苦再累，也值!”

4年里，王院村共投资13万元，投工12.5万个，人均240个劳动日，移动土石23万立方米。一条通往村、组、户的22.5公里的出山石子公路盘旋在苍茫的群山间。这条路，打开了王院千年封闭的山门，成为了摆脱贫困的致富路!

“百姓越听话，越要充分发扬民主”

1994年正月十五，陈分新关门苦想了一天。在那黄皮粗糙的笔记本上，密密麻麻写了好几页。望窗外，群山像一口锅倒扣下来。此时，山外人正围坐在电视机前正观看元宵晚会，可王院与现代文明无缘。

死活要拉电！他要充分发动群众，让百姓做主干这件事。正月十七就开会！为让这次决定全村命运的会顺利进行，陈分新请村上的老先生用毛笔写了50张邀请信，再将自制的红请帖一一送出。

正月十七日上午，全村的党员干部来了，手持请帖在外务工经商的能人来了，村里德高望重的各路代表来了。这是王院村第一次“群英会”，七八十人在土教室济济一堂，王院村的人气从来没有这么旺过。陈分新预先写好的主题报告一讲完，各层代表纷纷发言。群情激奋，拉电成了会上的一致呼声。村民还选出长年在外搞贩运挣大钱的“小老板”李光明，专管拉电资金和外联工作。

陈分新说：“百姓越是听话，越是要充分发扬民主。”这独创的“智囊群英会”就这样一年年延续下来，真正成为反映村民呼声，代表村民利益，集中村民智慧，决策全村发展大计的最高级别会议。村党支部一班人把为村民办的好事、实事，真正变成村民自觉自愿的行动！

“群英会”上决定人均集资450元。路正在修，又要掏钱拉电，邻村人传出了风凉话：“王院村是蛮干，今年修路，明年拉电，后年要把人累死一半。”

为了做好群众工作，村干部包组，党员包户，“群英会”成员带头。陈分新参加5组会议。有一家人口多的要掏两三千元，不免发牢骚：“没有电，祖祖辈辈还不照样生儿育女?”有的说：“几十年黑灯瞎火都过来了，用集资钱买煤油，下辈子也点不完!”曾当过兵、见过世面的60多岁的老汉李春辉坚定地说：“咱就是砸锅卖铁、倾家荡产也要拉电!”55岁的邱令智为交集资款不得已卖了耕牛，他又怕电拉不成，指着陈分新的鼻子说：“到年底不通电，来年套你去犁地!”陈分新硬咽下赌气话，心里憋着一股劲儿：豁出命拉电！

一时间，王院人真的疯了！家家户户卖了耕牛卖牛娃，卖了老猪卖小猪，还有卖粮、卖家具、卖棺材的，能变成钱的都卖！群众的决心和魄力深深感动了陈分新一班人。算来算去，全村还有1/3的户手里有余钱。怎样把余钱也能用于拉电？陈分新想了一夜，一大早，他红肿着眼，找村干部说出新招：大胆突破国家对林地的承包政策，将村上600亩林地的30年承包期拍卖延长到50年。

风声传出，有的承包大户私下到县上、地区去咨询，有人准备告状。可陈分新胆正气壮，在7月召开的群英会上说：“村上定的土政策，没有文件依据。我们这是用自己的资源换资金，用自己的东西办自己的事，为啥不行？如果追究责任，我个人承担，就是坐牢，我一人去!”话音未落，有人喊道：“这是为百姓办事，你坐牢，我们跟着去!”群众一声吼，一个腔。陈分新泪水在眼眶直打转，激动得说不出话。

全村拍卖延包林地和荒山筹措资金 22 万元。

“一二——嘿!”“一二——嘿!”抬水泥杆的号子声响彻山谷。长长的高压杆上千斤，在没有路的山上前行，下推上拽要一二十个壮汉。那几个月，王院的男劳力一天累得虚脱，肩膀肿得一寸高。一字排开的抬杆队伍，从棕溪沟到王院村 15 公里的山上，摆开蚂蚁移泰山的长蛇阵。108 根高压电杆在村民脚下一步步移动，光明的希望在血汗的浇铸中被一根根竖起!

大年三十，家家户户灯火通明，整个王院的一沟两山星光点点。那一夜，王院人失眠了。有几户村民，一连几天昼夜大亮着灯，用这种特殊方式享受电带给他们的温馨与欢乐。可 32 岁的陈分新，一头浓密的黑发脱了一大半，体重减少了 10 多公斤。

有了电，生产力大大提高。粉碎机、脱粒机、压面机等小机械代替了原始的棒槌和石磨。之后，又有了电视机、电冰柜、电话，生活有了质的飞跃。

路通了、电通了，可缺水的王院又使陈分新吃不香、睡不好。人畜饮水不能等待，产业发展不能等待。一千多双焦渴的眼睛，呼唤着陈分新再一次站出来，带领村民兴修引水工程。可自来水的水源地在哪里？陈分新知道，不用科学办法找水，就等于劳民伤财，于是他到镇水保站请来技术员，陪着爬到村后海拔千米的马鞍山上，经过几十天的艰难跋涉与勘测，终于找到了 7 处水源。

世世代代盼水的村民，听说陈分新找到了水源，高兴得眉开眼笑。村里提出集资引水，大伙都自觉地纷纷掏钱。在陈分新的带领下，干部群众发扬过去修路、拉电的顽强作风，三年里修筑过滤池、水塔 10 座，埋设引水管道 50 多公里，王院人从此告别了水桶和扁担，家家吃上了自来水。在王院人眼里，引来的不仅仅是山泉水，更是致富的源泉，生命的绿洲。

改天换地容易，造就新型村民难。陈分新的目光不仅仅停留在脚下，而是放眼王院的未来和长远。他深知村里穷，吃的就是没知识、没文化的亏。村学校的教室裂缝成危房，每逢大雨，师生齐刷刷地打着伞在雨中站几个时辰。陈分新说服村民道：“娃们一旦有个闪失，就是把我们村干部枪毙了，也无法向群众交代!咱盖好学校，让娃们有个好环境，也为吸引好老师，教好下一代，让咱山里多飞几只金凤凰!”

王院村民像以前理解修路、拉电一样支持建校。可 2000 年 9 月，靠烟叶卖钱的烟苗还在生长，村民手头拿不出钱，怎么办？陈分新与村班子苦思冥想。

此时，闻到建校风声的大小建筑队头目，一窝蜂似地找上村干部。陈分新一看这建筑市场是卖方市场，冷静下来，他想起在省城党支部书记培训会上学到的“招商引资”“借鸡生蛋”的办法，咱何不借钱垫资建校？想法一出，大家拍手称绝。

一宣布“带资招标”，60 来个建筑队“吓”跑了一多半，经过竞标，最后由一家捐资 6 500 元的建筑队中标。

村里特聘退休在家的原镇纪委书记王隆生牵头，严格监督建校的进料、施工、验收等。2000 年年底，砖混结构的 500 平方米的两座标准教学楼同时竣工。白瓷砖贴面的教学楼，成为大山深处最亮丽的风景。10 年，王院村基础建设总投资 156 万元，人均 1 400 多元。连年的投工量更是大得惊人。可王院没有一例告状、上访。王院村民说：“陈书记最会用民主这一条干事。”王院干部把民主权力交给村民，村民明明白白，心甘情愿地勒紧裤腰带，从牙缝里挤，靠双手苦干，破天荒地干成祖辈人想不到的大事！

“要叫百姓富，干部要先换脑子，扑下身子，为群众服务到家”

在收获季节，王院人的笑容与秋色一样灿烂。蓝天白云下，8 万多株地坎桑镶嵌田边，2 000 多架木耳棒排列地头，200 亩黄姜亭亭玉立，上千亩地膜烤烟舒展肢体，傲视苍穹，形成一副美不胜收的山水立体画卷。

王院村仅烤烟一项全村年产值就有 150 多万元，年提供财政收入 30 多万元，每年仅卖烤烟，全村就涌现 50 多个万元户。王院人说话气粗了：“种好 5 亩烟，胜似当乡官”“烟就是我们的钱串子”。

陈分新从当村党支部书记第一天起，就给干部换脑子：“老问百姓要钱，就要想法让百姓挣钱。”“王院村一直穷，就是因为全村没有主导产业，群众发展经济没路子。”陈分新与一班人多次外出考察后，将烤烟种植作为全村的主导产业。

王院有种植烤烟的传统，但过去是烟麦套种，群众视种烟如种麦，栽上烟苗，任其疯长，一亩地顶多收入三五百元。加上卖烟难，被压级压价，烟霸横行，老实巴交的农民几天几夜卖不上烟，急得在烟叶收购站门前大哭。

科学种植，要下硬茬推广。第一次请烟叶技术推广站技术员讲课，村干部能喊破嗓子，稀稀拉拉只来了 40 多人；陈分新和村干部又挨家挨户游说，捧着育好的烟苗一家家求情道：“你试种一些吧！”但不信科学的村民拂袖而去，还说：“你就是叫我三声爷，我都不种！”有的碍于情面，接过烟苗栽上，干部一走，就拔掉烟苗扔进沟里。有的村民听说科学烘烤烟叶得守烟炉七天七夜，更是牢骚满腹：“亲娘老子死了，才守三天三夜，这烟叶是个什么先人，还要守七天七夜！”

村民不愿冒险，陈分新和村干部豁出去了。从1993年起，村组干部和党员带头种3亩烟，规定完不成面积的党员不是合格党员，干部不是称职干部。这一年，村组干部和党员栽的烟，每亩收益1 200多元，是传统烤烟的3倍。村民一下动了心。

陈分新由此受到启发，及时提出产业结构调整“三转变”，即由行政命令转变为示范引导，由传统种植转变为科学种植，由只求数量转变为效益优先。

“为烟民服务”，在王院不是一句空话，其中包括技术、时间、资金、劳力、血汗的付出。从每年落实计划栽烟面积开始，陈分新和村干部拿着笔记本一户户上门统计，从帮助贷款，拉送化肥、农膜、籽种到烟苗生长的田间管理，七天七夜的烘烤指导和最后的卖烟，成为真正的一条龙服务。

2001年10月的一天，棕溪镇烟叶收购站人声鼎沸，100斤一包的烟捆堆积排列成长蛇阵，收烟如同打仗，整个烟站弥漫着刺鼻的烟草味。陈分新和村干部李光明、向福品、邱令涛等稳站称磅前，他们在烟站已守了3天。一身的烟屑，一脸的汗水。他们维持秩序，看着称磅，盯着验收员手中的烟叶。一家一家过完了，才轮到干部，最后一个卖烟的是陈分新。陈分新说：“卖烟，不能让我的村民吃亏。”王院的村民说：“有村干部在场，我们心里踏实。”村干部每年帮群众卖烟8次，共20多天，贴赔的路费、饭费、住宿费少说也有400多元。

这里有一组数字统计：近5年，王院村干部帮村民贷款累计100多万元，帮村民购买拉运化肥600多吨，给村民发放蚕种累计600多张，帮村民缴售烟叶累计150万斤。每一个数字都浸含着陈分新一班人带领群众发展支柱产业的辛勤汗水……

“人，生存在这个社会上，就是要为社会做贡献”

王院村发展巨变的10年，是陈分新小家异常艰辛的10年。陈分新一年在家干活不到60天。家里的8亩地和家务全靠只有一条好腿的妻子刘忠群支撑。

这是一对患难夫妻。妻子患骨癌痛不欲生，是陈分新的深情厚爱给了她第二次生命，妻子说她要用一生去回报。她拖着12斤重的假肢练走路，练爬坡，用手提，用肩扛，试着干各种家务，学着做多种农活。摔过多少跤，淌过多少血，流过多少泪，连她自己也数不清。山高吃水难，村民以前要到几里外的山下去挑水。1994年春，陈分新去县城联系拉电的事，临走挑了两天吃的水，想着很快就能返回。谁知，他一去7天。只有一条腿的妻子无法下沟挑水，无法上山砍柴，母女3人整整3天以啃生红薯度日。

自从陈分新当了王院村“大家”的家长，他们小家的日子就乱了套。一天，

5组组长与一村民因拉电占林地补偿问题，天蒙蒙亮吵到陈分新家，劝都劝不开。看到劳累的妻子焦虑、担惊的神情，陈分新硬是把他们拉出去。下午回家，只见大门敞开，灶房、后院山坡上没见妻子人影儿，他突然有一种预感，三步并作两步爬楼梯上二楼，这时，只见妻子抱着一瓶剧毒农药，一拐一拐往后退，陈分新扑上去抢夺药瓶，妻子挣扎着喊道："让我死，我拖累你了，让我死……"陈分新心如刀割，夺下药瓶，将疯了似的妻子紧紧抱在怀里。

这一夜，陈分新和妻子都没入睡。妻子流着泪说道："你让我走，你找一个胳膊腿好的帮你。"

"你把我扔下不说，两个孩子不能没有娘。村上天大的事，有我扛着，你就不要操心。"

"能不操心吗？你答应了乡亲们，披上干部这张皮，干不好，咱全家下不了台。"

"我会干好的，你别累坏了身子，钱是人挣的。你就是天天在家躺着，我也会养活你一辈子……"

志同道合，相濡以沫的夫妻，就这样一直说到鸡叫。

陈分新自知愧对妻女，每次回到家，尽管疲惫不堪，可他还是在有限的时间里拼命干活。村民常见陈分新打着手电筒挑水，借着月光割麦，亮着灯光一夜一夜串烟叶。

妻子经营着小家，陈分新经营着大家。他常给村干部说："人，生存在这个社会上，就是要为社会做贡献。办好方寸上的事，不仅仅为百姓，也为咱自家。"他用人格凝聚着全村人。他与村班子成员，半夜三更睡不着，常互相真诚地提缺点，正儿八经像开民主生活会。无怪乎有人说："王院的班子成员，亲密得像拜把子兄弟。"

村里谁家分家断官司，他随叫随到；谁家有红白喜事，他慷慨解囊、热心相助；贫困户刘连才无力缴清税费，他年年帮忙代缴达500多元；邱德令的儿子交不起学费，陈分新又是贷款，又是垫资；镇上奖给他200元，他却把奖金分给小组长。

1999年麦收时，6组农民邱德平在河南打工致残，住进了医院，陈分新连夜赶到河南与私企老板一次次谈判。几个日夜，陈分新打电话问政策、问法规，周密设计一套套方案，最终为邱德平赢得70 000元医疗费和赔偿费。

然而，当他一路抬着邱德平回到王院时，他自己家里却是一副惨景。成熟未割的麦子洒落一地。一条腿跪着割了几天麦子的妻子昏倒在山坡上，假肢摔断了，大腿根磨得鲜血淋漓。8岁的女儿扔下背上的麦捆，连哭带喊去扶母亲，陈分新见状心如刀绞，扑上去将妻子女儿抱在怀里……

山里人实在，总是用行动感谢为他们操劳的书记。一年四季，常看到有人帮书记家锄草，有人帮书记家砍柴……细心的陈分新，不愿负载太多的情，他总是把乡亲们的帮忙一一记在小本上，年终他要加倍偿还。

今年春节，村民们自发送给带领他们改天换地的带头人陈分新一副大红对联，横批亲切直呼“我们书记”。从四面八方赶来学习参观的党员干部心服口服，交口称道：“陈分新就是活着的郭秀明！”

10 年，陈分新积累了 10 多个民情笔记本，每一本都是记得密密麻麻。里面记有地界纠纷的处理，栽烟种姜的面积，各种会议的发言，贫困户缺钱缺粮的帮扶……王院村的 307 户人全装在这些本子里，更装在他的心里。

巍峨的马鞍山养育了陈分新，更赋予了他大山一样的胸怀！

（2002 年 7 月，与张金菊、王慕科合作）

党家村的“女当家”
——记十六大代表、陕西省党家村党支部书记师引莲

出韩城向北 9 公里，就是被李瑞环同志称为“民居瑰宝”的党家村，现在党家村已经是一个集元明清三代民居建筑的旅游胜地。党家村早在 1982 年被中日联合考察团发现后就名声在外，但其开发、保护的力度却远远不够，1995 年的参观门票收入一年只有两万元。而今年，党家村的门票收入有 150 万元，综合收益 300 多万元。短短几年的时间，党家村何来如此飞速发展？这就不能不提党家村的女当家——党的十六大代表、党家村党支部书记兼村委会主任师引莲。

这个女人真大胆

2002 年 11 月 8 日下午，参加党的十六大的陕西代表团传出这句话“师引莲这个女人真大胆，推销都搞到了总理那儿。”当天晚上，记者在代表驻地采访了这个大胆女子师引莲。师引莲黑黑的、瘦瘦的、高高的，一看就有一股泼辣干练劲儿。她情绪很好，显然还沉浸在成功的喜悦中。为了把党家村上推到中央，下推到百姓，推出陕西，推向世界，师引莲真有一股豁出去的拼劲。她利用一切机会，让人们了解党家村，来北京开会，既是行使作为十六大代表的权利和义务，又是一次非常好的宣传机会，整个陕西代表团各级领导 40 多人，已经没有人不知道党家村，没有人不知道师引莲。朱镕基总理和姜春云副委员长也不例外，他们在 8 日下午到陕西代表团驻地参加小组讨论，在即将离开时，师引莲抓住时机，把党家村的旅游宣传画册送给了两位首长，恳请他们光临指导工作，并与总理握手留影。大概觉得意外，也可能感到师引莲勇气可嘉，据说难见笑容的总理当时和蔼地笑了。

引莲小语：搞旅游，靠的就是人气旺，人家都不知道你是怎么回事，咋会光顾？我从不浪费任何一次外出开会的好机会。来北京时我就做好了打算，非得把党家村推向中南海不可。多一个领导人关注，就多一分名气和力量。画册是我们精心制作的，我从陕西背过来的。为这事我跟我们李建国书记请示了几次，还与

会务组沟通了两次，这事看似容易却很难，毕竟我只是个小得不能再小的村支部书记，这事太需要勇气了。眼看着总理要走，再不上前就没机会了，我就不知从哪儿来的勇气。我这人就有这一点，要说为公的事，我还真有股啥都不顾的疯劲；可真要为自己，我就害羞，就张不了口。今年儿子上大学，要是上西北大学，要两万元学费，我没钱，还得贷款，就上了个科技学院，儿子特有意见。有人说，凭你这么多年的工作业绩，就算领导给你打个招呼免点钱，又有什么关系？可我实在张不了那个口。

这个女人不平凡

师引莲 18 岁高中毕业，就在娘家井益村当团支部书记，23 岁到镇上社办企业印刷厂当厂长。后来嫁到党家村，用师引莲的话说，她把党家村的“官”都当遍了，先后干过村里的出纳、农业科技员、小学老师、妇女主任、治安调解员，1996 年 11 月，当选村支书，1997 年支书、村主任一肩挑。说起她所做的这些工作，师引莲显得非常自豪，她说她干哪一行都干得比较好，她特别提到当治安调解员时发生的一件事。

当时，村里有一对青年男女谈恋爱，女方不同意，男青年半夜用硫酸把女方家的牛烧坏了。女子父亲牵着牛到派出所报案，所里派了两个人到村里处理这件事，地点就在师引莲家。女子的父母都有点智障，姐夫又是上门女婿，与男方相比，女子既是受害方，又属于弱势群体。但两个警察却一个劲儿刁难受害方，师引莲在一旁一言不发。当他们征求治安调解员的意见时，师引莲说：“我请你们把身上的制服脱下来。”两个警察犹自不解，师引莲接着说：“你们根本就没有主持正义，想这样干事，就请滚出我的家门。”两个警察都愣了，但正气总是压邪气，他们再不敢胡来，就问她怎么办，师引莲说：“简单，赔人家牛。”最后事情就这样解决了。

1996 年初当书记时，师引莲面对的是 18 个遗留难题、7 万元债务，还有种种风言风语。党家村在历史上是个有名的秀才村，传统文化底蕴深厚，传统观念也很强。女人当家，又是个外姓人，真让一些大老爷们心里不服。在种种压力下，师引莲当选书记后 3 天没出门，她思来想去，就是不服这口气，女人也能撑起这片天！下定决心，师引莲毅然挑起了这副重担，在不长的时间里，平砖窑、挖水渠、包机井……就把遗留难题一一解决，很快树立了威信。

对于党家村这块民居瑰宝，师引莲不仅看到了它的历史文物价值，也看到了它的经济价值。“开发故居，发展旅游”，师引莲定下了发展方向。然而事情操作起来却没那么容易，首先是观念上的冲突：房子是祖宗留下来的，谁也别想拿它来赚钱！拿先人来挣钱，算什么能耐！其次是习惯上：门口堆垃圾，院内放杂物，祖辈都是这么过的。这些观念要扭转，习惯要改变，村干部不细致耐心地做工作，是想都不要想的。师引莲为此一家家上门，带领村干部、党员帮着村民清理杂物。就这样，工作一家家做，规矩一条条定，终于使古居展出新貌，街面日益整洁，从此旅游收入一年一个新台阶。党家村故居从默默无闻到跻身于市级、省级、国家级重点文物保护单位，门票从 5 元、10 元、15 元，一直到 30 元，每上一个台阶，都要有相应的景点开发、配套服务以及申报等工作去做，每一级调动，都要付出大量的心血，村民们由衷地说道：“别看引莲是个女的，她这两把刷子比男人还利，干啥啥成，咱算服了！”

引莲小语：你去我们党家村，要是碰上一个头发乱蓬蓬，一边走一边吃的女人，那很可能就是我。我这人生活上不讲究，活了大半辈子了，也没个熨斗，洗了衣服一抖，干了就穿上。我挺能跑的，一年穿坏过 5 双皮鞋，都是 35 元钱一双的，别人说我不上算，就买了一双 130 元的方口皮鞋，还真是好，一年四季都穿它也不坏。我们领导都对我的形象不满意，我们省工会主席说我电视上的形象太差，头发乱糟糟的。这次来开会，我特地请了个专家，花了 13 元把头发烫了烫。他们说还行。

让我拿针线我可干不来，我就想干点事。我这人有个毛病，一件工作要是没干完，晚上睡觉都不踏实，一觉醒来，头都疼，直到工作干完了、干好了，我也吃得香睡得甜了。要是你昨天来，我可能不会这样高兴，画册没送出去，宣传重任没完成呢。你见过“首日封”了吗？就是印有江总书记亲笔题词庆祝党的十六大的烫金信封。我一气儿买了 100 个，这事就是个纪念，我分别给那些帮助过我的人寄了去，一来是表示感谢，二来是加强联络。党家村要发展，外部环境太重要了。我干什么脑子里就全是什么，去渭南开会，我连夜赶制了 600 张贵宾卡和 600 份宣传折页，分送给与会代表。他们要是来参观，不可能只来一个人，多带一个人，党家村不就多一份收入吗？

徘徊过后要大干

党家村出名了，旅游业蒸蒸日上，然而收入多了，问题也就出来了，利益争执也日渐明显。身兼书记和村主任的师引莲既要花大部分精力在旅游业的发展上，又要花很多精力处理村务和群众事务，她确实太累了，她的家人也太累了。用她丈夫老韩的话说：“整个儿是我一个人培养着仨学生（一儿一女，外加师引莲）。”师引莲自己说，挺对不住人家老韩的，当了几年干部，把人家老韩煤矿上攒的两万元钱都“奉献”得差不多了。

事情还得从党家村事业发展上谈起。党家村旅游事业日渐兴旺，每年仅门票收入就非常可观。集体有了钱，找师引莲借钱的人也就多了。其中有一个是村里招聘来的旅游公司经理，他儿子做生意，缺周转金，想向集体借点钱，师引莲说集体的钱不能开这个口子，可她又想留住这个人才，就从基金会给他贷了 5 000 元。现在基金会散了，贷款没还上，师引莲作为担保人，只好把自己的 5 000 元基金股作了抵押，这笔账一晃已过四五年了。另一个也是借钱的，党家村事业发展中人家帮过忙，现在人家有事张开了口，怎么办？师引莲知道还是不能开这个头儿，就把丈夫存的 1 000 元拿出来借给人家。

现在，儿女读书要花钱，可师引莲一心扑在工作上，一个月也就 300 元工资，整个家就靠丈夫养的 2 000 只鸡支撑着，工作上的压力、经济上的负担，让师引莲确实很矛盾。可是事业刚刚有点基础，中途撤退也不行，而领导的劝说，群众的信任，特别是当选党的十六大代表后，师引莲更觉得无法打退堂鼓。国家信任咱，咱就得好好干，争取干到党的十七大！

引莲小语：虽说这几年发展得很快，可也确实太累了。再干几年，估计我也成了郭秀明了（笑）。说实话，我现在都不能适应有规律的生活了。这几天每天三顿饭，一顿也不少，真让我不习惯。

打算退，主要是从个人的角度考虑的。平常忙得很，也没觉得啥，可偶尔看到别人家，才觉得自己还生活在 80 年代。心里就想，我这忙里忙外图个啥？还不如退了干点自己的事。可现在不行了，咱不过干了一点点小事，国家就给这么大的荣誉和信任，总不能党的十六大代表当完了，回去撂挑子了。党家村要继续发展，下一步就得改革，得股份化，这是个大手术。回去后我不是不干，而是还得大干，是一个党员，就要为人民服务。再说人活着总要实现自己的价值，我到底能为别人做点什么，这就是我对党员的理解。

当干部，特别是当村干部，我有三点体会：首先要奉献，包括时间和精力，甚至其他方面的付出。其次要坚持原则，主持公道，敢于得罪人，特别是村里的“厉害人”和自己家的亲戚。最后要廉洁，当干部一定要管好自己。没有这三条，当不了好干部。

（2002 年 12 月）

位不在高心自高
——访中共江苏省赣榆县委常委、青口镇委书记高庆法

在这里，总有一种精神让人感动；在这里，总有一种力量催人奋进；在这里，总有一个目标在引领；在这里，总有累累硕果挂满枝头……这里，就是江苏省百家名镇之一的赣榆区青口镇。踏上这片土地就像踏上了一艘战舰，时时感受到那种全速前进的超强节奏。10天的调查采访，县委常委、青口镇党委书记高庆法的名字便牢牢嵌入记者的脑海。

“居高声自远，非是藉秋风。”高庆法个子不高，位居“八品”，但他十年如一日，始终在事业发展中抢占制高点，官位不高，心气高，就是在他的领导下，青口镇从一个名不见经传的城关镇步入全国精神文明创建先进镇、江苏百家名镇之列；也是在他的领导下，自1995年以来，青口经济增长率保持在20%以上；还是在他的领导下，青口镇以区区一镇之人力物力，在两年多的时间里，创造了四个规模开发区——全国少有的海洋经济开发区、国家级渔港区、临港园区、西关民营工业园区。

那么，高庆法究竟何等人？竟能使青口镇在10年间像一艘铆足了劲的战船勇往直前？

初试身手，工业战线露锋芒

高庆法于1954年生于青口镇镇西村，他7岁丧父，贫困让他过早地体会到人生的艰辛，贫困也赋予他刚强志气。尽管每天要背着粪筐去上学，尽管每天天不亮他就得起来煮猪食，放学后又要拾柴割猪草，可高庆法从小学到中学一直是品学兼优的好学生和好班干。18岁那年他应征入伍，4年后复员回家到镇里当上了通讯员，在这个岗位上，他一干就是3年，这3年他兢兢业业，干好分内的每一件事，无论刮大风下大雨，还是防台风防汛，也不管天有多黑路有多滑，高庆法从未因为自己的原因误过一点公事，甚至他结婚那天都没请假，因为那天正好赶上开会，高庆法一大早就安排好工作，中间抽空回去“抱完枕头”（当地的一

种传统习俗）就赶了回来。第二天，镇里领导才知道此事。对于这件事，高庆法说："那时镇上人少事多，我不想因为自己的事给领导添麻烦。"

1980年，高庆法任镇团委副书记并主持工作，后镇党委书记又让他蹲点管三个企业，为了两头都干好，高庆法白天蹲企业，晚上做团里工作。在他的努力下，青口镇团委被评为地区"红旗团委"，高庆法本人也被评为地区优秀团干，并于1982年光荣地参加了江苏省第八届共青团代表大会。

1984年，青口镇党委决定引进一台塑料吹膜机，派高庆法去谈判。高庆法自接任务起，就向业内人士反复咨询，大量查阅相关资料，计算设备价格，进行缜密论证，谈判中他以充足的理由和切中要害的质疑迫使对方让步，报价12.5万美元的设备，最终以6.5万美元拿下。谈判桌前的小试牛刀，使高庆法在工业战线上崭露头角。1985年9月，高庆法出任镇工业公司经理。当时的工业公司简直就是个养老公司，仅正副经理就有8个之多，好事人人抢，工作找不到人干。十几家企业设备陈旧，管理混乱，产品滞销，效益倒挂。高庆法上任后的第一件事就是改革整顿。整顿后的工业公司，8个经理调整到6个，建立全公司职工档案和各项规章制度，并规定凡亏损企业职工一律不得调出，亏损企业限期扭亏，否则厂长就地免职。

为把企业产品打入国际市场，高庆法北上北京、烟台、青岛、日照，南下张家港、上海、深圳、福州、海南等地寻求新的外贸口岸，为争取兄弟外贸部门的合作，他不辞辛苦，不惜千言万语，终于为企业产品的出口争到了一席之地。两个镇办服装厂均被省外贸部门定为服装专业出口定点厂，其产品全由省外贸部门组织出口，远销欧州、亚州、美州等40多个国家和地区，年生产能力达146万件，位居本地区同行业之首。1991年，全镇实现工业总产值1.013 7亿元，一举成为连云港市第一个工业产值超亿元的乡镇。三个企业被评为明星企业，高庆法也被省政府授予"青年农民企业家"的光荣称号。

艰难受命，改革大旗双肩扛

高庆法正式步入政坛当从1989年始，是年青口镇党委换届选举，高庆法是农业户口，不在候选人之列，结果却当选为党委委员。这在当时是一大新闻，上级部门调查此事，找党员谈话，得到的答案是："他能干事，我们就选他。"从此，高庆法由一个农民正式成为国家干部。1990年，镇政府换届选举，高庆法再次以非候选人当选为青口镇副镇长，此后他以常务副镇长之职主抓工业。到1994年，高庆法又任党委副书记、镇长。1995年原镇党委书记离职，高庆法主持青口镇全面工作。8月15日，县委常委开会，拟任命高庆法当党委书记。县里通知他七点半到县委组织部谈话。然而当高庆法准时赶到时，却被告知领导忙，让他先回去。高庆法推测肯定是发生了什么事，可又实在想不通一夜之间能发生什么。既然想不通就干脆不想，高庆法也不问领导是怎么回事，仍然把全部精力用在工作上。一直到 1996 年 3 月，县委书记打电话找他，一进门，县委书记就拍着他的肩膀说：“老高，我真服气你，不简单，没想到这么大动静，你竟能不闻不问、专心干事。”原来，当时的原镇党委书记出事后，就有人状告说高庆法问题更大，因此任命就停下来，接受组织考验。可与其形成鲜明对比的是，在高庆法的埋头苦干下，1995 年青口镇经济总量比上一年翻了一番。在这 8 个月内，深圳有家公司请他去做副总，年薪 30 万元；山东曲阜领导出面，提出如果他过去工作，可送他一套别墅，并把他一家调过去，给他家属安排工作。面对如此优厚的条件，高庆法一一拒绝，他说：“我清清白白的，谁都不怕，为什么要走？越是这样，越要在这里干事，干出一流的成绩来！”就是这一口气，留住了高庆法。1996 年 4 月，高庆法被任命为青口镇党委书记。

青口镇地处县城，人际关系一直十分复杂。而自高庆法坐镇青口，原本千缠百结的青口镇从此开始风平浪静，走上持续发展的道路，这也是高庆法之所以在这里一干就 10 年没被异地调任的原因之一。高庆法上任之初，“苏南模式”的集体企业正在经历着股份制改造的阵痛，一直关注着工业发展的高庆法敏锐地觉察到这一发展趋势，他当年就提出把镇办的服装厂和铸造厂卖掉，这两家企业共有 1 600 多职工，年税收入达上百万元，在全市都很有名。他一提议，当即引起一片哗然，工人反对，干部也想不通，面对巨大的阻力，高庆法没有退却，他以极大的耐心做工人的工作，做干部的工作，最终说服了大家，两个厂以 400 万元的低价卖掉了，并用这些钱成立了两个股份制企业。事实证明高庆法的决策是正确的。从 1996 年到 1998 年三年时间里，青口镇许多集体企业失去了昔日的辉煌，而卖掉的两个厂子却日益发展，给青口镇的税源及时补充了力量。

1998 年东南亚金融危机，青口镇出口企业颇受影响，产品销不出去，人员心浮气躁，青口镇面临着前所未有的挑战。怎么办？高庆法做了三件事：一是办培训班，总结青口发展历史，确立了“团结实干，敢为人先，勇于开拓，勤廉奉献”的青口精神，当时正赶上中国驻南斯拉夫大使馆被炸事件，以事为教，大家群情激愤，“排除万难，谋求发展”很快成为共识；二是外出参观学习，进一步解放思想，到大庆参观学习铁人王进喜“有条件要上，没有条件创造条件也要上”的创业精神；三是决定实施企业改制，一次性公开拍卖 26 家企业，在报纸电视上公开发布，每个企业都有档案，每条规定都精心钻研，县委领导都亲自到场，规模声势很大。当时全县上下议论纷纷，许多人都认为把集体企业都卖掉，岂不是败家子的行为吗？

然而，事实再一次证明高庆法是对的。随后而来的乡镇企业大萧条，使许多地方的企业都资不抵债，而青口镇村两级企业 62 家总资产却达 1.95 亿元，净资产达 1.15 亿元。在青口工作近十年的现任镇长孙承敏说：“当时《人民日报》、省市等媒体报道《青口之树为何长青》《钱从何处来》，钱就是从高书记的超前思维中来，青口的每一次改革都搭上了时代的快车，当时全镇都服他了。”

在发展竞争上，高庆法是一个善于捕捉机会的猎手。2000 年，沿海城东乡并入青口镇，他人看来是并入了包袱，但高庆法却感到有了发展的空间。怎样吃好海洋这碗饭，高庆法谋划着。一次吃饭时听说省政府有个加快发展苏北的 12 号文件，高庆法立即意识到机遇来了。他马上想法找来了该文件仔细研读，与班子反复商讨，又找专家论证，决定规划建设 10 公里海洋经济长廊。在此基础上，高庆法又谋划并兴办了后来的海洋经济开发区和国家级青口渔港。

“高书记谋划发展思维超前，工作思路是一环紧扣一环，标杆设定更是志存高远。”青口“驻京大使”王中华这样评价。2003 年年初，由专家学者、党员干部等参加举办的“青口论坛”掀起了“三年打造新青口”的热潮。目标已经确立：从 2003 年到 2005 年，全镇财政收入突破一个亿，三年平均递增 29.4%，农民人均收入 6 000 元。标杆锁定明确：崛起苏北，融入苏南。

十年风雨，“三心二意”写真情

在赣榆，“青口精神”许多人都耳熟能详，“青口论坛”给它下的注脚是：团结拼搏，创新争先；诚信敬业，勤廉奉献。但孙承敏镇长对此另有理解：“青口精神在我看来就是‘三心二意（毅）’，‘三心’就是决心、信心、恒心，‘二意’就是意志和毅力。这是我对青口精神的理解，也是对高书记这个人的总结。”

的确，没有这“三心二意”，高庆法不可能一次又一次顶着压力搞改革，也不可能在遭到他人诬告、组织介入调查的时候仍能处之泰然、埋头抓发展。一句话，没有这“三心二意”，就不会有青口镇的今天。为兴办海洋经济开发区，找领导、找专家、找政策、抓项目，高庆法一年跑了 50 多趟；为建青口港，高庆法先后奔波于北京、南京、上海、深圳、青岛等地近百次；为追一个人，高庆法与孙承敏一天飞赴青岛、太原、北京三个城市……多少次遭白眼，多少次吃闭门羹，多少次碰壁碰得头破血流，多少个日夜寝食难安如坐愁城，个中滋味局外人恐怕难以体会。就是凭着这千折不挠的执着和勇气，青口镇两年时间“四区”并举，在青口的发展史上再树丰碑。而丰碑的背后站立的是一批“三心二意”的功臣：人称“拼命三郎”的孙承敏，一个月出差三次、三回赣榆不入家门，身患肺炎夜挂吊瓶日上工地；患严重风湿性关节炎的副书记张雷远，6 月天他带着棉护膝上工地，打了半个月青霉素没请一天假；早年丧妻的指挥部成员申永亮为了渔港，将再婚的婚期一推再推；副主任宋强鼻炎 7 次手术没有休息一天；司机小朱家夜遭大火，顾不上收拾残局一大早赶到工作岗位……

记者问他们为什么有这么大的干劲？镇党委副书记、人大主席张雷远几乎是脱口而出：“榜样的力量是无穷的!”张雷远给记者讲了这样一件事。2001 年 7 月，高庆法与他到上海谈项目，由于胃痛难耐，高庆法起个大早到医院做了胃镜检查，医生从他胃里取出 5 个切片做化验，并说结果下周才出。高庆法当时心里“咯噔”一下：不会是癌吧？转念一想，管他呢，管也没用。从医院出来直奔酒店与客商谈判，中午他滴水未进又驱车赶往南京，靠两瓶冰牛奶支撑，在 39℃的高温天气里等了领导 4 个小时，直到见到领导谈完事。孙承敏说：“要在平时，谁都可以办到。可他当时两顿饭没吃，化验结果未出，这种情况摊上我，我恐怕受不了。最起码也得等化验结果出来再说。”高庆法对此是怎么想的呢？他说自己这样玩命工作有两个原因：一是他出身贫苦，深知贫穷对于老百姓意味着什么；二是他之所以能有今天，都是当初老百姓的真心拥戴推选，他感恩图报。

正是这种对百姓的情和义，正是这种使命感和紧迫感，促使他百折不挠、奋然前行。青口镇的 10 年发展史也是高庆法的 10 年奋斗史。干部和百姓以朴实的语言给予了他最高的褒奖。青口镇副镇长、新庄村党总支书记李坤露说：“他经常晚上 10 点多了还给我打电话谈工作，一次谈到 12 点，我说他，你不睡我还要睡呢，你这样不要命地干，把身体弄垮了对得起你老伴？”建青口港时，有 7 家育苗场，56 户人家 200 多间房，6 000 多座坟墓要搬迁，可不是说建就能建的。“建设过程中有 5 次塌方，特别是去年 10 月那次塌方，要不是高书记带领一班人坚守硬顶，采取措施，青口港差点儿就变成了一场噩梦。”下口村党总支书记陈忠军如是说。镇宣传委员刘春善则说：“高书记是军队作风，为建青口港他跑破了几双鞋，半夜两三点带着三套班子到工地现场办公，那也不是一次两次。”“他这个人太死板了，儿子要结婚，原定在五一节，结果悄悄改成 4 月 22 日，不声不响地就办了，不请客也不收礼。女儿考上大学了，并且是高家第一个大学生，我们这儿规矩都要摆上几桌高兴高兴，他说不行，在家里请请同学也不行，点首歌也不行。”南街村社区主任高和平这样说。常务副镇长尹君对记者说：“高书记要是把这两件事正常办，正常收的人情礼金恐怕也得有几十万，所以他坚决不办。逢年过节他家的门都没开过。”

新庄社区 60 多岁的李家柱老人说：“高书记能吃苦，他当不当书记一个样，对人周到细心，不是讲完了就没了，也不是写写材料喊喊口号就完了，他们一天到晚开会碰头，那是真研究真干。村民就是吵个架，打个电话就有人管，你就是找高庆法，他也不会推辞，他不推辞谁还敢推辞？”

桃李不言，下自成蹊。高庆法以过人的能力，克己奉公的高尚品德，影响了一批人，带动了一批人，培养了一批人。在青口镇工作的人没有不敬畏高庆法的，因为任何人在任何工作上的疏漏都会受到他毫不留情的批评，一点面子都不会给。高庆法自己说："谁犯错我都直批，不会拐弯抹角，感到委屈自己去找原因，我没时间去做思想工作。"张雷远副书记说："他对我们批评时狠着呢，可在前途上又特别关爱我们，包括村干部家里有什么事，他都亲自过问。"

"高书记这十年，是奋斗的十年，出成绩的十年，奉献的十年，也是不平凡的十年。"孙承敏如是说。因为政绩突出，高庆法早在被提拔之列，可每到提拔的关键时刻，就会有大字报和匿名信出现。对此高庆法说："当官不能有目标，但干工作要有目标，只有立好标杆，工作才有动力"。

（2003 年 11 月）

治乱能手
——记陕西省咸阳市秦都区渭滨镇党委书记董瑞民

“老董这人是治乱能手，他站着是个啥样，躺倒睡下后还是那样。”咸阳市秦都区区委书记徐新荣说。

老董，董瑞民也，今年 49 岁，1968 年参军，1992 年转业到秦都区渭滨镇。他身材魁梧，浓眉大眼，面貌严肃，性格刚毅。老董在秦都十多年，有颇多故事，略记一二。

老董解围

平陵乡是秦都区最穷最乱的一个乡，老董一干就是三年零八个月。

1999 年秋的一天，老董在区上开会，乡里来电话：“不好了，出人命了!”原来乡里干部下去抓计生工作，错把一辆拖拉机扣到了乡上。车主父子气冲冲到乡里开车，开院门时用力过猛，铁门反弹，把父亲给撞死了。老董一听，意识到事态的严重性。立即命令：关紧大门，所有干部一律不得外出。果然，没多久，死者亲朋好友来了 80 多人，把乡政府包围了。

老董坐着一辆警车，在乡政府外面观察了多时，终于发现了主事人，老董便上前借火搭话，说：“人死不能复生，关键是怎么处理这个问题，你们这样围着乡政府，就算冲进去把它砸了，问题也不算完，反而更复杂了。前一个是死人的事，后一个可就是你们集体闹事了。依我看，你们不如冷静点，回去商量商量，明天派几个代表来找他们书记，他要是不给解决，你们再想别的法子。我不过是个开车的，给你们提个建议，这样下去不是办法。”说完老董上车走了，他把车停在远处，熄灯灭火，静观其变。果然，没多久，人群便陆续离开了。老董立即赶回乡镇，召集开会。第二天早晨，老董 6 点起床，吩咐做好饭，打开门，静候来人。不到 7 点，8 个村民代表到了，一见老董吃了一惊：“你不是那个开车的吗?”老董给每人盛了一碗饭，说：“昨天你们都在气头上，我不那么说，你们能接受我的意见? 不管怎么样，饭还是要吃的，又不是吃了饭就不解决问题了。”

执意不肯吃饭的村民终于被老董的诚意打动了，他们端起了碗。

饭后，老董开了腔：“事情你们先说，你们说完了我再说，你们说时我尊重你们，不插嘴，我说话时你们也要尊重我，别插话。”等村民说完后，老董说：“镇上干部扣人家的车，这是不对的，扣错车，就更不对，要是不扣车，就不会有这档子事，这是我们的责任，但扣车不等于要死人，所以扣车是死人的间接原因，不是直接原因。这事要分清责任，所以我建议，你们回到你们乡（死者是另一个乡里的人），去找你们的司法所，让他们跟我们直接接洽，一方面这是按程序办事，另一方面也可以依法保证你们的权利。”正说着，有电话打来：“不好了，外面来了200多人，冲进了乡政府!”老董放下电话走了出去，他让人在地上画了一条粉笔线，他站在线里面，向人群说：“乡亲们，你们都来了，你们听我讲三句话，首先，我理解大家的心情，这体现了大家互相帮助互相支持。其次你们不要大声吵闹，影响正常办公。吵闹无助于问题的解决。最后，请你们的代表给你们说话。”8个代表站出来了，说：“我们没事，大家放心，书记很讲理，咱们按程序办事，问题会得到解决的。”后来，经司法调解，此事得到妥善解决。

老董说：“干部处理问题，不能首先把自己的干部身份高悬起来，置自己于群众的对立面，那样必然不能解决问题，反而会激化矛盾。”

老董“救火”

2000年8月，老董调到渭滨镇工作。上任第一天，100多名上访群众前来“迎接”，一连十几天，昼夜都是上访户的围追堵截，老董的办公室门被砸了两个洞，老董的吃睡拉撒都没有安全保障，无奈，老董在办公桌底下安装了报警器。

老董面对的是：上访大户东南坊村3 000多万元征地款不知去向，干群矛盾激化，开会炸会，选举砸箱，全国人大代表视察车被围堵1个多小时，工作组几进几出不顶用。柏李村原村主任携50万元征地款贩大米，另一个村的干部拿着两份卖地合同，公然合伙侵吞卖地差价款……

了解基本情况后，老董出击了。他带人进了东南坊村，通过扩音器进行了自我介绍，最后，他说：“你们的愤怒我理解，这都是财务混乱不公开造成的。这个问题要解决，要依法查处，无论是谁，哪怕是天王老子，也要一查到底!”

经过严格的查处整顿，不出三个月，昔日让干部绕道走的东南坊村“风调雨顺”了，如今，东南坊的各项工作已成为全镇的榜样。其他村子的问题也逐步得到解决。现在，老董坐镇的渭滨已是“镇泰民安”。

老董说：“做人做事必须公正，公正才能立信于民。永远都别想欺骗老百姓。”

老董又说：“到了这个年纪，也没什么前途了，混几年退休得了。可命运非把我往火边推，要么救火，要么观火，见火不救我又不能忍受。”

老董不是超人，刚到渭滨的前两个月，面对各种矛盾和自己的处境，据说他也曾独自掉泪呢。

老董“改制”

救火就要切断火源，治乱就要治其根本。老董决定改制。他要用制度管人。

2000年8月，渭滨镇开始推行“三级动态管理”。8月31日，机关召开联评会，老先进华应选被评为基本合格，他对结果不能接受，与其子华北平在镇政府里破口大骂，老董没生气，他理解老华的心情。当天下午，镇里召开了干部会，老董在会上讲了3个小时，让大家评说，直到老华心服口服，最后跟到家里向老董赔礼道歉。如今，老华父子已主动为改革保驾护航。

老董说：“机制创新，就是与旧机制斗争，有人说这种说法左，可我认为并不左。”

老董又说：“改革的第一人绝不是受益者，改革触动的利益集团，表面上可能就四五个人，实际上应是四五倍于这个数，他们的亲戚朋友，相关利益人群等，那可不是个小数目，这就是改革必然面对的斗争和阻力。”

现在，老董的六项改革与创新，在咸阳乃至整个陕西引起了巨大反响，作为基层改革的实践经验，“渭滨模式”已在全国范围内引起关注。

老董“舌战”

2001年夏，老董听说有一个村组织100多人要上访，便赶到该村，通知群众在小学操场集合，老董像开记者招待会一样，让群众现场提问，他现场作答。群众共提出了8个问题，如种大棚菜户税费没减的问题，宅基地乱占不均的问题等。老董说：“该减的，我现在就拍板，立刻减！宅基地不清，我们一组组过、一户户过，直到清了为止。”一场大会下来，所有问题逐一解决。群众陆续离去，有一个人不想走，缠着老董留下来继续谈，老董说：“你们白天工作晚上休息，我也一样，有什么事明天到我办公室说，干嘛非要在晚上说?”别的村民见状就说：“看你能的，想把董书记缠住！”村民戏称这出戏是“董书记舌战群儒”。

老董“出击”

区委书记秘书的弟弟在老董辖区任村委会主任，此人平日无人敢惹。村委会换届选举，他只得了一票，可能还是自己投的，恼羞之下，他把村支部牌匾砸了。村里正副支书到镇里告状，此人的父亲也到镇上去争辩。老董就把此人的平素所为一一揭出，令其父当场无言以对。老董接着说："村支部说砸就砸，你以为你是谁了？这牌匾想砸就能砸？这叫颠覆！让他立马面壁思过，先在党支部做检查，再在党员大会做检讨。检讨不深刻都通不过，最后还得给个处分，最少也是严重警告，态度不好的话，开除！"

老董随后给区委书记的秘书打了电话，又给区委书记打了电话，他要主动出击，免得有人说情，自己反而被动，结果是砸匾的人做了深刻检讨，党员们在大会上也积极认真批评帮助了他。事后大家说，没想到检讨会也能开成民主生活会。

老董说："我手下的乡村干部，是个什么人品，喜好点儿什么，优点缺点我心里都有数。不了解他们不行，领导犯错误，与一些下属不起好作用分不开。不能让他们牵着鼻子走，以致最后挖个坑把自己埋进去。"

老董"断案"

2000 年 11 月的一个早晨，西里村一妇女领着儿媳跑到镇里，一见老董就磕头："董书记，人家都说你是包青天，我家的事你要不管，我们可没法过了。"原来该妇女在丈夫死后招了一外地男子，形成事实婚姻。几天前该男子借了邻居 15 000 元钱跑了。邻居找这个妇女要钱未果，一怒之下把她家东西给砸了。老董听完后说："这事你要不找我，我也不管，可以走司法路子解决，你既然要我管，我就给你管。钱虽不是你借的，可要不是你在这个村子，又与他有事实上的夫妻关系，人家凭啥把钱借给他？所以这事你多少得赔点。"老董把两家都叫过来，经协商调解，女子出了 3 000 元赔偿，对方不得再找后账。

老董说："有些事在干部看来是芝麻大的小事，可搁在村民身上，就是不得了的大事。"

有人问老董治乱秘诀，老董说："首先要安定民心，其次要用好一颗公心。"有人问老董如此能力为何不见升迁，老董沉思了一下，笑了："人总是要追求自我价值的实现，我评上省劳模的那天，群众自发地敲锣打鼓给我送行，光绸被面就给我披了 18 条，老百姓给我的荣誉，我看，比升官发财都强。"

《当代陕西》的记者张金菊说："老董这人倔，他 30 年的烟龄，硬为一句话戒了。"啥话？就是有人说了句"书记就是书记，吸的烟都与咱们不一样。"

你看，老董就是这么一个人。

（2003 年 1 月）

周庄村的牛书记

这个村的支书很牛，年薪竟达 80 万元。

这个村的村民也很牛，说美国公民算个啥。

这个村，是江苏江阴市周庄镇周庄村，这个村的村支书名字叫赵纪法。

心血来潮露真容

周庄镇是江苏省和无锡市的工业重镇，也是苏南模式的发祥地之一。经过两次改制，以集体经济为主的“苏南模式”大多实行了机制转变。周庄村的经济结构虽也变成以股份制和个体私营经济为主，但至今仍保留着以村为单位统一核算分配。这在全镇是独树一帜的，与相邻的“天下第一村”华西村却如出一辙。为此，记者在镇宣传科唐忠伟的陪同下，慕名去周庄村“私访”。

记者一行驱车来到村委会办公大楼，适逢该村副书记汪祥兴正有事处理，便在隔壁的办公室等候。在这个办公室，记者遇到了一位不明身份的怪人。他身材魁梧，黑黑的面庞，看神态是有身份的人，但他脚上穿着一双旅游鞋，似乎与这气派的办公大楼不太协调。他坐在椅子上抽着烟，除了招呼记者喝点水外，几乎不主动说什么话，偶尔论及时政，却往往语出惊人。他这不俗的气质与言谈引起了记者的好奇，但没有任何人介绍。记者只好直接询问这位中年男子，得到的回答是：“我在这里负责扫地、打水什么的。”记者觉得他的话不实。看到记者怀疑的眼神，他笑了，补充了一句“我叫赵纪法”。就在记者想着“赵纪法是谁这个问题”时，小唐马上站起来高兴地介绍：“这就是周庄村的赵书记!”记者这才恍然大悟，遂不解地问小唐：“刚才你为什么不介绍?”小唐说：“赵书记一向很低调，他自己不说，我哪能介绍啊，他从来不接受记者采访，都是记者从外围采访的。”

“我今天是心血来潮。”赵书记解释说。接着他简单地给记者“露了”周庄村的底儿。周庄村是全镇工业村中的“四大金刚”之一，经济总量排行在三四位，去年工业销售额达到 16 亿元，今年向 20 亿元产值目标努力。它还在全镇创下了

“三个一”：10 年前就全免了村民的农业税和“三提五统”费，在全镇第一早；村民无论大小一律享受口粮款补贴，在全镇第一多；一万人口的大村不仅是全镇第一村，还仍保留着村级核算，在全镇是唯一。

公平公正树威信

周庄村地处镇政府所在地，过去就有较好的工业基础，近几年来又建起了现代工业园。筑巢引凤，有 100 多家企业进园入户，还组建起了现代化企业江东集团。村集体靠土地经营和为企业提供优质服务，每年收入都在四五千万元上下。

有钱好办事。全村基本做到了老有所养，少有所依，村民像市民一样享有基本的福利待遇，村里一年仅为村民投保医疗保险就多达 30 多万元。更值得称道的是，在周庄村，20 多年来没有一例上访，村民之间和睦相处。更有意思的是，由于赵纪法名声在外，以至周庄村的村民在外面遇上麻烦也会化险为夷，没有哪个周庄村的村民会受到谁的欺负。赵纪法说：“我小时受人欺负，长大后就见不得谁恃强凌弱。但解决矛盾和纠纷不能靠野蛮来压人，得凭公平公正和个人不自私，还得敢于碰硬，威信怎么来，就靠这个。”

“他处理村民间的矛盾、调解一些纠纷很有一套，这在全镇是出了名的。”小唐由衷地说。村民告诉记者一个笑话：邻村有两家邻居因为铺水泥地面的高低产生纠纷，双方吵闹相持不下。待周庄村把这个村并过来后，赵书记派一位村干部去问：“要不要赵书记来给你们解决?”他们马上说：“不用，不用。”纠纷就解决了。为什么会这样，赵纪法说：“关键是当干部的要大公无私，以身作则，村民才能信服你、敬畏你。”

“周庄村民都很自豪的，有人说他们的待遇像美国公民，他们说美国公民算个啥，让恐怖分子追着打。”镇宣传科吕涛科长如是说。的确，在赵纪法的治理下，周庄村可以说是外部发展环境和谐，内部百姓安居乐业。

独特的现场办公会

“他是个搞农村工作的天才，管理社区很有一套，经济工作也有思路，工作方法更是独特高效。”小唐给我们讲。听说，周庄村干部每天都要吃早茶办公，有点像旧皇朝时王公大臣们上“早朝”。为看个究竟，一天早晨 6：30，记者未打招呼，径自赶到周庄公园村干部吃早茶的大厅，只见他们坐了两大桌，大约 20 人，每人面前一杯清茶。他们一边喝着茶，一边谈论着什么，气氛很融洽。原来，周庄村干部平时各奔东西工作很繁忙，很难聚到一起开会，但不开会就不便对一些问题进行集体商讨和决策。于是，赵纪法提议，每天清晨6点集体吃早茶（包括吃早餐），除2位女村干部需要照顾年幼的孩子上学外，其余村干部一律到场，企业家可以自由参加。就这样，村干部每天边吃早茶，边把一天的工作和村里发生的事及时沟通和交换意见，遇到需要决定的问题，也当场讨论商定。

记者在早茶厅落座不久，就有一个妇女跟儿子前来反映问题。她是新并过来的村民，原来的旧房子要换成周庄村统一盖的小别墅，旧房子折价5万元，新房子统一价格是8.8万元，市场价值20多万元。这个妇女对老赵说，她借了2万元，想欠着2万元先住进去。还说如果不同意她住进去，她就不让村里修路。老赵说："你想欠着钱住进去可以，以后补齐就行了。你要是不让村里修路，那我就不让你上村里的大路。"那个妇女笑着说，让住就行，跟儿子满意地走了。

记者的邻座是村支委沈国良，他当过6年村支书，是去年4月与原村民合并到周庄村来的。记者问："你习惯赵书记的工作方式吗？"他说，刚开始起不了那么早，现在可以了。赵书记为民办实事，经济工作抓得好，我们全村当时在一天之内18岁以上的村民就全部签字同意来周庄村，现在有不少村民进工厂工作，以业绩拿工资，年薪达到10万元，比以前强多了。

"专职书记"的烦心事

在周庄镇，许多村的集体企业都很发达，在企业改制的过程中，许多原来的村书记也都成了改制后的企业老板。以赵纪法当了20多年村支书的贡献、威望和才干，周庄村也完全可以这样做，但他没有，他有自己的价值观。他说："相对于干企业，我更愿意做村支书，我对农村工作情有独钟，对村民的事上心惯了。我现在的工资足够我用了，至于儿孙，他们得靠自己，不然就不会有什么出息。"于是一番改制后，老赵就成了专职村支书了。按他自己的说法，就是管好村集体这个大家，做个农民头儿，为企业家们服务好，帮着全村人发家致富。

然而，这位专职书记也有烦心事。他耿直豪爽，是条好汉，老百姓对他敬畏有加，但他有个致命的弱点，那就是心特软，典型的吃软不吃硬。于是，就有人"趁机而入"。据村民说，曾有一个自称是残废军人的，向赵纪法诉苦，他心一软，给了2 000元钱。后来有人告之那是个骗子，赵纪法很生气，让人把那家伙找来，结果钱早被他花光了。通过这一次，他学聪明了，现在每到年底或节假日，当有人拉着小孩和老人来诉苦，请求帮助时，他就先让村干部去调查，看是什么原因造成的，属不属实，然后再落实处理方法。有的救济，有的帮助发展生产。他还带头搞村干部扶贫结对子活动，每年资助对子户3 000元。他最怕有村民生大病。2001 年，一位小男孩得了白血病，但他的父亲病故、母亲改嫁，依靠爷爷奶奶生活，家里比较贫穷。为了给孩子治病，其祖父母要卖房子，赵纪法知道后不让卖，最后村里出资 4 万多元，治好了孩子的病。

这些事对于赵纪法来说不是什么大事，但并村一事就不那么简单了。并村，一方面是镇里着眼于强村带弱村，走共同富裕的道路；另外一方面，也有意为工业强村拓展发展空间。但赵纪法经不住邻村干部的再三劝说和村民们的热切要求，一下子同意兼并了 4 个村子，在全镇最多。并村后不久，他觉得压力太大了，连续几天失眠，落下了个高血压的毛病，现在每天要靠吃降压药。赵纪法说，他现在有两种压力，一是愧对新村民，没有条件一步到位兑现“一村一制”，新村民与老村民一视同仁、享受同等待遇的承诺；二是愧对老村民，本来完全可以把他们的福利待遇再加一倍，现在暂时不行了，村集体的钱要算计着花。

但是，在赵纪法的眼里，没有过不去的火焰山，周庄村的美好蓝图已逐步孕育形成。并村后周庄村对土地进行了种植结构调整，先搞农业规模经营，种田能手每户经营 200～300 亩土地。村里还建起了全镇最大的绿色企业，规划发展苗木 1 800 亩。老村民的民居改造已完成，新村民的民居改造结合小城镇建设规划，正在按部就班地进行，由于现在土地紧张，周庄村今后要造农民公寓楼，目标是村民生活向社区集中、居住向小区集中。并村、老村改建后腾出了不少宅基地、场地和老厂子等非耕地，周庄村正在重新规划利用，他们仍将做经营好集体土地这篇大文章，有现房出租、场（厂）地招标承包、以土地入股分红等，让集体土地不断地为全体村民生金生银。今年年初，周庄村从集体积累中拿出 1 000 多万元，投资江阴电厂周庄分厂的第二期扩建，周庄村成了国有电厂的大股东；投资 5 000 多万元，利用原渡家巷村依山傍水的地理位置建起全镇唯一的免费公园，园内林木繁茂，鸟语花香，还建有游泳池、健身房、商务楼、会议室、茶室。赵纪法对记者说：“周庄村要创造出第一流的投资软硬环境，引来更多的企业家创业，我助他们发大财，企业家助我们周庄大发展。”

（2004 年 10 月）

艰难执着的逐梦人
——访河南新乡硕士村官霍清廉

霍清廉，豫东杞县人。河南大学中文系研究生，河南省团校讲师。1996 年，霍清廉告别妻女，离开省城，落户新乡卫辉张武店村。知识分子再次下乡，社会神经曾为之一震，许多媒体为之侧目。时过几年，他走得怎样？在他思想深处闪耀的究竟是什么？今年 4 月，记者张武店之行对其进行了专程叩问。

一个硕士生，放弃大省城，跑到农村去，丢掉“金饭碗”，捧起“泥瓦罐”，这究竟是浪漫，还是深沉？

霍清廉这样回答我：

我是一个农民的儿子，生在农村长在农村，拾粪、打草、锄地、喂猪，样样都干过。农村苦，农民真苦。为跳出农门，我拼命学习，考上了大学，分到了省城，成了村民羡慕的对象。然而，我始终都没有停止过思考农民的命运。中国人口大多数是农民，可一提农民，就觉得愚昧、落后、土气，没见过世面。这是农民自身愿意的吗？不是。这是长期历史发展造成的。政治权利上他们被忽视，经济利益上他们是弱势，文化教育上他们又处于一种奉献的尴尬境地。在封建社会里，农家子弟一旦入仕，就被异化，反过来再盘剥农民，即使是个清官，也摇身变成了农民的恩人。

四个现代化，农业最滞后，这个问题解决不了，后果不堪设想。如何解决？我的观点就是知识分子第二次下乡，用科学为农民开路，用科学和教育为农民补养。我就是抱着这样一个试验的目的下来的。曹锦清先生在他的书中反映了农村的两个基本现实：一是没人干事，二是没法干事。但农村要发展，农民要生存，社会要进步，总得找一条路吧。可以说，这种农民情结，这种使命感和责任感，使我最终做出了这个选择。可能人们会笑我，你以为你是谁？但我能走到今天，早已不考虑这些。我很坦然，位虽卑，不敢忘国。我来自农村，不想对农民的生存现状视而不见，也不想发表点儿感叹就完事，我想做事，为农民、为社会，或者也为我自己的价值追求。

笔者面对的霍清廉，清瘦文雅，书生模样。他常常不自觉地叹气，使笔者感觉到他在这条道路上走得很辛苦、很累。短短的时间里，笔者感到是在与一个真正的知识分子对话，他具有知识分子的良知、勇气和责任感。之后，在与张武店老书记杨希同的谈话中，更加深了笔者对霍清廉的这种认识。

杨希同：张武店从一穷二白发展到20世纪90年代的小康明星村，凝聚了我30多年的心血，不容易。我已60多岁，该交班了。怎么交好这个班，对于我个人，对于张武店，都是大事。周围发展好的几个村，有的书记都快70岁了，还交不了担子。我得早点考虑这个问题。村里没找到合适的人，于是我向外界发出了求才的信号。清廉给了我回应。初次见面，我问清廉有什么条件，他只说了6个字：人可处，事可做。待遇报酬只字未提。这让我大受鼓舞。心想就是他了！然而从他想来，到他真来，其中经过了很多曲折。我甚至找了河南省团委书记做清廉学校领导的工作。清廉在团校很受器重，他从90年代初到1996年落户张武店这几年中，一直面临两种道路的选择。一方面是团校要提拔他做办公室主任和教务科科长，朋友要他一起在郑州开公司做生意；另一方面是张武店向他伸出了热情的手。怎么选？在别人看来，这还用考虑吗？去农村？除非是疯了。我对清廉说，到张武店你同样会干得很好，走一个独特的道路，才会活得精彩。清廉没有辜负我，他经受住了功名与金钱的诱惑，来到了张武店，并把户口也迁了过来。

然而，从想到做距离有多远？

1996年张武店集体经济开始出现滑坡，1997年张武店经济严重受创，集体资产几乎变成空壳，1998年企业改制，1999年霍清廉任村支部书记。可以说，霍清廉是受命于危难之时。

一个从学校走出来的知识分子，来到条件艰苦的农村，面对一个陌生的环境和2 400多口人，一堆欠债的企业，霍清廉究竟何去何从？

霍清廉：不怕不悔。最坏的是失败，可失败了也饿不死吧。从蹲点到落户（《中国农村》1999年2期有相关报道），身份变化给我带来了很大的心理反差。我倒没什么，关键是村里一些人适应不了。这我也理解。杨书记干事时，村里一穷二白，现在他坐第一把交椅，没人不服，我来坐，就不一样了。在张武店，我是什么？是个外来户。要他们完全接纳得有个过程。农村宗族势力盘根错节，已有几千年传统，要改造，太难了。我做100件好事，是该做，做一件错事，就有居心不良的嫌疑。我做人的标准是“真”，是不与劳动者为难，不与小人争利。可有时发现这也行不通，你不为难别人，别人偏要为难你。当然这是少数人。我甚至怀疑过，我是不是走错了？我是不是在知其不可为而为之？但我愈是感到不易，愈就不想放弃。我是个知识分子，张武店是农村，我与张武店就是知识分子和农村，我失败了，这条路就失败了，那么农村怎么办？农民怎么办？我看不到别的出路。知识分子有很多人在关心农村和农民问题，可真正下来做事的少之又少，我要是成功了，可能就会有更多的人走这条路，农村可能就会得到很大的发展。这是我希望所在，所以不能失败，也不想失败。山东硕士村官出走了，湖北硕士乡官出走了，每想到他们我就会担心，我会不会是第三个，不！我不想！

我的生存状态？几个字——吃苦、受累，甚至还要受辱。基层工作难做，对我这样一个外来户更是难啊。很简单的例子，我有一个女学生，满怀热情地要与我合作，我说，不行。你要真想帮我，就不要进我这个圈子，你要是能在这儿待上一个礼拜，谣言就能织成个大网，让你有口难辩、欲哭无泪。千百万人的惯性思维是可怕的。我现在是孤军奋战，培养一批人走一批，连我的亲戚都在这儿待不下去，农村就这个环境，有什么办法？目前我调整了思路，就是我将来的人才班子要放到城市，生产基地放到农村，这样才能保证企业有人可用。

从自私的角度说，我未尝没有想过，我这是在干什么啊？我欠妻子女儿太多了。因为工作，我常常一个多月还回不了一次家。一次我打电话，恰好第二天是女儿生日，女儿抢过电话就说：“爸爸，明天是我生日，你回来吧。”我当时真的很惭愧，我已把女儿的生日忘得一干二净。尽管这样，我还是将不愿说出口的话讲了出来：“爸爸明天还要工作。”女儿听了这话，半天没言语，然后低低地说：“那你工作吧。”就把电话给挂了，我当时真的想哭。妻子是任劳任怨的贤惠人，我现在没有工资，情况很窘迫，常常向她要钱花，她从未埋怨过我一句。对我来说，既已走到这一步，就要一直走下去，开弓没有回头箭，别说不是流血牺牲，即便是，我也认了。

张武店目前状况是不太好，企业只处于维持状态。但张武店是有基础有潜力的，我们村的蛋鸡养殖已有 16 年的历史，在河南还是有一定的影响。另外还有獭兔、猪等，这些养殖都有一定的规模。加入 WTO 之后，食品卫生和安全工作提上日程，贸易技术壁垒越来越明显，我国是畜禽肉生产大国，却是出口小国。因此搞生态链养殖，发展无污染生产已是势在必行，因而我们计划在 107 国道和新濮路两侧搞两条标准化绿色养殖带，生产放在农户，技术服务管理放在集体，销售放到市里，这里面贸易是龙头，技术是支撑。我的构想是最终实现全程监控的标准化生产，最终建起无污染生态村，现在我们的中科农绿色生物饲料厂就是这个绿色养殖的一端，绿色养殖培训已计划由卫辉市畜牧局组织。今年 7 月 1 日所有的猪要打耳标，发会员卡，建养殖档案、登记表，比如你养了多少头猪，饲料是什么，用药有哪几种，粪便怎么处理，怎么变成有机肥料，与种植业形成链条等。这是一场技术产业革命与农民合作的有机组合。将来的打算是饲料厂、养殖场，防疫系统、检测系统形成各自的独立核算，又是互相配合的大链条，在这个链条内部实现技术、信息、利益共享，利润二次分配，达到共同发展富裕的目的。这件事要想干出模样来至少需要三年时间，到时以养殖带加工，张武店的未来就不是梦了。商标我们都想好了，就叫“新乡村”。

当然想是想好了，做起来很难。农村发展最根本点还是人的问题。我所做的就是要科教兴村。我们已创办农民科教讲习所，从 2001 年 3 月开始农民培训工程。除了教育农民要规范生产、诚信守法外，主要是进行技术培训。通过播放光盘视频、专家讲解、到厂实习等途径，提高农民的养殖水平。老百姓说，没想到你请的专家这么高级，没想到学的东西这么实在。一个老太太说：“最起码我知道了我家兔子是怎么死的。”这就是我工作的动力所在，农民需要啊。

经过 1997 年的村级经济危机，我们做了许多努力，比如企业改制、社区筹建等。但到现在为止，我们还没走出恶性循环的圈子。没钱就没人，没人就没钱。现在我们急需人才，可要招到人才，必须要有资金。有一天我突然想到，我怎么这么累？就是可用人才太少。坐车的人多，拉车的人少。我们所构想的绿色养殖链需要一个动力，就是资金的支持。钱钱钱，人人人，在哪里？我都急死了。

农村要发展，需靠政策、资金、人才。现在的困境是，经济运行是连续的，行政行为却是间断的。目前乡里正在忙换届，工作没人管，找谁也找不见。这从本质上反映了我们体制上存在问题。

说起钱，我感到惭愧，那些老专家老学者、高级技术人员，给我们讲习所上课，几乎是义务的，报酬非常低，甚至没有。一次与一位老教授谈话，他老人家竟然当场为我的事而热泪盈眶。他们这么关心我、支持我，我就是再苦冉难也要挺住。我们新乡市委书记连维良几次与我谈话，给了我很大的鼓舞。

采访结束后，笔者心情久久不能平静。低素质的生产主体，根深蒂固的宗族势力，窘迫的经济环境，霍清廉要克服要承受的太多了，要牺牲要奉献的也太多了。杨希同说，清廉的人品无可挑剔，节俭、吃苦、耐劳。他工作起来几个礼拜不回家。到外地出差，我还要讲究个清洁卫生，清廉却是只要能睡下就行。到无锡进设备，十几块钱的小旅馆他也住。新乡一位朋友说，清廉要是我兄弟，说什么我也不让他在这儿受罪。在新乡还有一句顺口溜：霍清廉买光盘，北京背到张武店。说的是他从北京农业部下属的一个部门为讲习所买科教光盘的事。讲习所培训的事，霍清廉自己已搭进上千元钱。

这样一个人，在这样一个地方，面对这样一个环境，他能支撑多久？社会应该为他做些什么？政府应该做些什么？笔者想出两个问题。一是农村金融工作怎么把工作做到实处。政府支农补农怎么体现。张武店张开了干渴的嘴，谁把国家支农的这滴水滴到它嘴里。二是上级部门能否有一位领导人将张武店作为自己的基层工作站，作为霍清廉强有力的后援，帮助霍清廉打开局面，让张武店美梦成真。说到底，霍清廉的工作不是他一个人的，他成功了，杨希同也就成功了，张武店也就成功了，周围交不了班子的村也就有了成功交班的希望。硕士村官在山东没呆住，在湖北没呆住，如果在河南呆住了，这将是河南对社会的一个贡献。如今，霍清廉没有资金、没有人才，他孤独一人在艰难跋涉着，谁能来帮他一把?

（2002 年 6 月，与君子兰、张中安合作）

湖北“粮王”拓荒宁夏

他曾是全国第一批百名粮王之一，由当时的国务院副总理田纪云亲自为他颁奖。

他先后开出了 15 000 多亩荒地，种出了近 4 000 吨粮食，荒地植树 80 多万棵，成活 10.2 万棵。

他开荒 23 年，两次遭受非难，但对土地的眷恋、种粮的决心不变。

他就是现年 58 岁、大名鼎鼎的湖北粮王刘文豹。如今他携妻带子，不远千里，挺进大西北创新业。

初见刘文豹，是在今年 7 月的宁夏银川。

朴素的衣裤，粗壮的身体，红黑的面庞，一头坚硬向上的头发，昭示着粮王纯朴、勤劳、倔强的性格。他话不多，但每一句都如土坷垃一样实实在在、本本色色。他给人感觉像泥土一样亲切、诚实、可靠。

刘文豹与妻子沙玉荣是原襄北国有农场的职工，1982 年以前，两个人一个月能开 100 多元钱，小日子过得滋滋润润的。随着改革开放春潮涌动，刘文豹心思开始“不安分了”，我自己也能干，为什么要死守在这里挣这几十元钱?

说干就干。1982 年，刘文豹正式辞职“下海”，承包了 4 台链轨推土机，开始搞代耕，仅 1983 年一年就挣到 6 000 多元钱。这时有人介绍说，襄樊古驿区西殷乡落后岗有一大片荒地，何不开荒种粮？于是，1984 年与古驿区西殷乡的一纸合同，使刘文豹与土地和粮食再也分割不开。

两次出走：拓荒路上的心血、汗水和泪水

“落后岗那 1 070 亩荒地啊，薄得种刺槐都不长。”为了改良土壤，刘文豹费尽了心思，他深翻土地，利用秸秆还田、畜禽粪便、种草制肥等多种办法侍弄那片荒地。终于，那片荒地能够产出金黄的小麦和玉米了。1989 年，刘文豹当年交粮 200 吨，位列全国前十名，被评为全国百名售粮模范之一，并在人民大会堂受到当时的国务院副总理田纪云的亲切接见。粮王之名由此不胫而走。

但是，粮王的烦恼也接踵而来。

落后岗原是划给 4 个村却又是“四不管”的一片荒地，因此才由乡政府出面签了承包合同，但当荒地开始变成了良田，4 个村的干部群众纷纷把眼睛盯在了落后岗。于是，当初在承包合同上签过字的乡政府开始要求改变合同规定的租金，一亩地由 10 元钱增到 15 元、20 元、25 元，逐年增加；各种拦车、抢苗等搞破坏的事情时有发生。

“1989 年去中南海见总理时我都挎着受伤的胳膊去的，那是在落后岗让人打的，当时 10 个人集体抢我的油菜苗，我去拦挡，遭到围打。”说起当年的事，粮王指着手上留下的伤疤，脸上显出些许沉重。

生产环境日益恶劣，当初定的 20 年合同勉强履行到一半，刘文豹就被迫中途撤出。离开时，他把 1 070 亩荒地变成了亩收入超过 1 000 元的良田，把一片光秃秃的废墟变成了生长有 1 万多棵绿树的沃土。他没有得到分文补偿，而为改造荒地投入的 32 万元资金只收回了一半。

这是粮王第一次负痛出走。

之后，几经考察，刘文豹把再次创业的目光定格在襄樊市郊汉江河道中心的一片沙洲。这片沙洲叫鱼梁洲，几乎是块儿不毛之地，从来无人定居。但在粮王眼里，它却是一块未经琢磨的璞玉，潜藏着无限生机。与鱼梁洲所属的涂家巷村签订了 15 年荒洲承包合同之后，刘文豹开始了新的耕耘。

6 年埋头苦干，2 190 多个日日夜夜，刘文豹带领一家人全身心投入。终于，昔日荒滩地变成了茵茵绿洲丰产田：粮食亩产由最初的几十公斤提高到 300 多公斤，6 年向国家出售优质原粮 150 多万斤；植造用材林 2 500 亩，培植 100 多亩果园全都进入盛果期。他不仅是名副其实的粮王，还成为全襄樊市个体造林“第一户”，被襄樊市林业局副局长刘先启誉为“襄樊林王”。

谈起在鱼梁洲开荒的辛苦，刘文豹讲了一个细节，那就是种树。沙地缺水不保墒，种 100 棵树 10 棵也活不了。后来，刘文豹发明了一种“深埋植树法”，就是把 60 厘米的树苗，深埋 55 厘米，让上面发芽、下面生根，这样，刘文豹一家人 6 年植树几十万棵，成活了 8 万多棵。

然而，辛苦耕耘，换来的不全是丰收。1998 年 8 月，襄樊市把鱼梁洲权属由涂家巷转交给新成立的鱼梁洲旅游开发区，并欲废止同刘文豹的土地承包合同。原来，这块汉江冲积沙丘即泄洪区的鱼梁洲，在刘文豹的改造下已绿树成荫、喜鹊登枝、粮食丰收，市里一些有权人士和房地产商相中了它，要在这里建高档别墅区及一些旅游项目。由此粮王开始了一年零三个月的上访历程，各级媒体纷纷关注。1999 年，本刊曾两次派记者专程采访，并发表了《“粮王”的遭遇》和《“粮王”上访引出的问题》两篇文章，在全国引起巨大反响。1999 年 8 月 5 日，在农业部、国土资源部和水利部等部门的关注下，由湖北省委直接协调处理此事，刘文豹土地承包合同得以延续下去。但是，尽管如此，这份合同还是没能“活”到它规定的年限。

2001 年 10 月 14 日，在得到一定补偿后，刘文豹被迫在一份“中止土地承包合同书”上签了字。说起中止合同的原因，刘文豹十分感叹：“没法种啊，人家硬的不行来软的，今天来人查这儿，明天来人查那儿，半夜还要查有没有非法人口居住，我快六十岁的人了还让我办计划生育证。搅得根本没法干活儿。”

而鱼梁洲上，他开垦出的 8 000 多亩土地中 2 000 亩被高价转包他人，8 万株树木也被如法炮制，而更多的土地则变成了高楼林立的度假村和房地产开发区。当然，由于违反了《中华人民共和国土地承包法》和《中华人民共和国防洪法》，一场洪水又“冲刷”了旅游区的宏伟规划，开发区已被紧急叫停。如今的鱼梁洲显得凄凉萧条。高档别墅区无人问津，烂尾工程和空壳大楼展示着大量国家资财的浪费，只有粮王种植的 8 万多棵树木独自招展着诱人的绿枝。每年刘文豹都要去看看这些杨树，他常常深情地说，“它们都有 30 多厘米粗大了。”

放眼西部：黄河滩上再展宏图

离开鱼梁洲，刘文豹心灰意冷。他一度决心再也不与土坷垃打交道了，一些大型农机也被他狠下心处理了。可在家待了不到半个月，他就再也待不下去了。2001 年 11 月起，他开着自家面包车，开始了为期两个多月的西部漫游。他对家人说是散散心，其实对国家西部大开发政策敏感的他，此行的真正目的是在寻找新的施展天地。

由湖北到河南，再依次历经陕西、甘肃、宁夏、新疆等，行程 3 万多公里，考察了十几个县市的风土人情、土地资源和综合环境，最后粮王的车子又回转宁夏，并在 2002 年 2 月 1 日，与宁夏陶乐县牧场（后划归银川市兴庆区）签下了为期 30 年、开发 5 000 多亩黄河荒滩地的承包合同。

自签订合同之日起，粮王的拓荒计划就紧锣密鼓地开始实施。春节一过，刘文豹就把没卖掉的履带拖拉机、联合收割机等大型农机具及发电机等设备由襄樊运往宁夏，并带领妻子、二儿子以及 30 多位农工来到宁夏黄河边上安营扎寨。原牧场留下的 4 间土坯房住不下这支开荒大军，刘文豹用被子、床单在冰雪地里撑起帐篷，一天劳作后他们就睡在冰窖似的帐篷里。“这里的风沙忒大，从清明节开始一直刮到 6 月底，吹得脸生疼，都不敢洗脸。”刘文豹如是说。这些来自长江边的拓荒者经受住了大西北艰苦环境和恶劣气候的锤炼，开荒战役伴着滔滔的黄河水，打破了久远的沙漠寂静和荒地沉默。

当记者到粮王的农庄参观时，从沙丘旁高高的公路上望下，看到的是一片横平竖直成长方形的绿油油农田，在周围荒草、杂树、黄河和沙漠的衬托下，简直有点像梦幻世界。而在农庄，记者看到刘文豹及其家人至今还住在原牧场的工具棚里，家徒四壁，唯一值钱的是从襄樊带来的一台冰箱和一台电视机，一家人省吃俭用，将钱都花在了开荒上，还欠下130多万元的外债。但两年多的时间，刘文豹投入近400万元资金，购买大型机械，开出4 000多亩土地，挖了大小20条水渠，近4万多米长，修了大小28个水闸，开辟了4条呈井字形通车大道，建起5个黄河水抽水泵站……浩大的工程量，令人不得不佩服眼前这位已年逾半百的汉子的魄力、能力和吃苦精神。

他的大儿子刘斌去年从华中农业大学农学系毕业后，放弃在大城市工作的机会毅然来到农庄。一年下来，他的体重下降了17斤，已由一个斯文的大学生变成了父亲的好帮手。他深有感触地说：“论吃苦，我们哪一个都比不上父亲。”但开荒仅能吃苦还不够，刘文豹告诉记者，改造荒地主要是投入，但投入是要提前设计好的。比如在哪里挖渠、哪里开路、怎样灌溉、提水站建在哪里最合理等都要做出合理的设计，才能使资金投入发挥最大效益，农庄看起来更加美观。另外，还要应对突如其来的自然灾害。如今年3月初黄河水突然暴涨，汹涌的河水几天就卷走了300多亩已开垦好的土地。为了保护农地，刘文豹紧急筹资26万元外购大石块，筑起了150多米的石头防洪护堤。站在石头护堤上，记者指着那2 700多米长的老河堤问：“如果那些泥堤决口怎么办?”刘文豹答道，“我还是筑石堤，哪怕是拼上老命，用完家中最后一分钱。”

执拗的粮王，困难吓不倒。如今他的开荒计划还在有条不紊地进行，水渠还要再挖3万米左右，护田堤还在续筑。谈及这里的开发环境，刘文豹谈了两点感受和两个“没想到”，一是这里治安非常好，民风不野，就是谁打谁一拳，打个110就有人管。二是政策好。开荒必须要种树，有了树，才会有好的生态环境，粮食才能高产丰收。刘文豹到这里后，收到当地林业局无偿提供的7万棵树苗，供电所在用电上也给了很大的支持。三是没想到宁夏机械化耕作这么先进。特别是精量播种机，像他这样的机械种粮大户以前都没见过。四是没想到这片地开发难度那么大。原来想每亩投入100元左右应该可以开出来了，现在实际投入却合700元/亩。当记者问他对这片土地投资的信心时，粮王想了想，说：“如果不出自然和人为的意外，计划是前三年投入，第四年受益，第七年还清借贷资金100多万元，再以后才是挣回我们自己的200多万元投入和全家人的工资。”他说，根据前两次的遭遇，合同虽然是30年，但能不能过得了10年这个坎儿，就要看宁夏这块地上的群众和政府怎么对待我、怎么看待法律了。刘文豹谈起这一点显得忧心忡忡：“我的经营面临的不只是自然和市场两重危险，还有人为的第三重危险。在襄樊，讲法律有些当官的讲不过我，可他权力大起来时，法律就没威力了。”

在凤凰城畔、月牙湖边、黄河滩上，湖北粮王刘文豹已把开荒种粮的大旗牢牢竖立在宁夏这片土地上，农场也已开始由亏损慢慢向收支平衡过渡。到目前为止，粮王已栽活 1.2 万棵树、产出 200 多吨粮食、250 多吨油料。

握手凤城：粮王事业融入河东蓝图

刘文豹拓荒宁夏并未惊动当地政府部门，他是怀着一种外乡人的胆怯，也怀着一种庄稼人的纯朴：不能给人家添麻烦，我得埋头苦干，干出点儿事来，再向领导汇报。

7 月 8 日，记者就湖北粮王西部拓荒一事采访了银川市兴庆区副区长曹生林。曹生林副区长很惊讶，他对粮王来到宁夏兴庆区一事并不知情，但他对粮王的到来表示了热情的欢迎，并对粮王曾经历过的遭遇表示同情。他说，西部虽然落后一些，但法律一定会得到尊重。粮王不必忧虑，他会亲自去农庄调研，并会在政策范围内给予大力支持。曹生林副区长给记者描绘了兴庆区的大致发展思路。特别是粮王所在的月牙湖一带，是兴庆区规划的东线旅游开发区。那里将开发出兵沟旅游区、马兰花草原等一系列旅游产品，成熟的东线旅游区将是由黄河、沙漠、戈壁、草原构成的西北特色旅游景观。

“如果在这样一幅图景里突然出现了一个现代化绿色生态农庄，也许会给人一种别有洞天的神奇感觉，如果再辅以配套的旅游产品，像吃吃农家饭、干干农家活等，可能会增加东线旅游的开放价值。”粮王大儿子刘斌的思路得到曹副区长的嘉许。

当天中午，曹副区长邀粮王父子共进午餐，并就此事分别邀请了银川市主抓农业的姚副市长和自治区政府政研室副主任张存平，他们对于粮王到宁夏拓荒一事非常重视，姚副市长鼓励粮王丢开顾虑，大胆开拓，政府会给予大力支持。张存平副主任更说：“湖北粮王这杆大旗竖到了宁夏，我们一定要借国家粮食政策的东风助它迎风招展，这是政府服务职能的分内之事。”

据姚副市长介绍，兴庆区是全市的农业亮点区，对农业投资力度最大，政策也很务实，他说，粮王入驻兴庆区肯定会有一个比较好的发展空间。

记者在采访结束即将返程之际，张存平副主任告诉记者，他已将粮王的有关情况向自治区副主席赵廷杰作了汇报，赵副主席对此事很关心，他要求张存平副主任特别关注此事，并说这是件好事，对促进宁夏粮食发展、农业开发有好处，宁夏欢迎全国的种田能手和实业家来创业。

23 年风风雨雨，粮王刘文豹一步一步走了过来，而且从长江边一直走到黄河明珠宁夏的银川。据国家有关部门调查统计，1989年受商务部表彰的全国100名售粮模范中，如今还在种粮的只有刘文豹等几个，可谓仅存硕果之一。当记者在采访将结束时问他：“你为什么一辈子都干开荒种粮这一行?”刘文豹说开荒跟种地不完全一样，当你把一片荒芜的土地开发成绿油油的良田时，心中会有一种成就感和光荣感。再说粮食这个东西，什么时候都不会过时，什么时候都离不开。它利薄但市场相对稳定，是国计民生的根本。看得出，他对自己的事业充满期望、无怨无悔。

离开粮王农庄，已是长河落日时分。看着粮王居住的矮矮小屋渐行渐远，心中突然生出一种感动：粮王的命运在一定程度上折射出中国农民的发展历程。他们辛苦耕耘，但享受最丰美果实的，却往往不是他们。

粮王刘文豹已经58岁，岁月的风霜已渐入鬓角。他已经没有精力再经受一次折腾了。但愿，他的命运会随着“三农”政策大环境的改善而不再重蹈覆辙；但愿，随着法制化进程的加快，他的合法权益能够受到保护；但愿，粮王的农庄会像马兰花草原一样，为黄河明珠——宁夏，增添美丽与妖娆!

（2004年8月）

一个“富人”的人生追求
——记广州市政协委员、广州祈福新村房地产公司董事长彭磷基

2003年11月21日下午2时，在由中国扶贫基金会主办的“新长城·彭磷基助学金发放仪式暨爱心见面会”上，彭磷基被授予“新长城教育扶贫慈善家”的荣誉称号。他此次捐资260万元，资助7所大学300名贫困大学生的四年生活费。

彭磷基是位香港商人，他生活简朴，做公益事业已成为多年的习惯。自20世纪80年代起，他已累计为祖国大陆各项公益事业捐款达4亿多元。

与大多数中国人相比，彭磷基无疑在富人之列，然而，面目黝黑、身材偏瘦的彭磷基看上去并不像一个腰缠万贯的老板，更像一位事必躬亲的知识分子。而这位富人的成长经历既充满了人生的艰辛，更演绎了人生的精彩。

求学海外：美国医院太平间里的惊悚一夜

彭磷基出生于1940年的香港。高中毕业后，他以优异的成绩考入美国印第安纳州工学院建筑系，那时彭家并不富裕，是动用了家里全部积蓄，给彭磷基买了一张远洋船票。十几岁的彭磷基为了自己的未来，开始孤独地面对一个陌生的世界，陪伴他的只有一个简单的行囊。

轮船在海上颠簸了一个月才到达美国。报完名，缴完学费，彭磷基已是囊中空空。要维持生存，完成学业，打工是他唯一的选择。在餐馆端盘子、洗菜，彭磷基每天都要工作好几个小时。后经人推荐，他得到一份打扫医院太平间的工作。

第一次进太平间，彭磷基恐惧得毛发倒竖，更难受的是那种四处弥漫的尸臭味。开始工作的几天，彭磷基恶心得根本吃不下饭，而最为恐怖的是：一天晚上，彭磷基仍在太平间工作，负责锁门的老头以为他已经走了，就将太平间门锁上后离开了。当彭磷基结束工作想走时，才发现门已上了锁，无论怎样呼喊也无

人听见。天色愈来愈暗，灯光昏暗的太平间，几十具尸体似乎蠢蠢欲动，又冻又累、又饿又怕的彭磷基缩在墙角一动也不敢动。夜越来越冷，冻得瑟瑟发抖的彭磷基硬着头皮将一块裹尸布拉下来披在身上，一边向尸体鞠躬道：“借用一下，实在对不起了！”

“第二天一听到开门声，我就冲了出去，开门的老头吓得大叫一声跌倒在地，以为是太平间的尸体复活了呢。”彭磷基说起这件往事不由透出几丝笑意。

尽管在美国的学习生涯伴有无数辛酸，尽管最困难的时候他一天只能吃上两块面包，但彭磷基经过四年拼搏，还是以优异的成绩取得了美国印第安纳州工学院的建筑学士学位。而且他还考取了加拿大麦基尔大学硕士研究生，并在全班26名同学有22名被淘汰的严格考核中顺利毕业，取得硕士学位。

创业港台：他成了香港媒体争相报道的风云人物

取得硕士学位后，彭磷基在加拿大一家建筑工程公司任职5年，先后参加过厂房、民居、商厦、水坝、桥梁等各种工程设计。工作上的顺利使生活变得安稳而快乐，但彭磷基不想在安逸和自得其乐中度过一生。他向往自己创业。不久，他告别了长满红枫叶的美丽国度，重新踏上香港这片热土。回到香港后，彭磷基最初的一份工作是在一家房地产公司做售楼先生，由于他工作勤奋、业绩突出，3个月就被升为部门经理，不久又被公司总部委派到一个分公司工作，这个分公司连续亏损了9年。彭磷基接手后，首先详细了解了9年亏损的主要原因，然后对症下药大力整治，7个月后这个分公司就扭亏为盈。

几乎每一段经历都凝聚了彭磷基奋斗的辛苦和成功的喜悦，但无论怎样辛苦，都不会阻碍他前进的脚步，无论怎样的成绩，都不能阻止他追求的决心。彭磷基在这家公司干了3年，而后终于走上了自己创业的道路，他与3个朋友合资筹建了一个房地产代理公司——替房地产公司售楼。时值全世界经济低迷，公司惨淡经营了3年，3位朋友相继退出，彭磷基开始独撑全局。这个公司就是祈福房地产有限公司的前身。

在起初承建工程的日子里，彭磷基既是设计师，又是负责监工的包工头，整天穿一身工作服，吃住在工地，和工人一起蹲在地上，吃着盒饭，一边吃一边赶嗡嗡飞的苍蝇。而到20世纪80年代中期，彭磷基的事业开始如日中天。在香港特区，他承建了锦绣花园工程；在澳门特区，他作为总策划师和总设计师，参与建设了世界闻名的回力球场；在我国台湾地区，他选择一块动静相宜的山岗地建成别墅式屋村“台北小城”，造成了排长龙争购的热潮。

“那一时期，我成了香港媒体争相报道的风云人物。报纸说我不只是一个成功的土木工程师，更是一个出色的创业工程师。”彭磷基说起这一段往事颇为自豪。

情系祖国：隆辉工业村和祈福新村彰显了企业家的一种责任

1982年中国改革开放的春风迎来了阔别39年的游子——彭磷基随父亲彭国仪回到故乡广东省番禺县钟村。他看到乡村小学的条件比别处差，当即捐资40万元人民币兴建一所钟村育英小学，并另捐20万元人民币设立育英小学教育基金。这所设施齐全的钟村育英小学于1984年1月落成剪彩。它的建成激发了番禺旅外乡亲支持家乡教育事业的热情。此后的两三年里，全县利用捐资兴建的学校如雨后春笋般纷纷落成。

如果说钟村育英学校是彭磷基送给家乡的一份小小的见面礼，那么隆辉工业村就是他送给祖国的一份大礼了。

面对韩国市场给他承诺的优厚投资条件，经再三权衡，彭磷基还是决定到家乡投资。1987年起，投资1亿元港币的隆辉工业村开始动工，彭磷基亲临一线，亲自指挥，带领大家打拼。一个占地360亩的工业村从签约到开工生产不到一年就完成了，这个速度让所有业内人士叹为观止。而在番禺，隆辉工业村在全县以其建设最早、投资最多、规模最大而对全县经济发展起到了举足轻重的作用。它吸纳数千名员工，每年为当地创造数百万元的利润，成为世界电脑磁头三大制造商之一。不仅如此，彭磷基以其对祖国教育事业的关注和热情，与广东工学院合办了一所大学——广东工学院隆辉分院。这所学院的创建和办学经费全由当时的隆辉工业村捐赠。问及办学初衷，彭磷基说：“我觉得生产投资与智力投资是相互促进的。我把这所学院当作奉献给祖国现代化建设事业的一点微薄心意。”

机遇总是眷顾勇敢的追求者。20世纪90年代初，彭磷基走进了房地产行业。

当时的番禺县城外3公里处有块山岗叫佛子岭，番禺县人民政府希望吸引外资成片开发，但几经磋商，均未达成意向。大多数人都认为这块土地不宜开发，一是与城区有一段距离，二是因为那是一块荒岗。还有人说，在佛子岭能做什么？养蚊子、养老鼠还差不多。

艺高人胆大的彭磷基却看好了这块地盘：“我就是要做别人不敢做、不能做的事。”他决定与番禺房地产联合开发总公司、番禺农工商企业总公司联合开发。20多台推土机浩浩荡荡地开上了佛子岭，开始了不分昼夜地建设。

只用了半年时间，祈福新村就完成了从签约、“三通一平”、建成样板房、开盘售楼的全过程。1991年11月26日，祈福新村开始了预售住宅楼，广州、香港等地的购房者蜂拥而至。彭磷基当天带病来到现场，从早上6点多一直忙到夜里10点，他未进粒米，但当天售出300多幢楼，创下价值1亿元的好成绩，让他振奋不已。

时任国务院副总理的朱镕基在视察祈福新村后感慨地说：“如果每个开发商都能像祈福一样，利用山坡地开发，而不浪费一分耕地就好了！”

经过10多年开发，如今的祈福新村占地7 000亩，全部建成后有5万套住宅，现已售出2万套，已有来自全世界36个国家和地区的居民7万多人入住。祈福新村已成为目前国内最大的花园式别墅住宅区。

这就是当年无人理睬的荒岗佛子岭！

彭磷基视祈福新村为一件伟大的作品，对其倾注了大量的心血，迄今已投资100多亿元人民币。其中他最引以为荣的几个配套设施是：目前亚洲最大的屋村俱乐部——祈福新村度假俱乐部、获得国际教育资格认证的祈福英语实验学校、按照广东省一级学校标准设置的祈福新村学校、投资几千万元人民币的屋村污水处理厂。此外，还有一座投资10亿元人民币，正在建设的具有国际一流水平的中西医结合祈福医院。

当有人问“为什么要花那么多钱建污水处理厂”时，彭磷基说：“一个真正的企业家不能唯利是图，要有社会责任感。这也是我热心公益事业的原因。把10亿元资金投到环境保护和绿化上，就是为了祈福新村居民的健康和屋村环境的优美。”

（2004年2月）

五、工作思考

胸中有大局　心里有定力

——学习习近平总书记在全国政协农业界、社会福利和社会保障界委员联组会上重要讲话的体会

2022年3月6日，习近平总书记看望参加全国政协十三届五次会议的农业界、社会福利和社会保障界委员，并参加联组会，听取意见和建议后发表重要讲话。讲话总结了成绩，分析了形势，指出了我国发展的有利条件，对农业、社会保障、社会福利工作提出了明确要求。围绕学习习近平总书记讲话，我主要有三点体会。

一、放眼大局，增强政治定力

习近平总书记多次强调政治定力。先后在2012年党的十八届一中全会、2013年6月全国组织工作会议和12月纪念毛泽东同志120周年诞辰座谈会、2016年庆祝建党95周年大会等一系列会议上多次提及政治定力。我理解，政治定力应该是在思想上政治上排除各种干扰、消除各种困惑，能够经受住各种政治考验，坚持正确立场、保持正确方向的能力。作为一名党员，一名公务人员，我们应该时刻保持政治定力，这个定力来自哪里？我想不外乎三个来源，一是来自坚定的理想信念，二是来自长期的大量实践，三是来自对大局的科学分析和正确判断。三者密切联系，相互作用，相辅相成。可以说，增强政治定力，既是提升党的凝聚力、战斗力的关键所在，更是每一个党员必须具备的政治素质。

学习总书记讲话，看总书记是如何观察大局、如何分析形势，对于增强政治定力十分有益。总书记在这次讲话中总结了过去一年的重大实践和取得成就，他说，面对严峻复杂的国际形势、艰巨繁重的国内改革发展稳定任务特别是新冠肺炎疫情的严重冲击……中共中央团结带领全党全国各族人民顽强奋斗、迎难而上，隆重庆祝中国共产党成立一百周年，如期打赢脱贫攻坚战，如期全面建成小康社会、实现第一个百年奋斗目标，开启全面建设社会主义现代化国家、向第二个百年奋斗目标进军新征程，党和国家各项事业取得新的重大成就，“十四五”

实现良好开局。

总书记对形势和我国发展的有利条件进行了分析。他说，当前，国际形势继续发生深刻复杂变化，经济全球化遭遇逆流，大国博弈日趋激烈，世界进入新的动荡变革期。我国发展仍具有诸多战略性的有利条件。总书记总结了五个有利条件：一是中国共产党的坚强领导，二是中国特色社会主义制度的显著优势，三是持续快速发展积累的坚实基础，四是有长期稳定的社会环境，五是有自信自强的精神力量。总书记要求我们要既正视困难又坚定信心，要迎难而上，敢于斗争，砥砺前行，奋发有为，以实际行动迎接中共二十大的胜利召开。

总书记的总结、分析和判断为我们正确认识形势、沉着应对挑战吃了个定心丸。我们在今后的工作中，需放眼大局、胸怀大局，不断加强学习，增强政治定力，在深学、细悟、笃行中反复锤炼，在考验中淬火加钢，无论遇到怎样的阻力和困难，无论部门或个人的眼前利益受到怎样的影响，都要坚决着眼大局、服从大局，扛稳自己肩上的责任。越是内外部环境复杂严峻，越要保持清醒头脑和战略定力。我们要以小我成大我，聚小力成合力，积土成山、积水成渊，以农业农村稳定发展来为经济社会大局稳定提供有力支撑。

二、放眼长远，增强忧患意识

每次学习习近平总书记讲话，都为其中深远的忧患意识所触动。这次讲话，总书记再次强调了粮食安全是“国之大者”。总书记说：在粮食安全这个问题上不能有丝毫麻痹大意，不能认为进入工业化，吃饭问题就可有可无，也不要指望依靠国际市场来解决。要未雨绸缪，始终绷紧粮食安全这根弦，始终坚持以我为主、立足国内、确保产能、适度进口、科技支撑。总书记强调我们要自力更生，自己养活自己。可以说，在粮食安全问题上，总书记是响鼓重锤，一次又一次地猛敲。总书记这种对粮食安全问题深刻的忧患意识，我理解可能来自两个原因，一是来自对国家和民族永续发展的责任担当，二是来自历史深处的记忆和曾经切身经历的短缺。

作为大国领袖，首先要考虑的是国家安全、社会稳定。粮食事关国运民生。纵观中国历史，中国人对饥饿的记忆是深入骨髓的。“赤地千里、饿殍遍野”，“易子而食、析骸而爨”的惨景并不鲜见，总书记在陕西的七年知青岁月，对于饥饿和食物短缺一定铭记深刻。粮食不但是安天下的重器，还是霸天下的武器。春秋时期齐国就是以粮食为武器，先后征服楚、鲁、梁等国，最终称霸，越王勾践以假种子伤吴，动吴国根本，最终灭吴称霸。如今，作为农业大国强国，美国更是一次次以粮食为武器，达到自己的政治目的。20 世纪 70 年代智利的社会主义政府就是被美国以粮食为武器推翻；而海地从粮食95%自给，到农业产业基本被摧毁、粮食需求严重依赖美国，再到2008年全球粮价疯涨时民众只能吃用泥土做的饼干，这也不过只用了14年左右的时间。所以，美国前国务卿基辛格说，谁控制了粮食，谁就控制了人类。所以总书记对粮食安全念兹在兹、时刻牵挂。

概括说，总书记对我国粮食安全之忧，就是对国家发展、中华民族复兴的长远之忧，就是在谋求我们的发展如何不被别人“卡脖子”“牵鼻子”“绑链子”，始终处于战略主动。细分析，总书记对粮食安全有五忧：一是忧数量，忧够不够吃。二是忧质量，忧吃得好不好，供给结构是否合理。三是忧耕地，忧耕地红线保不保得住，毕竟，地之不存，粮将焉附？所以总书记在这次讲话中特别强调，耕地是粮食生产的命根子，是中华民族永续发展的根基。农田就是农田，只能用来发展种植业特别是粮食生产。四是忧竞争力，忧我们种子的竞争力够不够强，能不能确保种源安全。因为种子是粮食安全的生力军，是开启农业现代化的金钥匙。解决吃饭问题，根本出路在科技。地是有数的，资源也是有限的，只有科技，特别是以种子为载体的科技，却有无限可能性。五是忧粮食安全的后备资源在哪里，这可能也是总书记提倡大食物观的原因之一。

总书记在这次讲话里再次强调了要全面落实粮食安全党政同责，严格粮食安全责任制考核，主产区、主销区、产销平衡区要饭碗一起端、责任一起扛。着重强调了两个要害，强调要全面压实各级地方党委和政府耕地保护责任，中央要和各地签订耕地保护“军令状”，严格考核、终身追责，确保18亿亩耕地红线实至名归。强调必须下决心把我国种业搞上去，实现种业科技自立自强、种源自主可控。总书记提出要树立大食物观，提出要在保护好生态环境的前提下，从耕地资源向整个国土资源拓展，形成同市场需求相适应、同资源环境承载力相匹配的现代农业生产结构和区域布局。实现各类食物供求平衡，更好地满足人民群众需求。

我们常讲要“增强四个意识”，我感到，作为一个“三农”干部，增强四个意识尤为迫切。“三农”是政治也是大局，粮食安全也是政治、是大局，总书记所忧，就应该是全党所忧，也应该是我们每一名干部、特别是我们“三农”干部所忧。我们要时刻立足当下、放眼长远，常怀忧患意识，做到勤于思而敏于行，按照保供固安全、振兴畅循环的工作定位，立足本职工作，为促进农业综合生产能力、乡村建设治理贡献力量，为畅通双循环增添动力。

三、放眼全局，增强均衡意识

学习习近平总书记讲话，总是能感受到他关注公平、关注弱小、注重均衡发展的施政理念。他曾说："善为国者，遇民如父母之爱子，兄之爱弟，闻其饥寒为之哀，见其劳苦为之悲。"2015 年，他说共享发展注重的是解决社会公平正义问题。"治天下也，必先公，公则天下平矣"。他指出，我国经济发展的蛋糕不断做大，但分配不公问题比较突出，收入差距、城乡区域公共服务水平差距较大。我们必须做出更有效的制度安排，使全体人民朝着共同富裕的方向稳步前进，绝不能出现"富者累巨万，而贫者食糟糠"的现象。

关注公平、注重均衡发展的施政理念同样体现在这次讲话中。总书记强调，乡村振兴不能只盯着经济发展，还必须强化农村基层党组织建设，重视农民思想道德教育，重视法治建设，健全乡村治理体系，深化村民自治实践，有效发挥村规民约、家教家风作用，培育文明乡风、良好家风、淳朴民风。要依法打击农村黄赌毒和侵害妇女儿童权益的违法犯罪行为。对于社会保障工作，总书记强调要增强制度的统一性和规范性，把更多人纳入社会保障体系。实现制度安排更加公平，覆盖范围更加广泛，为人民生活安康托底。强调要补齐农村社会福利短板，加强对农村老年人、儿童、"三留守"人员等特殊和困难群体的关心关爱。坚决杜绝欺凌虐待妇女儿童、老年人、残疾人等违法行为。

可以说，总书记讲话关注到的重点，几乎全是乡村发展、乡村建设、乡村治理的痛点和难点。我对农村基层治理存在的一些法治落伍、德治缺位的现象很有感触。一是乡村自治需有人治。比如河北某村一名 9 岁男孩莫名失踪，家人讳莫如深，村里风言男孩被家人卖了。但民不告、官不究，至于这名儿童的权益，却无人关注。山西某地一农民外出打工，带回一个年轻漂亮的智障女子，跟自己妻子、两个孩子一起生活，让这女子干农活、下矿井，打骂都随意，女子生了两个孩子据说也全都被卖，社会影响极不好。但同样是民不告、官不究，至于这位妇女的权益，也是无人问津。所以，自治需有人治，乡村治理的文明之光，急需照亮这些偏远角落。二是"盛世孤独"亟须重视。安徽阜阳一对老人，因儿孙长年打工在外，年老多病无人照顾，据说可能是病饿而死。有的农村老人因缺乏照顾，死去多时才被人知晓，此类事情已不再是新闻。解决农民养老问题也是实现乡村振兴、乡村治理的必选项。三是农村改革须接地气。笔者几年前到山东济南一个村子参加葬礼，发现当地农村殡葬改革后，实行火化，不用木棺材，而用水泥板做棺材，也有用大理石做棺材的；不让穿孝衣，死者的儿女子孙穿的衣服五颜六色，看上去很不庄重。比较而言，木棺材还能腐烂归土，而埋在地下的水泥棺材和大理石棺材对耕地的破坏是可想而知的。这种既不环保，又与几千年传下来的披麻戴孝的传统文化完全割裂的改革，其科学性合理性是需要进一步论证的。四是社会福利要真到位。像认定农村低保户是否公平、公开、透明等问题，已多有反映，是否存在优亲厚友、福利腐败等现象，应从制度层面多加探索防范。五是基层干部要科学作为。比如宅基地管理，涉及千家万户的切身利益，一定要把靠前管理、引导在先、教育在先作为主要手段，而不是把靠后惩罚作为主要手段。因为前者如中医，是治未病，后者则是动手术治已病，要伤元气的。

这些问题在很多农村都或多或少存在，必须采取有力措施认真加以解决。当前我国农村经济社会结构发生深刻变化，对加强和改进乡村治理提出了新挑战，需要系统治理、依法治理、源头治理、科学治理。在今后乡村治理领域，须从三个方面着力。一是要在选好配强村级领导班子上下功夫，把真正公道正派能力强的人选出来。这需要上级组织部门公正、公平用人，深入农村，了解村情，了解农民，才能做好，如果上级领导进村不入户，始终与农民保持距离，就很难做到这一点。二是要在组织农民、教育农民、引导农民方面花精力、下力气，不仅是做给农民看，更重要的是带着农民干，真正把农村工作做起来，正气树起来，文明育出来。三是改革举措一定要建立在深入调查研究的基础上，让措施接地气、服民心，让文明有根基、乡风有传承。做农村工作，一定要领会中央精神，结合农村实际，做好转化、结合、落地、生效。一定不是只做给上级看，更是要做给人民、做给历史、做给良心。如果只是做给上级看，那说明没有真正领会中央精神，没有真正做到拥护“两个确立”，做到“两个维护”。

（2022 年 4 月）

关于做好农业宣传工作几个问题的思考

目前，农业宣传工作已成为农业和农村经济工作的重要组成部分，在营造氛围、推动工作等方面发挥着越来越重要的作用。同时，随着国内国际农业发展形势以及环境的变化，农业宣传工作也面临着一系列新情况新问题，值得深入思考和探讨。

一、关于农业宣传工作的认识问题

"认识上的突破，观念上的更新"是做好农业宣传工作的重要前提。近年来，各级农业部门在宣传工作上呈现出一些新的趋向，集中表现为宣传自己、展示自己的意愿不断增强，且更加重视有效地占领传播阵地，形成宣传舆论强势。

如果分析一下这方面的情况，可以清楚地看到农业宣传工作在认识上出现了两个飞跃：一是实现了从不敢说、不想说到接受宣传、注重宣传的第一次飞跃；二是实现了从有主题、有重点、有策划到牢牢把握正确导向，创新形式、创新内容、创新手段，不断提高宣传工作水平的第二次飞跃。

从各地、各单位的情况来看，伴随着这两次飞跃的是全国农业系统都把加强和改进农业宣传工作作为执政能力建设的一项重要任务，并将其摆在更加突出的位置，在强化宣传意识的同时，努力做到在工作方式上有新改进，在工作手段上有新进步，在工作内容上有新思路，在工作推进上有新成效，积极开创农业宣传工作的新局面。可以这样说，农业宣传工作在认识层面上更趋于理性，有了许多新的内涵和升华。

第一，从经济全球化的大背景来认识农业宣传工作。作为一个发展中的农业大国，中国的"三农"问题倍受国际社会关注。例如，香港学者管轶所谓的"福建病毒"一句不着边际、不讲科学的话，竟然引起了满世界的议论，OIE（世界动物卫生组织）也表示深切关注。在国内，上至中央高层，下至具体农业部门，都要为此做出积极应对，驳斥和回击他的谬论，消除不良影响。这个例子说明，宣传工作处在农业国际竞争的第一线，能不能掌握舆论主导权，关系到中国对世界农业的影响，关系到农业部门的执政能力，关系到农业农村经济工作的兴衰成败。同时，国内经济基础、体制环境、社会条件的深刻变化和互联网等新型传媒的出现，对传统宣传管理方式提出了挑战，农业宣传工作从工作方式到组织形式，从宣传空间、时效要求到新闻发布形式以及舆论引导机制等，都发生了全新的变化，创新宣传思想工作的任务极为迫切。面对这种形势，农业宣传部门必须增强忧患意识，居安思危，用改革的精神激励自己，用发展的要求审视自己，用创新的办法完善自己，努力使宣传工作体现时代性、把握规律性、富有创造性。

第二，从农业地位不断提升的高度来认识农业宣传工作。党中央、国务院高度重视农业、农村和农民工作，把“三农”工作摆在了全党工作重中之重的位置，随着农业地位的不断提升，对农业宣传工作提出了更高的要求。现在，农业宣传工作面临着三个新的坐标：一是中央领导同志为我们确定的工作新高度。中央领导同志强调：要进一步加强农村先进典型的宣传力度，在数量上和质量上都应有所加强；我们农业方面的声音不够强，要创新方式方法，加大宣传力度。二是2004年农业系统新闻宣传工作会议上，农业部党组把农业宣传工作提升到与农业和农村经济工作同等重要的地位来对待。三是今年以来农业部党组多次明确，农业宣传工作是农业和农村经济工作的重要组成部分，要求各级农业部门要从思想上提高认识，从组织上强化措施，把农业宣传工作和业务工作一起研究，一起布置，同步检查，同步推进。这三个新坐标就是农业宣传工作的新高度，按照这个高度要求，农业宣传工作还有许多不适应的地方，从事这项工作的同志必须充分认识自身肩负的历史使命，进一步增强政治意识、大局意识、责任意识，坚定信心，巩固成果，振奋精神，努力开拓，不断推动农业宣传工作取得新进展、新成绩。

第三，从构建农村和谐社会的大局来认识农业宣传工作。和谐社会离不开和谐的舆论。现在，我国农村正发生着深刻的历史变革，一方面，党中央更加重视“三农”，采取的一系列措施正在惠及广大农民；另一方面，城乡之间发展差距还在扩大，农村贫困问题凸显，看病难、吃药难、受教育难、社会保障难等问题突出。与此同时，社会生活多样、多色、多变的特征，也在不同程度地冲击着处于弱势群体的农民。在这种情况下，农业宣传工作的作用越来越大，已经成为整合各种各样利益诉求和价值观念、影响农村社会生活、群众情绪和社会稳定和谐的重要因素。农业宣传工作要正确引导社会舆论，积极营造倍加顾全大局、倍加珍视发展、倍加维护稳定的和谐舆论氛围，最大限度地增进干部群众的共识，统一思想、理顺情绪、化解矛盾、凝聚力量，为促进农村社会和谐提供思想保证。

第四，从解决农村农民弱信息能力的现状来认识农业宣传工作。长期以来，我国大众媒体传播内容明显向城市倾斜，农民享受不到与城镇居民相同的信息待遇，不仅面向农业农民的媒体少，大众媒介对农村受众漠视的情况也十分严重，加上经济发展程度等因素的限制，使农村农民弱信息能力的问题日渐突出。据全国农民报协会调查，全国原有80多家农村类报纸，近年来有二三十家更名，再剔除新疆生产建设兵团、农垦的机关报，真正面向普通农民的只有30多家，而这几十家报纸的发行仅有180多万份，相当于一家都市晚报的发行量。另一份资料显示，以打牌、逛街、喝酒这种低层次娱乐活动打发休息时间的农民工占到40%，平时没有娱乐活动的占到35%，能偶尔能与电视、网络、报纸等信息媒介接触的仅占25%，而这种接触，很大程度上是满足感观上的刺激。这些问题的解决，有赖于国家加大对农村的投入，有赖于社会的理解支持，也有赖于从事农业宣传工作的同志们共同努力。农业宣传部门的同志必须树立强烈的进取意识，坚持重心下移、发挥优势、各展所长、形成合力，通过多种形式和手段的运用，降低农村信息消费的门槛，千方百计服务基层、服务农民，多生产和提供他们买得起、看得懂、用得上的公共文化产品。我们强调以人为本、社会公平，就农村宣传工作来说，就是要保障全体农民共享现代文化成果。从事农业宣传工作的同志们应该为此付出不懈的努力。

第五，从农业宣传部门扮演的双重角色来认识农业宣传工作。随着经济社会的发展进步，建设社会主义政治文明的步伐也在日渐加快。政务公开、信息透明、保障民众知情权的要求日趋强烈。农业宣传工作不仅是披露政务信息、发布政府工作情况的直接渠道，也是民众了解政府执政理念、监督政府执政水平的重要窗口。因此，作为政府工作部门，农业宣传部门承担着传递政府声音、教育引导民众、推进政府工作的责任；作为联系群众、与民沟通的平台，农业宣传部门又要负责反映社情民意、维护民众的知情权。农业宣传工作必须始终把握好两种角色的平衡，既要让受众满意，又能推动政府工作，努力实现双赢。

二、关于新农村建设的宣传问题

在第十六届五中全会上，党中央做出建设新农村的重大战略决策。宣传好新农村建设，是当前农业宣传工作“重中之重”的任务。农业宣传工作要大力宣传全国农业系统推进新农村建设的新理念、新实践，始终关注新农村建设示范行动的新进展和新成效，及时传递各地在新农村建设中的新创造、新经验，密切关注新农村建设中的新情况和新问题，促进新农村建设始终在科学健康的轨道上发展。在新农村建设的宣传中要重点处理好四个关系。

一是“热”与“冷”的关系。即：心要热，头脑要冷静。做好农业宣传工作，既要积极投身于新农村建设的火热实践，满腔热忱地为新农村建设鼓与呼，同时，也必须保持头脑冷静，要透过现象看本质，立足实际，实事求是，切忌盲目“刮风”。

二是“下”与“上”的关系。农业宣传工作肩负双重任务，既要把党中央关于新农村建设的总体要求、方针政策、重大部署宣传出去，又要把基层干部群众的工作实践、真实意见反映上来，确保上下信息对称通畅。只有这样，才有利于科学决策和政策落实，才能保障新农村建设沿着科学的道路前进。宣传工作对“下”要做到细、实、快，把中央政策细致、全面、及时地宣传到位；对“上”要把握新、真、准，把实践中的新成绩、新经验、新问题、新挑战，真实、准确地反映上去。

三是重点与全局的关系。新农村建设是一个系统工程，生产发展、生活宽裕、乡风文明、村容整洁、管理民主这五方面工作都忽视不得。然而，必须明确“生产发展”是基础。“生产发展”既是新农村建设五个方面的重点之一，又起着关乎全局的重要作用。建设新农村，就要紧紧围绕加快发展现代农业，以富裕农民为根本着力点。只有生产发展了，农民富裕了，收入提高了，生活改善了，新农村建设才有扎实的基础。农业宣传工作要发挥放大器的功能，牢牢把握“生产发展”这个重心，引导全社会更加关注新农村建设的全局性问题，推动农业农村经济再上新台阶。

四是当前与长远的关系。我国是一个农业大国，基础薄弱，各地区的自然条件、农业资源和社会经济水平差异较大。建设新农村必须因地制宜、分类指导、分层次推进。同时，农村深层次的矛盾是长期积累下来的，改革和发展需要一个渐进的过程，新农村建设不可能一下子解决所有的问题。农业宣传工作要处理好改革、发展和稳定的关系，既要反映新农村建设中的新经验、新进展，关注农民群众当前的现实利益，又要考虑到农村长远发展，坚持正确的舆论导向，为新农村建设营造一个健康有序的大环境。

三、关于突发公共事件的宣传问题

近年来，由于现代信息技术的发展，突发公共事件在社会上的传播速度很快，对突发公共事件的宣传引导也就成为宣传工作的重要组成部分。实践证明，近年来全国农业系统在突发公共事件的新闻宣传方面经受住了严峻考验，进行了许多有益的尝试和探索，也积累了一定经验。结合近两年的农业系统防治重大动物疫病的实践，今后，改进和加强突发公共事件的宣传工作应该从以下几点入手：

一是建立应急体系，制定预案并定期演练。现在，农业部已成立了应急管理办公室，与部值班室是两块牌子、一套人马；农业部新闻办公室把应急管理宣传作为工作的重要内容，有专人负责对外发布信息，并与媒体沟通。农业部新闻办公室拟定了应急宣传工作预案，内容非常具体，包括各司局的工作责任、分工以及与宣传主管部门、媒体的沟通协调等。各级农业部门都要建立健全应急管理体系，设立专门负责突发公共事件应急宣传的机构以及负责信息发布以及与媒体沟通的人员。

二是加强突发公共事件中的信息沟通。在突发公共事件中，信息沟通起着非常重要的作用。各级农业部门都应尽快建立突发公共事件信息沟通机制，在涉及重大动植物疫情、草原火灾、农业重大自然灾害、农业环境污染等重大事件突发时，首先要由承担责任的部门核查情况，派人督查，并在第一时间向上级农业部门报送信息，并及时召开媒体通气会，通报有关情况，将真实可靠的信息提供给媒体。

三是明确并把握一些基本原则。①要在第一时间发布。突发公共事件发生后，第一时间发布权威信息，对于抢占舆论制高点、争取舆论主动至关重要，及时准确、主动引导，就会赢得好的社会效果；反之，如果政府权威信息缺位，信息不全或者失真，就往往会造成工作的被动，导致党和政府的形象受到损害。②要不断地发布，使媒体公众即时掌握最新消息。需要特别指出的是，不要怕发布的信息过于简单，也不要等到一切搞清楚再发布。因为，再简单的事实也比谣言强。③注重社会效果，监测舆情反映。如公众有日常信息发布之外需要咨询的事项，就要请专家出面做技术方面的解读，或及时刊发科普知识。2005 年冬，高致病性禽流感防控期间，农业部应急新闻宣传小组与信息小组联合互动，在这方面进行了成功的探索，收到很好的成效。做好这项工作，必须重视平时与专家的联络，以及提前备好各类突发公共事件的背景资料。

综上所述，做好突发公共事件的应急宣传工作。第一，要结合实际需要建立比较健全的应对工作网络和比较完善的工作机制；第二，是充分认识与媒体沟通的重要性和必要性；第三，保证突发公共事件信息公开透明；第四，做好日常的新闻宣传和科普知识的传播工作。同时，要有比较强烈的危机意识和危机沟通能力。

四、关于先进典型的宣传问题

近年来，全国农业系统相继推出了王乐义、李学花、陈化兰、麻晶丽以及中国农业科学院“祁阳红壤试验站”等一系列重大典型，通过宣传这些各有特色、各具风格的先进典型，在农业系统激励了斗志、凝聚了人心，在社会上也产生了广泛的影响。

农业宣传部门要充分运用典型宣传这个传统的宣传手段，不断创新方式方法，在社会上树立起一批可亲、可敬、可信、可爱的农业重大先进典型。

一要精心选择典型。先进典型必须是时代性、个体性的和谐统一。鲜明的时代特征和深刻的思想内涵，是典型的生命力所在。一方面，要了解典型的时代性、先进性，这是大前提。另一方面，要精心了解典型的独特性，就是说这一典型具有的特殊价值，典型就是“这一个”，本身就有着超出一般的冲击力。典型选择得当，就为这一典型推得出、叫得响奠定了基础。

二要深入挖掘典型。先进典型的内在价值如何，能不能立起来、活起来，需要以深入挖掘为基础。挖掘的过程，就是一个不断深入发现、探寻人生价值“富矿”的过程。与挖掘典型的时代性、先进性相比，更难的是还原典型的个性、本色。做好农业典型宣传必须不断解放思想，坚持不用放大镜看典型，不搞“高、大、全”，坚持通过典型鲜明的个性魅力和特点，来体现时代特征，使典型的形象更加丰满生动。

三要策划与创新。典型宣传必须坚持“三贴近”原则，与时俱进，不断创新，尤其要搞好策划，善于在广度、密度、深度上下功夫。①要有特色。有特色才能有烙印。先进典型不仅要代表社会主流价值观，而且还要有他独特的经历和个性风采。②要有规模。有规模才能有影响。典型宣传要取得好的效果，必须广泛调动各方面力量，充分发挥各种媒体优势，形成整体合力。③要精心组织。启动宣传要形成强势，引起社会广泛关注；展开宣传要各展其长，发挥媒体的互补性，使典型宣传深入人心；后续宣传要有活动载体，通过巡回报告、座谈交流、理论研讨、专家访谈等活动，使典型宣传环环相扣、高潮迭起。④要有新意。有新意才能有吸引力。典型宣传有不少成功经验，但也容易陷入模式化。只有善于运用新思路、新视角、新的表现形式和手法，适当增加平民化、生活化的内容，才能使典型更加贴近群众，不断增强典型宣传的吸引力。

随着形势任务的发展变化，典型宣传也面临一些新的情况和问题。比如，在适应时代需要不断推出先进典型的同时，如何防止和克服节奏过快、密度过大；在讲求规模效应的同时，如何使典型宣传进一步经常化、讲求实效；在运用以往成功经验的同时，如何改进创新，进一步强化农业典型宣传的社会影响力。农业宣传部门要利用和创新各种平台，定期通报情况，研究解决典型宣传中的具体问题。要建立典型宣传的科学运作程序，真正沉下心来到基层去、到群众中去，从基层调研中捕捉典型线索，并借助媒体发现典型。要本着“少而精”的原则，把发现的典型在系统内向上推荐，并向各级宣传部门和媒体推荐。在典型宣传中，各级农业部门要加强配合、形成合力、精心组织、深入挖掘，确保典型“立得住、树得起、推得开、效果好”。

五、关于政务信息工作的问题

政务信息是现代政府工作中的重要元素。做好各级农业部门的政务信息工作，促进农业系统政务信息资源有效整合，是共享信息资源、正确判断形势、提高决策效率的重要保证。

做好政务信息工作，首先要对政务信息的重要性有充分的认识。政务信息是现代政府工作信息交流的重要渠道，是领导决策的重要参考，也是下情上达、反映工作的重要抓手。政务信息至少有三大功能：一是反映工作中的重大事项和问题，这是政务信息最主要的功能，也是目前政务信息报送工作中最薄弱的环节。二是汇报工作和成绩。工作成绩要及时上报，信息是最好的一个渠道。三是反映情况和表态，也就是对上级工作指示和部署予以及时回应。

做好政务信息工作，还有三个方面非常重要：一是要力求真实。信息不真实，不仅没用，而且误事。应该把力求真实作为信息工作的一个首要问题和基本要求来加以重视。二是要注意质量。信息反映的情况应该具有普遍意义，应该是有分量、有价值的信息。报送的信息必须着眼大局、贴近实际、贴近群众。三是要争取快速。报送信息要尽量减少环节，提高效率，特别是一些重要信息更应及时、快捷。要进一步加强信息资源整合的力度，打造农业系统政务信息大平台，形成农业政务信息大通道。

第一，高度重视信息工作，把政务信息作为各项工作的第一反应和主渠道。机关工作的主渠道就是信息渠道，工作虽然头绪很多，但要从信息入手，把信息作为推动工作的抓手，牢牢抓在手上。

第二，增强计划性、注重超前性、把握规律性，出好题目，做好文章。信息工作一定要有计划，要按月或季度制定信息报送计划，至少每个季度都有一个计划框架，让负责信息工作的部门定期报送信息线索。政务信息工作的一个特点就是要有预见性，没有预见性的信息价值就不大。信息工作还是有规律可循的。找到报送的规律，就能起到“四两拨千斤”的作用。

第三，建立和健全政务信息报送网络。近几年，农业部内部政务信息网络已经形成，到地方的信息网络也正在建设之中。网络不畅通是一个大问题，下一步工作重点要在疏通渠道、强化联系、延伸网络、扩大队伍上下功夫。

第四，不断改进工作方式方法。做好政务信息工作需要积极探索，勇于创新，打破常规，科学组织信息工作，合理组合信息资源，简化工作环节，深度挖掘政务信息资源和政务信息工作的潜力，从而提高政务信息质量和网络运行效率，推动政务信息工作更上新台阶。

六、关于新闻发布制度建设的问题

建立新闻发布制度，推进全国农业系统新闻发布工作，是农业宣传工作一项新的也是十分重要的工作。

令人可喜的是，新闻发布制度在各级农业部门已经有了很好的起步。近年来，广东、陕西、海南、宁夏等都推出了新闻发布和新闻发言人制度，并在工作实践中取得了较好的效果。

农业部在新闻宣传联席会议制度、新闻通气会制度、部直属新闻宣传单位例会制度、农业系统新闻宣传联系人制度等一系列制度的基础上，2006年正式推出了农业部新闻发布制度，对新闻发布的主要任务、主要内容，新闻发布的原则、程序、方式以及工作机制等进行了规范。2006年3月，作为新闻发言人工作机构的农业部新闻办公室成立并运转，11月中旬，共举办了14场新闻发布会、5次新闻通气会、6次专题策划会，收到了理想的宣传效果。

在注重制度建设的同时，农业部在新闻发布机制创新方面也进行了一些探索：建立和完善了新闻发布工作机制、突发事件宣传工作机制、新闻宣传协调工作机制和舆情监测研究判断反馈机制等。农业新闻宣传工作向着规范化、制度化方向迈出了新的一步。

新闻发布工作，对农业宣传部门来说，还是个比较新的课题，提高的余地还很大，还可以做得更好。这方面需要做的工作很多，但首先需要做好“两个提高”：一是提高新闻发布的质量和水平，包括制度建设、组织协调以及与媒体的沟通和联络；二是提高新闻发言人发布新闻的能力和水平，重点克服不愿讲、不敢讲、不会讲的现象，进一步增强责任意识，熟悉新闻发布技巧，提高应对记者的能力。总之，各级农业部门必须重视新闻发布工作，加强策划，加强组织，加强培训和实战演练，努力使这一工作成为常态。

七、关于互联网宣传和管理的问题

互联网的诞生和广泛运用带来了人类传播方式的革命性飞跃，为新时期农业宣传工作拓展了新空间，注入了新活力，同时也带来了许多新情况、新问题，对原有的宣传方式和管理手段提出了新的挑战。

在互联网的宣传和管理上，需要形成这样几点共识：一是互联网已经成为宣传工作的重要阵地，必须发挥好其独特作用，为“三农”工作营造网上舆论环境；二是必须站在全局和战略的高度，以国际化的视野，增强使命感和紧迫感，全面加强和改进互联网的农业宣传管理工作；三是努力把握互联网管理和信息化内在规律和发展趋势，提高互联网管理水平；四是切实加强网上舆论阵地建设，坚持以正面宣传为主，形成网上农业舆论强势，牢牢占领网上舆论阵地；五是加强队伍建设，创新方法手段，提高技术能力，为互联网的农业宣传管理提供有力保障。

互联网的宣传和管理应重点抓好以下环节：一是及时发布权威信息。特别是农业方面的突发公共事件，如重大动植物疫情、草原火灾、转基因问题等，首先要争取第一时间在网上发布权威信息，只有及时发出自己的声音，才能抢占先机、赢得主动。如果关键时刻“失语”，就会给小道消息和谣言留下传播空间。

二是加强重大主题策划。各级农业部门对重要会议、重大活动、重大部署等重大主题的网上宣传，必须提前策划，制定预案，充分发挥网上宣传优势，综合运用网络媒体的各种宣传手段，形成浩大声势，先声夺人，使党和国家关于“三农”方面的决策主张深入人心。

三是积极组织在线交流。互联网最大的优势是信息传播方式的即时、快捷、自由，最大的特点是双向、互动。各级农业部门要充分利用网络的互动功能，围绕网上关于“三农”领域方面的热点难点问题，主动与有关网络媒体联系，组织从事实际工作的同志和有关专家学者到网站进行在线访谈，回答问题、释疑解惑、形成共识。

四是精心组织网上评论。农业宣传部门要根据农业和农村经济工作大局及一定时期舆情动向，在所属的农业网站有选择地开设评论窗口、在网站论坛设置话题等，引导网民发言讨论，把网民的注意力吸引到特定方向，同时组织网上评论员以网民身份直接参与跟帖，主动参加讨论，扩大主流正面声音，形成积极健康的网上舆论氛围。

五是健全舆论引导工作机制。以网上舆情的收集反映为基础，逐步建立健全舆情研判、舆情回应、舆情反映、问题处置等相配套、成体系的工作机制。对网上有关农业方面的舆情要进行定期分析，早判断、早准备、早处置，较好地掌握网上舆论的主动权。不仅关注国内网络的舆情，还要关注境外媒体的动向，注意跟踪一个时期境外媒体关于我农业方面报道的观点、动向、变化，对其进行定性、定量分析，研究境外舆情对国内农业发展和农村稳定的影响，及时做出反应。

八、关于创新农业宣传方式方法的问题

农业和农村经济形势在变化，农业宣传工作所承担的任务和使命也在不断变

化。做好农业宣传工作，就必须坚持与时俱进，不断创新方式方法，不断提高针对性和实效性，扩大农业宣传效果，努力把农业宣传工作提高到一个新水平。

一是在增强农业宣传工作的实际效果上下功夫。这是宣传工作必须坚持的重要原则。毛泽东同志曾经说过，如果真想做宣传，就要看对象，就要想一想自己的文章、演说、谈话是给什么人看的、给什么人听的，否则就等于下决心不给人看，不要人听。射箭要有靶子，弹琴要有听众。这一点，对于做好农业宣传工作是至关重要的。做好宣传工作必须研究受众，以受众的导向作取舍，因地制宜，因人制宜，让受众看得懂、听得进、乐于接受。

二是在研究宣传艺术上下功夫。宣传是一门艺术，面向以农民为主体对象的宣传更要讲究艺术。实践证明，开展农业宣传既要把握好大的方针原则，又需要注意策略技巧，重视细节，重视方法，重视“度”的把握，特别要重视会讲农家话。讲究艺术，就能事半功倍；不讲究策略和技巧，简单生硬、空洞说教，就收不到好的效果。无论是从事农业宣传管理，还是直接从事农业媒体宣传，都必须潜心研究农业宣传的方式方法，改进对农业农村农民宣传的技巧，通过喜闻乐见、通俗易懂的方式方法，努力做到亲切自然、润物无声、不留痕迹。就农业宣传工作来说，讲究艺术还有一条就是要见物见人，要善于讲故事，通过具体生动的事例来说明问题，通过事实本身的力量来引导人、说服人。必须大力改进文风，说农民听得懂的话、喜欢听的话、听了有帮助的话，多一些具体说明，少一些抽象概念，既准确鲜明，又适合农民的浏览和欣赏习惯。

三是在增强农业宣传工作的计划性上下功夫。要做到每个季度有计划，每个月份有重点，每个星期有亮点，围绕农业和农村经济工作的重点，有计划、分阶段、按步骤地进行宣传。同时，结合重大主题的宣传，形成局部有小重点，阶段有小高潮，与重大宣传相互映衬、相互配合，确保农业宣传工作有节奏、讲章法，“长流水，不断线”。

四是在提高宣传工作的策划水平上下功夫。面对一项农业宣传任务，有意识的策划与按部就班的宣传效果大不一样。要按照有效利用媒体资源、主动引导舆论的原则，认真策划全面性和阶段性农业宣传的主题、内容、宣传时机和形式，不断提高农业宣传工作的质量和水平。另外，要把推动工作和解决问题结合起来，善于从工作的需要、媒体的兴趣和群众的关注出发，找出三者的结合点，与媒体联手协作，精心策划，把工作难点策划成宣传热点，从而提高新闻宣传的针对性和实效性。

五是在学会和媒体打交道上下功夫。农业宣传工作者要学会和各类媒体打交道，学会善于利用媒体为推动政府工作服务。要充分利用三类媒体。第一个是中央媒体。要加强与《人民日报》、新华社等中央主要媒体联系，争取他们的支持。

瞄准《人民日报》重要版面、中央电视台新闻联播、新华社内参等，策划一些有分量的报道，强化农业部门在中央媒体上的声音。第二个是农业部的直属新闻媒体。《农民日报》、中国农村杂志社、农影中心、《中国农机化导报》等几大家媒体是农业宣传的主力军，各级农业部门要高度重视、充分利用好部直属新闻宣传单位这块宣传阵地。第三个是境外媒体和国内外宣媒体。充分借助外力，争取境外媒体客观、友善、准确报道我国农业发展情况，是树立中国农业良好国际形象、营造积极国际舆论环境的需要，也是推动农业宣传工作走出去、扩大农业宣传效果的重要手段。与此同时，要利用好国内一些外宣媒体，如《中国日报》、中央电视台中文国际频道，中国新闻社等，大力拓展宣传空间，延伸宣传网络，增强宣传效果。

六是在推动农业媒体发展上下功夫。目前，全国农业、农民类媒体非常少，上千家电视台开办农村栏目的只有1%。除了中央电视台军事·农业频道，中央人民广播电台“中国之声”的《中国农村报道》《农民日报》《农村工作通讯》杂志以及一些省级的农民报刊外，很少有专门服务于农业、农民的媒体。另外，普通媒体中涉及“三农”的内容也很少。各级农业部门在这方面应担负起推动农业媒体发展的职责。一要推动当地宣传部门增加农村题材在媒体宣传中的比例，增加农村节目或栏目的数量，加大对农村节目的制作、播出力度，并将内容重点放在指导农民增收、促进农业结构调整上，努力增加信息量，多为农民提供与“三农”相关的政策信息，对农民增收、致富有帮助的市场行情和科技信息。二要推动当地广电部门，增设专门面对农村的农业频道，扩大覆盖面，让农民真正看到喜闻乐见、实用性强的农业影视节目。三要争取财政支持，同时利用民间融资等各种渠道，开办为农民服务的期刊、报纸，也可以申请专款，在已有平面媒体上开辟专版或专栏，常态化做好“三农”方面的宣传。

（2007年2月，王辅捷　雷刘功　翟翠霞）

农民工被欠薪背后的制度文化因素
——由《49 位农民工在京讨薪记》引发的思考

2007 年 6 月，在北京打工的河南省南召县陈永发等 49 名农民工开始了艰难的讨薪之旅：从劳动局到建委，从信访办到公安局，再到人力资源和社会保障部、住房和城乡建设部，最后走进了北京市法律援助中心、北京市丰台区方庄法庭、北京市第二中级人民法院。49 个人怀着对公平的追求、正义的渴望，在 10 多个部门之间来回奔波一年之久，终于判决书下来了，却因“原公司解体而无法执行”，就在山穷水尽之时，《农民日报》以媒体的良知将此事反映到高层，事情得到有关领导的重视和批示，问题得到迅速处理，不但 49 名农民工拿到了他们被拖欠的工资，而且带动解决了北京市原有的 25 个拖欠工资案件的解决，690 多位农民工的 375 万余元被拖欠工资问题一并得到解决。

这绝不是一个孤立的案例。打开互联网，搜索“欠薪”两字，无数类似的新闻事件会让你目不暇接、触目惊心。尽管自 2003 年温家宝总理亲替农民工讨薪起，各地纷纷建章立制，开展清欠专项整治活动，并收到很好效果。但 2008 年金融危机后，拖欠农民工工资现象又有抬头，农民工为讨要工资由堵路、跳楼、自焚，到冷兵器出场、以命相拼。为扼制这一现象，维护农民工的正当权益，2010 年 2 月，国务院下发《关于切实解决企业拖欠农民工工资问题的紧急通知》，要求全面加强监管和整治。2011 年，全国人大通过刑法修正案，恶意欠薪正式入罪。

为什么拖欠农民工工资会一波未平一波又起？为什么中央三令五申，欠薪现象却屡禁不止？为什么 10 多个部门历时一年解决不了一个欠薪案件，而领导批示后，35 个案件都迅速得到了解决？其背后究竟蕴含着怎样的制度文化因素？

因素之一：制度！制度！要如何才能落在实处

从上述案例来看，尽管自 2003 年起，北京市对欠薪现象进行了有力整治，成果也很显著。各种制度如劳动监察、行业信用、工资保证金、责任追究等也都更加健全完善，得到加强。然而，陈永发的经历说明，针对欠薪现象并没有很好地实现制度预期。清欠农民工工资过程中依然存在“领导不批示，制度就睡觉，领导一批示，制度就运转”的现象。可以预见，一轮清欠风波过去了，制度的惰性又来了，于是问题又开始积累，直到下一次爆发或领导批示。而形成这种怪圈的主要原因是制度落实的内在驱动力不足。

良好的制度要落实，需要一个良好的工作机制，而一个良好的工作机制，必然包含激励机制和监督机制两个重要组成部分。陈永发在被侵权和维权的过程中，充分求助了多个部门，希望有关制度能够起到作用、帮助解决问题。但这个过程走得极为艰难，而当领导批示后，问题又解决得非常迅速有效，可见并不是问题太难不好解决，而是解决问题的部门积极性不高、责任感不强，或者落实制度的驱动力不够。这不外乎两种原因，一是激励机制作用不明显，二是监督机制乏力。就激励机制来看，主要有三个层面，一是岗位责任规定，二是服务对象满意，三是领导肯定。其中，服务对象满意是岗位责任规定的出发点和最终点，是部门或制度存在的最终理由，也是领导肯定的根本依据，因此服务对象满意是激励机制的核心内容。同样，监督也主要来自三个层面，即上级对下级的监督，服务对象对服务部门的监督，以及社会媒体的监督。

然而，从陈永发案例来看，有关部门在解决问题、落实国家有关制度规定的过程中，无论是激励机制还是监督机制，最终都汇集到“领导”层面，领导重视批示了，部门受到激励和监督，机制开始运行，问题得到解决。如果领导没有掌握这个情况、没有做出批示呢？结果就很难预测了。由此可见，推动制度落实的内在动力无论是在激励层面还是在监督层面，都系于“领导”一身，这就像本来需要三轮驱动的马车最后变成了独轮车，这辆马车的行驶效率和质量也就可想而知了。这种领导一批示，各有关部门就争先恐后去落实，看似是对领导负责，实际不然，因为部门的设立、制度的制定，本身就表明领导很重视，是为了解决问题，从而不需要领导再作批示，如果相反，领导批示却成为制度或部门运转的主要驱动力的话，必然导致与最初成立部门、建立制度的目的相悖，也就必然出现上述“欠了清、清了又欠”的无限循环怪圈。

因素之二：“推和拖”成为制度运行中的隐性病毒

欠薪问题屡禁屡生、强劲存在，像上述案例，10 多个部门将 49 个农民工推来推去，却解决不了问题。除了上述所论机制动力源方面存在问题外，还有一个重要原因不可忽视，那就是“拖”的心理和“推”的作风，这二者如同隐性病毒，侵蚀消解着制度的运行力。

农民工这个群体，涉及城市生产的各个链条末端，服务于这个群体的政府部门，面临的问题和情况比较复杂，也比较有挑战性。如果没有一种对群众负责的精神和对岗位负责的精神，就做不好这份工作。其实不论什么工作，如果想做好，就会想出100种办法，如果不想做也会找出1 000种困难和理由。

正是在制度运转的驱动力上存在问题，一些职能部门出现一些不良心理现象和作风，把服务于农民工等底层老百姓的工作当作“麻烦事”，瞪大眼睛练“太极神功”，笑呵呵地练“推手”。于是，不会推活儿的老实人总有干不完的活儿，会推活儿的“聪明人”总可以优雅地背着手指点江山。这是某些职能部门中存在的一种作风上的隐性病毒，对部门或单位的工作效率极有损害，机制运行的惰性也就由此而生。再有就是“拖”的心理。一件事今天能给人家答复，偏要下个星期，能拖多久就拖多久，个中心态比较复杂，可能拖一下，让人家着急，让人家求我，好像这样才能体现我的重要性和价值，从而得到一种心理上的畸形满足；如果再进一步推测，也许是拖一下让人家知道这事不那么容易，从而可能得到些什么好处。至于没有什么好处可捞的、棘手难办的农民工被欠薪等问题，大概就要想着怎么把自己从中“摘”出来，把球踢给别人。如此一来，当“拖”成为一种心理，当“推”成为一种功夫，机制的懈怠性、偷懒性就会时常发作了。

因素之三：“欠和赖”成为浸淫利益链条的灰色文化

如果说20世纪80年代末、90年代初的“三角债”成为我国经济领域中的毒瘤，那么近些年经济领域盛行的“欠薪”“赖账”现象又是对有序市场经济的严重危害。似乎“有钱也欠、没钱也欠、欠了白欠、不欠白不欠”成为当下流行“厚黑学”的生动诠释。

工作在城市多个领域最底层的，大部分是来自全国各地的农民工，他们干最苦最累的活儿，拿最少的工资，又成为各种“欠、赖”行为的最终受害者。比如存在大量欠薪现象的建筑领域，它是典型的买方市场。要揽工程？就得垫资。这种买方市场的高位心理，由上而下，层层传递，直到最底层垫资者：农民工。他们没钱就垫付劳动。在这个利益链条上，只有上面各层都足额拿到了钱，农民工才可能足额拿到劳动所得，而无论哪个环节出了问题，少了收入，都会向下一层级找平，因此农民工在这个利益链条上风险最高、利益最低。同样，由于买方市场的强势，签不签合同是由农民工的上层级决定的，农民工是很难讨价还价的。这就导致农民工被欠薪后维权难上加难。

有人总结当下恶意拖欠农民工工资的四种主要表现：一是玩躲猫猫，搞欠薪逃匿隐身；二是搞“鸵鸟政策”，匿财不出，死活赖账；三是打“疲劳战”，采取拖延战术，暗地转移财产，以期拖黄为止；四是用黑恶手法，对讨薪者打击报复，刻意侮辱。这四种表现都是基于农民工的弱势地位，人多活少，买方市场，你想跟我谈工资签合同那就走人。在劳动条件上，农民工谈不起；靠法律维权需要成本，本来就没有讨到工资，哪里还有钱打官司，在维权成本上，农民工花不起；法律程序相对烦琐、时限长，农民工兄弟等米下锅，在维权时间上，农民工耗不起；最关键的是，转了一圈下来，好不容易讨到说法，赢得法律的支持，但执行难又是一记闷棍，农民工挨不起！

正是因为这四个“不起”，加上现有制度的落实不力，导致“欠、赖”之风成为一种灰色文化，附着在利益链条之上，侵蚀着链条末端的弱势群体。更为可怕的是，这种灰色文化已影响到社会的许多层面，就连最淳朴的农村，也开始由被欠薪，到有意欠别人，这种市场道德的“溃疡”已由底层之上渗透到底层，消解着我们五千年文明所倡导的“诚信文化”，也有违现代社会的法制文明，从而滋生出“放辟邪侈，无不为已”的恶意欠薪等邪恶经济社会现象。

社会要和谐，民众的心理和谐非常重要。如果两亿多农民工面临如此弱肉强食的丛林法则得不到有效救济、保护和改善，如果任由“欠、赖”之类的灰色文化肆意腐蚀社会的道德和良心，则必然与社会稳定、人心和谐的目标背道而驰。

因此，基于上述三个制度文化层面的因素，根治拖欠农民工工资这个顽疾，必须走出“清了又欠、欠了再清”的由行政主导的运动式模式，而要从制度设计、文化纠偏的角度入手，使已有的制度发挥作用，配套的制度尽快完善，法律的手段公正强硬，救济的方式灵活适宜，从而激活工作机制，重塑诚信文化，打造和谐有序的市场经济秩序。

实现上述目标，应从三个层面着手。

第一，要解决机制动力问题。主要包括三个方面。一是健全完善制度，充分发挥制度的激励和监督作用。要着力强化岗位职责激励和服务对象激励，将其作为部门或个人业绩考核的重要指标，在制度设计上具体体现。同时，要强化监督，既要充分发挥上对下监督，又要充分发挥下对上的监督，还要充分发挥社会媒体的监督。三个层面的监督各有特点，前者威慑力强，次者积极性高、反应迅速，后者属于公众监督，放大了监督的群体，强化了监督的力量。多层面的监督可以及时发现制度落实过程中哪个环节出现了问题，从而有利于对症下药。二是设立牵头部门，层层落实责任，强化部门间的合作力度和制度间的协调力。针对农民工群体的特性，宜采用简单易行、操作性强的工作方法，方便农民工维权。

比如设立公开的投诉电话，明确牵头受理部门，从而避免农民工在多个部门间辗转奔波，降低他们的维权成本。牵头部门宜透明工作程序，公开投诉内容、解决过程和结果等，从而方便上级部门、被服务人群和社会公众的监督，促进问题尽快公正解决。三是确立责任追究机制。对制度执行不力的责任单位和个人进行坚决问责。只有这样，监督才有力量，各有关部门才会将工作关口前移，主动想办法解决问题。这样，制度才会始终充满活力并很好地运转，问题才不会积累。

第二，要高举法律的宝剑。恶意欠薪不但侵犯农民工的劳动权益，对农民工的生存权、发展权造成严重威胁，而且它还严重扰乱经济秩序、破坏社会稳定，是一种侵犯人权、危害社会的犯罪行为。韩国立法规定，恶意欠薪者可以判处三年以下监禁或 2 000 万韩元以下的罚款；香港特区《雇佣条例》规定，雇主处于工资期届满 7 天不支付雇员工资的行为即属犯罪，可以判处监禁一年并可处罚款 20 万元港币。鉴于我国恶意欠薪现象屡禁不止，有关人士呼吁欠薪入罪。2010 年 8 月，全国人大常委会首次审议的刑法修正案（八）草案将“恶意欠薪”正式列罪，规定：对于有能力支付而不支付或者以转移财产、逃匿等方法逃避支付劳动者报酬，情节恶劣的，处三年以下有期徒刑或者拘役，并处或者单处罚金；造成严重后果的，处三年以上七年以下有期徒刑，并处罚金。

应该说，欠薪入罪是民意所向、大势所趋。但就像德国法学家耶赛克·魏根特所说，刑罚的最高严厉性源于刑罚的最后手段性，只有当其他一切规范都不足以维护社会秩序，而违反社会秩序的行为是社会无法容忍的、有严重社会危害性的行为时，也就是说没有其他任何替代手段时，才能动用刑罚。正因如此，一旦欠薪入罪成立，那么，司法这把宝剑就成为维护社会公平正义的最后关口，是否能够执法必严、违法必究就成为根治欠薪顽症的最后猛药了。而司法公正，执法有力，程序简明，对于作为弱势群体的农民工来说至关重要。同时考虑到司法程序运行的特殊性和农民工这个群体的特殊性，应积极调动社会多层面资源，对农民工维权提供必要的救济和援助。

第三，要重塑诚信的社会文化及心理。这件事说易也易，说难也难。说容易，是基于现代传播手段方便快捷，宣传一种理念、传播一种价值是很容易的。难就难在社会文化心理是一个渐变的过程，一种价值趋向获得认同，需要一个培育、养护、推广、发扬的过程。在这个过程中，如果不诚信可以获利却不受贬抑，如果拖欠薪可以受益而不受惩罚，那么所谓重塑诚信文化只能是一句空话。所以，无论是机制的有效运行不懈怠，还是法律的公正严明不徇私，都需要大众传媒发挥社会公器的作用，激浊扬清、勇于监督，发挥积极作用。努力兴起一股清流，扬起环宇新风，引导人心向善和文化重塑，使诚信成为人与人之间的行为准则，成为市场经济应有的道德准则。

如此，有制度作用高效发挥、法律手段有力保障、文化力量修复推动，农民工被欠薪这一不良现象必不会长久，有序守法、和谐稳定的市场秩序、社会秩序何愁不成！

（2012 年 11 月）

新形势下中国农业媒体现状、责任和发展方向思考

当前，传媒产业迅速变革、组合和发展，对政府工作的影响也越来越明显。在这种情况下，对农业媒体发展现状、传播责任和发展方向作较为系统的研究，对于农业媒体特别是农业部部属农业媒体的健康发展具有一定的借鉴意义，也对加强“三农”宣传和舆论引导工作、强化农业媒体服务新农村建设等方面具有重要作用。

一、中国传媒多元化发展趋势与农业媒体现状

研究新形势下农业媒体的发展现状，首先要清楚中国整个传媒业的发展状况，明确农业传媒在其中的位势。当前，以市场经济深入发展和经济全球化日趋明显为背景，知识经济辐射力日益加强，数字网络技术突飞猛进，中国传媒呈多元化发展趋势，媒体产业化发展势头强劲，传媒市场也在利润分割中加剧竞争。

（一）中国传媒在多元化发展过程中呈现四个特点

一是传媒经营体制几经变革，产业化发展终成方向。“不事经营，专心宣传”成为中国新闻事业的运行模式，应自 1921 年《劳动周刊》的出版开始算起。自新中国成立后，曾经尝试改变这种状况。1949 年 12 月召开的全国报纸经理会议，决定实行报纸企业化经营，之后中宣部还要求各省份宣传部“督促各级切实执行企业化经营方针，做到自给自养，减少国家财政负担”。但 1957 年以后，企业化经营的尝试全部停止。1978 年党的十一届三中全会以后，思想进一步解放，改革也步步深入，当年财政部批准《人民日报》等首都 8 家报纸试行企业化管理。“事业单位，企业化管理”的提法开始被人们接受，但如何付诸实践，在思想上和实际操作上依然缺乏破冰之举。

直到 1992 年，邓小平南行讲话，使市场经济观念进一步深化，为中国传媒产业带来新的发展契机，传媒产业开始步入一个新的发展天地。报业、广播、电视等整个媒介经济发展全面加速，以集团化为明显标志，市场引导、商业取向、

消费主导倾向日趋明显，都市生活、财经、文化娱乐类传媒发展迅猛，传媒政策在民营资本和外国资本的开放领域也屡有突破。尽管这些变动总体上看仍以原有体制内变革为主，但市场观念已成为一个不能绕开、必须关注的关键所在，传媒产业化发展趋势也就成为必然方向。国家《“十一五”时期文化发展规划纲要》明确提出：“要依托新闻媒体资源优势，积极发展相关产业和产品，不断提高科技应用水平，壮大综合实力，提高核心竞争力。”

二是新兴数字媒体与传统媒体之间既竞争又融合，传媒形态多元化。新技术催生新媒体。以数字化生产为特征，电子期刊、手机报纸、网络出版物、博客、播客、维客等新兴媒体纷纷涌现，令人目不暇接。新兴媒体不但吸引了受众的眼球，还分割了传统媒体的广告利润，对此，传统媒体做出了反应。2005 年 10 月，由中国都市报研究会发出《南京宣言》，第一次集体表达了传统媒体对网络媒体造成冲击的深切忧虑。2006 年 1 月，解放日报报业集团向全国报业集团发出倡议，成立报纸“内容同盟”，提出建立判断机制和定价机制，集体向网络媒体收费。此举被称为传统媒体向网络媒体集体宣战。

但对抗的最终结果是融合。传统媒体无法回避新兴媒体的技术优势，而新兴媒体在内容上又严重依赖传统媒体。2006 年 8 月，报界《北京宣言》提出，在不断巩固和发展报纸出版业传统业务的同时，积极采用数字、网络、多媒体等高新技术和现代生产方式，大力推进数字报业、促进产业升级，是中国报业创新发展的重大战略选择。于是，新媒体（如网站、网络电视、手机报纸等）、跨媒体（即横跨平面媒体、立体媒体和网络媒体的三维平台组合）等新的媒体形态逐渐出现，媒体呈现多元化发展形态。

三是媒体传播全球化竞争在所难免。经济全球化导致媒体市场竞争的全球化时代到来。有研究表明，由于中国媒体产业领域尚未受到系统的市场化开发，其产出丰厚利润回报的潜力极大。有数据表明，2000 年我国广告产值占国内生产总值的比重仅仅为 0.79%，国际平均水平为 1.5%，而发达国家的水平达到了 2%。可见我国媒体产业在广告市场方面无疑具有诱人的潜力。更重要的是中国经济是世界上最具活力和成长性的经济，这种高增长国民经济带动下的传媒市场的发展，为众多国际传媒集团所看好。尽管在政策上中国传媒业没有完全对非业内资本或国外资本开放，但事实上，个人资金、业外资金、境外资金早已通过各种渠道收购、兼并、合办我国的报纸、杂志、广播电视节目。而且世界贸易组织《服务贸易总协定》的附件规定：“各国政府必须确保外国服务提供者没有歧视地进入公共电信网络。”并且全球网络公司可以直接拥有 49%～50%网络公司的股份。由此可以预料，挟技术和资本的优势，外国网络公司对中国网络市场的影响不可避免，它所产生的震动也必将逐步波及中国整个传媒业。

目前，随着默多克新闻集团、美国在线时代华纳集团等国外媒体已率先杀入中国，许多跨国传媒集团也都对进入中国传媒市场跃跃欲试。在经济全球化的大背景下，中国媒体在产业化进程中必将同时面临国内和国际的双重竞争。

四是传统的单向传播开始向双向或多向传播演变。数字网络技术不但改变了传媒形态，而且深刻改变了媒介的传播方式。传统媒体时代，世界可以划分为生产者和消费者两大群体。不是新闻的制作者，就是新闻的消费者；不是作者，就是受众。基本上是点对面的单向传播方式。但在新媒体时代，这种单向传播方式被打破，正如《数字化生存》一书的作者尼葛洛庞帝所说：“从前所说的‘大众’媒介正演变为个人化的双向交流，信息不再被‘推’给消费者，相反，人们将所需要的信息‘拉’出来，并参与到创造信息的活动中。”特别是博客、BBS、手机短信等新媒体的流行，使新闻传播者趋向多元化，随着 Ohmynews 等公民新闻网站的出现，全民 DIY（Do It Yourself）成为新的传播时尚。2006 年 12 月 1 日，《成都商报》正式推出“QQ 记者”公民报道专栏，提出“每个公民都是记者，网友都来发布新闻”的口号，标志着国内纸质媒体公民新闻实践进入实质化动作阶段，媒介传播空间更加公共化、自由化、多渠道化。

（二）多元化媒体格局中农业媒体的发展状态

农业媒体是当前中国传媒的重要组成部分。据新闻出版署有关统计，目前中国农业期刊共有 527 种，占全国期刊市场 5.4%左右。而据中国期刊协会农业分会资料，以大农业为概念，我国与农有关的各种期刊约有 1 500 种，占全国期刊总数的 18%。农村类报纸共 26 种，农业科技类报纸 29 种，两者共占全国报纸总数的 2.8%。全国有 11 个省级电台、12 个地级市电台共开办了 23 套对农广播节目；农业电视频道除中央电视台军事·农业频道（CCTV7）外，共有河北、河南、吉林、山东、浙江、陕西 6 个省开设了农村频道，另外山东临沂、安徽亳州、湖北随州 3 个地级市也开设了对农频道。全国约有农业网站 1 万多家，在中国农业信息网自愿登记的农业网站 4 991 家。它们共同组成了中国农业传媒的主力阵容。

与农业人口占全国总人口 70%的庞大数字相比，农业媒体在数量上没有优势，特别是报刊和网络的入户率、广播电视的覆盖率等与需求还有很大距离。农业媒体在质量上也有待提高。总的来说，主要存在四个方面问题：一是农业媒体的结构不均衡，内容质量不高。报刊数量多，而广播电视等对农频道或节目数量少，网络、手机等新兴媒体使用率低，农业媒体品牌化发展滞后，整体上处于分散、弱势、缺乏影响力状态。二是农业媒体产业化发展落后。其发展的内在需求很大，但市场薄弱，经营情况不佳，存在大需求、小市场的发展矛盾。三是农业媒体的传播环境和条件有待大的改善。农业媒体发展存在有线和无线电波入户尚无全部覆盖、采访周期较长、成本较高、投递手段受限且费用偏高、受众支出能力有限等不利因素。四是很多农业媒体的经营理念陈旧，人才队伍跟不上，不能适应市场化发展和竞争大环境。

显而易见，农业媒体是整个传媒产业链条上的薄弱环节。尽管如此，农业媒体仍在随着时代的发展而顽强地成长着。主要体现在以下几个方面。

一是适应新媒体时代发展的要求，农业媒体正在努力变革自身。在当前的传媒环境中，农业媒体同样面临着变革与发展、合作和竞争。针对自身不同程度存在的散、乱、小、旧等问题，农业媒体首先在观念上有了明显转变。以农业部部属的几家媒体为例，《农民日报》《农村工作通讯》等都先后在媒体受众定位、内容和出版形式等方面进行了革新，也更为注重对市场的经营和挖掘。其次，在媒介传播方式上进行着变革。许多农业媒体都建立了自己的网站或推出了报刊电子版，使媒体的传播空间、时间、地域得到了拓展，覆盖面进一步扩大，社会影响力进一步加强，经济效益和社会效益都有很好的发展。如农民日报社，改革出版了彩印八版《农民日报》，并主办了面向全国发行的三张子报——《中国现代企业报》《中国畜牧兽医报》《中国渔业报》，建设开通了面向“三农”的新闻网站——“三农在线”，报纸发行量也自 2005 年起逐年有较大增长；中国农村杂志社在整合资源的基础上，一方面大力加强杂志的内容建设，增强杂志的社会影响力，另一方面积极与其他兄弟单位合作，着力把中国农村杂志社做成一个农业期刊集团。

尤其值得关注的是，2004 年 7 月 19 日，由农博网和《农民日报》等媒体发起的首届农业媒体论坛在北京举行，目前已连续举办了四届。这是农业媒体在新媒体时代的一个自觉联合。百余家农业媒体共聚一堂，共谋发展大计，寻求合作机会，这本身就是农业媒体发展史上的一件大事。农业媒体论坛成立了农业媒体联盟，有 100 多家媒体加盟。发起人称，他们要在资源整合和优势互补的基础上，为加盟的农业媒体提供服务，实现共同发展。因此，变革、挑战、压力都将为发展提供更大的机遇，农业媒体正在自觉地把握这种机遇，追赶着发展的步伐。

二是在传媒产业化进程中，一部分农业媒体正在向传媒品牌化、经营多元化发展。农业媒体总体经营状态不是太好，但并非所有的农业媒体都在生存边缘上挣扎，像《南方农村报》、CCTV－7、《农民日报》《农村百事通》等媒体发展势头都很不错。以《农村百事通》为例，2004 年，这本杂志连续三年荣获第三届“国家期刊奖”，并获第四届全国优秀农业期刊奖科普类特等奖和第二届江西省优秀期刊奖。当年该刊广告收入达 370 万元，《农村百事通》读者服务部共接待来参加各类培训的学员 3 576 人，实现收入 107.88 万元，培训收入 55.17 万元，创造利润 30.54 万元。同年创办的《农村百事通·生意通》实现邮发 3.5 万册，二渠道发行 10 万册的好成绩。2007 年 CCTV－7 也同比增收 3 000 多万元，栏目优秀率超过 50%，获得经济效益和社会效益双丰收。

同样的经济社会环境和产业背景，不一样的办刊思路和经营策略，结果就可能会不同。目前，不少农业媒体都感到发行困难、经营困难、生存困难，并纷纷把这种困难归因于农业产业不发达，农民穷困，农村闭塞。诚然，这些客观因素是存在的，但农村受众广，农业和农村发展正处在一个大好时机，新农村建设和现代农业建设目标的提出、农业产业化的兴起和组织化的加强、农民新的思想观念的嬗变、文化体制的改革、信息技术的变革等，都为农业媒体做大做强创造了重要历史机遇。农业媒体不是没有前景，而是前景广阔，潜力无限。还是以《农村百事通》为例，它立足于科普期刊的定位，着力在栏目选题和稿件质量上下功夫，坚持把《农村百事通》打造成一个深受受众喜爱的品牌，并依托这个品牌拓展外延，开发新的产品，从而使这本刊物的经济收益多元化，既有发行收入又有广告收益，还有培训和相关产品的销售收入。《农村百事通》的成功不是一个孤立的个案，而是农村媒体发展创新的一种思路和模式，具有很强的启示意义。

三是在农村传媒市场，新的传媒也在闪亮登场。在新媒体时代，农民不再是传统意义上面朝黄土背朝天的农民，市场经济的发展已迫使农民不但要把眼睛盯着地里的庄稼，更要把注意力集中在市场行情上。种什么可能赚钱、怎么种才能赚更多的钱，是农民最关注的。信息，就在这中间起着重要作用。与此相适应，农业媒体也在进行新的创造和嬗变。目前，除了对农民影响最多的广播电视外，互联网和手机等新兴媒体开始发挥作用。如北京市科学技术委员会与中国网络通信集团公司、中国联合通信有限公司、北京农信通科技有限责任公司联手，成立北京市爱农信息驿站，开展对农科技推广和信息服务，受到农民的广泛欢迎。2007 年年底，爱农信息驿站有望达到 300 多家，下设 900 多个服务点。吉林省 2006 年开辟“12316”新农村热线，日均热线通话量 1 700 个以上，月均达 5 万多个，为信息传播开创了新的途径。更为值得关注的是，2007 年 12 月 19 日，48 家农业网站联合成立了中国互联网协会农村信息服务工作委员会，网络在为农村提供信息服务方面热情很高，已不仅仅止于单打独斗，开始走向自觉的联合作战。再如中国饲料杂志网，把关于禽流感的信息第一时间制成短讯，发送给自己的客户，使客户早做防备，收到了很好的效果。

另外，农业媒体在新的传播过程中广泛存在着“二传手”现象。所谓“二传手”现象，即由一些部门或组织对各类媒体的信息进行筛拣，然后“二次传播”给农民。如有的地方设立农村信息室为农民收集各个渠道的信息供农民查询，有的地方通过专业协会或龙头企业向农民传播信息，有的地方通过农业信息简报、信息公告栏、墙报、板报等载体实现信息流通的二次传播，有的地方则使用语音电话，如农业科技110、农业一线通、农网广播等平台传递信息，还有的地方使用有线广播、电子信息显示屏和触摸屏等形式为农民提供信息服务。细究这一特殊传播现象背后深层的原因，一方面，是由于受经济文化条件的限制，农民直接订阅报刊、使用互联网、手机短信的人数不多；另一方面，表明农民消费信息的能力与农业媒体提供的信息服务之间还存在一定距离。这一现象的存在昭示着农业媒体在创新经营方式、增强服务能力方面尚有很大的发展空间。

二、农业媒体的责任和使命

一直以来，中国是一个农业大国，“三农”对于整个国家政治经济文化等方面的影响是巨大的。农业媒体出现以后，对于社会变革、经济发展、文化传承等方面都起到了至关重要的作用。今天，在经济社会发展过程中，“三农”依然具有重中之重的分量，农业媒体承担的责任和使命无疑是不可替代的。

（一）农业媒体在推动社会发展变革中发挥着重要作用

中国自古以来就是一个农业大国，农业新闻传播一直是社会生活中的大事。从口耳相传，到用火、结绳、简单的符号等，都是原始人传递农业新闻的工具。当文字出现之后，书籍、邸报、揭帖、旗报等都成为传播农业新闻的载体。我国真正现代意义上的农业传媒则是从清朝开始的。据有关史料，我国近代农业新闻传播始于在华外报，以农业市情、价格、农产品贸易为主，倾向于维护外国在华利益。最早刊登农业新闻的刊物是1833年由外国传教士创办的《东西洋考每月统记传》。19世纪末至20世纪初，我国掀起两次办报高潮，但关于农业的报道以论说为主，新闻报道较少。中国第一份专门报道农业的刊物是1897年创刊的《农学报》，是一份农业科技期刊，它标志着我国农业新闻传播的正式起步。总的来说，近代农业报刊主要传播于城市，发行范围小，加上农民识字率低等因素，对农民影响较小。

农业报刊与农民农村紧密结合并发挥巨大作用，这应始于五四运动之后，特别是马克思主义传到中国和中国共产党的诞生和崛起。20世纪前40多年是中国历史上的多事之秋，在这半个世纪中，农业传媒的发展受制于政党性质。国民党不太重视农村工作，农业报道亦少；共产党以工农联盟为政策方针，创办大量新闻媒体，始终围绕“土地”这个报道重点，进行启蒙思想、宣传政策、传播科技、鼓励生产、动员民众，最终依靠农民，实行农村包围城市夺取了政权。这一时期农业媒体的一个重要特点是与广大农民紧密结合，特别在苏区，除了《解放日报》《边区群众报》《工农日报》等报纸外，大量的墙报、黑板报在农业新闻传播中扮演了重要角色，把深刻与通俗、有用和实用很好交融，使农业媒体与农民的思想、生产、生活紧密结合，为中国革命的胜利前进创造了巨大能量。由中国近现代农业媒体发展史可以看出，农业传媒与农村发展具有内在的密切关系。充分发挥媒体功能，启发民智，保证农村信息畅通，农村生产力就会得到爆发式发展，反之，则将导致其发展受阻。

（二）农业媒体是构建和谐话语体系进而推动城乡社会全面协调发展的重要沟通工具

传播学中有一个理论就是：隔阂产生偏见，偏见产生冲突，话语权的不和谐会导致很多社会群体的声音被淹没，这种群体性的失声是隔阂产生的根源，进而为冲突埋下隐患。因此，建设一个和谐的社会，必然要构建一个和谐的话语体系，保障每一个群体都拥有合理的话语权。目前，我国占人口大多数的农民群体，人均拥有的媒体资源相对稀缺，拥有的信息资源及话语权都与城市人群存在较大差距。尽管有些媒体在当前重视“三农”的氛围中加强了对“三农”的报道，但总体上来说，传递农民的声音，反映农村的现状，农业媒体才是主力军。

以 2007 年 6 月 1 日的报道为例。6 月 1 日是国际儿童节，当天《人民日报》刊登的与儿童节有关的报道共有三条消息：一篇随笔和两篇评论，都是从宏观角度进行报道论述的。另有一版摄影报道的总标题是《爱，让我开心地笑》，报道了成长在不同环境下儿童得到社会关爱的快乐镜头。同日，《光明日报》与儿童有关的报道有八篇、《经济日报》有四篇，但这些报道中只有一篇《农民工子弟学校牵手文化共享工程》（《光明日报》2 版）直接反映了农民工子女的有关情况。再看当日的《农民日报》，2 版刊出《愿农村留守儿童能够享受更多母爱》、5 版刊出图片报道《农民工子弟的“六一”心愿》、6 版刊出《岳池县发放“留守”儿童亲情卡》、7 版刊出《2 290 万“留守儿童”期待深度关注》《首都少年与留守儿童共庆“六一”》，这五篇报道分别从动态、言论等不同角度反映了农村儿童的生存状态和愿望要求，与以上几家媒体的报道视角有明显不同，使这个快乐的节日多了几分凝重，而这恰恰正是农业媒体的社会责任和价值所在。从这种意义上来说，农业媒体是守望社会和谐和社会健康发展必不可少的“眼睛”。在构建和谐社会的今天，农业传媒必须肩负起“替农民说话”“让农民说话”“说农民的话”的义务，推动构建和谐的社会话语体系，促进城乡社会协调发展。

（三）新的时代背景下农业媒体肩负重要的职责和使命

当前我国正处于社会转型期，各种观念、思想多元交错，各种价值观竞相标榜，一些矛盾和冲突也错综复杂，社会的价值体系和思想观念正处于一个有“破”有“立”的重塑时期。在这样的时代背景下，农业媒体既是时代的记录者，又是“三农”事业发展的重要参与者，具有重要的职责和使命。韦尔伯·施拉姆曾把大众传媒在发展中国家的作用概括为4个方面：推广农业新技术、普及卫生知识、扫除文盲、实施正规教育。结合我国当前的发展阶段和实际国情，农业媒体在发挥上述作用的过程中，须坚持以人为本和“三贴近”原则，以维护社会公平正义、推动和谐发展为基本点，实践履行好“三个职责”（启蒙职责、守望职责和服务职责），行使好“三种权利”（舆论表达权、社会监督权、信息传播权），使农业媒体起到启迪民智、塑造民魂、沟通民心、维护民权、鼓舞民志的社会公器作用。

作为大众媒介，农业媒体天然具有教育启蒙的职责。党的十七大报告指出，要扩大人民民主，保障人民的“知情权、参与权、表达权、监督权”。这四种权力的行使质量与民众的综合素质密切相关。农业媒体在传播过程中，特别是在推动发展现代农业和建设社会主义新农村过程中，成为有责任担当探索者和先行者，成为先进生活观念和生产方式的倡导者和推动者，发挥教育启蒙的作用，弘扬社会主流价值观，传播先进思想、先进观念，充分行使舆论表达权，从而达到传播思想、启发思维、更新观念、推动实践的目的，最终起到提高广大农民群众综合素质的作用，保证他们更好地行使这四种权力。

农业媒体是农村社会的瞭望者，要时刻履行守望职责。观察、记录、呼吁、保护是农业媒体在履行这一职责时需要关注的几个基本点。“记者笔下牵民生，媒体视野现世情”，农业媒体必须时刻保持敏感和警觉，关注“三农”领域发生的所有新闻，对于损害农民权益、阻碍农村健康发展的所有人和所有做法，都有义务进行监督和报道。邓小平同志曾对媒体的监督作用给予充分肯定。他说，党的组织和共产党员必须接受党的监督和群众监督，报刊监督是其中有效的实施途径。尽管农业媒体在产业化道路的发展中不可避免地要受到市场的影响，但任何目光短浅、放弃责任的“趋利避害”行为都是对媒体公信力的伤害，而媒体公信力才是媒体得以存在的关键。

农业媒体是服务“三农”的信息沟通工具，承担着服务的功能和职责。信息在现代社会中扮演着越来越重要的角色。随着农业产业化迅速发展和现代农业建设的推进，政策信息、市场信息、技术服务信息等对于农业增效、农民增收具有重要作用，起到传递信息、培训农民、提升技能的重要作用。而在经济全球化日益深入的现代社会，农业媒体还要放眼世界，在农业产业的世界竞争中服务中国的农业和农民。履行信息服务职责，行使好信息传播权，使农业媒体真正成为涉农信息的集散地、服务农民的智力库。这既是农业媒体固有的责任，也是时代赋予农业媒体的重要使命。

三、农业媒体发展面临重要历史机遇

现代社会是大众传播极为发达的社会，科技的进步和媒介技术的发展使得信息的传播更加快捷有效。国内政治经济环境又为农业传媒迅速发展创造了有利条件。在全面建设小康社会的今天，作为农村社会与外界沟通的专业媒体，农业媒体面临重要的发展机遇。

（一）农业媒体发展的外部环境有了重大改善

在新的政治、经济和技术条件下，农业媒体外部生态环境和内部生态结构都在发生着重大改变。首先，随着国家统筹城乡发展力度的加大，农业媒体的传播条件逐步改善。“十五”期间，我国3.6万个建制村实现通公路，全国乡镇、建制村通公路率分别达到99.8%和94.5%；到2006年年底，全国已经有24个省、自治区、直辖市实现所有行政村通电话；从1998年到2003年年底，11.7万余个通电的行政村接通了广播电视；近1万家涉农网站已细分出农业科学教育、市场信息、分析预测、涉农行业、农业生产资料等十几大类，农村网民已达到3 741万人。这些硬件的改善，增加了农民对信息的需求，提高了媒介影响力，为农业媒体的发展创造了新的条件。

其次，农村文化环境的改善和与之相应的受众素质提高推动了农业媒体更好地发展。2005年中央出台文件，提出进一步加强农村文化建设的意见，有力地推动了农村公共文化建设。2007年，“农家书屋”工程已正式在全国范围内实施，到2010年将建立20万个农家书屋，农业部已相继在粮食主产区、贫困地区、革命老区建立2 000多个科技书屋。近几年，中央加大对农村义务教育的投入，并加强对农民的各类培训工作。农村受众的整体素质进一步提高，对信息及精神文化需求呈现多样化，追求更多、更高层次的信息，扩大了农业传媒的市场。

另外，农村社会经济文化的发展，提高了农民的现实购买力，使得农村消费市场逐渐成为工商企业与广告商青睐的新天地，开始撬动农业传媒广告市场的发展潜力。同时，丰富变化的“三农”面貌也为广大农业媒体提供了广泛的信息资源，为传播内容提供了丰富多彩的新闻源。

（二）新的历史条件为农业媒体创造了新的发展空间

目前，农业媒体正处于黄金发展时机，面临政治催生、经济驱动两大有利条件。

当前，“三农”问题成为制约中国发展的关键所在。国家把解决好“三农”问题作为全部工作的重中之重，这为农业媒体壮大发展提供了良好的政治催生力。特别是发展现代农业、建设社会主义新农村目标任务的提出，一系列“三农”政策的相继出台，都在催生着农业向新阶段提升、农村和农民向新的面貌改变，这为农业媒体发展提供了新的基础和平台。国家的“金农”工程、“村村通”工程、“三电合一”工程等实施，加强农村文化建设的提出，尤其是党的十七大明确要求要推动社会主义文化大发展大繁荣，这些都为农业媒体顺风乘船做强做大、提升自身政治位势提供了重要机遇。另外，随着政治文明的发展，我国政府正在从管理型政府向服务型政府转变，政策透明、信息透明，保证群众的知情权和参与权，已日渐成为现代政府的执政理念，《政府信息公开条例》的出台和各级政府新闻发言人的设立，表明信息在更广更深更远范围传播的可能性和趋势。中国传媒业包括农业传媒正面临重要的历史发展机遇。

从经济条件上看，首先我国宏观经济形势持续向好，农村综合改革日益深入，特别是“以城带乡、以工促农”方针的实施，使农村经济正在由传统农业向现代农业发生着深刻的嬗变。这为农业媒体的内容生产和产业经营都创造了有利条件。其次，市场经济把农业农民圈入了市场竞争的汪洋大海，如何乘风破浪、及时规避市场风险，农民急需信息支持。这也是农业媒体利好发展的核心动力。另外，我国加入 WTO 后，农业的国际化趋势已不可逆转。农村受众对农业新闻的需求必然向国际化方向发展，这要求农业媒体要站在全球的高度，要有国际化的意识，从维护中国农业安全、促进中国农业发展和农村进步的角度，报道世界农业发展的最新情况和发展势头。这又是农业媒体重新确立视角、革新和发展自身的一个契机。

（三）数字网络技术的助推为农业媒体发展注入强大动力

新的传媒技术正在促进媒体产业结构大调整和市场重新分割，农业新闻传播的空间更加广阔，这正是农业媒体调整发展思路、采用新技术迎头赶上的重要时机。目前，在数字技术的催生下，农业媒体的内部生态结构正在发生积极变化，农业传媒种类和传播形式日趋多样化。农业媒体既包括传统媒体，如广播电视、报刊等，也包含以数字技术为基础的新媒体，如互联网、固定电话、手机短信、电子信息显示屏等，特别是专业农业网站发展迅猛，已成为传播农业新闻及涉农信息最快捷、最丰富的媒介。《农村百事通》总编辑谢思和认为，开发农村的网络经济商机无限。

在传播形式上，农业媒体也不再局限于传统的渠道。除了收看收听电视广播、订阅报刊外，订制手机短信也吸引了一些地区的农民。一种 CDMA 的手机很受四川农民的欢迎，该地营销商说，吸引农民去买这种手机的重要原因除价格便宜外，主要是这种手机订制了农业信息套餐，每月只需支付 2 元钱即可时时了解农产品行情。

四、新媒体时代农业媒体的发展方向

农业媒体如何更好地肩负起责任和使命发展壮大自身，是一个需要多方努力的课题。从政府层面来说，主要是制定政策、加强投入，切实改善农业传媒的硬件基础和发展环境，保障农业媒体可持续地报道农村；同时还要增加对农民的教育投入，提高农村受众素质，确保农业媒体拥有一定规模的农村受众群。而从农业媒体本身来说，最重要的是立足自身的优势和特点，努力开拓创新。传媒在本质上是创意产业，创新是传媒业发展变革的永恒主题和不竭动力。农业媒体必须在不断的创新中提高核心竞争力和可持续发展能力。

（一）创新媒体品牌，突出“内容为王”，做到“三个到位”

媒体品牌是长期积累基础上的价值符号，品牌对于社会公众来说意味着“信任”，而“信任”就是媒体借以做强做大的资本。农业媒体要确立自己的品牌，就要结合自身定位，坚持内容的客观信实、敏锐深刻、通俗易懂，确立媒体公信力和亲和力，从而成为品牌。农业媒体在坚持“内容为王”和品牌化发展道路上需做到“三个到位”。

要“看”到位。要看到在农村广阔的天地上，正在发生着深刻的变革，既能看到成绩，又善于发现问题。农业媒体在发挥“看”的功能的时候，一定要坚持科学地看、审视地看、深入地看，避免道听途说，不做真实深入的了解，就跟风炒作，混淆视听，造成社会信息混乱，给“三农”事业带来损失，影响社会正常生活秩序。刘少奇同志曾说：“报道一定要真实，不要添油加醋，不要戴有色眼镜。”特别是在当前传播手段多样，信息来源复杂的条件下，媒体更要遵守新闻从业者的基本规则，坚持客观、真实，好消息不能夸大，坏消息不可起哄，始终做到客观报道事实，深入挖掘原因，理性引导舆论。既要坚决避免“大跃进”时期的推波助澜乱放卫星，又要坚决避免类似“香蕉致癌”“多宝鱼是毒鱼”等不切实际的谣传和言过其实的误导。

要“想”到位。思考是一个媒体的灵魂。伴随着社会经济发展突飞猛进，“三农”领域各种尝试、创新层出不穷，农业媒体在紧紧跟踪报道这些新现象的时候，应该有所选择、有所甄别。善于在发现中思考，在思考中传播，围绕唱响主旋律，担当起“三农”发展思考者的使命，缔造媒体自身的个性和魅力。如在家庭联产承包责任制施行之前，《人民日报》《农村工作通讯》等媒体率先刊登《阳关道与独木桥》等有关文章，在讨论和传递有关家庭联产承包责任制的观点和信息的同时，实现了媒体对现实的思考，提升了自身的社会价值。再如2004年《农民日报》刊出《火烧坪模式能走多远》一文，反思当前利益与长远利益和可持续发展的冲突和矛盾，折射出这份报纸的思想和责任。2007年一些农产品价格暴涨暴跌，农业媒体如果仅仅停留在传递这些涨跌消息上，就会有失浮浅，而应该透过这些表象追问几个“为什么”，这就是在“想”到位上下功夫，只有这样才能成就一个媒体的深度和权威。

要“传”到位。看到了，想到了，但如果传不到、传得慢了或传得不好，信息就可能没有价值或价值受到损伤。“非典”时期媒体的集体失语就是一个反面例子，一直为国内外舆论界所诟病。与其他媒体不同，农业媒体受众比较分散，有些地方交通和通信条件不太方便，给信息传递造成了一定困难。也正因为有困难，信息的传入和输出才更具价值。为此，农业媒体需做好三个层次的传播：即下行传播，把国家有关“三农”的政策法规和重大举措及时、快捷、通俗明白地传播给农民群众和相关人员；上行传播，把“三农”领域的新情况、新问题以及社情民意及时传递上去，使决策者能够及时了解民间状态和群众的反映，从而更好地制定政策措施；平行传播，把科技、文化、市场等各类服务性信息多形式、全方位地传播出去，与大众形成良性互动。农业媒体在传播中结构好这三个层次，就建立了一个相对和谐、均衡、科学的传播体系，放大了自身影响力。

（二）创新运营模式，增强经营合力，努力打造“一个核心多个支撑点”

随着传媒产业的变革组合和市场分割，农业媒体经济压力大增，创收冲动十分强烈。但如何创收？如何才能优化资源配置、壮大媒体实力？首先要弄清楚两个问题：第一，说什么、怎么说才会更有吸引力？第二，除了说之外还能为受众做点什么增加吸引力？回答这两个问题，农业媒体需在“一个核心、多个支撑点”上下功夫，着力创新运营模式。

媒体归根结底是经营信息，因此做好信息产品，也就是解决“说什么”是农业媒体经营发展的基础和核心。但只有这个核心还不够，还需要在媒体运营模式上改革创新，探索“怎么说”和“除了说之外还能做什么”，以充分整合资源优势，调动各个部门的积极性，增强经营合力。要实现这个目标，需内外整合并举，主要从以下两个方面着力。

第一，对内要整合采编、广告、发行三种资源，确立办报、经营两分开的运营结构。农业媒体按照意识形态属性和产业属性的双重要求，一方面要承担“党的喉舌”和社会公器，另一方面还要承担经营发展创收的重任。为此，农业媒体要改变原有的采编、广告、发行一体的传统模式，以创新广告、发行运行体制为突破口，明确编辑部的主业就是集中精力做好信息产品，不直接经营广告发行业务；广告发行工作则交给专业的广告公司和发行公司来做。再赋以核算体系上的革新。即用经济效益和利益分配将各部门和整体、各部门之间联系起来，建立一种既独立核算又利益相关的价值链条，增强经营合力，使媒体的采编、广告、发行各个环节既相对独立和专业，又互相配合支持。中国农村杂志社这几年的改革思路基本上是这样走过来的。2007 年，该杂志社整合原有部门，设立编辑部、广告部、发行部、社会活动部等，明确规定编辑部的工作就是办刊，不承担广告发行任务。广告、发行和一些社会活动的策划都由专门部门和人员去做，这种改革得到广大员工的认可和好评。

第二，对外要研究受众需求，拓展新的经营平台和附加产品链。农业媒体要深入研究受众需求，以市场为导向，以服务为纽带，积极向外拓展新的经营平台和附加产品链，充分整合农业媒体的信息、人才、技术、客户、渠道、品牌等资源，在更大范围寻找、链接有利于农业媒体发展的各种资源，让媒介影响超越传播层而深入到社会生活方方面面，形成多个盈利模式和经济增长点。比如，针对农业信息传播过程中广泛存在的“二传手”现象，农业媒体应充分整合各种资源，探索与地方政府部门、农民合作组织、龙头企业的新型合作模式，真正实现农业媒体信息服务到位。农业媒体也可以通过组织策划一些有影响力的社会活动，进一步提升品牌形象，放大影响力，赢得更多的眼球和资源，增加农业媒体可持续发展能力。如《读者》杂志策划“读者林”活动，关注环保、在西部植树，提高了自身品牌效益和社会影响力。另外，农业媒体还可以向咨询、调查、培训、销售等领域拓展。《农村百事通》就是一个集信息、咨询、培训、销售于一体的成功范例，它们还开展赠送果苗援建果园、帮困助学、邀请专家送科技下乡等活动，实实在在地为农民提供服务，增强了自身的影响力，拓展了经济增长支撑点。

（三）创新发展战略，增强综合竞争力，全面拥抱新观念、新技术和新媒体

在新媒体时代，农业媒体毫无疑问地正处于重要的战略转型期，农业媒体走向哪里，能走多远，关键在于确定什么样的发展战略。在创新农业媒体发展战略

的过程中，以下三个方面必须关注。

第一，革新发展观念，在体制机制创新上下功夫。制度是发展的基础和条件，制度安排和制度绩效的差异，直接决定媒体发展水平。农业媒体要想做大做强，体制创新至关重要。农业媒体要创新融资投资体制，在广告、发行、印务等经营领域引进战略投资者，为农业媒体集团化发展拓展融资渠道。农业媒体还要创新经营策略，探寻新的传播渠道。这方面美联社是一个很好的范例。作为一个大的新闻通讯社，美联社发掘新的传播途径、抢占传播资源的触角非常敏感。2006 年，美联社在重庆抢先注册了手机网站网址，主要服务于我国国内 4 亿多手机用户。2007 年初，它与一款名为 WⅡ 的游戏终端提供多种语言的在线新闻服务，游戏玩家可以在游戏中游览美联社提供的新闻频道。这些创新思路和举措都十分值得农业媒体借鉴。

第二，拥抱新技术新媒体，向多媒体、集团化方向努力。现代传媒发展中科学技术所构成的生产力价值越来越突出，特别是信息技术已重塑了传媒业的外延和内涵，成为媒体核心竞争力的决定因素之一。借着新技术的催生，新媒体也闪亮登场，并迅速吸引了众多受众的目光。农业媒体在确定发展战略时，要放眼长远，关注受众的阅读习惯和消费习惯的改变，全面拥抱新技术和新媒体，着眼于载体形式创新，实现农业媒体由传统的平面媒体（报刊、印刷）、声像媒体向包含数字技术为代表的新兴媒体和多元产业构成的综合型传媒集团迈进。

第三，创新受众空间，既要覆盖农村，也要进军城市。农业媒体的传播内容可以分为两个方面，一方面是做农民的新闻，是让世界了解农民；另一方面是做给农民看的新闻，是让农民了解世界。由此可见，农业媒体的受众空间不仅仅在农村，也可以扩展到城市。特别是随着城乡经济不断发展，农民进城务工热潮不减，国家统筹城乡发展力度不断加大，城乡之间互相影响愈来愈深，农业媒体在城市的发展潜力正在日益显露。近几年，中央各综合性媒体和都市化媒体关注“三农”的程度明显增加，涉农报道大幅提升。以《人民日报》、新华社、中央电视台新闻联播刊发的涉农稿件为例，据农业部新闻办统计，2007 年同比分别增长 10%、15%和 5%，而 2006 年新华社播发涉农报道比上年也增加了近 20%。另外，在互联网天涯社区，有多条帖子都在表达对 CCTV－7 的喜爱。因此，城市对于农业媒体来说并不是一片焦土，也可以寻找到适宜的土壤播种收获。

另外，农业媒体的创新发展，要求受众土壤不断变化更新。大众传媒从根本上来说是近代商业社会的产物。它的产生与发展和自由市场经济有着千丝万缕的联系。而传统的农村社会是自给自足的小农经济、是熟人社会，从本质上说村民更愿意接受人际传播的信息，而不是借助大众传播获取信息。有研究者调查大众媒介在西部贫困地区的发展现状，当问及“您在劳动、工作活动中，有无借助媒介帮助的情况”时，受访者中91%的人表示从来没有借助过媒介来表达自我或主动传播信息。因此，农业媒体在创新发展过程中必须注意唤醒农村市场这种内在的信息需求，培养农民使用信息的习惯、意识和能力。只有农村受众土壤日益丰厚，农民使用信息的意识和能力逐步提高，农村传媒市场才会繁荣、发展，才会成长出一片希望的田野、一个美好的明天。

（2008年1月）

浅谈农村文化建设

文化是一个民族的灵魂所在，具有凝聚、整合、同化、规范社会群体行为和心理的重要功能，而中国文化的根脉在农村。但伴随我国城乡经济社会差距的扩大，农村的文化园地日渐荒芜。正是在这样的背景下，2005 年 11 月，中央出台《关于进一步加强农村文化建设的意见》，把农村精神文明建设提到了重要位置。特别是党的十七大提出要实现社会主义文化大发展和大繁荣，农村文化建设已踏上发展的快车，既成为新农村建设的重要内容，也必将为新农村建设提供必要的智力支持和精神支撑。

基于一个基础：农业生产方式的变革已经在悄然改变着农村文化

新中国成立以来，从初期以农村公社化为标志的大集体生产到 1979 年后以家庭联产承包为特点的大分散生产，再到近些年来以各地蓬勃兴起的农民专业合作社、公司＋基地＋农户等为特征的重新聚合生产，可以说农业生产方式几经变革。而每一次生产方式的变革，都必然伴随着农村文化的发展变化。

在这一过程中，农村和农民为工业化、城市化所做出的贡献已是众所周知。而随着城市规模越来越大，工业化水平越来越高，农业、农村、农民的处境却日益陷入困境。沉重的税赋和各种费用，农业的低效益和相对的高投入和高风险，使九亿农民陷入集体焦虑，而这种焦虑通过一个乡官李昌平的三句话“农村真穷、农民真苦、农业真危险”曝光于全社会的面前。这个时候，城市人才回首发现，自己的大楼是盖得越来越高了，但农民“田”里的“土”也被“挖”得越来越深了，再这样下去，城乡差距的鸿沟将成为一枚难咽的苦果。

于是有识之士开始大声疾呼，媒体开始频频聚光，国家各种惠农政策开始陆续出台，“三农”工作迎来重大发展机遇。经过艰苦奋斗，近几年来，粮食生产得到恢复发展，并实现连续三年总产单产双增收，农民收入连续三年较快增长，农业和农村经济呈现较好的发展态势。特别是中央连续四年下发关于“三农”的中央 1 号文件，分别以增加农民收入、提高农业综合生产能力、建设社会主义新农村、发展现代农业为主题，进一步明确了中央加强“三农”工作的政策和思路。

在这样一个大环境下，农业部门抓住机遇，积极规划，先后提出构筑七大体系，发展优势农产品区域布局，支持农民专业合作社的发展，加强农产品质量监管，推行科技入户和测土配方施肥，开展生态家园建设和发展循环农业行动等。在这些工作措施实施过程中，农民开始形成产业化发展的观念、清洁生产和标准化生产的观念、科技增产和生态保护的观念、新型的合作互助观念等。而开展村务公开、基层民主选举等制度，又使农民在维护自身权益和行使公民权利方面增强了民主法制观念。尽管这些观念并未深入渗透所有农村地区，这些工作也并不是尽善尽美，但这些观念正在政府的有力推动下逐渐形成，是农村文化发展中呈现出的一些新的积极因素。

实现一个改变：调整现行的文化资源分配制度和公共服务投入

落实科学发展观，实现以人为本、构建和谐社会，必然要求实现社会的公平和正义。而这种公平和正义首先应体现在政府的公共政策和制度设置上。在我国，文化事业费占国家财政总支出的比重本就不高，而文化投入又偏重于城市。从而造成农村基层文化力量薄弱，文化基础设施普遍落后，农村基层文化队伍逐步老化，农村基层文化资源严重匮乏。

有这样几组数字：

有关部门披露，2003 年，文化事业费中城市占 71.9%，农村仅占 28.1%；文化事业费中东部地区占 78.3%，西部地区占 21.7%。2004 年，对农村文化经费投入仅占全国文化事业费的 26.6%，低于对城市投入的 47 个百分点。

目前全国共有 700 多个县级图书馆无购书经费，占公共图书馆总数的 26%；县级图书馆人均藏书量仅为 0.12 册，低于全国图书馆人均藏书量 0.3 册；多数县级电影公司难以正常运转，县级文艺剧团有名无实。

全国原有 80 多家农村类报纸，近年来有二三十家更名，再剔除新疆生产建设兵团、农垦的机关报，真正面向普通农民的只有 30 多家，而这几十家报纸的发行量仅 180 多万份，相当于一家都市晚报的发行量。城市主流媒体热衷的东西 80%以上都是都市生活，省以下的电视台既没有农业频道，也很少有农村和农民的专栏节目，面向农民的文艺栏目则几乎找不到。

从上述数字和现状可以看出，占全国总人口 70%以上的农民，他们所拥有的文化资源是多么少得可怜。这种制度设计和资源分配上的严重失衡，直接导致了农民低文化素质、弱信息能力和业余精神生活的单调和荒芜。

有数据显示，目前在全国4.8亿农村劳动力中，具有高中以上文化程度的占12.4%，初中文化程度的占50.2%，小学以下文化程度的占37.4%，参加过绿色证书、青年农民培训和其他职业资格证书培训的人数只有2 000多万，仅占5%左右。我国农民目前平均受教育年限不足7年，而发达国家已达到12～14年，全国92%的文盲、半文盲在农村。农村劳动力的这种现状，直接影响我国农业生产水平的提高和农业产业竞争力的提升，更直接影响农民收入增加和生活质量的改善，使我国农业在国内国际两个市场激烈竞争中处于被动。

从文化资源的占有和公共文化服务的享用上，农民显然是弱势群体，而在这个弱势群体中还有一个特殊群体不容忽视，那就是2亿多候鸟一样往返于城乡之间的农民工。他们是农村劳动力中的骨干，平均年龄28.6岁，他们是城市建设和工业化进程中主力军。他们大多数人不能与家人团聚，只是孤独地在城市挣生活和寻梦想。有资料显示，这个群体中，以打牌、逛街、喝酒这种低层次娱乐活动打发休息时间的农民工占到40%，平时没有文化娱乐活动的占到35%，能偶尔与电视、网络、报纸等信息媒介接触的仅占25%，而这种接触，很大程度上是满足感观上的刺激。

建设一个公平正义的和谐社会，实施“多予少取放活”和“工业反哺农业、城市反哺农村”的方针，实现全面建设小康社会的基本目标，必须把权利平等的观念体现在文化政策和制度安排的视野之内。要切实转变政府职能，完善公共文化服务，解决公共服务的城乡失衡问题，统筹规划，从宏观的政策、法律、制度和投入到微观的服务单位、服务机制等，都要采取创新措施，保护农民合法的文化权益，促进社会和谐和新农村建设。

整合多种资源：调动多方社会力量盘活农村文化建设这盘棋

农村文化建设是一个长期的过程，需要各级政府共同努力，需要整合各种社会资源，共同为农村文化建设助力。推动农村文化建设有许多文章可做，但有三个方面需要特别强调。

一是立足农村文化的实际，了解民众的需求，变“送文化”为“种文化”和“育文化”。这些年“三下乡”活动一直在搞，农民也很欢迎。但有一个问题是，送下去的文化大部分都是城市文化，内容和形式也比较单调，很多与农民生活和农村实际相距太远，农民虽然在这个过程中开了眼，却未必真的娱乐了。真正的文化娱乐是有参与、有创造、有欣赏、有成就。我们经常听到的下乡，其实很形象地描述了城乡文化处于高低不同的位势，是城市文化对农村文化的俯视，是一种居高临下。建设农村文化就是要利用城市文化优势，领跑农村文化发展，去发掘和培育健康的农村文化，打破城乡文化发展上的不平衡。中国在传统上是一个农业大国，一直就有耕读的传统。特别是广大农村有丰富的民族文化资源和地域文化资源，这是农村文化建设独有的“种质资源”，只要善于发现和挖掘，精于提炼和升华，就会结出丰硕的文化硕果。

二是要特别在教育和培训上下功夫，建立基础教育和大众教育互为补充的新机制。百年大计、教育为本，这已是尽人皆知的一句老话了。但在农村文化建设过程中，还要把这杆大旗牢牢地擎在手中。只有教育可以改变一个社会群体整体素质，可以提高他们的生存能力，可以改善他们的生活条件，可以传承和发展他们的文化。如果再往远处来说，从一定意义上讲，教育就是生产力。当然，在这一方面，近几年来国家已有大的动作，实行农村义务教育“两免一补”、师范大学减免学费、大学生助学贷款等。针对前面所列农村劳动力受教育状况，必须切实加强针对成年农民的大众教育。今年，农业部围绕发展现代农业部署了“十大行动”，其中就有开展农业科技创新应用与新型农民培训推进行动。该行动包括扩大新型农民科技培训工程规模，加大农村劳动力转移培训阳光工程实施力度，继续实施蓝色证书培训工程，加强农村实用人才和技能人才培养，建立和完善农民科技教育培训体系等，这是进行大众教育、提高农村劳动力科学文化素质的重要举措，需要进一步加大力度，加强投入。

三是社会主流媒体要继续加强对农业、农村和农民的关注，合力助推农村文化建设。随着市场经济的发展和城市文化的强势辐射，农村传统的伦理风俗和淳朴的乡土观念开始发生裂变和衰退，普遍存在农村模仿城市、仰视城市的现象，如有的地方农民腰里别着烟袋也要穿件西装，好多农村姑娘结婚要穿婚纱，农村一些地方爹娘的称呼已改为爸妈等。一些偏远地方，如果离城市实在太远，那就远远地遥望，间或地耳闻，然后在怅惘中或是沉溺于封建迷信，或是取乐于聚众赌博，处于一种弱文化、少组织的混沌状态。如何在农村文化建设中激浊扬清，这既是政府的责任，也是社会媒体共同的责任。至少需在三个方面着力。要增加投入，加强文化信息资源向农村倾斜。国家要多渠道加强对农村文化建设的投入，推动围绕农村文化的软硬件建设。目前，农业部实施的“三电合一”信息工程已在全国20多个地区80个县开展，同时在粮食主产区、贫困地区、革命老区建立了2000多个科技书屋，非常受农民的欢迎，但资金投入力度还有待于进一步加强。要整合资源，拓展农民接受文化信息的服务平台。整合资源涉及多个层面，除政府各部门之间资源需要整合之外，也包括社会力量资源的整合。像天津武清区南蔡村镇南陈庄举办村民夜校，一些企业买涉农报刊赠送农户等，都是在对农民更好地接受信息、提升素质做出探索。要创新志愿者服务，多渠道推进农村文化建设。动员有志于农村文化建设的各方人士开展志愿活动，充分发挥聚合作用，合力推动农村文化建设。所有这些，社会媒体要多宣传、多推动、多宏扬，在全社会形成一种注重挖掘农村文化精华、保护农村文化传统、创新农村文化形式的浓郁氛围。

丰富健康的农村文化，不但可以养护和抚慰心灵，更可以成为一种支持社会经济良性发展和不断攀升的内在力量，彰显新农村建设的气质和精神。这种力量似乎看不见却又无处不见，似乎没什么用却功在千秋万代。加强农村文化建设，各级政府的作用不可替代，要充分发挥组织、倡导、推动的作用，重视文化的创造者，培养文化的传承者，鼓励文化的参与者，表彰文化的创新者。同时，政府官员要提高自身的文化素质，要有文化、懂文化、爱文化、重文化。这样，有政府的倡导、有媒体的助推，农村文化建设就会有一个较好的发展环境。

（2006 年 5 月）

关注家乡的生存状态

毫无疑问，2004 年是一个丰收年。这一年，粮食大幅增产，农民也高位增收。作为一名农民的孩子，我是揣着一份丰收的喜悦回乡过年的。然而，我的乡亲和邻人的故事，竟让我本想放松一下的心情又增添了几许沉重。

农民种啥能赚钱?

我的家乡是河北省永年县，号称“小康县”，是河北有名的“蔬菜大县”，又称“大蒜之乡”。去年的一年里，家乡的农民是几家欢乐几家愁，种蒜的由于价格好，都不大不小地赚了一把。种菜的就苦了，由于去年蔬菜不值钱，芹菜贱到 2 分钱一斤都没人要，其他像萝卜、白菜，通通卖不上价钱，而化肥、农药、农用塑料等生产资料价格却飞速上涨，用菜农自己的话来说，“跟头栽大发了!”

“咱老农民种个菜，好不容易卖俩钱儿，孩子上学要用、赡养老人要用、盖房子要用、娶媳妇要用，根本攒不下。市场一不好，马上受憋屈。没法儿!”邻居这样说。他反映的情况很有代表性。今年，由于菜农亏了，煤的价格又高，我的很多邻居竟又烧起了柴火，而有的老人由于儿子给的养老费不够买煤，要求增加费用，婆媳之间也吵吵闹闹。猪肉到年底卖到 7 元钱一斤，有的菜农一家四五口人，过年只买 2 斤肉。

市场经济就这样残酷地把农民推到了前沿阵地。种什么能赚钱、能增收?农民不知道。许多菜农说，明年种大蒜，再也不钻大棚种什么菜了，罪没少受，钱没少赔。也有不少农民看到去年底和今年初鸡蛋较贵，就开始养鸡。仅小龙马乡何营村就有六七户农民开始盖鸡舍养鸡，一时间，鸡仔供不应求，没有关系根本买不到。

这种扎堆“打呼噜”现象会不会结出丰收的果子，农民心里没有底儿。我们的鸡蛋市场需求量到底有多大、我们的蔬菜种植前景到底怎么样，农民更是不清楚。由于缺乏权威部门对诸如蔬菜种植面积、产量、分布、价格等方面有关数据进行统计，并以公共产品的形式发放到户，具体农产品超量的提前预警工作不到位，从而导致农民没有更好的预知市场信息的渠道，只能是看到什么赚钱了，马上去“跟风”。而这又往往酝酿着新的风险。

出了大事谁保险？

春节是我国最重要的传统节日了，能宽宽裕裕地过个好年，是辛劳了一年的农民最大的愿望。为实现这个愿望，大多数农民都要趁年底农活不忙而做一些小生意，比如卖个瓜子、倒卖点儿菜什么的。赔赚都不是大事，关键得平平安安。但在2004年的倒数第二天，我们邻村一个刚娶了媳妇的小伙子就出了大事。他卖菜时与一辆机动三轮车撞在了一起，对方开车的是一个刚考上大学的学生，学生的父亲在这次车祸中死了，而我们邻村这个小伙子在春节后第三天还躺在医院人事不省。据说，这家人为娶媳妇已欠了一堆账，现在又出了这样的事，全家人哭得死去活来，日子简直没法过了。

家乡有句话是说农民有两怕两不怕，一是不怕辛苦怕当官的；二是不怕受累怕穿白大褂的。也就是怕打官司怕生病。一个家庭如果有一个人进了医院，这个家就得等着砸锅卖铁，除非病人自己回家听天由命。像邻村这起车祸是两败俱伤，谈不上谁赔偿谁，农民又没入什么保险，家里也就是一口人8分地，够吃够用就不错了，哪里还有钱住医院？但伤者还在医院挺着，家里人也肯定还要活下去，至于怎么活，活得怎么样，就不得而知了。当然我们有民政部门，据说国家每年也都要下拨救危济困的款项，但就我生活的小村子来说，没有听说有谁得到了这份温暖。我们一直在说，要缩小城乡差距，构建和谐社会，要统筹城乡发展，实现共同富裕。但如果财政的阳光不能普照这些遭遇不幸的弱者，如果我们的社会不能为占人口大多数的农民提供最基本的安全屏障，那么，社会稳定就永远是个值得关注的问题，城乡“二元制”社会痼疾就依然会堂而皇之地存在，所谓让农民分享改革与发展的成果就只是一个美好的愿望。

村务啥时能公开？

这次回家，村北的小马路修得很好。据说是县里给出了一半钱，村民自筹了一半钱修起来的。但穿过我村的一条南北路没修起来。村民们说，这本是计划要修的，但钱让干部私分了，就修不起来了。我就问他们，村里有没有具体修路集资的账本，能不能公开。“公开？谁给公开？谁敢叫人家公开？连门儿也没有！”乡亲们说的有一定道理。能当村干部，一般都是村里有头脸的人，是村里的大户。一般小户百姓没人敢提这要求，只能靠干部自觉去公开。这就比较难了。因为，有些事情恐怕真的不敢公开、不便公开。那就有了一个问题，不公开，就会有猜测，就会有谣言，就会让干部看起来不清白，老百姓也不明白。

由此我想到去年也是春节回家，听邻居说有个村的村支书年前携收来的农业税外逃了。据说，那个村所在的镇制定了一条规矩：谁能及时足额把税费收上来，就能接着干村支书，不然就“让贤”。因此，凡是想当干部的人就要尽快收税，实在收不上来就自己先垫上，要么贷款，回头再在老百姓身上连本带利找回来。据说那个村支书就是为此贷了款，后由于竞争太激烈觉得继续干下去可能性不大，而自己垫出去的钱还没收回，于是就出此下策。一位村民说，送礼买官我们那儿都明了，要有人查，保准儿一查一个准。事情究竟是不是这样，笔者不敢妄言，但一些乡村的村务混乱和不透明，绝不是虚言。正是由于民众监督的缺位，制度的压力就难以落到实处，这恐怕也是多年喊村务公开而最终很少真正公开的原因吧。

政策缘何难落“地”?

对于农民来说，减免农业税应是一件大好事。可当我与村民谈起这个问题时，村民丝毫没有感觉，他们很奇怪地看着我，表情甚至有些麻木，好像我在说梦话。“减什么了？跟往年一样，一点也没少。就是每人给了10块钱。”他们这样说。他们并不知道去年河北省作为粮食主产省，农业税率下调了3个百分点，他们也不知道那10块钱是粮食直补的钱，他们更不知道今年河北省全免农业税。当我把这一好消息告诉他们时，他们依然是有点“麻木”的样子，半信半疑地看着我，问：“这是真的?”而后又补一句：“外头都免咱们也不一定免，免了他们（乡村干部）吃啥?”看来，他们是不怎么信我的话。前两天我往家里打电话时，母亲告诉我说，家乡有传言了，今年农业税每人收30元钱，说是给村里一些零开销用。前些年我们村平均每人每年交纳近90～100元左右，如果这消息属实，也就是说，河北省农业税全免了，但我们村的百姓实际可享受到2/3的好处。但在我的乡亲们看来，这已很不错了。

由此我想到，一个真正文明进步的乡村，它的成员不应对关系自己切身利益的事情这样懵懂，也不应该对属于自己的正当权益如此漠然无知。所谓政通人和，人不知即政不通，政不通则人不和。如果国家花费那么多的人力物力，出台那么好的政策，老百姓却对此不知不信，或一知半解，或很少获益，那将是对政策资源最无情的消解和最奢侈的浪费，是一件很悲哀的事。因而“使民知之”，让他们走出小农的蒙昧状态，成为新时期真正具有公民精神的现代农民，这不但是社会文明进步的需要，更是各级政府的责任，也是文化教育界甚至全社会都应关注的重要层面。

再一次审视家乡的生存状态，我感到，在形同战场的市场大比拼中，我的乡亲们是装备落后的散兵游勇；在重大疾病和突如其来的灾难事故中，他们是飘摇于汪洋大海的一叶小舟；在乡村公共事务中，他们又多是听之任之、无可奈何的小民百姓；在国家大政方针调整中，他们则又像懵懂的孩子，或知之甚少，或闭塞不明。对于他们而言，最实实在在的莫过于他们依恋的那块“土地”。可就是这样，还总有一些人想打农民仅有的这点儿“家底儿”的主意。只是不知道他们想过没有，要是再没了这点“家底儿”，农民可怎么养家糊口生存发展？国家怎么实现社会和谐和大局稳定？

（2005 年 3 月）

一个人·一个村·一个产业
——台湾休闲农业考察记

2016年9月24—30日，赴我国台湾地区交流考察休闲农业及农产品加工业。考察期间受台风“鲶鱼”影响，原定的农产品加工考察行程受到一定影响，遂重点对休闲农业进行了考察和交流。考察团组与“台湾农村发展基金会”进行了座谈交流，实地考察了信义商圈超商农产品加工销售点，花莲县马太鞍湿地生态区、胜洋水草休闲农庄，宜兰县香格里拉休闲农场，新竹县新浦镇大坪社区，雅闻七里香玫瑰森林，苗栗县大湖酒庄，以及南投县桃米社区，并与“台湾农委会水保局”有关负责人、香格里拉休闲农场负责人张清来、创意美学公司执行长徐进发等进行了较为深入的交流。考察内容比较丰富，台湾休闲农业的发展令人印象深刻。

一个人：他叫张清来

张清来，64岁，地道的农家子弟，现任香格里拉休闲农场董事长，兼香格里拉冬山河度假饭店董事长，被称为台湾休闲农业教父。他幼年家贫，小学文化，后靠7年勤奋自学，通过公务员金融特考，坐到台北公务员办公室。十几天后，他感到这不是自己想要的生活，重新又回到农村，投身农业，开始研究农业存在的问题和未来发展方向。20世纪80年代，他陆续发表了《三农三困》，主要谈农民贫穷、农村没落、农业萧条；《兴农六论》，这六论分别是：文化论，农村文化需要保留传承，农村的敬天、顺地、爱人、包容，都是其特有的文化，有文化，才有内涵，才有尊严。教育论，教育建构信心，有教育才有价值。农村山川自然、动植物、四季更替，是最好的教育场所，像日本、丹麦等国家，小孩子上了初中，要进行乡村游学，接受农村文化教育的洗礼。环保论，不能只追求产量，而应该考虑怎么永续发展，如何爱护土地、水、空气等自然资源，顺应自然规律，才能永续发展。科学论，中国农民能够吃苦耐劳地工作，但讲科学就是其弱项了，而科学即是管理。观光休闲论，通过观光休闲，把产品、环境卖给客人，同时，通过发展观光休闲农业这个平台，与外界互动接轨，获得人际关系脉络的提升和拓展。农商品论，要把农产品变成农商品，把我要生产，转变成别人想要，这个观念一定要扭转，生产一大堆农产品，没人要，岂不是白辛苦。

有了理论，还需要实践。张清来在1980年以5万元台币起家，承包山地种植果园，1987年果园开放，开始供大家采摘休闲，他收取门票及所采果实的钱，就赚取了休闲农业的第一桶金。1990年开始盖房子、经营民宿。但因为是新生事物，政府曾对其进行取缔、没收、罚款等多种打压。他认识到一个产业的兴起需要三种力量的支撑，一是社群的力量。即一定要有规模、有气候，才能得到重视和支持。于是张清来利用三年时间，从1990到1992年，通过刊发广告，把有志于发展休闲农业的青年招集过来，免费培训3天两夜，共培训了10个班次1 000个农村青年，这些人回去后纷纷投身休闲农业，为台湾休闲农业的发展建构了雏形。二是专业的论述。即要有学术理论的支持。张清来为此遍访台湾大学、农业大学、科技大学等农业科研院所，并积极争取媒体报纸的正面报道。三是法律的根基。农业不仅提供吃的，而且提供环境、空气、人文、教育等多元供应，是具有多元价值和内涵的。因此通过社群力量和专业论述，对台湾地区有关法规制定修订产生积极影响，经过不懈努力，推动修改了"《台湾农业发展条例》"第64条，将休闲农业列为农业经营的一种，后来台湾地区又相继制定了休闲农业管理办法、民宿法等，为休闲农业发展奠定了法律基础。

有了产业雏形，有了理论和舆论的支持，有了法律的保障，休闲农业经营者开始呼吁执政当局编制预算，随后伴随财政资金投入，这个产业发展就走上了蓬勃发展的轨道。张清来说，执政当局的推动固然重要，但从业者的自我经营管理能力却是关键，策略领导决定兴亡，专业技术决定成败，经营管理决定盈亏。而只有能赚到钱，才能生存立足。张清来简单谈了他对商道的理解。他说，商道的最上位就是创造需求、掌握需求，这里就涉及"第一"和"唯一"的关系，达到了唯一这个境界，价格就由你来决定。而第一，会很快被超越。而要创造唯一，就需要挖掘产品的内涵、意境和文化，才能形成"只有我有"。

他的香格里拉休闲农场应该算是"唯一"的一个例子。该农场占地600亩左右（台湾地区大多数农场都在20～30亩左右），在台湾地区算是个很大的农场，被称作台湾地区休闲农业的摇篮，它以台湾特有树种桧木为主要原料修建的民宿，加上农场周边优美的环境，有独一无二的特点。其客房住宿价格可达每间1 000～1 200元人民币。目前该农场以餐饮、住宿和体验为主要收入来源，其中住宿占60%，吃饭占30%，其他收入占10%，年收入在1 000万～2 000万元人民币。

张清来的第二桶金就是来自他这个"唯一"的理念。1998年，银行利率下行到1.8%～2%时，张清来意识到机会来了，他对妻子说，我要让你数钱数到不想数。于是他找来三家银行的经理，把财务报表给他们看，说服他们贷款给他，然后，他又找来经营土地的人，要求他们给找最好的土地，他认为土地是唯一的，其地理位置及周边环境无法取代，这样，他贷款买了当时最好的土地，价格为每亩8 000元，一年后土地价格翻了一番，5年后涨到3万元/亩，张清来2000年时资产已达几十亿元台币。张清来说，休闲农业本身只要经营管理得好，抓住唯一去做文章，是会赚钱的，更为重要的是通过这个舞台所结识的社会脉络，使你有无限机会可以把握。

张清来说，农村要兴旺，青年要回乡，凭什么？如果农村是老样子，农民收入靠种地，又赚不了什么钱，那没有可能。所以，一定要在农业经营方面从完全竞争市场走向发展独占市场，要编一套故事，用什么种子、什么肥料，怎么种、怎么管，产品有什么益处，用文化和艺术的手段直接卖给消费者，形成独特性。只有这样才能兴得起产业留得下人才。据张清来说，他当了四年法官的大儿子回来跟父亲一起干了，他要到美国宾州大学攻读物理博士的儿子也被他说服留下来一起做休闲农业了。他说，休闲农业赚不赚钱，你就看他的第二代或第三代是不是还在干这个，如果还在干，说明赚钱，不然就是不赚钱。他说，跟他一块起来做这个产业的，大部分已把产业传给了第二代，这说明台湾地区休闲农业还是有吸引力、有价值、有钱赚。香格里拉休闲农场已开始走国际化的路子，已与我国香港特区及韩国、东南亚等国家和地区的旅行社联手打造旅游产品，目前国际游客已占到四成。

一个村：它叫桃米村

南投县甫里镇桃米村是此次台湾行考察的唯一一个村庄，地处深山，就是这个小山村，走出了台湾村庄发展的新模式——社区营造、生态规划、永续发展。

十年前，桃米村与祖国大陆大部分农村一样，青壮年外出务工，村里农业衰退、人口结构老化，经济落后，环境脏乱差。1999年9月21日大地震之后，桃米村更是一片疮痍。如何重建桃米村，建一个什么样的桃米村，成了当时桃米村人和社会帮扶力量的共同课题。借助附近的大学资源，政府、社会组织和大学教授、返乡大学生、中产阶级等精英分子积极参与，构成桃米村乡村建设的中坚力量，这些人在试验并创造一种以知识经济为基础的乡村生活创意产业，秉承“生态规划、社区营造和永续发展”的原则，主张“回到土地、回到社区、回到生活”，他们打出了生态牌、人文牌和民宿牌，努力打造安静、悠闲、慢拍的生活方式。

生态牌。桃米村地处山区，有森林、瀑布、鸟兽虫鱼和谐共生，特别是青蛙种类非常多。桃米村就地取材，提炼出新的生态符号“青蛙共和国”。在桃米村，处处可以看到青蛙的雕塑和图案，这些青蛙或静或动，或蹲伏或跳跃，神态多样；或石雕、或铁铸、或木制、或陶烘、或彩绘，大小不一，形状各异，山前屋后，门边走廊，草丛里，花盆中，在桃米村行走，随时可以看到一只青蛙在朝你微笑。村民们还打造了与生态环境相协调的民宿院落，在院落里建造生态池——为青蛙营造生态家园，还打造了湿地公园。由于生态环境的保护和宣传，到桃米村旅游的人越来越多：3 月来看青蛙，4 月来看萤火虫，5 月来看油桐花，6 月来欣赏独角仙，8～9 月放暑假，桃米就成了小朋友们的生态课堂……一流的生态环境，是桃米村提供给大家的“唯一”，吸引着众多游客来这里观光度假，节假日和周末，桃米村日接待游客达到 1 500 人，平时每天也在 500 人左右，每年仅门票收入就有 200 多万元人民币。

人文牌。位于桃米村新故乡见习园的白色纸教堂是一座独特的纸管建筑，是以 58 根纸管建构成的椭圆形空间，框架由竖起的纸管支撑，里面的凳子也是横着的纸管充当，每根纸管的抗压强度近 7 000 千克。进入大厅之后，屋顶棚幕透射进的天光，令人有种向上升华的奇妙感受。这座建筑来自日本，诞生于日本阪神 1995 年的大地震，曾陪伴神户居民从焦土中站起，其设计的原始目的是作为小区的集会中心，礼拜天也作为教会的弥撒场地，是日本阪神大地震时的精神象征。2005 年，这座纸教堂解体，材料运到了台湾，由台湾新故乡文教基金会接管并重新搭建，除作为教堂外，也作为小区活动中心和观光点。纸教堂内部有彩纸做的帘子，整个建筑在简约中透着现代、朴素中蕴藏庄重，加上户外开阔的苍茶翠色、水光树影，彩绘的毛毛虫、祈福蛙和平安蛙等，更显得神圣、自然、美丽。目前，纸教堂已经成为南投县非常重要的景点之一，更是桃米社区的品牌之一，文教基金会招募志愿者在此服务，为参访者讲解纸教堂的前世今生。

民宿牌。桃米村有近 30 家民宿。每一栋民宿都是依山而建，顺势布局，结合当地生态特点和自己的创意，各有特色。桃米村成立了管理民宿的协会，在村里协会的统一管理下有效运营，大家互相团结，互助互利，将一个个独立的民宿联结起来，形成一个休闲农业社区。我们走访的三茅屋民宿，是以青蛙为其文化符号的，除了干净整洁的住宿外，到处可见各种生动的青蛙造型，其男女卫生间也命名为“公蛙”和“母蛙”。而转过一个山坡，又是另一种风格，其文化符号是蜻蜓造型，其民宿院落中有一个巨大的木制蜻蜓，可爱灵动，屋身以河里打捞的实木加以装饰，朴拙厚重，当然，门口也有一个巨大的石头青蛙造型。无论是蜻蜓还是青蛙，其外在形象是动物，其内在含义却是生态和环境。发展民宿，表面上是推销客房，实际上是推销环境、生态和人文。

桃米村是台湾地区村庄建设的新型发展模式，它的建设与廖嘉展的新故乡文教基金会密不可分。这个社会组织以“实践在地行动的公共价值”为主要目标，致力于社区营造工作。它成立了“埔里家园重建工作站”，和桃米村结了“对子”，与桃米村同行了十多年。他们在桃米发起的第一个公共行动是“大家一起来清溪”，以清理坑溪作为重建行动的起跑点，目的就是要启发村民自我意识的觉醒。对此，村民从最初的质疑、观望、冷嘲热讽，到慢慢接受、参与。人的观念一旦改变，行动就会跟进，基金会开始举办一些深入浅出的培训，以生态为体，产业为用，引领村民重新认识生态的奥妙，改写他们对家乡的认知。给我们担任导游的是桃米村一位近60岁的大妈，看得出来她对自己的工作由衷的热爱，满含着感情给我们讲解桃米的一切。她说，一开始让她讲解，她的声音是抖的，说话是结巴的，现在是人越多我讲得越流畅。

桃米村只是新故乡文教基金会20多个试验点之一，但它是唯一成功的一个。据当地人介绍，桃米村的成功，是因为拥有一群愿意改变的村民。在参访过程中我们看到一个20岁左右的小伙子在专心做木工。导游告诉我们，这个小伙子是文教基金会董事长的儿子。那时天色已晚，暮色中这个年轻人依然在忙碌着，看不到急于回家的浮躁，也看不到张望别处的野心，他与周边的景物融洽和谐，浑然一体。这就是安居乐业的生动写照吧。

一个产业：它是台湾休闲农业

台湾地区休闲农业是适应全岛农业经济转型、乡村社会转型、乡村社会价值重塑以及乡村发展模式建构需要的新型产业。正如张清来所说，台湾地区休闲农业发展始于1980年代末，由农户自发产生，市场主导运作而逐渐成形，按照深挖“三生”（生产、生活、生态）资源，助推“三产”融合，培育“三新”（新业态、新模式、新动能）产业发展的理念，最终呈现出集农业经营与观光旅游、休闲娱乐、体验感受、学习教育为一体的多元化发展类型，主要类别有休闲农场、农家民宿、观光农园、休闲牧场以及教育农园等。目前，全岛休闲农场共有447个，2015年吸引岛内外游客1 400多万人次，其中岛外游客14万人次，年营业额达到100亿元以上台币，休闲农业已成为当地农业的生力军、对外形象的展示窗口。

台湾地区休闲农业有六个鲜明的特点：

一是注重规划。岛内行政机关通过严格的规划布局、认证许可，对休闲农业发展进行全方位的动态调控。2007年，岛内休闲农业经营业主已达到1 244家，但经“农委会”准设许可和查验，逐渐降至目前的300多家。对是否作为休闲农业的景区发展，事先要聘请专家进行实地考察和评估，通过详细的规划设计，并由乡村社会、民俗文化、景观生态、水土保持、森林、园艺环境工程、旅游观光、地政等方面的专家及机构代表，共同组成“休闲农业咨询小组”，开展前期规划设计与决策咨询。休闲农业依照规模大小分两级审批。筹设休闲农场申请面积未满150亩者，由直辖市或县（市）主管机关农业单位会同相关单位审查符合规定后，核发休闲农场筹设同意文件；面积在150亩以上者，由直辖市或县（市）主管机关审查后，报请当局主管机关核发休闲农场筹设同意文件。“农委会”与“台湾休闲农业发展协会”合作推动休闲农业的检查和评审，颁发认证标章。对获得评审核定的休闲农业区，均由“农委会”认定挂牌经营，并提供资助经费，用于相关设施的配套建设。业主必须严格依法经营，一旦违规即受处罚，直至被取消经营许可资格，退出市场。

二是注重创新。创新是台湾地区休闲农业强劲发展的重要动力。首先是理论创新。正如张清来所讲，岛内休闲农业萌生之初，就十分注重理论创新，在整个发展过程中，休闲农业管理机构、协会组织和经营业主十分注重发挥专家智库的作用，台湾大学等一批高等院校的农业、管理、金融专家，都把休闲农业作为研究对象，从产业发展规律、行业发展趋势、潜在客户挖掘、主题客户管理、整体形象宣传等方面进行研究，为产业发展储备理论，提供专业咨询指导。其次是制度创新。实施农庄辅导制度。行政机关出资聘用第三方公司辅导解决休闲农业区内各农庄的问题，包括但不限于规划提升、形象设计、衍生产品开发、经营难题、资源对接等。每个辅导公司按休闲农业区域实施片区包干制度。第三是实践创新。岛内休闲农业注重在项目设置、产品及包装设计、行销方式等多方面进行创新。如桃米社区确定每三年要创新一个项目，由此培养休闲观光农业经久不衰的吸引力。香格里拉休闲农场在岛内客户充分开发的基础上，创新行销方式，积极与国外旅行社合作，着力开发国际客户，拓展国际旅游航线，目前国际游客已占其四成份额。

三是注重培训。台湾地区休闲农业发展过程中十分注重培训从业人员素质，“台湾休闲农业发展协会”从中发挥了不可替代的作用，他们从提升产业档次规模和满足消费者个性化需求的角度，专门编辑培训教材，对经营主体从项目设计、运营管理、运行模式、服务礼仪等方面进行培训。从业者不仅精通农业知识，而且善于管理、精于讲解，用渊博的知识、周到的服务让休闲体验者乘兴而来、满意而归。如桃米社区的深耕教育课程就设置了34节，从认识家乡的各种生态资源，到生态绿化、环境伦理和自然保育，再到领团实务、民宿经营、美食料理、生态旅游，再到社区营造、文化创意、产品开发和包装、区外观摩，还有电脑操作、生态摄影、刊物出版等，培训内容非常丰富，几乎能涉及的环节都有培训，这些扎实管用的培训为台湾地区休闲农业顺利发展提供了充足的知识、技能、规则、人才等多方面的储备。

四是注重文创。台湾地区文创水平很高，这在休闲农业这个领域也有充分表现。各休闲农业经营场所大到园区规划编制、体验项目挖掘、科普展示方式、休闲产品开发，小到食品开放、接待中心建设、垃圾桶设计等，在确保乡野性和生态性的基础上，遵循传统与现代跨界融合的理念，因地制宜突出创意、开发产品，着力打造柔软、亲和、精致，着力将农场改造成融合农旅、亲近自然的家庭亲子旅游目的地，把民宿打造成回归田园、触摸乡愁的诗意栖居，促进了一二三产业高度融合。比如，在桃米村，你会在庭院里随意一个角落，看到一盆小花后面探出一个瓷制的小青蛙脑袋正冲着你乐，让你的心瞬间变得很快乐很柔软。而坐在香格里拉农场酒店向外推出的窗前，远眺青山云黛，近看窗边悬挂的诗联，一种宁静悠然自得。而位于苗栗明德水库风景区旁台湾雅闻七里香玫瑰森林更是让人耳目一新。这里本是化妆品企业的生产工厂，但结合休闲、体验，这里已成为岛内休闲农业旅游的新亮点。园区占地 1.3 万多平方米，种植了上万株来自世界各地不同品种的玫瑰花，也保留着近 2 000 多棵百年的七里香树木，搭配玻璃屋、故事馆、秘密花园等 20 多个主题故事馆，还有世界著名的地标造景，让人感受到优雅和浪漫。消费者参观完农场，又在美丽的园区休闲体验过之后，都会非常信任地购买各种护肤保养品，这成为这个观光园的直接盈利点，而对产品的信任、产品品牌的知名度提升则是其潜在的盈利点。

五是注重细节。台湾地区休闲农业非常注重细节打造，主要体现在“看、吃、买”三个方面：看的方面，即供参观的区域基本都是整洁、美观，从主打色彩，到独特造型，再到产品摆放，给人赏心悦目的感觉。如苗栗县大湖农会酒庄及主题文化休闲园区，其展示的各种草莓制品，包括草莓酥、草莓煎饼、草莓果干、草莓牛奶糖、草莓香甜酒及服装服饰、小工艺品等，从口感到包装再到摆放，让人感到美不胜收。吃的方面，即无论是在哪个休闲农场吃饭，都会有一些有趣的故事给客人听或看，用的餐具或精美或豪放，也各具特色，吃的食物也很注意体现唯我独有的特性。如宜兰县员山乡尚德村胜洋水草休闲农庄主题餐厅，古朴的室内装修，室内悬挂的字画条幅，介绍了老板徐志雄创业的心里路程和情怀追求，餐厅主打水草创意料理，从餐具到食品，看上去都非常精致，食材大都与水草有关，如水紫苏番茄沙拉、鱼腥草鸡汤等。买的方面，每个休闲农业园区都有农产品加工和衍生品超市，让参观的人在看完、尝过之后，还能带走一些特色产品，与亲朋好友分享。这既可以满足客人的需求，也是对自身的一个延伸宣传。目前，有的休闲农庄已不仅限于销售自己的产品，也开始销售其他品牌的产品。如大湖酒庄，三年前这里只有自己生产的草莓酒、零食、生活用品等上千种衍生品，如今除了自己品牌的商品，还有信义梅子酒庄的系列酒和其他品牌的产品。这说明一些名气大的休闲农庄开始利用自身的品牌效应向商品集散地的发展方向伸出触角。

六是注重体验。台湾地区休闲农业部分经营主体遵循“寓教于乐”的理念，通过组建“专业导览员”，从农业知识普及、农产品质量安全标准、体验过程培训、园区概貌讲解、游客互动体验等环节全程陪同，科学引导游客休闲方式，潜移默化培育消费增长点。如我们参观的花莲县马太鞍湿地生态区“拉蓝的家”。拉蓝和他夫人共同经营的生态园区将阿美族文化和生活形态以教育和体验的方式表达得非常充分。拉蓝以他幽默风趣的导游风格，将阿美族人的生活从服装服饰、风俗习惯到拉网捕鱼和饮食文化等都进行了生动的诠释，还让消费者亲自动手体验树皮锅内煮饭及下渠捞鱼、捣黏糕等，给消费者留下难以磨灭的印象，也延伸了消费者停留时间。桃米社区的参观旅游也精心策划体验项目，如桃米野餐、听蛙识蛙、手工制作各种形状的糕状食品等。雅闻七里香玫瑰森林更是让客人在参观的过程中体验他们的产品，介绍产品的制作过程、使用效果等，与客人亲切互动，增加产品的亲和力，让人更愿意接受和购买。

借鉴台湾地区休闲农业发展经验，我们在发展休闲农业过程中至少需从以下三点着力。

第一，培育内力。休闲农业作为一个新兴产业，它的出现有其内在的催生力量和必然规律。这种内在的催生力量即是经济发展到一个阶段的必然。而这种必然能否在现实中顺利发展、健康成长，就需要关注、培养、推动、合力经营。要发展好休闲农业，其核心要义是要发展农村、发展农业、发展农民，而不是资本下乡圈地、老板驱赶老乡。休闲农业的主体应该是农民，主要受益者也应该是农民，核心要素也应是农民。如何激发农民投身休闲农业的热情，如何培育农民经营休闲农业的能力，就是发展休闲农业的核心问题。就台湾地区的经验来看，一是做好理论储备，二是做好理念和实践宣传，三是做好人才培育。这三个方面都是我们可以借鉴的。其中的难点是做好人才的培育。我们既要在现有的培训平台上加强休闲农业的有关培训，也要有侧重地创新宣传教育平台，利用信息化手段，为广大农民提供更为方便、便宜的培训资源。只有把“人”这个核心要素培育强大，才能驱动休闲农业持续健康发展，才能使休闲农业发挥对接城乡、沟通城乡、联结城乡的桥梁作用。

第二，做好“经纬”。这里的“经”是指政府部门要发挥作用，可以从政策支持、规划许可、立法保障等多个层面，对休闲农业发展起到指导、推动、规范的作用。这里的“纬”，是指撬动社会资源，发挥社会组织、民间力量对休闲农业的扶持和服务。台湾地区在休闲农业发展方面有比较好的经纬体系：从上到下均设有休闲农业管理及辅导机构，负责制定政策法规，编制和审批规划，安排资金补助和贷款，支持公共基础设施建设，提供信息咨询服务，制定评价标准，定期检查和评估，加强与旅游部门联系推介等；“台湾休闲农业发展协会”是1998年由休闲农业经营业主组成的社会团体，在制定认证标准细则、开展休闲农业服务品质认证的同时，从人力资源、产业辅导、整合营销三方面协助经营者提高服务质量。相比较而言，我们的休闲农业发展在体系经纬方面还有许多工作需要探索研究、推动落实。目前除了农业部设有休闲农业处之外，各地极少有单设的官方机构推动该项产业发展。有关社会组织在推动休闲农业发展方面虽然起到了一定作用，但整体影响较小，在辅助产业提质增效上还有很长的路要走。如何经纬休闲农业更好地发展，撬动社会资源向休闲农业倾斜，同时防止资本对农业农村农民的侵蚀和掠夺，为休闲农业发展打造健康的发展环境，尚须进一步探索。

第三，抓好规划。近几年来，我们的休闲农业蓬勃发展，2016年，休闲农业和乡村旅游接待游客近21亿人次，营业收入超过5 700亿元，从业人员845万人，带动672万户农民受益。在这样一个体量基础上，我们休闲农业的顶层设计需进一步加强，可借鉴台湾地区的经验，在规划发展、论证许可、监督检查等方面作出探索，可与开展农村双创相结合，实现边发展、边规划、边监督、边提升，进一步提高休闲农业发展的品质和水平。

（2017年1月）

“种”出来的绿色寿光

如果没有去过寿光，你不会感受到蔬菜产业是如何蓬勃发展、富了一方；如果没去过寿光中国国际蔬菜科技博览会，你不会知晓天地间有如此多的蔬菜品种和令人咂舌的产业技术：那长在空中的地瓜、状似飞碟的南瓜、拔地而起的茄子树、从天而降的圣女果、结在南瓜秧上的黄瓜……置身寿光现代化的蔬菜大棚里，你仿佛走进了蔬菜的自由王国，一切都是那么新奇，一切又都充满勃勃生机。

2009 年 4 月 25—26 日，赴山东省寿光市实地参观、学习和调研。期间听取了寿光市农业局有关领导情况介绍，参观了第十届中国国际蔬菜科技博览会、寿光蔬菜批发市场，考察了三元朱村蔬菜科技示范园等，感受颇多。

感受之一：科技与人才

“寿光农民也出去打工，每年在外面有 3 000 多人，主要是到外地市县乡担任科技副县长、科技副乡长或科技特派员什么的。”寿光市农业局局长杨维田说这句话时很平静，但他的心里一定是自豪的。

寿光市共有 102 万人口，农业人口 80 多万，农民人均纯收入 7 654 元，其中仅蔬菜一项，就为农民贡献 4 000 多元。寿光人自古就有晒盐种菜的传统，近二十年来，勤劳的寿光人以市场为龙头，一手抓农业科技创新与推广，一手抓科技人才的引进和培育，着力提高产业科技含量和农民的科技素质，增加蔬菜产业的综合效益和可持续发展后劲。

寿光市共有 12 家科研机构为蔬菜生产提供科技支持，同时该市还与中国农业科学院、中国农业大学、山东省农业科学院等 46 家省级以上科研单位和院校保持合作，开展蔬菜育种、栽培、植保、设施等新品种、新技术的研发。目前，寿光市依托中国农业大学寿光蔬菜研究院，已研发了 4 个具有自主知识产权的甜瓜品种，推广了大棚滴灌、臭氧抑菌等 300 多项国内外新技术、1 000 多个新品种和立体栽培、生物组培等 30 多种种植新模式。同时，寿光市着力完善市镇村三级科技推广服务体系，组建了 50 多家蔬菜协会，建立了蔬菜示范园博士后科研工作站，开设了“中国农业人才热线”“农业人才信息库”，引进农业科技人才100多名，以市农广校、农技中心、镇农技服务中心、村科技综合服务大院作为培训基地，定期对全市广大农村群众进行科技知识大轮训，全市目前有10多万农民获得“绿色证书”，2.4万农民取得“农民技术员”资格，180人获“农民科技专家”称号。

在这样一个重科技、育人才的氛围里，寿光市蔬菜生产先进技术和良种覆盖面分别达到95%和98%，科技进步对农业增长的贡献率达到67%。

感受之二：质量与品牌

“寿光的蔬菜不愁卖，基本都是内销，今年的国际金融危机对我们影响不大，基本上没有出现卖难的问题，而且今年菜价非常好。”杨维田说道。

一直以来，寿光市在发展蔬菜产业的过程中，坚持一手抓标准化生产，一手抓品牌建设和推广，二者互相促进，互为动力，夯实了蔬菜产业健康发展的基础。

在推进标准化生产方面，着力健全五个体系：一是健全执法监管体系。市政府成立了市长任组长的农产品质量安全领导小组，下设农产品质量安全监督管理办公室，具体负责全市农产品质量安全监督管理的总体规划和监督管理。市农业局成立执法大队，共有14个编制、20个人，各镇街道成立农产品质量安全监督管理办公室和农业行政执法中队，每个中队6～8人，执法人员统一着装，统一接受培训，配上岗执法证，在规定范围内行使职权。各村也都实行了村委负责制，每个村委会成员都是农产品质量安全监管员。全市形成了一级抓一级、层层抓落实的监管体系，为农产品质量安全监管提供了强有力的组织保障。二是健全蔬菜生产标准体系。寿光市政府先后出台多个规范性文件，推动农产品质量安全工作的经常化、规范化。同时，重点围绕蔬菜生产的各个环节，组织专家按品种制定有关标准化生产规程，将农业生产全部纳入标准化体系，彻底解决了无标生产、无标流通、无标销售的问题。三是健全蔬菜质量检测体系。寿光市投资1 000多万元建设了市农产品质量检测中心，14处镇街道投资200多万元新上了28台高标准检测设备，全部配备了农产品质量流动检测车，农产品企业、基地、市场、超市均建立了蔬菜质量检测室。2008年，寿光市又对村头地边蔬菜交易市场进行了集中整治，对不符合标准的755处村头地边蔬菜交易市场进行了取缔，保留的575处市场全部配备了高标准速测设备，形成了全覆盖的检测网络。四是健全农民合作组织。寿光市把发展农民合作组织作为推进标准化生产的抓手，积极鼓励发展各种形式的农民合作组织。目前，寿光市农民专业合作经济组织发展到 248 个，辐射带动 40%的村，10 多万农户。各类农业龙头企业 410 家，80%的农户进入了产业化经营体系。五是健全科技服务推广体系。通过健全该体系，完善农业投入品综合整治制度、基地认定准出制度、市场准入制度和蔬菜质量例行检测制度等，大大强化了蔬菜质量安全保障。2008 年，农业部对寿光蔬菜的检测合格率为 99.25%。

在品牌建设和推广方面，积极推进“三品”认证、商标认证和名牌申报：一是加大对品牌创建的支持力度。寿光市坚持“独、特”和不可复制性原则，以争创中国名牌农产品、地理标志产品和山东名牌农产品为重点，集中培育一批品牌产品和品牌企业，不断加强农产品品牌认证工作。凡在寿光从事农产品生产、加工、经营的企事业单位、农村经济合作组织和其他经济组织，当年新获“中国名牌农产品”“地理标志产品”“山东省名牌农产品”荣誉的，市财政将分别奖励 50 万元、20 万元、10 万元；新获国家有机食品、绿色食品、无公害农产品认证的，市财政分别奖励 1 万元、0.5 万元、0.5 万元；成为国家、山东省、潍坊市农业标准化示范区和农业标准化示范基地的，市财政分别奖励 5 万元、2 万元、1 万元。目前，寿光已有 325 种农产品获得优质农产品标志，打造了“乐义”蔬菜、“王婆”香瓜等十几个知名商标。同时，寿光市正在组织对桂河芹菜、独根红韭等地方特菜申报地理标志产品。二是积极宣传寿光蔬菜品牌。寿光市每年都组织有关企业和部分蔬菜种植户积极参加中国国际农产品交易会和上海、青岛等大城市农产品对接会，所有参展企业都可获得财政补贴的展位费，出国参展的企业也能获得一定补贴。在鼓励本土企业“走出去”的同时，寿光又通过举办国际蔬菜科技博览会，把国内国际客商邀请到寿光来，进一步扩大寿光蔬菜的品牌影响。目前，寿光国际蔬菜科技博览会已连续举办十届，成为国际性蔬菜产业品牌展示会，带动了农业、工业、旅游、商贸共同发展，成为寿光市经济发展的重要平台和一大亮点。

良好的产品质量，为寿光蔬菜产业品牌创建打下了基础，而品牌效益的带动，也为进一步打造高品质蔬菜助加了动力，二者相得益彰，共同推动了寿光蔬菜产业的蓬勃发展。目前，寿光蔬菜种植面积已发展到 80 万亩，冬暖式蔬菜大棚达到 40 万个，形成了万亩辣椒、万亩韭菜、万亩芹菜等十几个成方连片的蔬菜生产基地，全市涌现出了“中国韭菜第一乡”“中国胡萝卜第一镇”“中国香瓜第一镇”等专业镇村 587 个，蔬菜产业已成为寿光最具竞争力和特色的支柱产业之一。

感受之三：市场与服务

“1988 年，寿光 1 亿多斤大白菜卖不出去，愁坏了农民，也急坏了政府，逼得政府下决心：一定要搞好流通，寿光蔬菜批发市场也就是在这样的背景下成长起来的。”山东省农业厅办公室副主任鲁主任介绍说。

这个被逼出来的寿光蔬菜批发市场，在17年的发展历程中，既经历过市场的考验，也经历过改革的阵痛，但他们始终坚持开拓市场发展空间，加大信息服务力度，如今的寿光蔬菜批发市场已成为“买全国、卖全国”的蔬菜集散中心、信息交流中心和价格形成中心。

寿光市按照“巩固核心、扩展体系、突出加工”的思路，积极灵活地进行市场结构调整，为寿光蔬菜产业的发展壮大搭建了广阔的市场平台。巩固核心就是不断改进寿光蔬菜批发市场的动作方式、交易手段、组织体系和发展战略，做大规模，扩大影响。寿光市先后投资3亿多元扩建市场，建成了国内第一家农产品电子拍卖中心和物流配送中心，面积扩大到680亩，年成交蔬菜400万吨，年交易额56亿元。“有些省也有蔬菜批发市场，但与我们比，至少要落后个二三十年。”寿光市农业局一名工作人员自豪地说。扩展体系就是以蔬菜批发市场为核心，对外抓开拓，对内抓完善，构筑与国内外市场相融合的现代化市场体系。目前寿光已配套建设了“十大蔬菜专业市场”，带动了蔬菜运销、经营、中介等产业和人才、信息、技术等要素市场的发展，形成了内外相通、遍布城乡的市场网络。目前寿光市已有专业市场40多处，集贸市场196处，还创建了全国第一家蔬菜网上交易市场，年交易额326亿元。先后开通了寿光至北京、哈尔滨、湛江三条“绿色通道”和面向国际市场的海上“蓝色通道”、网上通道，蔬菜销售范围已辐射到全国30个省份和10多个国家和地区。“突出加工”就是大力发展蔬菜加工业，扶持壮大了天成食品、赛维科技等一批重点农业龙头企业，增强了辐射带动功能，实现了企业增效与农民增收的双赢。

在做强做大市场的同时，寿光市农业局加大对农信息服务。2005年，寿光市农业局成立了农业信息服务中心，创建了寿光农业信息网站，通过视频互动、热线应答、短信交流、现场指导相结合的农业科技信息110视频服务体系，依靠寿光农业信息网这个平台，通过网络、电话、现场服务三个渠道，利用远程网络视频服务、大棚实时气象服务、农业专家移动信息服务、蔬菜标准化生产技术数据、农业影视点播、12316农技服务热线等六大系统，依托320多个设立在农资经营点的农村信息服务站，为全市农民提供蔬菜标准化技术咨询、市场信息等服务，服务范围涵盖全市14处镇（街道）、600多个村，惠及16多万户菜农，累计为农民解答蔬菜标准化技术问题18多万个，推广标准化生产技术600多项。寿光农业信息网也被农民誉为“一点就灵的技术万事通”“永不落幕的农家影院”“科技千里眼”等。

感受之四：奋斗与和谐

“我们的王乐义书记就是坐着这部车到全省和全国去传经送宝，传授大棚蔬菜种植技术的。”在寿光市三元朱村村委大楼展厅里，讲解员指着一辆的绿色吉普车向前来访问的客人介绍。

三元朱村出名是因为该村的领头人王乐义书记，而王乐义书记出名，是因为在他的带领下，三元朱村干部群众克服重重困难，于 1989 年一举试验成功了“冬暖式蔬菜大棚”，大棚蔬菜由这里走向全国，引发了一场改变大半个中国农业产业结构的“绿色革命”，大幅度提高了农民收入。1990 年，当时的县委书记王伯祥为王乐义书记配了这辆吉普车，乘坐这辆车，王乐义和他的搭档韩永山当年行程 4.3 万公里，为 27 个乡镇传授了经验，帮助建起 5 130 个蔬菜大棚，创收 6 000 多万元。1991 年，还是乘坐这辆车，三元朱村的冬暖式蔬菜大棚开始走向全省，走向全国，每年行程都在 5 万多公里。这辆车，为寿光蔬菜产业发展立下了汗马功劳，以王乐义为首的三元朱村人，也为寿光乃至全国蔬菜产业化发展立下了汗马功劳。

如今的三元朱村，已建起高科技农业示范基地和国际农业科技培训中心，先后试验、改进并推广了五代冬暖式大棚技术，引进试验成功了滴灌、微机控制、无土栽培、生物防治等 20 余项技术，推广了近 20 类 300 余个作物新品种。走进三元朱村，530 个冬暖式蔬菜大棚，310 亩精品果园，统一规划的新农舍、敬老院和学校，高标准的医疗、商业和活动场所，展现了一个生机勃勃的现代新农村的风貌。2008 年 1—11 月，仅有 865 人的三元朱村创造了近 4 000 万元的产值，人均纯收入达 12 000 元。

“种地能种出这样一个新农村，王乐义不容易，三元朱村人也不容易，这全是汗珠子滚出来的成就啊！”一位参观者发出由衷的感叹。其实，三元朱村只是寿光的一个缩影，寿光之所以能在全国百强县榜上有名且排名靠前，离开了勤劳和智慧，离开了团结和奋斗，是不可能实现的。而最让人体会深刻的是，走进寿光，满眼是瓜果蔬菜、生态林原，看不到发展的“副产品”——臭水污沟和劣质空气，一种城乡共同发展，经济、社会、自然和谐相处的图景跃然眼前。

结语：种在大地上的理想

“这是我们的规划图，在这里，我们将建设一个面积为 3 026 亩的农产品综合批发市场，国家已经立项，计划投资20亿元，建成后年交易额将达到600亿元，那时就不叫寿光蔬菜批发市场了，我们要叫‘北方蔬菜批发市场’。”杨维田几次提到这个尚在建设中的“北方蔬菜批发市场”，这位37岁的年轻局长对寿光农业的未来充满期待，他雄心勃勃地说，寿光蔬菜品牌的建立是靠质量保证的，而质量是靠“疏”“堵”结合，即宣传教育、技术指导和监督检测、奖励惩罚来实现的，下一步，我们在做大市场的同时，必须牢牢抓住“质量”这个保证，不能有丝毫放松，寿光不仅要种出高品质的蔬菜，也要买进和卖出高品质的蔬菜。

据了解，寿光市农业局目前正在筹建农产品质量安全视频监控与信息管理平台，该平台将把全市8处超市、15处农业龙头企业、14处镇（街道）的575多处村头地边市场速测室全部纳入视频监控范围，各速测室速测仪数据接口直接与寿光农业信息网的服务器连接，实现检测数据的自动上传、统计、分析和处理。这个平台建成和投入使用，将实现对这些超市、龙头企业和村头地边市场的全程监控，确保他们按要求检测所有出售的农产品。

一片开阔的、正在施工的土地，一年后将会成为一个现代化的农产品综合批发市场，无数人的餐桌将与这里紧密相连，多少商家的梦想要在这里实现。寿光人围绕土地做文章，把理想“种”入大地，以辛勤的汗水浇灌，以创新的智慧哺育，以踏实的脚步耕耘，他们绿色的梦想富了一方百姓，活了一方经济，和谐了一方城乡，而他们，依然在大踏步地奔向前方，迎接他们的，必然是丰收的欢笑和甜美的果实！

（2009年4月）

加拿大农业经济社会发展见闻

笔者在加拿大萨斯喀彻温大学（University of Saskatchewan）学习期间，利用多种形式了解加拿大政治、经济、社会文化等方面情况，总的感觉是加拿大农业生产模式多样，组织化程度很高，涉农服务比较发达，政府对农业的支持力度很大，有许多值得我们学习和借鉴的地方。

一、四种农业生产模式

萨斯喀彻温省（后面简称萨省）是加拿大草原三省之一，有“加拿大粮仓”之称。这个省有一半以上区域被森林覆盖，1/3 土地是农业用地，其农业产值占加拿大农业产值的 15%。主要种植油菜、大麦、小麦、燕麦、豆类等作物。在学习期间，我们参观了一些农场，总结起来共有以下四种经营模式：

——现代化大农场

与美国一样，现代化的大农场是加拿大农业生产的典型经营模式。我们参观了距萨斯喀通市（Saskatoon）约 100 公里的一家大农场。农场主名叫朗伯特，大约 40 多岁，他共有 2 500 公顷土地，自己经营着 1 250 公顷，其他租给了别人经营。朗伯特没有雇用工人，他的妻子和孩子也在别处另有工作，与他并肩战斗的是价值 70 多万加元的各种现代化机械设备，像大型联合收割机、播种施肥一体机等。他采用现代化的耕作方式，使用免耕技术，采取机械播种、施肥、收割，一年至少喷洒两次灭草剂除草。朗伯特是用银行贷款购买这些农机设备的。据他说，如果农业收成好，一年半就可以偿还贷款。在加拿大，只要农场主个人信誉没有问题，有土地作抵押，就能获得农业贷款。

朗伯特经营了 23 年农场，主要种植小麦、大麦、油菜和豆类。他认为，全世界的农业都有同样的特点，是一个强劳动、高风险的产业。在农忙季节，他一天要工作 18 小时。由于他的农场没有灌溉设施，像大多数加拿大西部农场一样，主要是“靠天收”。朗伯特说，农业风险太大了，一旦出现风险就会让人承受不起，所以一定要有农业保险作支撑。加拿大农业保险是按照农作物品种设置的，有不同价位，农场主可根据自己对年景的判断决定购买何种价位的保险。在朗伯特经营农场的23年里，一共因灾获得过3次赔偿，大约每损失100元可获得70元赔偿。朗伯特认为加拿大的农业保险服务应该做得更好一些，政府的帮助应该更有效一些。

其实朗伯特不仅是一个农民，而且是一个企业家，他一方面要从事农业生产，另一方面还要为自己生产的大量农产品寻找合适的市场，谋求更好的价钱。他需要的各种信息主要来自四种渠道：一是政府和协会主办的互联网网站；二是报刊、电视、收音机等；三是政府会议（加拿大的一些政府会议是对公民开放的，可以按照程序自由参加）；四是市场俱乐部，也就是由一些像朗伯特一样的大农场主自发组织的俱乐部，其成员定期聚会，交流信息。

——小规模的有机农场

阿来是一个拥有150公顷土地的小农场主，主要种植小麦、大麦、玉米等谷物和豆类。1984年，阿来决定种植有机农产品。他还利用自己的一套小型加工设备进行农产品加工。他把加工后的农产品拿到市场去卖，价格一般是普通农产品的2～3倍。阿来的农产品只在萨省出售，产品基本上供不应求。阿来反复强调，农业生产越来越难，竞争越来越激烈，像他这样小规模的农场，如果不是生产有机农产品，根本无法生存。据阿来介绍，生产有机农产品，不用化肥农药，减少了一大笔支出，但比较费人工，他每4年要种一次黄花苜蓿用作绿肥，采用轮作、秸秆还田、生物防治病虫害等生产技术。阿来说，他正在与周围的养殖场协商，试图以他生产的有机作物作为饲料，换取动物粪便有机肥。

——哈特（Huttefite）公社

这是加拿大农业生产的一种特殊模式。哈特公社已有450年的历史，是基督教的一个教派，从欧洲辗转迁徙到北美洲。公社成员都是和平主义者，他们拒绝服兵役，只以务农为职责。公社成员同吃同住同劳动，不拿工资，但所有生活必需品如食物、衣服、住房、家具等都由公社统一配给，生老病死婚嫁等一切事宜都由公社负责。公社成员禁止使用电视和收音机，但他们的农业机械和其他生活用具如电话、洗衣机、厨房用品等都非常先进。公社的孩子们从小接受严格的教育，但15岁左右就不再继续上学，男孩开始下地干活，女孩则开始做清洁、帮厨、照顾小孩子等工作。加拿大政府与这些哈特公社订立协议，政府同意公社成员不服兵役，尊重他们的宗教和教育方式，公社成员则依法进行农业生产并纳税。

——作为业余爱好的采摘观光小农场

把农业生产作为一种爱好和休闲的方式，这是农场主爱迪经营樱桃园的目的。他的樱桃园毗邻布鲁努（Bruno）小镇。6 年前他从自己的农场退休后，把大片土地租出去经营，只留了 10 英亩土地种植萨斯喀通樱桃，供人们采摘观光。年近七旬的爱迪无儿无女，他打理这个果园不是为挣钱，而是作为一种爱好，从而使他和妻子能够与更多人接触。他每天开着电瓶车在田间转悠，或与前来采摘的人聊天，或下田劳作。爱迪是一个非常聪明的人，他已发明和改良了 10 多种农具，自己动手酿造了近 15 种甜酒和啤酒，高兴的时候，爱迪就会邀请前来采摘的客人共饮一杯。

二、几种农业服务组织

加拿大的农业社区是一个组织化程度高、服务业发达的社区。各种农业协会、农民合作组织遍布乡村，多种非营利性的服务组织为农业经济社会发展提供支持。这些涉农服务组织代表本组织成员的利益，为成员提供信息、技术、市场等方面服务。政府在制定政策时通常要听取这些涉农服务组织的意见，大部分支持农业的项目也是通过这些组织下达到农民。这些涉农服务组织为加拿大农业经济社会持续健康发展提供了有力支撑。

——民间社会敏感的神经：农民合作组织

在加拿大，农民合作组织是一种最重要的服务农业和农民的机构，它把松散的农民组织起来，表达共同的利益诉求，是政府与农民有效沟通、服务农业与农民的最主要渠道。在加拿大，几乎每一种主要农作物都有自己的协会，如小麦协会、大豆协会、油菜发展协会、豆类种植者协会、有机农产品协会等，而一些有关农业生产的重要领域也有自己的协会，如农产品加工协会、土壤保持协会、灌溉项目协会、信贷合作社等。这些组织由人们自由组合、自愿加入，民主选举董事会。董事一般都是兼职，通常没有报酬，但协会可雇用专职人员管理协会事务。成员要定期交纳会费。协会拥有签订合同、贷款、投资的合法权利，通过开拓市场、技术培训、开办网站、出版刊物等形式向成员提供服务，并实现自我管理，同时还负责与政府沟通。如果协会服务管理工作做得不好，其成员便会退出，或者改选董事会。

这些合作组织在加拿大农业和食品工业发展、提高农民收入和生活水平、农业资源管理和有效利用、环境和生态保护等方面都发挥了重要作用。农民合作组织的另外一个重要作用，就是最大限度地促使政府决策客观公正，降低行政成本。政府在作出某项决策时，会邀请有关协会组织的代表座谈，有的合作组织还会专门聘请游说者奔走于政府部门，反映自己的声音，以期影响政府决策。这些组织是民间社会敏感的神经，政府的任何动作，只要让他们感到不舒服，他们就会开口说话，把自己的意见和处境告诉政府。这样，政府的决策就会尽可能兼顾各方利益，减少决策失误。

——平衡市场供求的“杀手锏”：行业市场营销组织

加拿大对鸡蛋、奶类、家禽三种产品实行产量配额管理、行业许可经营制度。如果想进入这三类产品的生产领域，必须要获得本省行业市场营销组织的许可。联邦、省级政府不同程度地介入上述三种商品的市场营销活动。以奶制品为例，加拿大联邦奶制品委员会（FCDC）、各省市场营销委员会（Marketing-Board）及政府有关部门共同制定牛奶价格支持政策和产量配额，联邦政府负责管理跨省贸易及国际贸易，各省政府负责管理牛奶的产量和其省内的销售。牛奶生产者获得许可证方能生产，而后才能通过各省市场营销委员会向奶制品加工企业进行销售。

鸡蛋和家禽的供给管理体制与此相似，市场营销组织按照市场需求确定养殖规模和新成员加入许可条件，以产量配额管理和行业许可制度保证市场供求平衡，防止过度竞争，确保生产者有一定的利润空间。我们在布鲁努镇参观的Kevin火鸡场，其老板就是萨省火鸡市场营销委员会的5位董事之一。据他说，萨省目前有15家火鸡养殖场，市场供不应求，是扩大火鸡养殖规模或增加新生产者的有利时机。

——开拓国际市场的排头兵：统购统销的小麦局

根据《加拿大谷物法》和《加拿大小麦局法》，西部草原省及不列颠哥伦比亚省生产的小麦和大麦均由加拿大小麦局统一收购、销售和出口，其他省则通过行会组织等机构自行销售。小麦局共有450名雇员，代表85 000个农民的利益。其董事会共有15人，其中5人来自政府，另外10人由农民直接选举产生。小麦局每年对要求进入其经营渠道的农民进行鉴定，与具备资格的农民签订合同，实行垄断经营、统购统销、分期付款、二次结算。农民在交付谷物的同时会获得首期付款，该款项由政府担保，相当于小麦局预估市场平均价格的75%，待粮食卖出之后，再按所有售出粮食的实际价格与农民二次结算，以保证农民享有合理、稳定的收入。目前加拿大一些政党和组织不满小麦局的垄断经营地位，这个机构正面临改革的压力。

——食品加工业的“孵化器”：食品中心

萨省食品中心是由萨省农业部门与萨斯喀彻温大学和萨省食品生产者协会联合成立的非营利性机构，由政府一次性投入启动资金建立。它的功能就是为萨斯喀通食品工业发展提供服务。食品中心可以为生产者设计发展理念，提供市场、技术、资金和规则等多种培训。食品中心有一套加工设备、一批科技人员、一个专家队伍，可以为生产者提供安全生产、加工、包装一条龙服务。加拿大全国共有四个这样的食品中心，它们各负责一定的区域，彼此之间定期会面，互有合作。

三、三种值得学习的理念

——政府支持和服务农业农民的角色定位理念

加拿大政府十分重视农业和农村经济的发展，对促进农业发展和保证农民收入提供多方位的支持，主要体现在四个方面：一是设立农业保险和收入支持项目。包括农业收入稳定项目、农作物保险项目、预支农民方案等，确保农民收入不低于政府设定的参照值，帮助农民有效抵御农业灾害和风险。二是支持农业科研。加拿大每年在这方面的投资约 40 亿加元，占农业 GDP 的 3%～3.4%。三是减免农业税。加拿大不断减免农民各种赋税，和农业生产有关的公司所得税也大幅下调。四是加大对农村基础设施的投入。加拿大逐年加大对农村基础设施如学校、医院、公路、铁路的投入，每年投资增长幅度约 2%。

加拿大政府在农业经济社会发展中扮演“帮忙但不干涉”，“指导但不领导”的角色，为农业和农村经济发展提供政策、信息等公共服务，支持各种涉农组织或机构的发展。各种涉农组织在与政府的对接中处于相对独立和对等的地位，他们与政府对话、谈判、协商，向政府寻求支持。但如何发展，是他们自己的事，政府不予干涉也无权干涉。政府这种既参与其中，又超然事外的角色定位，使政府部门工作负担不至于过重，也有利于各种民间涉农组织自我壮大、健康发展。

——社会生产的可持续发展理念

距萨斯喀通市不远的克瑞克小镇（Craik）以其推崇生态和节约的可持续发展理念而远近闻名。体现其发展理念的标志性建筑是 Eco 大厦。该建筑集成了热化、冷却和可再生能源系统，其设计结构、用材等都围绕保护生态、节约能源而进行。墙壁以保温效果好的草捆填充；取暖充分利用太阳能，尽力减少使用煤、电等不可再生能源；夏天降温主要依靠地下管道及空气交换器，将热空气经地下冷却后注入大厦；用水主要来自雨水收集及附近水库；厕所是生态厕所。作为对克瑞克镇可持续发展理念的诠释，这所大厦是由来自许多国家的志愿者建成，供各地人们参观、学习。克瑞克小镇围绕绿色、生态和可持续发展这个主题，进行了5年规划，分期分批实施一系列行动项目，如生态教育项目、关注气候变化行动和社区行动等，力图振兴农业社区，实现人与自然和谐相处。项目资金主要有三个来源：社区资金、个人和企业捐赠、政府支持。尽管这个发展项目还存在争议，但绿色可持续发展理念却得到大多数人认同，萨斯喀通市一些市民建房时就部分采用了这种理念。

——农业组织的自治文化理念

加拿大各种涉农组织发育充分，他们有一套制度来保证其运行良好。这套制度的文化核心就是民主自治。每个组织或机构都由成员民主选举董事会，当选的董事必须对全体组织成员负责，一般不拿报酬。每个组织都实行自我管理，不会奢望依赖政府。这种自治文化深入每个人的心里，成为制度的灵魂，使各种涉农组织井然有序地活跃在农业经济社会生活各个领域，整个社会的管理成本大大下降，也为社会经济协调平稳运行创造了条件。

（2007年6月）

以理想之光照亮奋斗之路
——第四期农业国际组织后备人才培训收获和体会

暮春五月，暖风拂面。在部有关司局单位的精心安排下，第四期农业国际组织后备人才培训班顺利举办。我们来自部机关司局、直属单位及部分省（自治区、直辖市）农业系统的45名学员，有幸相聚在农广大厦，共同度过愉快的培训时光，这是一种难得的经历、难得的机会、难得的缘分。下面，根据安排，我代表全体学员汇报有关培训情况和收获体会。

一、精心组织 ，用心安排，培训含金量很高

此次培训历时12天。在这段时间里，相关领导高度重视，培训老师认真授课，全体学员努力学习，班上形成了“比学赶帮超”的良好氛围，培训取得了超预期的良好成效。

（一）领导重视，谆谆教导

在严格控制会议培训数量的大环境下，部党组依然保障了本次培训班的顺利开展，充分体现了农业农村部对培养“农业国际组织后备人才”的重视。本期培训班政治性、专业性、实操性并重，对加速培训复合型农业领域国际人才具有重要作用。长期负责我部国际合作工作的前副部长、现中国常驻FAO代表处牛盾大使亲自为学员远程授课，对有志于从事农业外事工作的同志提出了殷切希望，并给予极大鼓励；国际合作司有关负责同志为我们详细讲解了中国农业对外合作框架，并勉励青年同志努力向前，勇挑重担；人力资源开发中心有关负责人在开班式上创新性地提出了九个关键词，启发同学们思考，引发了讨论的热情，让大家收益良多、倍受鼓舞。

（二）精心组织，用心用情

开班前，部人力资源开发中心对报名学员广泛摸底，尽最大努力为更多学员

提供培训学习机会。培训过程中，更是细致入微地为学员提供各种周到安排，组织开展破冰活动，让大家在活动中增进友谊、交流感情；组建班委，让学员们加强联系、实现自我管理；每次授课都安排学员主持，为学员提供锻炼机会；每天上课都细心地为学员调换座位，让大家更好地互动学习。课后还为大家提供健身房，让大家适当放松，实现劳逸结合。所有的这一切，都为大家更好地投入学习创造了有利条件。

（三）名师荟萃，师资强大

本次培训班的师资可以用豪华来形容。为我们授课的老师们，除了前面提到的牛盾大使等领导外，还有各领域的名师大咖。FAO原助理总干事王韧给我们介绍了FAO的职能和运作模式，国际职员应具有的素质等；贸促中心专家为我们深入分析了农产品贸易在中美贸易战中的重要作用；原中国国际问题研究院院长苏格为大家详细阐述了中国外交历史的伟大征程和对外政策。培训班还邀请了国际组织高级官员、电视台特邀专家，以及中国社科院、人民大学、外交学院的老师们前来授课，大大提升了培训的针对性、适用性和含金量，大家感到“非常解渴”。

（四）科学设置，注重实效

本次培训班课程设置科学，内容从宏观到微观，从中国到世界，从国际形势需要到个人能力提升，结构合理、全面系统；形式也比较活泼多样，有授课，有讨论，有模拟，促进学习与思考相结合，聆听与实战相印证，更好地提升培训效果。本次培训的另一个重要特点是双语教学、外语授课多，让大家充分感受外语环境，了解在对外合作中如何应对中外文化冲突，培养实战感觉。培训安排了多次场景模拟，让学员们开展FAO入职面试、外语演讲、多边谈判等。通过场景模拟，大家对如何抓住观众、如何回答提问、如何做一名受人欢迎的国际会议演讲者、如何在国际多边谈判中既维护利益又多交朋友等有了更为深入的认识。

二、深化认识，增强本领，大家收获满满

同学们十分珍惜这一难得的学习机会，排除一切困难，争分多秒地学习，课堂上专心听讲、积极提问，课后思考、讨论、整理。大家表示，本次培训是精神的“氧气仓”，使大家匆匆年华有了更丰富的滋养；是能力的“加油站”，大家干事创业的本领得到有效的提升；是思想的“充电桩”，大家加入农业国际组织的五彩梦想由此扬帆启航。可以说，两周的培训，使大家深化了认识、开阔了眼

界、拓展了思维、增强了能力，也看到了差距，明确了下一步努力的方向。

（一）充分认识到农业对外开放合作的重大意义

中国农业对外开放与合作是新时期统筹利用国内国际两个市场两种资源、满足人民日益增长的美好生活需要的必然选择，是国内粮食安全、重要农产品保障的有益补充，也是应对新时期国际关系变化，促进优势产能和技术要素双向流动的重要举措。党的十九大报告以及 2019 年中央 1 号文件中均明确指出，要加快推进并支持农业走出去，加强"一带一路"农业国际合作。当前，中国已成为世界最大的农产品进口国，对外开放步伐不断加快。特别是入世以来，中国农产品进口额增长了 10.6 倍，2018 年中国农产品进出口额达到 2 168.1 亿美元，农业对外投资存量达到 190 亿美元。随着"一带一路"倡议的稳步推进，我国农业对外开放与合作进入新的发展阶段，已成为我国外交工作大局中的重要筹码，在国家利益布局中位置重要，意义重大。农业对外合作如何从谋篇布局的"大写意"转入精耕细作的"工笔画"，仍然任重而道远。

（二）充分认识到建设农业对外合作人才队伍的重要性和迫切性

当前，我国农业对外合作和交流面临前所未有的新机遇。党的十九大报告指出，要加强国际组织人才队伍建设，实施农业"走出去"战略。随着中国对外开放不断推进，"一带一路"农业国际合作的不断深化、改革开放 40 年来在技术、管理和人才等方面丰富的积累，同时中国职员在国际组织人数比例还低于我缴纳的会费比例，这些因素都决定了当前中国加强对国际组织人才输出时机利好、优势突出。另一方面，我国农业对外合作人才，特别是农业国际组织人才培养还有待加强。农业国际组织是农业外交战线的重要舞台，加强农业国际组织后备人才培养，是适应国家整体外交形势的迫切需要，是服务"一带一路"战略的迫切需要，是提升我国国际话语权的迫切需要。我们要抓住时机，加快农业外事人才队伍建设，加强农业国际组织后备人才培养，充分发挥多双边机制平台作用，进一步提升中国在国际话语体系中的影响力、感召力和塑造力。

（三）充分认识到参与国际粮农治理是我们肩负的历史使命

近些年中国经济快速发展，已稳居全球第二大经济体。中国的发展离不开世界，世界的发展也需要中国。中国在全球事务中发挥着举足轻重的重要作用，日益成为全球瞩目的焦点，世界越来越关注中国的声音。我们比历史上任何时候都更接近世界舞台的中央。中国是农业大国，在这个重要的历史阶段，更要积极参与全球粮农治理，构建人类命运共同体，进一步提升我国在全球的影响力。正如牛盾大使所说，当前是中国参与国际粮农组织的最好时机，也是适应国家外交大局、提升我国在国际粮农组织话语权的迫切需要。发出中国声音，讲好中国故事，提出中国方案，贡献中国智慧，维护中国利益，我们每一位同学都责无旁贷。

三、立足当下，面向未来，创造一个更加灿烂的明天

当前的世界处于百年未有之大变局。做好当前和今后一个时期农业对外合作工作具备很多有利条件，但同时也面临着新的风雨和挑战。以美国为首的西方国家正在开历史的倒车，对中国的崛起不满意、不接受、设绊子，以发起贸易战为切入点，妄图阻挡我发展的步伐。但经历了 5 000 多年风风雨雨的中华民族，什么样的阵势没见过?！没什么大不了，中国必将坚定信心、迎难而上，化危为机，斗出一片新天地。”

这种铿锵有力的声音不是说说就算了，而是要靠十四亿中国人民戮力同心、撸起袖子加油干才能实现。这其中包括我们在座的每一位。我们必须把国家的需要当成使命，坚定信心，提高本领，脚踏实地，担起责任，为祖国效命，为人民立功。

(一) 要坚定理想信念，践行忠诚、使命、担当

习近平总书记多次强调理想信念，说理想信念是精神之钙，理想信念不坚定，就会在精神上得软骨病，就会在风雨面前东摇西摆。又说，只有理想信念坚定的人，才能始终不渝、百折不挠，不论风吹雨打，不怕千难万险，坚定不移为实现既定目标而奋斗。他在十九大报告中强调，要牢记党的宗旨，挺起共产党人的精神脊梁，解决好世界观、人生观、价值观这个总开关问题，自觉做共产主义远大理想和中国特色社会主义共同理想的坚定信仰者和忠实实践者。总书记还说，青年的理想信念关乎国家未来。正所谓“立志而圣则圣矣，立志而贤则贤矣”。青年理想远大、信念坚定，是一个国家、一个民族无坚不摧的前进动力。总书记的教导，对于有志于从事外事工作包括农业对外合作的青年同志，尤为重要。有了理想信念的支撑，才会无论顺境逆境，都始终坚忍不拔地奋斗、探索、前行，才会始终履行忠诚、使命、担当，以理想之光照亮奋斗之路，用信仰之力开创美好未来。

(二) 要坚持学而行，增强勇挑重担的能力和才干

十几天的培训，大家收获了知识，也看到了差距。比如，我们对国际形势了

解多少？我们对本国国情又知道多少？我们对国家政策是不是熟悉？如果代表国家走出国门，我们的知识储备够不够用？我们的外语能力过不过关？因此，我们要以此次培训为契机，察不足，定方向，立目标，要按照牛盾大使所说的，要坚持学而行，学而用，把学习工作化，工作学习化，坚持聚沙成塔，集水成渊，持之以恒，久久为功。鲁迅先生曾说，青年“遇见深林，可以辟成平地，遇见旷野，可以栽种树木，遇见沙漠，可以开掘井泉”。这种改天换地的能力来自于哪里？来自于永不疲倦的学习，永不停止的积累，永不言败的坚持。只有如此，才能拥有担当的才干和能力，才能在祖国需要的时候，挺身而出、独挡一面、不辱使命！

（三）要始终脚踏实地，放飞青春梦想

培训班的各位同学都是 45 岁以下青年人，其中 70 后都没有几位，大多是 80 后和 90 后。参加这个班让我感觉年轻了 10 岁。在这个班学习，我常常有“郁郁葱葱、姹紫嫣红”的美妙感觉。这就是青年人的气息，这就是青年人的力量！我们在讨论时，有一位同学的话让我印象深刻，大概意思是，爱国是我们的本份，无论国家存在什么问题，都不能改变她是我们伟大祖国这个事实，要把站着批评变成伏身做事，也就是要始终脚踏实地做好自己，才能最终放飞梦想。我们这代青年人，无疑是幸运的一代，我们将参与脱贫攻坚，我们将见证全面小康，我们要经历“两个百年”奋斗目标的实现。中国农业农村必将在这个阶段发生深刻的蜕变和提升，中国也将以更新更强的姿态走向世界。这个过程一定会有各种风险和挑战，作为青年一代，我们不是旁观者，我们都是事中人，我们必须负重前行。正如习近平总书记所说，中国社会发展，中华民族振兴，中国人民幸福，必须依靠自己的英勇奋斗来实现，没有人会恩赐给我们一个光明的中国。

为期两周的农业国际组织后备人才培训就要结束了。今天，是新的起点，新的征程，让我们担负起时代使命，在担当中历练，在尽责中成长，让青春在农业改革开放的广阔天地中绽放光彩，让梦想在对美好生活的不断追求中蜕变成真！

（2019 年 5 月）

时代新女性与构建和谐社会随想

穿过沧桑的历史长河，中国女性跋涉而来。“我是我自己，他们谁也没有干涉我的权利!”鲁迅笔下迸发出的呐喊，昭示了女性自觉自主时代的到来。新中国的成立，成为中国妇女发展史上一座引人瞩目的里程碑。从党所倡导的妇女解放，到男女平等成为一项基本国策，半个多世纪的风雨历练，中华女儿如浴火凤凰，锻炼出崭新的风采和形象。“自尊、自信、自立、自强”，是21世纪中国女性吹响的号角。特别是当前，党中央以践行“三个代表”重要思想为指导，把“三农”工作作为全党工作的重中之重，提出构建社会主义和谐社会的奋斗目标，为中国女性，尤其是“三农”领域的广大妇女群众，提供了新的发展契机和展现聪明才智的舞台。

妇女发展是构建和谐社会的应有之意，是科学发展观的重要体现。和谐社会应是不同个体和群体都能得到相应发展的社会。占人口一半的女性能够有充分发挥的空间，是构建和谐社会的重要条件。和谐社会应是机会均等的公平社会。无论是政治、经济还是文化生活，广大妇女都应从决策到建设积极参与、主动融入，而不是被动地接受。和谐社会还必然是一个稳定的社会。3亿个家庭的和谐美满，是整个社会和谐与稳定的基础，妇女以其特有的包容和亲和力，在家庭和社会生活中扮演着“黏合剂”的角色，成为家庭和谐、社会稳定的重要支撑。总之，社会主义和谐社会应是充满活力、生动有序的社会，是男性和女性都能各展所长、互补所短、和而不同的社会。在这个过程中，女性与社会的协调发展、女性与男性的协调发展，以及城乡女性之间的协调发展，不但是和谐的应有之意，更是以人为本的科学发展观的重要体现。

一直以来，妇女在各个岗位的默默奉献，成为推动社会进步不可或缺的重要力量。特别在“三农”领域，广大妇女从庭院到大田，从村庄到市场，从科研院所到机关单位，到处都有她们辛勤工作的身影。她们用才能和智慧，演绎着温柔的刚强、超凡的坚韧。她们以跳动的灵秀、丰富的情感、不懈的奋斗，传递着和谐的内涵与美感。当历史步入21世纪，随着经济全球化的发展趋势，市场经济体制对个人素质和能力提出了更高要求。在“三农”领域，打工浪潮的兴起，使大量男劳力流向城市，全国务农人口中女性占了60%以上，农业女性化已渐成定局。而女性，特别是广大农村妇女的发展状况，虽说已取得较大进步，但与“三农”重中之重的分量相匹配，至少存在三方面的明显不适应。

一是受教育状况。据全国妇联2000年的一份调查，在教育资源的享有上，中国女性低于男性18个百分点。我国现有的8 506万文盲中（据第五次人口普查数据），女性占71%，是男性的2倍以上。城市具有初中以上文化程度的女性占78%，农村只有43%，而且教育程度越高，男女差距及城乡女性之间的差距就越明显。女性受教育的缺乏，直接限制了她们对现代生产技术的学习和掌握，使她们只能滞留在低层次的作业水平。

二是经济收入水平。教育资源占有的弱势，决定了女性就业状况和收入水平。与男性相较，女性在业率低、再就业困难，职业的性别隔离和部分女性就业边缘化现象开始凸显。女性与男性的收入差距日益扩大。1999年城镇女性收入是男性的70.1%，农村女性收入仅是男性的59.6%，差距分别比1990年扩大了7.4%和19.4%。女性获得劳动和社会保障的程度也明显低于男性。女性职业和生活的不安全感有所增加。

三是参政议政情况。尽管国家为保障妇女参政制定了倾斜政策，要求党、政等四大班子中各有一名以上女性，但同国际30%的指标相比，中国女性在参政数量、质量上还有相当的距离。就人大代表数量来说，我国人大女代表比例为21.8%，是瑞典的一半，也不及古巴（27.6%）、越南（26%）。就妇女在权力结构中的角色，大多是处于副职或非要害部门。特别是广大农村妇女，囿于传统观念的束缚，参政意识淡薄，据不完全统计，自1980年至2002年，全国由选举产生的294万多名村委会干部中，妇女比例为16%，女村委会主任仅为1%左右。

我国是人口众多的发展中国家，面临统筹城乡发展、构建社会主义和谐社会的重大课题，包括妇女在内的“三农”领域的劳动者，肩负着发展现代农业、建设社会主义新农村的历史重任。妇女同志，特别是广大农村妇女，已成为农业生产一线和新农村建设的主力军，她们的胸襟气度、知识技能、综合素质，必将对“三农”事业的推进产生重要影响。正如毛泽东同志所说，“中国的妇女是一种伟大的人力资源，必须发掘这种资源”。那么，如何开发这支人力资源队伍，彰显女性的群体价值；“三农”领域的女性，特别是广大农村妇女，如何提高自身素质，自如地融入时代发展，亟须找到新的突破口。笔者以为，可以从以下四个方面着力。

首先，从制度环境的打造入手。胡锦涛总书记在全国人才工作会议上特别强调，妇女人才“在党和国家事业中有着不可替代的重要作用，必须纳入总体规划”。各级领导要认真贯彻总书记的讲话精神，按照《中国妇女发展纲要

（2001—2010年）》的要求，把提高妇女地位、加快妇女发展纳入开发人才资源、实施人才战略的长远规划。一要切实保障妇女受教育的权利，这是妇女发展的基础，也是开发妇女这支人力资源的前提条件。二要把性别意识纳入决策主流，加强妇女在决策过程中的地位，使规则制定考虑到男女不同的利益诉求，以便最终实现机会公平均等。三要重视妇女干部的培养和选拔，加强女干部多岗、轮岗锻炼和继续培训，提高妇女干部的从政能力和领导水平。另外，对于农村妇女，除普及九年义务教育外，要大力加强农业科技培训和实用技术培训，在国家“阳光工程”中切出专项，实施“金花培训计划”，专门用于对农村妇女的培训，全面提升她们的劳动技能和文化素质，使广大农村妇女能够公平参与政治经济生活，自觉运用法律武器维护自身权益。

其次，从妇女组织的助推入手。在男性意识占主流的当今社会，妇女唯有组织起来，共同为自己群体谋福利、图发展。各级妇女组织要充当妇女发展的助推器，真正反映妇女的利益诉求，推动妇女主体获得平等的法权保障与参与机会、充分的发展空间与公平待遇、坚实的理想导向与智力支持。妇女组织一要做好“服务员”，如全国妇联主席顾秀莲所说，牢牢把握发展这个第一要务，将服务大局与服务妇女、服务基层有机结合起来，把推进妇女发展与融入经济社会协调发展结合起来，帮助妇女不断提高思想道德素质、科学文化素质和健康素质，提高劳动技能、社会竞争能力和创造能力，把妇女人力资源转化为人才资源。二要做好“联络员”，充当党联系妇女的桥梁和纽带，团结和动员广大妇女，在构建社会主义和谐社会中，在推动“三农”事业发展中，尽才、尽力、尽情、尽职，创造出新业绩、开拓出新局面、酿造出新生活。使女性在广阔的政治经济生活中不再是唯唯诺诺的影子，不再是作为陪衬的一抹亮色，而是实实在在有一席之地的建设者，体体面面与男性分享资源的协作者。实践证明，妇女组织在维护妇女权益、帮扶农村贫困妇女和下岗失业女工解决生产生活中的困难、引导并激励妇女建功立业等方面成效显著，为构建和谐社会、推进城乡妇女协调发展做出了重大贡献。

再次，从女性素质和能力的提高入手。孔子曾说，“不患无位，患所以立；不患莫己知，求为可知也”。即不担心没有位置，而担心没有胜任位置的能力，不忧虑他人不了解自己，而要努力使自己值得他人了解。置身于一个千帆竞发的激烈竞争社会，女性要赢得自己的一席之地，必须真学习。在持之以恒的学习中，掌握科学的世界观方法论，真正打开思想，放开眼界，积累知识，增长才干。必须真干事。在工作和生活中，有针对性地磨炼自己，把每一次工作都当作提高自己的机会，“毋以事小而不为”，从细节培养习惯，锻炼真干事、干成事的能力。必须敢竞争。消极、自卑、羞怯、被动是妇女发展的天敌，必须敢想、敢说、敢做，敢于迎难而上。要当仁不让，敢于竞争，善于竞争，在不断竞争中磨炼意志，锻炼能力，培育健康的心态和良好的心理素质。特别是广大农村妇女，要有勇气打破传统的社会角色定位，把男女平等的大旗先从自身的思想行动上树立起来，而后才可能去争取男性和社会的认同，才可能走出一条自我完善、自我超越的成长之路。

最后，从社会观念和文化转变入手。如果说制度环境是“土壤”，妇女组织是“肥料”，妇女自身能力是种苗，那么适宜女性健康发展的社会观念和文化就是女性成才的气候。这种“气候”的孕育非一人之力，也非一日之功，需要社会各个层面付出持久的努力。其中有两个方面起着关键作用。一是领导干部转变观念、重视并支持妇女的发展至关重要。领导干部可以影响决策，引领思想，具有强大的辐射力和带动力，对于改变妇女发展处境，倾斜政策资源具有举足轻重的影响。二是媒体导向是构建先进性别文化、营造有利于妇女成长的社会氛围，从而提高妇女社会地位和影响力的强有力工具。

人类文明的无数次实践都雄辩地证明，妇女与男子共同创造了人类的物质文明、政治文明和精神文明，妇女与男子携手并进、平等协作，是推进两性协调发展、建设和谐社会的重要内容。更重要的是，妇女的发展，不仅关乎一己之身，更承担着繁衍生命、维系一个民族、一个社会、甚至全人类的可持续、健康发展。女性的良好发展，是种族得以健康延续、社会持久和谐的重要条件。当前，在建设全面小康社会、构建和谐社会的过程中，在“三农”重中之重的历史承担和新农村建设的热潮中，城乡女性要携手并进，有“彩练当空，由我来舞”，“重任在肩、舍我其谁”的自信和坚毅，共同为祖国建设再立新功，再创辉煌。

（2006 年 9 月）

精神结瑰宝　红旗万里飘
——谈谈井冈山学习培训体会

岁月不曾消融深沉的怀想，距离不曾割断真挚的向往。2011 年 10 月 31 日至 11 月 4 日，农业部党校第 21 期处级党员干部进修班学员到井冈山接受了为期一周的革命传统教育和党性锻炼。学习培训从追寻、体验、缅怀、提高、继承等多角度展开，生动地再现了红色根据地诞生的历史和发展的进程，深刻揭示了中国革命成功的强大动力和内在必然性。5 天的学习生活，给学员们留下深刻印象，追寻中的震撼，缅怀时的感动，体验中的反思，使那一段红色历史一步步走近眼帘、冲击心灵、净化灵魂、鼓舞精神。

体会之一：一首红歌和一条真理

在井冈山学习期间，有一首歌总是在耳边响起。歌是这样唱的："红米饭那个南瓜汤，挖野菜那个也当粮，毛委员和我们在一起，餐餐味道香。干稻草那个软又黄，金丝被那个盖身上，毛委员和我们在一起，心里暖洋洋。穿草鞋那个背土枪，反围剿那个斗志旺，毛委员和我们在一起，天天打胜仗。……"

在那个战争年代，尽管缺吃少穿，野菜当粮食，稻草作铺盖，武器装备也极其简陋，但这首歌反映出来的精气神，即使穿越悠长的历史隧道，依然能够传递给我们积极乐观的勃勃生机。为什么能够这样？关键是有"毛委员和我们在一起"。

党与人民在一起，才会拥有发展的基础和不竭的动力，领导与群众在一起，才能上下同心，其利断金，这是一条颠扑不破的真理。毛泽东在《井冈山的斗争》一文里谈军事问题时说，"什么人都是一样苦，从军长到伙夫，除粮食外一律吃五分钱的伙食。发零用钱，两角即一律两角，四角即一律四角。因此士兵也不怨恨什么人。"正是因为这种"在一起"的作风，才能与士兵同苦乐，与群众共进退，所以"朱德的扁担"佳话流传至今，是以"红军物质生活如此菲薄，战斗如此频繁，仍能维持不敝"。

自古“得民心者得天下”，只有把人民放在第一位，代表人民利益，体味人民疾苦，反映人民诉求，才能获得人民的爱戴和拥护，才能取得最终的胜利。所以我们党把“全心全意为人民服务”作为根本宗旨，把坚持群众路线当作党的生命线，这是党的价值观的集中体现，也是确保我们党在任何时代条件下始终能够带领全国人民与时俱进的根本立足点。任何无视人民疾苦、轻视人民力量、脱离人民群众的想法和作风，都是十分危险和愚蠢的。因此，那些有着“领导就是要骑马坐轿”思想的人，必然会成为笑料而被历史和人民唾弃。

体会之二：一个人和一个党

参加过井冈山学习培训的人，都会记住一个人的名字，她叫“曾志”。一位出身于书香门第的湖南女子，15 岁投身革命，她的前两任丈夫都先后为革命牺牲，为了革命事业，她的 3 个儿子都先后送人，其中长子石来福在井冈山人民的哺育下长大成人，次子夭亡，三子残废。曾志与千千万万革命志士一样，为中国革命披肝沥胆、九死一生。1998 年 6 月 21 日，曾志这位井冈山老红军、原中组部副部长，在北京溘然长逝。

就是这位中华人民共和国成立后身居高位的老革命，当在井冈山当农民的长孙石金龙几次提出请她帮助解决商品粮户口时，她都没有答应。她说，以前农民没饭吃，没地种，现在有饭吃了，有地种了，不是很好吗？再说，解决不解决商品粮户口，这是地方政府的职责，我不能干预，更不能给组织添麻烦。

退休后的曾志，经常提一个布袋往返于去菜市场的路上。她觉得取之于木材的餐巾纸用着太奢侈，就把每张餐巾纸都撕成两半，再叠成一摞备用。凡是来看望她的人，她一概热情招待，当客人临走时，她必会骤然起身，一溜小跑地追出门外，把客人送来的礼品坚决奉还。

就是这样一位老人，临终前对身边的儿孙们歉疚地说，我没能给你们留下什么。但她却留下一份感人至深的遗嘱：死后不开追悼会；不举行遗体告别仪式；不在家设灵堂……遗体送医院解剖，有用的留下，没用的火化。决不要搞什么仪式，静悄悄的，三个月后再发讣告，只发消息，不要写生平……她还把自己每个月省吃俭用省下的工资，全部上交党组织，请党组织用这些钱帮助有需要的孩子们。

在互动课堂上听着曾志的长孙石金龙追忆自己的祖母，不断有学员默默落泪，一种圣洁的感觉自心底油然而生。如果说，曾志的前半生是以青春和热血、以奉献和牺牲去追寻人生的理想，去实践自己的信仰，那么，她的后半生，则是以无比的坚毅、忠诚和自律，坚定地保守着自己的理想和信仰。曾志既是一个个体，又是一个群体的缩影。她用自己的生命演绎了共产党人的集体性格：勇敢、坚强、忠诚、奉献、清廉、正直、自律、内省……正是因为具有这种集体性格，我们的党才能担当起时代的重任，才能缔造新中国的历史，正是因为具有这种集体性格，才能吸引千千万万个曾志，才能推动中华民族这辆五千年的巨辇隆隆前行。无论何时，抛弃了这种宝贵的集体性格，便是失败和覆亡的开始。

体会之三：一个选择和一种人生

在革命战争年代，一名叫吴月娥的井冈山农家姑娘，在敌人胁迫她寻找红军的山路上，拽着一名敌军军官跳入了山崖。那年，她只有18岁，正是杜鹃初放花一般的年纪。她是可以选择的，选择继续活下去，但她却选择了英勇赴死，把生的希望留给了红军，留给了革命。

在和平建设年代，一位叫江满凤的井冈山红军后代，凭着一曲《红军阿哥你慢慢走》，成为电视剧《井冈山》的主唱，从而把这首由其爷爷江冶华在半个世纪前创作的歌曲传唱到大江南北。当电视剧摄制组提出可以付她30万～70万元的报酬时，身为井冈山景区保洁员的江满凤却选择了只要赴京录歌的路费，别的钱一概不要。由于江满凤一唱成名，许多单位来邀请她去上班，收入也比当保洁员高很多，但江满凤的选择再一次让人瞠目，她说：“我这样一个没怎么上过学的人，让我拿笔杆子比拿扫帚更费劲。”如今，江满凤每天拿着扫帚在井冈山龙潭景区做着自己熟悉的工作，她的歌声如清脆的山泉水，时时穿越山林、沁人心脾。

如果说，吴月娥的选择，是以青春的涅槃，成就了革命事业的崇高，那么，在当下这个物欲横流、“利”不容辞的年代，江满凤的选择，则是以质朴成就了人生的高贵。与那些为了出场费而斤斤计较的大腕明星相比，江满凤的精神世界比他们要富裕不知多少倍，与那些为了向上攀爬而不择手段、无视党纪国法、出卖人格灵魂的人相比，江满凤的人格光辉要比他们高贵不知多少倍。

学习期间，在山林小道上路遇江满凤，她手持扫帚应邀唱起了山歌，那一刻，在她的脸上看到了快乐、看到了价值、看到了满足、看到了自豪。时下大家都喜欢讨论生活质量和幸福指数，我想，这个问题不用跟江满凤去讨论，她已做出了正确的选择，并享受着这种选择带来的幸福。听着她的歌声、看着她远去的背影，忽然让人好生羡慕。

结语：

为期一周的井冈山党性锻炼很快就结束了。留在心底的是那一片茂密的山林，那一段可歌可泣的历史，那一群可敬可爱的人民，那浸透着井冈山每一寸土地的鲜血和精神……扪心自问，作为新时期的一名共产党员，面对前辈的奋斗历史，应如何找准自己的奋斗目标？应怎样砥砺自己的党性品格？应如何发挥自己在社会主义建设事业中的作用？我认为有一个最重要的基本点需要把握：就是牢记党的宗旨，始终将自己植根于人民的土壤，为人民的利益而奋斗。为此，一要踏实做事。即将远大的目标分解到当前的工作和学习上来，一步一个脚印地踏实前行。二要积极为人。要始终拥有一种积极向上的精神，使每个阶段的奋斗都乐在其中，并让自己给周围的人带来快乐和希望。

（2011 年 11 月）

党旗上壮笔书写的大字是“人民”

中国共产党的党史，如同一条波澜壮阔的河流，奔腾的生命激起理想的浪花，阔大的胸怀蕴含精神的宝藏。在党史学习中回顾、思考，在思考中汲取前进的力量，去追寻一种理想，去继承一种精神，去活出一个灿烂的人生，这就是一名当代共产党人对党旗的献礼，对使命的担当。

我们要追寻一种理想。那是一种什么样的理想？那是党自成立以来就始终坚持的“为人民谋幸福、为国家图富强”的伟大理想。90年来，为了这一理想的实现，多少中华民族的优秀儿女舍生忘死、前赴后继，用热血和生命，谱写了无数壮丽的篇章！我们不会忘记，中国共产党的先驱李大钊以生命之钟撞响新中国的黎明；我们不会忘记，锦衣玉食的富家公子彭湃“为了子子孙孙争得幸福生活”而英勇献身；我们不会忘记酷刑下的江姐、铡刀下的刘胡兰……两千多万革命志士的流血牺牲，浇灌了神州沃土，激励了四万万百姓，孕育了新中国的希望和光明。有一首歌这样唱：最后一口粮，做的是军粮，最后一块布，做的是军装，最后一个儿子啊，送到了部队上。正是理想的强大感召，才赢得百姓无私的爱戴，才托起共和国不落的太阳。

我们要继承一种精神。那是一种什么样的精神？那是一种百折不挠、锐意进取、勇于担当、乐于奉献的崇高精神。90年来，正是这种精神的激励，无数党的精英挺身而出，为国为民披肝沥胆、矢志不渝。我们不会忘记，正是这种精神，架起了延安纺车，纺出了红色中国的锦绣前程；正是这种精神，在极其艰苦的岁月，腾起了罗布泊上空的蘑菇云；正是这种精神，开启了1978年改革开放的新篇章……从董存瑞的奋力托举，到邓稼先的两弹伟功，从袁隆平的稻田耕耘，到杨善洲的荒山造林……正是秉承这种精神，新中国的事业才能在低谷中崛起，在挫折中奋进，在风雨中前行。

我们要活出一种人生。那是一种什么样的人生？那是一种充满理想、传承精神、恪尽职守、丰厚生命的灿烂人生。土地承包到户前夕，一位反对改革的前辈找到万里，质问他：“你是要社会主义还是要人民?”万里想了想，告诉他说：“我要人民。没有人民，哪来的社会主义。”这个回答气势如虹，在发展的长河激起万丈波澜，中国的改革事业正是在这样的历史担当中奋然前行。所以，当郑州市规划局原副局长逯军质问记者“你是替党说话还是替人民说话”时，立即引起舆论哗然；所以当我们的干部拿着锄头与农民群众一起劳动、吃着地瓜与老大娘共话家常时，立即得到社会各界、特别是农民群众的普遍赞誉。因为，党与人民的关系须臾不可分离，因为“一切以人民的利益为最高准绳”不是一句口号，而是每一名共产党员必须牢牢铭记并在本职岗位上认真践行的行为准则！

2008 年，在纪念周总理的大型音乐会上，年过八旬的艺术家郭兰英唱到“人民的好总理，我们热爱你”时哽咽不能成声；现场播放的纪录片中，已经不能辨认自己亲人的百岁老人管易文，在临去世前一个多月看到周总理照片时，竟奇迹般地用手抚摸着照片上总理的面容，连呼三声“音容宛在，永别难忘啊”！那含泪的歌声，那沧桑的呼唤，顿使台上台下泪雨纷飞！高山仰止，景行行止。这，就是一名共产党员在人民心中的分量，在历史长河的光彩！

缅怀历史，放眼未来。几代人的追求和付出，换得今朝发展的机会。一代代接力，一波波冲锋，我们奔跑的脚步从来没有懈怠。在我们队伍的前面，就是那面猎猎红旗！那上面金色的镰刀和斧头是农具吗？不！那是人民，是最广大的劳动群众；那党旗的鲜艳是颜色吗？不！那是奋斗的热血、那是赤诚的奉献、那是燃烧的精神！只有把最广大人民群众的利益擎在手心，去奋斗、去奉献、去燃烧，才能活出一名共产党员丰厚的生命、灿烂的人生！

（2011 年 9 月）

后　记

整理书稿的过程虽然烦琐，但也很特别。一段段文字，一篇篇文章，牵动着我的思绪，仿佛回到了 20 多年前的岁月。

当年，古典文学硕士毕业的我，满脑子的唐诗宋词、汉魏风骨，却一脚踏入“三农”领域。一次次的下乡、采访和调研，看五谷丰登之不易，观六畜兴旺之艰辛，让我渐渐褪去书生意气。特别是接触到许多支撑大地丰收的“三农”领域的先进典型，他们身上彰显出的积极进取、勇往直前、担当奉献的精神和品格，使我深受触动和教育。今天，重读这些文字，他们所传递的向上的精神和能量，依然深深地打动着我。为此，我要致谢过往岁月的每一次相遇，那奋进似高山、执着如流水、奉献如泥土、坚毅如松柏的人和事……感谢岁月厚待！

“以恩典为年岁的冠冕”。这二十多年的“三农”工作经历，许多领导、师友和亲人，成为我生命中一份又一份的祝福，他们的指导和指点，帮助和陪伴，是我前行的温暖和亮光。在此，表示深深的感谢！特别是在此次书稿整理的过程中，我的朋友陆鹏玲、吴欣、郭平稳和朱文昊等都给予了大力帮助，出版社程燕老师在编缉出版过程中耐心细致、认真负责，对于书稿的出版付出了不少心血，在此一并表示衷心的感谢。

文章千古事，得失寸心知。书稿中存在的种种局限和不足，还望大家指正。

图书在版编目（CIP）数据

笔耕“三农”/翟翠霞著. —北京：中国农业出版社，2023.9

ISBN 978-7-109-30937-1

Ⅰ.①笔… Ⅱ.①翟… Ⅲ.①三农问题—研究—中国 Ⅳ.①F32

中国国家版本馆 CIP 数据核字（2023）第 141112 号

中国农业出版社出版

地址：北京市朝阳区麦子店街 18 号楼

邮编：100125

责任编辑：程 燕

责任校对：吴丽婷

印刷：北京中兴印刷有限公司

版次：2023 年 9 月第 1 版

印次：2023 年 9 月北京第 1 次印刷

发行：新华书店北京发行所

开本：700mm×1000mm 1/16

印张：20.5

字数：390 千字

定价：85.00 元